연상법이 포함된 암기법들 & 영어발음 감잡기

왕초보 **영단어** 복합적 **암기법**

서정원 지음

생각나눔

머리말

영어 단어 암기와 영어 발음의 기본기를 잡게 하는 왕초보 학습자용 영어 단어 책을 만들었습니다.
암기법들과 암기 요령들, 영어 발음에 가까운 한글 발음을 복합적으로 활용하여 영어 단어를 알차게 학습할 수 있습니다.
아기가 글 없이 말부터 배우듯이 스펠링 없이 발음부터 암기하여 일정량의 영어 단어와 두루두루 빠르게 친해지기를 바랍니다.

책의 특징

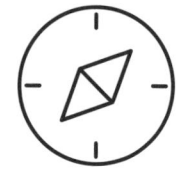

영어 단어를 4종류로 분류한 후 4가지 암기법을 적용시켰습니다.
연상법, 여러 뜻의 다의어 나누기, 생활 속의 영단어 재활용, 무작정 달달 암기하기의 4가지 구성을 기본으로 학습합니다.

몇 가지 암기 요령들을 제시하고 이를 학습자가 선별적으로 활용하도록 합니다.
스펠링 없이 발음만 암기하기, 아기가 말 배우는 과정 따라 하기, 1:1 암기 등의 암기 요령들을 선별하여 학습합니다.

영어 발음을 한글(1단계)로 잘 표현하여 발음의 감을 잡고 몇 가지 요령(2단계)과 강세(3단계)를 더해서 발음을 향상시킵니다.
영어 발음에 가까운 한글 영어 발음만으로 자연스럽게 1단계 학습을 합니다. 2~3단계는 참고만 하거나 차차 익혀나갑니다.

미국식 발음과 영국식 발음, 한국식 발음을 모두 표기 하였습니다.
미국식 발음을 중심으로 영국식 발음과 구분하여 암기합니다. 익숙한 한국식 발음은 참고용으로 활용합니다.

뜻 1개씩을 기준으로 세워서 초보 학습자가 영어 단어의 여러 가지 뜻에 혼란을 겪지 않도록 중심을 잡아줍니다.
국어 단어 대 영어 단어의 한영사전식 1:1 암기로 산뜻하게 시작합니다. 다른 뜻들은 참고만 하거나 점차적으로 학습합니다.

아기가 말을 배우는 과정처럼 스펠링(글, 문자 언어) 없이 발음(말, 음성 언어)부터 학습하도록 합니다.
발음과 스펠링의 차이(10~11페이지)를 이해하도록 하여 발음만으로 영어 단어의 빠른 습득을 이끌어냅니다.

√ **4가지 암기법**
① **연상법**으로 기억력 높이기
② 뜻이 많은 다의어 **쪼개기**
③ 생활 속의 영단어 **재활용**
④ 그냥 **무작정** 달달 암기하기

√ **암기 요령들** (나에게 맞는 것만 골라서 쓰기)
★ 스펠링 없이 발음만 암기
★ 아기가 말 배우는 과정대로
★ 우리말 대 영어의 1:1 암기
★ 국어 단어의 뜻 공부하기
★ 뜻 기준의 한영사전식 암기
★ 발음과 스펠링의 차이 이해해 두기
★ 완벽함을 버리고 대충, 많이~ 빨리
★ 강제로, 억지로라도 암기하기

√ **3단계 발음법**
1단계 : 한글 표기로 영어 발음 감잡기
2단계 : 몇가지 요령으로 발음 향상
3단계 : 강세와 약세를 더해서 발음
★ 미국식과 영국식 발음의 구분

오늘날의 국어는 순우리말과 한자어를 토대로 영어 단어가 만만치 않게 구성되어 있습니다.
무분별한 영어의 남용이라고 거부감을 가질 것이 아니라 우리말의 한 부분으로 생각하면 좋겠습니다.
영어 단어를 습득하면 영어뿐만 아니라 국어 생활에서도 두고두고 유용하게 활용할 수 있는 소통의 도구가 되어줄 것입니다.

왕초보 **영단어** 복합적 **암기법**

4가지 암기법

 연상법으로 암기력 높이기

 뜻이 많은 기초 단어, 다의어 **쪼개기**

 생활 속의 익숙한 영어 단어 **재활용**하기

 그냥, **무작정** 달달 암기하기

암기 요령들 (나에게 맞는 것만 선별 활용)

 스펠링 없이 한글로 표기된 발음만 암기하기

 아기가 말 배우는 과정 따라 하기

 국어 대 영어의 1:1 대응 암기 & 1:1 암기 금기시 안 하기

 영어 단어의 뜻을 잘 알기 위해 국어 단어의 뜻도 공부하기

 뜻(국어 단어) 기준의 한영 사전식 암기

 발음과 스펠링의 차이 이해해 두기

 완벽주의는 버리고 두루두루 쓸만하게, 빠르게 암기하기

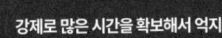 강제로 많은 시간을 확보해서 억지로라도 암기하기

3단계 발음법 (우선 1단계만 학습)

 1단계 : 영어 발음에 가까운 한글 표기로 발음의 감잡기

 2단계 : 몇 가지 요령을 더해 영어 발음 향상시키기

 3단계 : 강세와 약세를 더해 발음 하기

 미국식, 영국식, 한국식 발음의 분리 학습

마음가짐 설정

 '영어'를 잘해야 한다는 부담감을 내려놓고
'영어 단어' 습득에만 집중하기

왕초보 영단어 복합적 암기법

펴낸날	2020년 11월 25일
지은이	서정원
펴낸이	이기성
편집팀장	이윤숙
편집	서정원
디자인	서정원
책임마케팅	강보현, 류상만
펴낸곳	도서출판 생각나눔
출판등록	제 2018-000288호
주소	서울 잔다리로7안길 22 태성빌딩 3층
전화	02-325-5100
팩스	02-325-5101
홈페이지	www.생각나눔.kr
이메일	bookmain@think-book.com

책값은 표지 뒷면에 표기되어 있습니다.
ISBN 979-11-7048-156-0   13740

이 도서의 국립중앙도서관 출판시도서목록(CIP)은 서지정보유통지원시스템 홈페이지 (http://seoji.nl.kr)와
국가자료공동목록시스템(http://www.nl.go.kr/kolisnet)에서 이용하실 수 있습니다. (CIP제어번호 2020047153)

ⓒ 2020 서정원
이 책은 저작권법에 따라 보호받는 저작물이므로 무단전재와 무단복제를 금합니다.
잘못된 책은 구입하신 곳에서 바꿔 드립니다.

학습목표

대충, 많이~ 빨리! 질 보다 양부터 챙기기.
완벽함을 버리고 마지막 페이지까지 뜻(한영 사전식)을 기준으로 스펠링 없이 영어 발음만을 두루두루 쓸만하게 부지런히 암기해 봅니다. 외워도 금세 까먹는 것은 누구에게나 당연한 일입니다.
까먹으면 다시 외우고 또다시 기억이 안 나면 또다시 외우는 지루하고 고된 훈련을 반복하고 인내합니다.
뜻(기준으로 세운 뜻, 국어 단어)을 보면 영어 단어의 발음이 동시에 떠오르도록 연습하고 또 연습합니다.
이에 더해서 쪼개기 단어들은 큰 글자로 확대된 스펠링을 봤을 때 5개로 나눈 뜻이 각각 떠오르도록 암기합니다.
미국식 발음이 우선이지만 영국식, 한국식 발음이 혼재되어 떠올라도, 발음이 조금 정확하지 않게 떠올라도 좋습니다.
쪼개기 단어는 뜻이 3개 이상 생각나면 오케이 합니다.
스펠링을 모르면 쓰기가 어려워서 불편하겠지만 좌우지간 읽기, 듣기, 말하기의 어휘력이 빠르게 잡힐 것입니다.
세계인들과 소통하고 영어로 된 다양한 정보들을 얻고, 경쟁력이 높아지는 등의 동기부여는 잠시 내려놓습니다.
영어 단어를 암기해서 영어를 잘해야겠다는 머리 아픈 생각도 잠깐 내려놓고 영어 단어 암기에만 초점을 맞춥니다.

아이들은 말을 배울 때 발음, 문법, 철자가 틀릴까 봐 말하기, 쓰기를 주저하지 않습니다. 틀리면서도 말하고 쓰며, 고치면서 배워 나갑니다.
태어나서 2~4살이 되면 발음이 부정확해도 대화가 가능하게 됩니다. 이때 글자(철자, 스펠링)는 잘 몰라도 말(발음)은 제법 하게 됩니다.
글을 쓰기 시작할 때에는 소리 나는 대로 글자를 씁니다. '맛있어', '좋아'를 '마시써', '조아'라고 쓰기 시작합니다.

아이(왕초보) 때에는 그저 말을 많이 해보고 의미 전달을 하는 것이 중요하지 정확한 발음과 문법, 정확한 스펠링(철자)이 중요하지 않습니다.
만약 아기(왕초보자)를 위한다고 어른이 "발음이 틀렸어", "어법이 잘못됐어"라고 세세하게 지적하면 아기의 말 배우기는 어떻게 될까요?
어른들은 아기가 말을 하면 그냥 신기하기만 합니다. 알아듣기 어려운 발음에 귀 기울여 주고 틀린 어법과 맞춤법도 재미있어합니다.
어른들도 언어 사용이 완벽하지 않습니다. 저마다 조금씩은 발음, 억양이 다르고 철자, 띄어쓰기도 정확히 모르는 채 살아갑니다.
상대방의 발음을 못 알아들어서, 혹은 이해하지 못해서 "뭐라고?"하며 되묻기도 합니다. 때론 개떡 같이 말해도 찰떡 같이 알아듣기도 합니다.

이와는 다르게 우리가 영어 단어책을 펼쳐 들고 영어 공부를 하게 되면 틀릴까 봐 주저하고 완벽을 추구합니다.
스펠링, 발음, 뜻, 단어의 뉘앙스 등을 한 번에 확실하게 암기하려고 합니다. 발음, 강세보다는 스펠링 기준의 문자적 언어에 비중을 두게 됩니다.
글자와 완벽주의에서 자유로우면 아이들이 낱말을 스펀지처럼 빨아들이듯이 영어 단어도 빠르게 습득될 것입니다.
완벽주의로부터는 자유로울 수 있으나 한편으로는 두루두루 많이, 빠르게 암기해야 하는 노력과 부지런함은 피할 길이 없어 보입니다.

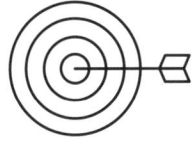

권장 학습법

스펠링(문자 언어)은 외우지 말고 참고만 하여 **기준으로 세운 뜻 1개**와 **미국식 발음**(음성 언어)의 1:1 암기를 합니다.
이때의 발음은 발음 요령과 강세를 배제한 한글 표기 그대로의 영어 발음을 말합니다.
아기(초보자)가 글(스펠링) 없이 말(발음)부터 배우듯이 발음만으로 어휘력을 빠르게 확장시킵니다.
스펠링, 발음 요령, 강세, 다른 뜻들 등의 나머지 요소는 필요에 따라 순차적으로 암기해도 좋고 참고만 해도 좋습니다.
한영 사전식의 뜻(기준으로 세운 뜻, 해당 국어 단어)을 보면 영어 발음이 동시에 떠오르도록 반복 학습합니다.

우선순위 집중 암기 = 뜻 + 발음 (기준으로 세운 뜻 1개 + 미국식 발음의 1:1 암기)

❶ **뜻** (기준으로 세운 뜻) : 영어단어에 해당하는 국어 단어를 의미

❷ **미국식 발음** : 발음 감 잡기용 '**한글 표기 영어 발음(1단계)**' 대로만 암기.
　　　　　　　'발음 요령(2단계)'과 '강세(3단계)'는 생략.

　　① d, t 등의 알파벳 표기는 드, 트 등으로 읽기
　　② '얇은 글자'와 '홀쭉한 글자' 그냥 읽기
　　③ 각종 기호, 발음 요령은 신경 쓰지 말고 발음
　　④ 강세를 위한 높낮이 표시 배제하고 발음
　　※ 한글 발음 표기에 기본 영어 발음 내재

❶ 뜻 (기준으로 세운 뜻) ❷ 미국식 발음

추가의	엑스쮸롸	
자동의	어뤄왜아릴	
낙인을 찍다	브래앤드	
역동적인	돠이내맥	
할인	듸스카운트	

학습을 하기에 앞서 기준으로 세운 뜻(국어 단어)을 마지막 페이지까지 테스트 없이 몸풀기로 쭉 훑어봅니다.
이 책은 3200개의 영어 단어가 수록되어 있고 다의어 쪼개기로 인해, 기준으로 세운 뜻은 4000개입니다.

우리가 일반적으로 공부하는 영한사전 또는 한영사전의 영어 단어 뜻은 영어 단어에 해당하는 국어 단어입니다.
영어 단어의 뜻을 영어로 풀이해 공부하는 것이 아니라 영어 단어와 의미가 잘 맞는 국어 단어들로 영어 단어의 뜻을 학습하는 것입니다.
그러므로 영어 단어에 해당하는 국어 단어가 100% 꼭 맞을 수도, 70~90%에 가까울 수도, 2~3개 국어 단어의 조합이 될 수도 있습니다.
영어 단어에 잘 맞는 국어 단어가 없을 때에는 가장 적당한 국어 단어를 놓고 자세한 설명을 덧 붙이기도 합니다.
원래 영어 단어의 뜻이란 영영사전의 영어로 풀이한 뜻을 말합니다. 영영사전이 추천되지만 아직은 이릅니다.
우선은 국어사전을 통해 정확히 몰랐던 국어 단어, 한자어의 뜻을 잘 알아두면 영어 단어의 뜻을 파악하는데 도움이 됩니다.

자율 학습법

권장 학습법은 참고로 하고 자율적으로 학습합니다.
스펠링, 미국식 발음, 영국식 발음, 다른 뜻들, 발음 요령(발음 2단계), 강세(발음 3단계),
한영 사전식(국어 단어 기준), 영한 사전식(영어 단어 기준) 등을 자율적으로 정해서 암기합니다.
모든 요소를 암기하지 않아도 좋습니다.
물론 암기한다면 더욱 좋습니다.

책의 구성 = 연상법 + 쪼개기 + 재활용 + 무작정

❶ **뜻** (기준으로 세운 뜻) : 영어단어에 해당하는 국어 단어를 의미
❷ **미국식 발음** : 우리나라의 영어 교육과 영상, 음성 등의 콘텐츠는 미국식 발음이 주를 이룸
❸ **영국식 발음** : 미국식과 중복 발음은 표기 생략. 학습 권장
❹ **다른 뜻들** : 영어단어에 해당하는 국어 단어들의 의미
❺ **{한국식 발음}** : 익숙한 한국식 영어 발음을 참고하여 학습하기
❻ **스펠링** : 왕초보자에게는 방해 요소로 설정하여 암기 안 함. 발음과의 연관성을 위해 참고만 하기
❼ **강세 & 약세** : 높낮이, 보통 글자, 얇은 글자로 표기. 강세뿐만 아니라 약세도 알아두기
❽ **발음 향상 & 구분용 기호들** : θ, ð, @, ★, ☆
❾ **발음 향상용 글자의 굵기와 폭 변화** : 보통 글자, 얇은 글자, 알파벳 얇은 글자(t, d 등), **낯선한 글자**
❿ ◆발음 설명 ◆강세 설명 ※설명 ●국어 단어의 뜻 ◎한자어 뜻과 음 ♣콩글리쉬 확인

❶ 뜻 (기준으로 세운 뜻) ❷ 미국식 발음 ❸ 영국식 발음 ❹ 다른 뜻들 ❺ 한국식 발음 ❻ 스펠링

추가의	엑스쮸롸		여분의, 특별한, 임시 보조 출연자 {엑스트라} extra
자동의	어뤄왜아릴	오튀먀틸	자동적인, 무의식적인 {오토매틱} automatic
낙인을 찍다	브래앤d	브뢴d	오명을 씌우다, 낙인, 상표 {브랜드} brand
역동적인	다이내맥	다이나맥	동적인, 역학의, 역학(~s) {다이내믹} dynamic
할인	디스카운t☆		할인하다(디스카운t★) {디스카운트} discount

추가의 요금 ⇨ **엑스쮸롸**(엑스트라)의 요금 / 여분의 돈 ⇨ **엑스쮸롸**(엑스트라)의 돈
자동의 판매기(자동판매기) ⇨ **어뤄왜아릴**(오토매틱)의 판매기 / ◆ 강세 2개 : 왜(제1강세), 어(제2강세)
소에게 낙인을 찍다 ⇨ 소에게 **브래앤**(브래앤d)하다 / 배신자로 낙인을 찍다 ⇨ 배신자로 **브래앤**하다
역동적인 춤 동작 ⇨ **다이내맥**(다이내믹)한 춤 동작
반값 할인 ⇨ 반값 **디스카운**(디스카운t, 디스카운트, 디스카운트) / ♣ DC는 discount의 줄임말 콩글리쉬

한국식 영어가 국어에서는 우리말이므로 아무 상관없지만 영어에서는 **콩글리쉬**, **한국식 영어 발음**이 됩니다.
우리말로 사용되어 **국어에서만 통하는 영어 단어**와 본래 **영어에서의 영어 단어**를 각각 구분해 두어야 합니다.

영어 단어 암기를 위한
설정

왼쪽은 영어 단어 암기에 대한 일반적인 생각과 방법들입니다. 오른쪽은 왕초보자의 마음가짐을 위한 설정들입니다.
왼쪽과 오른쪽을 참고하여 나에게 잘 맞는 것으로 설정해 두면 영어 단어 암기에 대한 마음가짐이 유연해질 것 같습니다.

영어 단어는 스펠링, 발음, 뜻을 암기한다.	VS	세상의 모든 아기들(초보자)은 글(스펠링) 없이 말(발음)부터 배운다.
한글은 영어 발음을 정확히 표기할 수 없다.	VS	세상의 모든 아기들은 완전하지 않은 발음으로 말하기 시작한다.
하루 1시간 영단어 100개씩 효율적으로 암기하기	VS	하루 몇 개씩 외울지 정하지 말고 하루 3시간 6개월 정도 열심히 암기해 보기
영어 단어 암기는 타고나는 것이 아니라 노력이다.	VS	암기력은 타고난다. 노력도 타고난다. 결국, 강제로 억지로라도 암기해야 한다.
영어 단어 대 국어 단어의 1:1 암기는 금물이다.	VS	영어 단어의 뜻이 10개면 1:1 열 번 하면 된다.
영어 단어는 암기가 아니라 이해하기이다.	VS	영어 단어는 암기이다.
영어 단어의 뉘앙스 & 영어 단어의 이미지 이해	VS	영어 단어의 뉘앙스와 이미지 이해하기는 아직 이르다. 좀 참자.
연상법, 어원, 이미지 등의 효과가 입증된 암기법들	VS	각종 암기법을 잘 활용하되 전적인 의존 및 맹신은 하지 않기
깡지식의 달달 외우기는 최악의 암기법이다.	VS	노력이 부족했을 뿐 잘못된 암기법이란 없다. 그 어떤 틀에도 얽매이지 말자.
원리와 비법만 알면 쉽고 재미있게 암기할 수 있다.	VS	비법을 알아도 꾸준한 노력이 없으면 영어 단어 암기는 결코 만만치 않다.
영영 사전이 좋다. 영단어는 영어로 받아들이자.	VS	국어사전을 보며 잘 모르는 국어 단어의 뜻을 알아두면 도움이 된다.
영어 단어는 문장을 통해 암기해야 한다.	VS	영어 문장은 어렵다. 초보자는 익숙한 국어 문장에 영어 단어를 넣어보자.
기초 300단어로 간단한 영어 회화가 가능하다.	VS	모양새만 300단어. 기초 단어의 다양한 쓰임새, 변화형, 조합은 어마어마하다!
영어 단어 암기는 영어를 잘하기 위한 것 1	VS	영어를 생각하면 골치 아프다. 영단어 암기에 집중하여 왕초보 탈출부터 하자.
영어 단어 암기는 영어를 잘하기 위한 것 2	VS	영어 단어 암기는 영어가 많이 섞인 국어 생활에도 도움이 된다.

영어 단어를 영어 문장에 잘 녹아들게 단어의 뉘앙스와 이미지를 이해하고 영어적 사고로 재미있고 효율적으로 암기하는 것은 중요합니다.
그러나 왕초보 학습자에게는 영어적 사고로 뉘앙스를 이해하며 완벽하게 암기해야 한다는 강박이 자칫 영어 단어 학습을 어렵게 하기도 합니다.
일단은 영어 단어 대 국어 단어의 일반적인 1:1 주입식 암기를 하여 질보다 양부터 챙기기를 권장합니다. 양이 확보돼야 질도 높일 수 있습니다.

막힘없는 유창한 영어 회화는 나중에 생각하거나 포기하는 것이 정신 건강과 영어 단어 학습에 좋을 것 같습니다.
유창한 영어 회화는 열심히 노력한다고 누구나 잘할 수는 없습니다. 영어 재능과 환경 혹은 엄청난 노력이 필요합니다.
그와 반면에 영어 단어 암기는 꾸준히 학습하면 누구나 습득하여 영어 원문 해석과 대화 가능한 영어에 한 걸음 다가가는 결과를 냅니다.
영어는 잘하고 싶은데 실천을 못하고 있다면 '영어'를 염두에 두지 않고 '영어 단어' 습득만을 목표로 영어에 한 걸음 다가가는 것도 한 방법입니다.

기적의 암기법과 최악의 암기법은 없으니 큰 기대도 큰 걱정도 하지 마세요. 각종 암기법들을 참고하여 내 마음 가는 대로 열심히 암기하면 됩니다.
영단어 암기의 원리와 비결을 알게 되면 재미있게 학습하고 짧은 시간에 많은 단어가 효율적으로 암기될 것 같지만 노력 없이 그런 일은 일어나지 않습니다.
암기법을 모르면 최악의 암기법, 잘못된 암기, 비효율적인 암기로 영어 단어 암기에 실패할 것 같지만 열심히 노력하면 반드시 성공합니다.
아무래도 암기법보다는 암기력이 타고나야 합니다. 노력을 해보지만 노력마저도 타고나는 거라 꾸준함을 유지하기가 상당히 어렵습니다.
결국, 영어 단어를 습득하려면 강제로 많은 시간을 할애해서 억지로라도 암기해야 합니다.

우리말로 **기초 영어 단어** 이해하기

기초, 초급 단어 다의어	중급, 고급 단어 동의어	기초, 초급 단어 다의어	중급, 고급 단어 동의어
버스를 **타다**	버스에 **오르다** / **승차하다**	사진을 **찍다**	사진을 **촬영하다**
적금을 **타다**	적금을 **받다** / **수령하다**	책을 **찍다**	책을 **인쇄하다**
장작이 **타다**	장작이 **연소하다**	제품을 **찍다**	제품을 **틀로 만들어 내다** / **제조하다**
산을 **타다**	산을 **밟고 오르거나 지나다**	정점을 **찍다**	정점에 **오르다** / **등극하다**
고속도로를 **타다**	고속도로를 **경로로 하여 이동하다**	도장을 **찍다**	도장을 **꾹 누르다** / **날인하다**
설탕을 **타다**	설탕을 **넣어 섞다** / **혼합하다**	사윗감으로 **찍다**	사윗감으로 **눈여겨 두다** / **찜하다**
추위를 **타다**	추위를 **느끼다** / **체감하다**	도끼로 **찍다**	도끼로 **내리쳐서 박히게 하다**
커피를 **타다**	커피를 **물에 넣고 저어 만들다**	답을 **찍다**	답을 **몰라서 짐작하여 고르다**

영어단어를 기초, 초급, 중급, 고급 단어 등으로 구분하지만 몇몇 기초 단어의 쓰임새는 매우 다양하여 고급 단어보다 습득하기 까다롭습니다. 중급, 고급 단어는 우리말의 한자어 마냥 뜻이 한두 개 정도이지만 다양한 쓰임새를 갖는 기초 단어는 문장에 따라 뜻이 매우 다양합니다.

'take(퉤잌)'를 '취하다'라고 알고 있으면 단어의 전체적인 느낌은 알 수 있지만 각각의 문장에서는 그 쓰임새가 바로 와 닿지 않습니다.
① 조치를 take(취하다) ⇨ 조치를 '**취하다**' / ② 사진을 take(취하다) ⇨ 사진을 '**찍다**' / ③ 버스를 take(취하다) ⇨ 버스를 '**타다**'
④ 3시간 take(취하다) ⇨ 3시간 '**걸리다**' / ⑤ 집에 take(취하다) ⇨ 집에 '**가지고 가다**'

우리말의 기초 단어 '타다'가 그렇듯이 영어의 기초 단어 'take(퉤잌)'도 위의 예문들을 통해 암기한 take이어야 써먹기 좋은 take입니다. 우리말 '타다'는 '탈것에 타다', '불에 타다', '커피를 타다', '부끄러움을 타다'의 문장에서 배웠기에 바로 알아듣고 바로 말할 수 있는 것입니다. 문장을 통해 암기해야 합니다. 초보자는 어려운 영어 문장 대신에 국어 문장에 영어 단어를 알맞게 배치하여 쉽고 빠른 이해를 꾀하여야 합니다.
뜻이 단순한 기초 단어는 그냥 외워도 되지만 take, get, have, way 등의 쓰임이 다양한 기초 단어들은 문장을 통해서 습득해야 합니다.

우리말로
발음과 스펠링의 차이
이해하기

말을 배우는 아기(왕초보자)들은 글자(스펠링, 철자, 한글) 없이 오로지 말(발음, 한국어)만 가지고 언어생활을 시작합니다. 이는 발음이 스펠링(철자)에 영향을 받지 않는 머릿속의 즉각적인 **음성 언어가 먼저 형성**되었음을 의미합니다. 3~4세가 되면 글은 쓸 줄 몰라도 말은 곧잘 하게 됩니다.
말(발음)부터 배운 아이가 글(스펠링)을 쓰기 시작하면 소리(발음) 나는 대로 글자(스펠링)를 쓰게 됩니다.
이와 반면에 영어를 배울 때에는 글자, 스펠링, 책, 문서에 의한 시각적인 **문자 언어가 먼저 형성**됩니다.
이 때는 발음(영어)이 스펠링(로마자)의 영향을 받게 되어 스펠링식의 발음을 하게 됩니다.
영어 단어 습득에 있어서 스펠링과 발음을 동시에 받아들여도 암기만 잘 하면 상관이 없지만
모국어를 배우는 세상의 모든 아기들은 발음부터 배우고 글자를 익힌다는 점은 상기해 둘 필요가 있습니다.
한글(스펠링)이 창제되기 전에 대부분의 백성들이 글자를 몰라서 한국어(발음)만 가지고 생활을 했던 것도 참고할만합니다.

발음 VS 스펠링

발음	스펠링
한국어 / 국어	한글 / 코리안 알파벳
말 / 소리 / 말소리	글 / 글자
언어 / 음성 언어	문자 / 문자 언어
읽기 / 듣기 / 말하기	쓰기 / 철자 / 맞춤법

압찌베 가다
아페 읻따

앞집에 가다
앞에 있다

삼과 죽음
살미 아름답따

삶과 죽음
삶이 아름답다

채글 **읻**따
일근 책

책을 **읽**다
읽은 책

자리에 **안**따
안즌 자리

자리에 **앉**다
앉은 자리

발근 미소
햇쌀이 **박**따(**발**따)
부를 **발**키다

밝은 미소
햇살이 **밝**다
불을 **밝**히다

궁민 / 국**까** / 국**쩍**
나**문닙**
구거
기**오**니 5도에서 8**또**
마**싣**는(마**딛**는) 팥**쭉**
사과는 **마시써**
마시쓰면 **빠**나나
아피 **뿌여타**

국민 / 국가 / 국적
나뭇잎
국어
기온이 5도에서 8도
맛있는 팥죽
사과는 맛있어
맛있으면 바나나
앞이 뿌옇다

말
언어 / 음성 언어

글
문자 / 문자 언어

발음 VS 스펠링

영어 발음은 미국, 영국, 호주, 캐나다 등의 나라와 지역별, 개인별로 제 각각입니다. 이와 반면에 나라별 일부 차이는 있지만 영어 스펠링은 세계적으로 똑같습니다. 영어의 스펠링이 각 나라의 발음에 따라 제각각이면 세계의 무수한 영어 문서들은 통일감이 없어질 것입니다.

이 책에서는 스펠링 없이 한글로 표기된 발음만 암기합니다. 이는 스펠링(문자 언어)에 의존한 **시각적 영어 단어**가 아닌 발음(음성 언어)을 통한 머릿속의 **즉각적 영어 단어**부터 형성시키기 위함입니다.

① 한국어의 문자 = 한글 = 코리안 알파벳
② 영어의 문자 = 로마자 = (라틴) 알파벳
③ 프랑스어의 문자 = 로마자 = (라틴) 알파벳
④ 스페인어의 문자 = 로마자 = (라틴) 알파벳

한국어
낟따 / 낟따 / 나타 / 나제
난말 / 굼끼 / 판쭉
조타 / 실타
삭 / 삭 / 닥
일쩡 / 궐리
비스로 / 비츠로
지브로 / 지프로
미다지 / 구치다
곧 / 곧 / 곧
가치 / 구지

영어
브뤠익(깨다, 휴식하다)
오뤼쥐널(독창적인, 원본)
어뤼매아릭 / 오튀마틱(자동의)
에쥬케이션(교육)
비쥬얼(시각의)

프랑스어
비떼허(베테랑, 고참병)
뽐므(팜므, 여성)
까뻬(카페, 커피)
부께(부케, 다발)
비비(베베, 아기)

스페인어
까사(카사, 집)
마마(마마, 엄마)
까뻬(카페, 커피)
아디오스(아디오스, 안녕)
에스빠냐(에스파냐, 스페인)

일본어
오덴(어묵)
게에무(게임)
이빠이(가득)
아리가또(고마워)
벤또(도시락)

한글(한자)
낫다 / 낮다 / 낳다 / 낮에
낟말 / 굶기 / 팥쭉
좋다 / 싫다
삯 / 삵 / 닭
일정(日程) / 권리(權利)
빗으로 / 빛으로
집으로 / 짚으로
미닫이 / 굳히다
곧 / 곳 / 곶
같이 / 굳이

로마자
break
original
automatic
education
visual

로마자
Vétéran
femme
Café
bouquet
bébé

로마자
Casa
Mamá
Café
adiós
España

가나(한자)
おでん
ゲーム
いっぱい
ありがと
べんとう(弁当)

발음 요령

번성하다
thrive [θráiv]

(θ)뜨롸입 = (θ)뜨롸이v = (θ)뜨롸이브
[θráiv] = th롸입 = θ롸입 = (θ)ㄸ롸이ㅂ
{뜨라이브} = {쓰라이브}

기본 발음법
"뜨롸입"

빠른 영어 단어 암기와
영어 발음 감 잡기용

한글 표기 영어 발음을
우리말 읽듯이
그냥 읽기

" 발음에 대한 몇가지 요령들 입니다. 롸, 뤄, 븨, 풰, 튀 등의 표기 때문에 과도하게 혀를 굴리지 않아도 됩니다. "

[dr] [쥬리]로 발음 / 한국식 발음 {드리} / 예) drive : 쥬롸입, {드라이브}

[tr] [츄리]로 발음 / 한국식 발음 {트리} / 예) tree 츄뤼이, {트리}

[r] ① [뤄], [롸], [륑] 등으로 발음 / 혀를 말고 굴리는 발음 / 혀를 뒤로 빼서 혀끝을 위로 올리되 입천장에 닿지 않도록 하면서 발음
② 미국식 r 받침 : 발음함 / 영국식 r 받침 : 발음 생략

[l] ① 혀끝을 윗니 바로 뒤에 살짝 대고 밀어 내면서 발음 / 'ㄹ'이 아닌 '얼' 또는 '을'로 발음 / 예) fill : 삘(쀠+ㄹ)이 아닌 쀠얼(쀠+'얼')
예) oil 오일(오+이+'ㄹ')이 아닌 **오이얼**(오+이+'얼') / 예) style 스똬일(스+똬+이+'ㄹ')이 아닌 스**똬이얼**(스+똬+이+'얼')
② l 발음은 발음하기 까다로운 발음으로 처음에는 [을ㄹ]의 구조를 생각하며 서서히 익혀 나가기
[을ㄹ]의 구조로 'ㄹ'이 두 번 엮어지는 발음 / '을'은 살짝 발음 / 예) play : ㅍ + 을ㄹ + ㅔ이 = **플레이**
③ l로 시작하는 단어 앞에는 '을' 가볍게 붙여 놓고 발음하는 느낌 / 날씬한 글자로 표기 / 예) light : **을라잍**
④ l이 단어 끝부분에서 받침처럼 발음되면 중간 정도로 약하게 발음된다 / 예) fill : **쀠얼**. '얼'과 '어' 사이로 발음
⑤ l이 단어 끝부분에서 받침처럼 발음되지 않고 생략되기도 한다 / 예) bulb : 버얼브, {벌브}가 아닌 **버업**

[sk] [스끼] = [ㅅㄲ]로 발음 / 스펠링 sk, sc, sq / 한국식 발음 {스크} / 예) sky [skai] : 스**까이**, ㅅ**까이**, {스카이} / 예) script [skript] : 스끄륖ㅌ, ㅅㄲ륖ㅌ, {스크립트}

[sp] [스삐] = [ㅅㅃ]로 발음 / 한국식 발음 {스프} / 예) spray : 스**쁘뤠이**, ㅅ**쁘뤠이**, {스프레이}

[st] [스뜨], [스쮜], [스츄] 등으로 발음 / 한국식 발음 {스트} / 예) study 스**뚜리**, ㅅ**뚜리**, {스터디} / 예) straight 스**쮸뤠잍**, ㅅ**쮸뤠잍**, {스트레이트}

[θ] ① 스펠링 th의 발음 / 무성음 / 번데기 / 혀끝을 앞니로 살짝 물었다 당기면서 그 사이로 내는 발음 [뜨] = [ㄸ], [쓰] = [ㅆ] / 예) bath : 배아뜨, 배아ㄸ

[ð] ② 스펠링 th의 발음 / 유성음 / 돼지꼬리 / 혀끝을 앞니로 살짝 물었다 당기면서 그 사이로 내는 발음 [드] = [ㄷ] / 예) this : **디**스, **디**ㅅ

[m] 위아래 입술을 다물고 발음하는데 공기가 나오는 통로를 막고 있기 때문에 콧소리가 나는 발음 [므] = [ㅁ]

[d] [디], [뒤], [뒬] 등으로 발음 / 혀끝을 윗니와 입천장 사이에 대었다가 떼면서 발음 [드] = [ㄷ], [뒤] = {더}

[t] [티], [튀], [퉤] 등으로 발음 / 혀끝을 윗니와 입천장 사이에 대었다가 떼면서 발음 [트] = [ㅌ], [튀] = {터}

[v] [븨], [붜], [뷜] 등으로 발음 / 유성음 / 윗니를 아래 입술에 살짝 대어 바람이 새 나가는 소리 [브+흐] = [ㅂ+ㅎ]

[f] [쁴], [쀠], [쀨] 등으로 발음 / 무성음 / 윗니를 아래 입술에 살짝 대어 바람이 새 나가는 소리 [쁘+흐] = [ㅃ+ㅎ]

[w] w 발음 앞에 '우'를 살짝 붙여 발음 [우이] = [우이] / 예) water : 우**와뤌** / 예) way : 우**웨이**

[z] [지], [쥐], [좌] 등으로 발음 / 입꼬리를 양 옆으로 늘어뜨리면서 발음

[b] 위아래 입술을 다물었다가 입 안의 공기가 팍 터지는 [브] = [ㅂ], [브+쁘] = [ㅂ+ㅃ]

[p] 위아래 입술을 다물었다가 입 안의 공기가 팍 터지는 [프] = [ㅍ], [쁘] = [ㅃ]

12

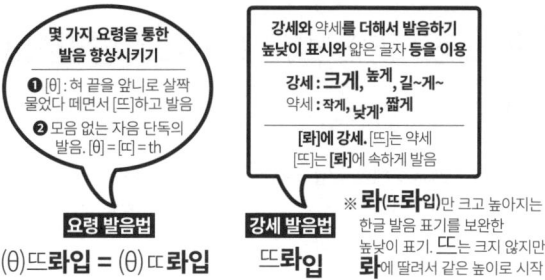

(θ)뜨롸입 = (θ)ㄸ롸입   요령 발음법   강세 발음법 ㄸ**롸**입

"
영어 단어 초보자는 발음 요령 페이지를 건너뛰고 우선 한글 표기 대로의 영어 발음부터 암기하기를 권장합니다.
"

자음 단독 발음
① 모음 없이 **무성음 자음으로만 발음 시** / 얇은 글자로 표기 / 스치듯, 속삭이듯 살짝 내는 발음 / ㅅ, 츄, 쯔, 쥐, 쉬, t 등
   예) extra[ékstrə] 엑st롸 = 엑ㅅㅉ롸 / spare[spɛər] s뻬얼 = ㅅ뻬얼
② 모음 없이 **유성음 자음으로만 발음 시** / 얇은 글자로 표기 / 브, 그, 쥬, d 등 / brand b뤤d = ㅂ뤤ㄷ = 브뤤ㄷ
③ 강세가 있는 l 발음 '을ㄹ'이 만났을 때 얇은 글자로 표기 / 플, 클, 글 등 / 예) play = ㅍ+을레이 = 플레이

단어끝의 자음 단독 발음
① 단어 끝이 모음 없이 자음으로 끝나면 속삭이듯 살짝 툭 내뱉어 발음
   얇은 글자 표기 / ㅅ, ㅈ, t, d, 쉬, 쥐, 취 등 / 예) pace 페이ㅅ, brand 브뤤ㄷ
② 문장에서 받침처럼 발음되면 받침으로 표기 및 발음 : 예) right = 롸이t = 롸이ㅌ = 롸일
③ 한글 발음 표기에 섞인 알파벳 d, t, p 등은 뒤에 오는 단어에 따라 **생략되거나 연결되어서 발음**됨을 의미함
   예) event 이붸en t = 이붸엔(t, ㅌ, 트) / event planning 이붸엔 플래닝 (생략) / event is 이붸엔 티ㅈ (연결)

@
① ★★★ **발음기호 아님** ★★★ / 골뱅이 (이메일 주소의 @ = at = 앳) / **r 발음용 이 책만의 임의 표시**
② 미국식 r 받침 발음용 : 혀를 말고 굴린 'ㄹ' 받침이 섞이게 발음 : 예) form @뽐~ = 뽐[for]과 뽐[fom]이 섞인 발음
③ 굴린 r 발음용 : [뤄]나 [롸]로 표기하기 어려운 발음을 표현할 때 사용. [@로], [@루] 등의 표기는 혀를 말고 발음

강세
① 강세 변화 : '**높낮이**'와 '**보통 글자**' '얇은 글자'로 표기함 / 자음 단독 등의 약한 발음은 얇은 글자로 표기
② 강세는 크게와 높게의 2가지 요소로 인해 큰 글자, 작은 글자가 아닌 높낮이로 표기함
   예) 일반적인 한글 발음 강세 표기 : 스쮸**롸**잎[롸에 강세] ➡ 높낮이 한글 발음 강세 표기 : 스쮸**롸**잎[롸에 강세]
   [스쮸]는 약하게 발음 하면서 강세 [롸]에 딸린 높이로 발음됨을 의미함
   스펠링 stripe = 발음기호 [straip] = str(자음) + ai(모음, 이중모음) + p(자음)의 구조
   스트라이프의 한글 표기로 오해하는 5음절(자음+모음×다섯 번)이 아닌 1음절(자음+모음×한 번)의 단어임
③ 강세가 두 번 있는 단어는 높낮이가 다르게 두 번 변화
   예) automatic[ɔ̀:təmǽtik] **어**러**매**아릴 / ◆ 제1강세[`] : 가장 강하게 발음 [왜] / ◆ 제2강세[˽] : 강하게 발음 [어]

★ / ☆   같은 단어가 품사, 뜻에 따라 발음 및 강세가 달라질 때 구분 표시

영어의 자음

① **무성음 자음** / 성대의 울림 없이 내는 소리
   [s] [p] [t] [f] [k] [h] [θ] [ʃ] [tʃ]

② **유성음 자음** / 성대가 울려 내는 소리
   [b] [g] [d] [v] [z] [ð] [ʒ] [dʒ] [m] [n] [ŋ] [r] [l]

엑	엑	잎
잍	잍	잇
잎	입	있

한글 영어 발음 표기들 = **받침으로의 표기** = 발음 값

※ 이 책에서의 받침 표기 시 발음 값은 같은데 표기가 다른 이유는 문장에서 뒤의 단어와 연결되어 발음이 달라지기 때문입니다.
우리말의 예) 앞, 앞집(ㅍ받침으로 표기) = 압, 압찝(ㅂ로 발음하지만 **ㅍ발음 값이 있음**) ➡ 앞으로 가다, 앞에 = 아프로 가다, 아페

에k = 에ㅋ = 에크 = **엑 = 엑**	k가 받침으로 사용됨. 뒤에 오는 단어와 연결될 때 **k**가 발음됨
에g = 에ㄱ = 에그 = **엑 = 엑**	g가 받침으로 사용됨. 뒤에 오는 단어와 연결될 때 **g**가 발음됨
이t = 이ㅌ = 이트 = **잍 = 잇**	t가 받침으로 사용됨. 뒤에 오는 단어와 연결될 때 **t**가 발음됨
이d = 이ㄷ = 이드 = **잍 = 잇**	d가 받침으로 사용됨. 뒤에 오는 단어와 연결될 때 **d**가 발음됨
이θ = 이ㄸ = 이뜨(미국) = **θ잍 = 잇**	무성음 θ(스펠링 th)가 받침으로 사용됨. 뒤에 오는 단어와 θ(ㄸ)가 연결돼 발음됨
이θ= 이ㅆ = 이쓰(영국) = **θ있 = 잇**	무성음 θ(스펠링 th)가 받침으로 사용됨. 뒤에 오는 단어와 θ(ㅆ)가 연결돼 발음됨
우ð = 우ㄷ = 우드 = **ð욷 = 웃**	유성음 ð(스펠링 th)가 받침으로 사용됨. 뒤에 오는 단어와 ð(ㄷ)가 연결돼 발음됨
우d = 우ㄷ = 우드 = **욷 = 웃**	d가 받침으로 사용됨. 뒤에 오는 단어와 연결될 때 **d**가 발음됨
이p = 이ㅍ = 이프 = **잎 = 입**	p가 받침으로 사용됨. 뒤에 오는 단어와 연결될 때 **p**가 발음됨
이f = 이ㅍ = 이프 = **잎 = 입**	f가 받침으로 사용됨. 뒤에 오는 단어와 연결될 때 **f**가 발음됨
이v = 이ㅂ = 이브 = **입 = 입**	v가 받침으로 사용됨. 뒤에 오는 단어와 연결될 때 **v**가 발음됨
이b = 이ㅂ = 이브 = **입 = 입**	b가 받침으로 사용됨. 뒤에 오는 단어와 연결될 때 **b**가 발음됨

목차

머리말 / 책의 특징	4
학습 목표	5
권장 학습법	6
자율 학습법	7
영어 단어 암기를 위한 설정	8
우리말로 기초 영어 단어 이해하기	9
우리말로 발음과 스펠링의 차이 이해하기	10
발음 요령	12
1회 - 400단어	15
2회 - 400단어	41
3회 - 400단어	67
4회 - 400단어	93
5회 - 400단어	119
6회 - 400단어	145
7회 - 400단어	171
8회 - 400단어	197

※ 1회당 400단어 × 8회 = 3200단어 (➕ 플러스 200단어)

왕초보 영단어 복합적 암기법 1회

두 마리 토끼를 잡으려면 한 마리씩!

빠른 영어 단어 암기를 위해 발음 요령과 강세는 제외하고 한글 표기 대로의 미국식 발음부터 암기합니다. (권장 사항)

단어용
영어 단어 암기용
기본 발음

VS

발음용
영어 발음 향상용
발음법

단어용	발음용
어뤄쐐아륄	어뤄쐐아륄
브뢔앤드	브뢔앤d
듸스카운트	듸스카운t☆
패앳 / 패아뜨	패θ앋/ 패아θㄸ
클로우딩	클로우ð딩

VS

우와뤌 / 우워뤌	우와뤌 / 우워뤌
올라이썬스	올라이썬스
뤼코얼드	뤼코얼d★
익스쮸뢑트	익스쮸뢑t★
플랱뽐~	플랱@뽐~

△ 한글 표기대로만 발음   ▲ 발음 요령 & 강세

① d, t 등의 알파벳 표기는 드, 트 등으로 읽기
② '얇은 글자'와 '훌쭉한 글자' 그냥 읽기
③ 각종 기호, 발음 요령은 신경 쓰지 말고 발음
④ 강세를 위한 높낮이 표시 배제하고 발음
※ 한글 발음 표기에 기본 영어 발음 내새

영어 단어에 해당하는 국어 단어 (기준으로 세운 뜻)	미국식 발음	영국식 발음	해당 국어 단어들 (다른 뜻들)	{한국식 발음}	스펠링	
(공간, 지역, 시간을) **차지하다**	아키파이	오큐파이	점유하다, 점령하다	{아큐파이}	occupy	**연상법**
인내	페이션스		인내심, 인내력, 참을성	{페이션스}	patience	
줄어들다	디미니쉬 / 디메네쉬		줄이다, 반응 낮추다	{디미니쉬}	diminish	
잡초	우위일		잡초를 뽑다	{위드}	weed	
교육하다	에쥬케일			{에듀케이트}	educate	

떡, 과일, 초코파이가 있는 세 개의 자리 중에 **아키**(아기)들은 초코**파이**가 있는 자리를 **차지하다** / ♦ 강세 2개
페이(급료, 임금)가 적지만 최고의 자리에 오르기 위해 후보 **션스**(선수)들은 힘든 훈련으로 **인내**하고 있다
디게(되게) **미니**(미니)한 양의 식사와 꾸준한 운동으로 **쉬**(그녀)의 체중이 **줄어들다** / ♦ 쉬 : 스치듯 속삭이듯 작게 발음
마을 주민들이 모두 **우위일**(위드 with 함께, 같이)하여 밭의 **잡초를 뽑다** (우위일, 우위이드, 위드)
에(애)들에게 **쥬**(주) 1회 취미 겸 운동으로 스**케일**(스케이트)을 **교육하다** / ♦ 강세 2개 : 에(제1강세), 케(제2강세)

(조치, 방법, 형태 등을) **취하다**	퉤잌		받다, 받아들이다, 맡다	{테이크} take	**쪼개기**
(시간이) **걸리다**	퉤잌		잡다, 붙잡다, 얻다	{테이크} take	★★★
데리고 가다	퉤잌		데려다주다, 데려가다, 이르게 하다	{테이크} take	
가지고 가다	퉤잌		가져다, 가지다, 차지하다	{테이크} take	take
(사진을) **찍다**	퉤잌		(교통수단, 도로 등을) 타다, (영화) 한 장면	{테이크} take	

신속한 조치를 **취하다** ⇨ 신속한 조치를 **퉤잌**(테이k, 테이크, 테이크)하다 / 주문을 **받다** ⇨ 주문을 **퉤잌**하다
집에서 학교까지 걸어서 5분이 **걸리다** ⇨ 집에서 학교까지 걸어서 5분이 **퉤잌**하다
아이들을 공원에 **데리고 가다** ⇨ 아이들을 공원에 **퉤잌**하다
커피를 **가지고 가다** ⇨ 커피를 **퉤잌**하다 / ※ to go 사서 가지고 가는 음식, "포장이요" (미국) (= takeout), (= takeaway 영국)
사진을 찍다 ⇨ 사진을 **퉤잌**하다 / 버스를 타다 ⇨ 버스를 **퉤잌**하다 / 고속도로를 타다 ⇨ 고속도로를 **퉤잌**하다

추가의	엑스쮸롸		여분의, 특별한, 임시 보조 출연자	{엑스트라} extra	**재활용**
자동의	어뤼왜릭	오튀왜틱	자동적인, 무의식적인	{오토매틱} automatic	
낙인을 찍다	브랜d	브롼d	오명을 씌우다, 낙인, 상표	{브랜드} brand	
역동적인	다이내맥	다이나맥	동적인, 역학의, 역학(~s)	{다이내믹} dynamic	
할인	디스카운t☆		할인하다(디스카운t★)	{디스카운트} discount	

추가의 요금 ⇨ **엑스쮸롸**(엑스트라)의 요금 / 여분의 돈 ⇨ **엑스쮸롸**(엑스트라)의 돈
자동의 판매기(자동판매기) ⇨ **어뤼왜릭**(오토매틱)의 판매기 / ♦ 강세 2개 : 왜(제1강세), 어(제2강세)
소에게 낙인을 찍다 ⇨ 소에게 **브랜**(브랜d, 브랜드)하다 / 배신자로 낙인을 찍다 ⇨ 배신자로 **브랜**하다
역동적인 춤 동작 ⇨ **다이내맥**(다이나믹)한 춤 동작
반값 할인 ⇨ 반값 **디스카운**(디스카운, 디스카운트, 디스카운트) / ♣ DC는 discount의 줄임말 콩글리쉬

직업	아키페이션	오큐페이션	점유, 점령, 점거	{아큐페이션} occupation	**무작정**
환자	페이션t		참을성 있는, 인내심 있는	{페이션트} patient	
벼룩시장	쁠리이 말켙	플리이 마켙	노천 중고 시장	{플리 마켓} flea market	
예방하다	프뤼벤t / 프뤼벤t		~을 막다, 방지하다	{프리벤트} prevent	
추출하다	익스쮸뢉t★		추출물 (익스쮸뢉t☆)	{익스트랙트} extract	

아키(아기)를 키우기 위해 **페이**(급료)가 **션**는 직업이지만 그 사람은 열심히 일한다 / ※ (화살표)가 없는 문장은 연상법 적용
환자를 돌보다 ⇨ **페이션**(페이션, 페이션트)를 돌보다 / ♦ 얇은 알파벳 표기 t : 아주 작게 '트'하고 속삭이듯 짧게 내뱉는 발음
벼룩시장에서 오래된 시계를 사다 ⇨ **쁠리이 말켙**에서 오래된 시계를 사다 / ✚ 벼룩 flea 쁠리이 [플리이] [플리]
사고를 예방하다 ⇨ 사고를 **프뤼벤**(프뤼벤t, 프뤼벤트)하다 / ♦ 얇은 알파벳 표기 t : 뒤에 오는 단어에 따라 생략되거나 발음
콩에서 기름을 **추출하다** ⇨ 콩에서 기름을 **익스쮸뢉**(익스쮸뢉t)하다 / ♦ 품사별 강세 : 명사는 앞☆, 동사는 뒤★ (명전동후)

16

왕초보 영단어 복합적 암기법 **1**회

기원	오뤼쥔 / 오올쥔	어뤼쥔	근원, 출처, 원산, 출신, 태생 {오리진} origin	연상법
협상하다	니고우쉬에일		교섭하다 {니고쉬에이트} negotiate	
공약	플레쥐		공약하다, 서약, 약속, 약속하다 pledge	
체계적인	씨스뜌뫠아릭	씨스트뫄틱	조직적인 {시스터매틱} systematic	
결국	이뷀츄얼리		마침내 {이벤츄얼리} eventually	

유명한 **오뤼**(오리) 요릿집 **쥔**장(주인장)이 삼대째 이어온 가게의 **기원**에 대해 설명하다
니 고우쉬 에일(니 것이 여덟 개)이고 내 것도 여덟 개로 똑같이 **협상하다** / ♣ 네고는 negotiation(협상)의 줄임말 콩글리쉬
전교 회장 후보가 하루 1시간씩 자유롭게 **플레**이(놀이) 할 수 있게 해 주겠다고 **공약**을 해서 회장 자리를 거머**쥐**다
자동화 **씨스뜌**(시스템, 체계)의 **체계적인** 원리를 배우기 위해 오뤼**뫠아릭**(오토매틱, 자동의)에 관련된 교재를 읽어보다
애인에게 **이뷀**t(이벤트)로 **츄얼리**(쥬얼리, 보석류)를 선물하고 **결국** 이번 달은 생활비가 바닥이 났다

방법	우웨이		수단 {웨이} way	쪼개기
방식	우웨이		~식 {웨이} way	★★★
~면	우웨이		방면 {웨이} way	
~점	우웨이		{웨이} way	way
길	우웨이		도로, (도로 명)~로 {웨이} way	

좋은 **방법**을 찾다 ⇨ 좋은 **우웨이**(웨이)를 찾다
나만의 **방식**대로 하다 ⇨ 나만의 **우웨이**대로 하다
이 제품은 모든 **면**에서 완벽하다 ⇨ 이 제품은 모든 **우웨이**에서 완벽하다 / 여러 **방면**으로 돕다 ⇨ 여러 **우웨이**로 돕다
어떤 **점**에서는 어린이가 어른보다 생각이 더 깊다 ⇨ 어떤 **우웨이**에서는 어린이가 어른보다 생각이 더 깊다
시장 가는 **길**을 물어보다 ⇨ 시장 가는 **우웨이**를 물어보다

사건	이붸엔t / 어붸엔t	이붸n t	행사, 대회, 한 경기 {이벤트} event	재활용
숯	촤아꺼울	춰어커울	목탄, 짙은 회색 {차콜} charcoal	
지하철 (미국)	썹우웨이		지하도 (영국) {서브웨이} subway	
(물건) 예비의	스뻬얼	스뻬어	예비품, 여분의, 남는, 여가의 {스페어} spare	
독창적인	오뤼쥐널		원래의, 원작의, 원본의, 원작, 원본 {오리쥐널} original	

역사적인 **사건** ⇨ 역사적인 **이붸엔**(이붸엔t) / ◆ 얇은 알파벳 표기 t (ㅌ, ㅌ): 뒤에 오는 단어에 따라 생략되거나 발음
촤아꺼울(차콜) 색상의 옷은 짙은 회색의 **숯**색을 말한다 / **+** 석탄 coal 커울 {콜} / ◆ l 발음: 울과 우 사이로 발음
지하철 노선 ⇨ **썹우웨이**(서브웨이) 노선 / ※ 서브웨이(SUBmarine WAY) 샌드위치는 잠수함 모양의 빵 샌드위치에서 유래
예비의 타이어 ⇨ **스뻬얼**(스페어) 타이어 / ◆ 's'는 모음 없이 무성 자음인 [s], 'ㅅ'만으로 내는 스치듯, 속삭이듯 작게 내는 발음
독창적인 생각 ⇨ **오뤼쥐널**(오리지날)한 생각 / 원래의 특징 ⇨ **오뤼쥐널**의 특징

해초 (海바다해草풀초)	씨우위일		해조류, 미역, 김 {시위드} seaweed	무작정
교육	에쥬케이션		{에듀케이션} education	
고속도로 (미국)	하이우웨이		주요 도로, 간선 도로 {하이웨이} highway	
유래하다	오뤼쥐네일		비롯되다, 일어나다, 기원하다 {오리쥐네이트} originate	
원래	오뤼쥐널리	오뤼쥘리 / 오뤼쥐널리	본래 {오리쥐널리} originally	

바닷속의 **해초** ⇨ 바닷속의 **씨우위일**(씨우위d) / ※ 미역, 김 등을 먹는 나라는 거의 없음
창의성 **교육** ⇨ 창의성 **에쥬케이션**(에듀케이션) / ◆ 강세 2개 : 케(제1강세), 에(제2강세)
고속도로를 달리다 ⇨ **하이우웨이**(하이웨이)를 달리다 / ◉ 간선 도로(幹줄기간線줄선): 줄기를 이루는 주요 도로
흰색 웨딩드레스는 영국에서 **유래하다** ⇨ 흰색 웨딩드레스는 영국에서 **오뤼쥐네일**(오리지네이트)하다
베테랑, 실루엣, 데뷔 등은 **원래** 프랑스어이다 ⇨ 베테랑, 실루엣, 데뷔 등은 **오뤼쥐널리** 프랑스어이다

영어 단어에 해당하는 국어 단어 (기준으로 세운 뜻)	미국식 발음	영국식 발음	해당 국어 단어들 (다른 뜻들)	{한국식 발음} 스펠링	
흔한	카아먼	커먼	공통의, 보통의, 일반적인, 공동의, 공유지	{커먼} common	연상법
흔히	카아먼을리	커먼을리	보통, 일반적으로	{커먼리} commonly	
어느 정도	썸우왙	썸우웥	다소, 약간, 얼마간	{섬왓} somewhat	
시력	싸잍	싸잍	보기, 시야, 광경	{사이트} sight	
중력	그롸비리	그롸뷔티	(지구) 인력, 심각성, 진지함	{그래버티} gravity	

카아(카, 자동차)를 운전하여 **먼** 거리를 운전하면 졸음이 오는 **흔**한 현상이므로 자주 쉬어야 한다
카아(카, 자동차)를 타고 **먼을리**(멀리) 가게 되면 **흔**히 잠을 자게 된다
스트레스가 쌓였는데 **썸**(섬)에 **우왙**(왔다)가 평화로움이 느껴져 **어느 정도** 마음의 안정을 찾았다
밤늦게 까지 인터넷 **싸잍**(싸이트, 사이트)을 너무 오래 봐서 **시력**이 안 좋아지다 / ※ internet site 인터넷 사이트
"몸이 **그롸**(그렇게) **비리**(비리비리) 말라서 **중력**의 법칙에 어긋나 날아가겠네~"라고 비꼬며 날씬한 친구를 질투하다

입고 있다	우웨얼	우웨어 / 우웨애	(입어) 닳게 하다, 해지다	{웨어} wear	쪼개기
착용하고 있다	우웨얼	우웨어 / 우웨애	착용하다, 착용	{웨어} wear	★★★
(신발을) 신고 있다	우웨얼	우웨어 / 우웨애	(시계, 팔찌 등을) 차고 있다	{웨어} wear	
(모자, 안경, 마스크 등을) 쓰고 있다	우웨얼	우웨어 / 우웨애	(반지를) 끼고 있다	{웨어} wear	wear
~복	우웨얼	우웨어 / 우웨애	의류, (수염, 머리를) 기르고 있다	{웨어} wear	

양복을 입고 있다 ⇨ 양복을 **우웨얼**(웨어)하고 있다
만보기를 착용하고 있다 ⇨ 만보기를 **우웨얼**(웨어)하고 있다
운동화를 신고 있다 ⇨ 운동화를 **우웨얼**(웨어)하고 있다
모자를 쓰고 있다 ⇨ 모자를 **우웨얼**(웨어)하고 있다 / 마스크를 쓰고 있다 ⇨ 마스크를 **우웨얼**(웨어)하고 있다
스포츠**우웨얼**(웨어), 언더웨어, 캐주얼웨어의 웨어는 ~복, 옷을 뜻한다

생각	아이디어		발상, 관념, 계획, 아이디어	{아이디어} idea	재활용
(양복, 의복, 갑옷 등의) **한 벌**	쑤웉		정장, (남성, 여성의) 정장 한 벌, 고소, 구혼	{슈트} suit	
(사건 등의) **현장**	씨인		장면, 경치, 풍경	{신} {씬} scene	
묶음	버언들	번들	꾸러미, 다발, 뭉치, 보따리	{번들} bundle	
술	알꺼헐		(화학) 알코올	{알콜} alcohol	

좋은 생각 ⇨ 좋은 **아이디어**(아이디어) / 발상의 전환 ⇨ **아이디어**의 전환
갑옷 한 벌 ⇨ 갑옷 **쑤웉**(쑤우트, 쑤우트, 슈트)
사건 현장 ⇨ 사건 **씨인**(신, 씬)
묶음 상품 ⇨ **번언들**(번들) 상품 / ◆ b 발음: 위아래 입술을 모았다가 입안의 공기를 팍 내보내는 발음
술을 마시다 ⇨ **알꺼헐**(알코올, 알콜)을 마시다 / ◆ 단어 끝 l 발음: 혈과 허 사이로 발음

일치하다	어코올d	어코올	일치, 합의, 협의, 협정	{어코드} accord	무작정
보상	뤼우월d	뤼우올	보상금, 보수, 보상하다	{리워드} reward	
섬세한	델러켙	델러컽	우아한, 정교한, 연약한, 깨지기 쉬운	{델리컷} delicate	
야채	붸즈뜨벌		채소	{베지터블} vegetable	
(전쟁, 사랑 등의) 포로	캐앞띂	캪팁	포로의, 억류된, 사로잡힌	{캡티브} captive	

말과 행동이 일치하다 ⇨ 말과 행동이 **어코올**(어코올d)하다 / ◆ 얕은 알파벳 표기 d: 뒤에 오는 단어에 따라 생략되거나 발음
금전적인 보상을 하다 ⇨ 금전적인 **뤼우월**(뤼우월d, 뤼우월드, 리워드)을 하다 / ◆ '9' 발음이 '월'에 속하게 발음
섬세한 손길 ⇨ **델러켙**(델리컷)한 손길
당근, 시금치 등의 야채는 건강에 좋다 ⇨ 당근, 시금치 등의 **붸즈뜨벌**(베지터블)은 건강에 좋다
전쟁 포로 ⇨ 전쟁 **캐앞띂**(캐앞띂v, 캐앞띂브, 캡티브) / 사랑의 포로 ⇨ 사랑의 **캐앞띂**

18

왕초보 영단어 복합적 암기법 **1**회

빈	엠띄	엠티 / 엠프티	비어 있는, 공허한, 비우다 {엠티} empty	연상법
동정	피리	피티	연민, 유감 {피티} pity	
능가하다	쒤패아스	써파스	앞서다, 넘어서다, ~을 넘다 {서패스} surpass	
수동적인	패아씹	파씹	수동의, 소극적인 {패시브} passive	
통로	패아씨쥐	파씨쥐	복도, 통과 {패시지} passage	

동기생들과 **엠띄**(엠티)를 가기로 한 곳에 빈 방을 예약해 놓다 / ♣ 엠티(MT, 멤버쉽 트레이닝, 수련회)는 콩글리시
게임에서 진 벌칙 때문에 코로 **피리**(피리)를 불고 피티(PT) 체조를 받는 친구들을 보고 웃음과 동시에 **동정**이 생기다
생약초를 **쒤**고(썰고) 빻아서 만든 약의 효과가 **패아스**(패스 pass 합격)하여 기존 제품의 효능을 훨씬 **능가하다**
슈팅에 자신이 없는 공격수가 **패아 씹**(패스만 십 번, 패스만 열 번)만 하는 **수동적인** 자세로 축구를 하다
땅을 **패아**서(파서) 밭의 **씨**를 헤집어 놓은 두더쥐(두더지)의 **통로**를 발견하다

통과하다	패아스 / 패애스	파아스	(법안, 퀴즈, 카드 등을) 통과시키다 {패스} pass	쪼개기
지나가다	패아스 / 패애스	파아스	나아가다, 그냥 넘어가다 {패스} pass	★★★
건네주다	패아스 / 패애스	파아스	(공을) 패스하다 {패스} pass	pass
합격하다	패아스 / 패애스	파아스	합격시키다, 합격 {패스} pass	
출입증	패아스 / 패애스	파아스	통행증 {패스} pass	

시험에 통과하다 ⇨ 시험에 **패아스**(패스)하다 / 빛이 유리를 통과하다 ⇨ 빛이 유리를 **패아스**하다
그가 그녀의 앞으로 지나가다 ⇨ 그가 그녀의 앞으로 **패아스**하다 / ◆ '스'는 자음 [s]만으로 내는 스치듯 속삭이듯이 내는 발음
옆 사람에게 수저와 젓가락을 건네주다 ⇨ 옆 사람에게 수저와 젓가락을 **패아스**하다
시험에 합격하다 ⇨ 시험에 **패아스**하다
그 건물은 출입증이 있어야 들어갈 수 있다 ⇨ 그 건물은 **패아스**가 있어야 들어갈 수 있다

포착하다	캐앞쩔	캎쳐	포로로 잡다, 붙잡다, 포획하다, 포획 {캡쳐} capture	재활용
어조	퉈운	터운	색조, 말투, 음색, 음조 {톤} tone	
전시하다	디스쁠레이		진열하다, 보여주다, 전시, 진열, 표시 장치 {디스플레이} display	
예행연습	뤼헐썰	뤼허어썰	시연, 리허설 {리허설} rehearsal	
(물리, 관심, 주목 등의) 초점	쀠우거스	쀠우커스	중점, 초점을 맞추다, 집중하다 {포커스} focus	

카메라에 포착하다 ⇨ 카메라에 **캐앞쩔**(캡쳐)하다 / 적을 포로로 잡다 ⇨ 적을 **캐앞쩔**(캡쳐)하다
화난 어조로 말하다 ⇨ 화난 **퉈운**(톤)으로 말하다 / 밝은 색조의 옷 ⇨ 밝은 **퉈운**(톤)의 옷
작품을 전시하다 ⇨ 작품을 **디스쁠레이**(디스플레이)하다 / 의상을 진열하다 ⇨ 의상을 **디스쁠레이**하다
공연 예행연습을 하다 ⇨ 공연 **뤼헐썰**(리허설)을 하다
논쟁의 초점 ⇨ 논쟁의 **쀠우거스**(포커스) / 카메라 초점 ⇨ 카메라 **쀠우거스**

외모	어피어뤈스		외관, 겉모습, 출현, 출연, 등장 {어피어런스} appearance	무작정
관광	싸잍씨잉		유람, 구경, 관광의 {사이트시잉} sightseeing	
성장	그로θ욷	그로θ웆	증가 {그로쓰} {그로스} growth	
필요한	네서쎄어뤼	네서쎄어뤼	필수적인 {네서서리} necessary	
(요리 등의) 재료	인그뤼리언t	인그뤼디언t	(혼합물의) 성분 {인그리디언트} ingredient	

외모가 아름답다 ⇨ **어피어뤈스**(어피어런스)가 아름답다
뉴욕으로 관광을 가다 ⇨ 뉴욕으로 **싸잍씨잉**(사이트시잉)을 가다
아이들의 성장 과정 ⇨ 아이들의 **그로욷**(그로우th, 그로우θ, 그로우뜨, 그로웇) 과정 / ◆ '그로욷' = '그로우뜨'로 발음
컴퓨터는 필요한 물건이다 ⇨ 컴퓨터는 **네서쎄어뤼**(네서서리)한 물건이다
요리 재료 ⇨ 요리 **인그뤼리언**(인그뤼리언t, 인그리디언t) / 제품의 성분 ⇨ 제품의 **인그뤼리언**

19

영어 단어에 해당하는 국어 단어 (기준으로 세운 뜻)	미국식 발음	영국식 발음	해당 국어 단어들 (다른 뜻들)	{한국식 발음} 스펠링	
검사하다	인스뻭t		점검하다	{인스펙트} inspect	연상법
면	아스뻭t		양상, 측면, 국면, 관점, 외관	{애스펙트} aspect	
아침식사	브뤡뻐슽	브뤡뻐슽	아침을 먹다, 조반	{브렉퍼스트} breakfast	
(자동차, 기계 등의) 고장	브뤠잌다운		파손, 붕괴, 쇠약	{브레이크다운} breakdown	
기대하다	잌스뻬엨t	엨스뻬엨t	예상하다	{익스펙트} expect	

가게를 **인스**(인수) 하기 전에 장부에 기록된 매출을 **뻭**t(팩트, 사실)를 **검사하다** (인스뻭, 인스펙, 인스뻭트)
아스피린(약, 소염 진통제)의 효능은 때론 좋게 때론 나쁘게 평가되는 **면**이 있는 것이 **뻭**t(팩트, 사실)이다
브뤡(브레이크, 깨다) **뻐슽**(패스트 fast 단식, 빨리)은 밤 동안의 단식을 깨는 **아침식사**를 말한다 / ※ break(깨다) + fast(단식)
자동차 브레이크(brake제동 장치)가 **브뤠잌**(고장나다)하고 **다운**(작동하지 않음)돼서 수리점에 **고장** 난 자동차를 맡기다
이 비밀이 세상 **잌스**(바깥으로) 나와서 그 **뻬엨t**(팩트, 사실)가 여러 사람에게 알려지길 **기대하다**

(물건, 약속, 기록 등을) 깨다	브뤠잌		깨뜨리다, 깨지다, 파괴, 금	{브레이크} break	쪼개기
휴식하다	브뤠잌		쉬다, 쉼, 휴식	{브레이크} break	★★★
부서지다	브뤠잌		부수다, 부러지다, 부러뜨리다	{브레이크} break	
고장나다	브뤠잌		망가지다, 고장 내다, ~을 끝내다	{브레이크} break	break
(약속 등을) 어기다	브뤠잌		(뉴스가) 알려지다, 누설하다	{브레이크} break	

유리컵을 깨다 ⇨ 유리컵을 **브뤠잌**하다 / 약속을 깨다 ⇨ 약속을 **브뤠잌**하다 / 기록을 깨다 ⇨ 기록을 **브뤠잌**하다
열심히 일한 뒤 **휴식하다** ⇨ 열심히 일한 뒤 **브뤠잌**(브레이크)하다
자동차 범퍼가 **부서지다** ⇨ 자동차 범퍼가 **브뤠잌**(브레이크)되다
텔레비전이 **고장나다** ⇨ 텔레비전이 **브뤠잌**(브레이크)되다
약속을 어기다 ⇨ 약속을 **브뤠잌**(브레이크)하다 / ◆ b 발음 : 위아래 입술을 모았다가 입안의 공기를 팍 내보내는 발음

단식하다	빠아슽 / 빼아슽	빠슽	단식, 금식하다, 빠른, 빨리, 빠르게, 단단히	{패스트} fast	재활용
걷는 속도	페이스		걸음, 속도, 속도를 유지하다	pace	
비틀다	투웨슽 / 투위슽		비틀리다, 꼬다, 찡그리다, 트위스트 (춤)	{트위스트} twist	
범주	캐아뤼고오뤼	캬튀그뤼 / 캐튀그뤼	부문, 카테고리	{카테고리} category	
경계하다	가알d	가알	보호하다, 경계, 경호원, 경비원	{가드} guard	

이틀간 **단식하다** ⇨ 이틀간 **빠아슽**(빠아스t, 빠아스트, 패스트)하다 / ※ 패스트 푸드 : 즉석요리, 신속하게 나오는 간편 요리
걷는 속도를 유지하다 ⇨ **페이스**를 유지하다
좌우로 몸을 **비틀다** ⇨ 좌우로 몸을 **투웨슽**(투웨스트, 투위스트, 트위스트)하다 / ◆ 투웨슽 = 트위슽
범주별로 구분된 자료들 ⇨ **캐아뤼고오뤼**(카테고리)별로 구분된 자료들
주위를 **경계하다** ⇨ 주위를 **가알**(가알d)하다 / ◆ 한글 발음 표기에 섞인 알파벳 d : 생략 또는 뒤의 단어에 연결되어 발음

간섭하다	인퉐ㄹ삐얼 / 이눠ㄹ삐얼	인퉈ㄹ삐어	개입하다	{인터피어} interfere	무작정
정확하게	이그좌아끌리	이그좌클리	정확히, 꼭, "맞어"	{이그잭틀리} exactly	
개념	커언쎞t	컨쎞t		{컨셉} {콘셉트} concept	
받아들이다	액쎞t / 읙쎞t	액쎞t / 앀쎞t	수용하다	{액셉트} accept	
수호자	가알리언	가아듸언	보호자, 후견인	{가디언} guardian	

아이가 하는 일마다 엄마가 **간섭하다** ⇨ 아이가 하는 일마다 엄마가 **인퉐ㄹ삐얼**(인터피어)하다
정확하게 반으로 나누다 ⇨ **이그좌아끌리**(이그잭틀리)하게 반으로 나누다
새로운 개념 ⇨ 새로운 **커언쎞**(커언쎞t) / ◆ 한글 발음 표기에 섞인 알파벳 t : 뒤에 오는 단어에 따라 생략 또는 연결되어 발음
상대의 의견을 **받아들이다** ⇨ 상대의 의견을 **액쎞**(액쎞t, 액셉트, 액셉트)하다
평화의 **수호자** ⇨ 평화의 **가알리언**(가디언) / **보호자**를 동반하다 ⇨ **가알리언**(가디언)을 동반하다

왕초보 영단어 복합적 암기법 1회

귀찮게 하다	어노이		성가시게 하다, 짜증 나게 하다, 괴롭히다 annoy		연상법
투자하다	인붸에슽	인붸슽	{인베스트} invest		
뿌리째 뽑다	아쁘루웉		근절하다, 근절되다, 뿌리째 뽑다 {업루트} uproot		
섭취	인퉤잌		섭취량, 흡입, 빨아들임, 채용 인원 {인테이크} intake		
녹	뤄슫 / 롸슫		(금속, 실력 등이) 녹슬다 {러스트} rust		

심하게 장난치는 **어**린이들이 선생님을 **노이**로제(신경증) 걸릴 정도로 귀찮게 하다
전망이 좋은 투자처를 선별해 그 **인**(in, ~안에)에서도 **붸에슽**(베스트 best 가장 좋은)한 곳을 선별해 투자하다
나쁜 습관을 **아쁘루 웉**(앞으로 쪽) 뿌리째 뽑다
배가 너무 고파서 삼**인**분의 스**퉤잌**(스테이크)를 섭취하니 아주 만족스럽다 / ※ 안(in)으로 취하다(take)
참기름을 **뤄**(넣어) 녹이 슨 **슫**(솥)을 닦다 (뤄슫, 루스트, 뤄스트, 러스트)

(물건, 약속 등이) 깨진	브로우끈	브로우큰	어긴, (break의 과거 분사) {브로큰} broken		쪼개기
고장난	브로우끈	브로우큰	{브로큰} broken		★★☆
망가진	브로우끈	브로우큰	{브로큰} broken		
부서진	브로우끈	브로우큰	부러진 {브로큰} broken		broken
(가정, 결혼이) 파탄 난	브로우끈	브로우큰	파산한, 끝장난 {브로큰} broken		

깨진 병 ⇨ **브로우끈**(브로큰)한 병 / 깨진 약속 ⇨ **브로우끈**한 약속 / 약속을 어긴 친구 ⇨ 약속을 **브로우끈**한 친구
고장난 스마트폰 ⇨ **브로우끈**된 스마트폰
망가진 우산 ⇨ **브로우끈**된 우산
부서진 장난감 ⇨ **브로우끈**된 장난감 / 부러진 손잡이 ⇨ **브로우끈**된 손잡이
파탄 난 결혼 ⇨ **브로우끈**된 결혼

브레이크를 밟다	브뤠잌		제동 장치, 제동기, 제동, 브레이크 {브레이크} brake		재활용
생존	쒈봐이블	써봐이블	살아남기 {서바이벌} survival		
살아남다	쒈봐입	써봐입	생존하다 {서바이브} survive		
임기 (임무 기간)	@튐~	튐	용어, 기간, 기한, 학기 (영국) {텀} term		
(합의, 계약, 지급 등의) 조건	@튐~즈	튐즈	친한 사이, 사이, 관계, (term의 복수형) {텀스} terms		

자동차 **브레이크를 밟다** ⇨ 자동차 **브뤠잌**(브레이k, 브레이크)하다 / 기계 제동 장치 ⇨ 기계 **브뤠잌**
물에서의 생존 훈련은 필요하다 ⇨ 물에서의 **쒈봐이블**(서바이벌) 훈련은 필요하다
무인도에서 **살아남다** ⇨ 무인도에서 **쒈봐입**(쒈봐iv, 쒈봐ib, 서바이브)하다
대통령의 임기는 5년이다 ⇨ 대통령의 **튐~**은 5년이다 / 어려운 과학 용어 ⇨ 어려운 과학 **튐~**
유리한 조건에 계약을 하다 ⇨ 유리한 **튐~즈**에 계약을 하다 / ◆ @튐~ : 혀를 말고 튐(튐과 튐이 섞인 소리)을 길게 발음

끼워 넣다	인써t	인써얼	삽입하다, 끼우다, 꽂다 {인서트} insert		무작정
(일, 책임 등을) 떠맡다	언뒬퉤잌	언둬퉤잌	(맡아서) 착수하다 {언더테이크} undertake		
실수	미스퉤잌		잘못, 잘못 판단하다 {미스테이크} mistake		
추월하다	오붜퉤잌	오붜퉤잌	따라잡다, 앞지르다 {오버테이크} overtake		
(비행기가) 이륙하다	퉤이 꺼엎	퉤이 커엎	벗다, 서둘러 떠나다 {테이크 어프} take off		

카드 단말기에 카드를 끼워 넣다 ⇨ 카드 단말기에 카드를 **인써얼**(인써t, 인써얼트, 인서트)하다
큰 일을 떠맡다 ⇨ 큰 일을 **언뒬퉤잌**(언더테이크)하다 / 일을 맡아서 착수하다 ⇨ 일을 맡아서 **언뒬퉤잌**하다
실수를 하다 ⇨ **미스퉤잌**(미스퉤ik, 미스퉤이크, 미스테이크)을 하다
앞차를 추월하다 ⇨ 앞차를 **오붜퉤잌**(오붤퉤이k, 오붜퉤이크, 오버테이크)하다
비행기가 이륙하다 ⇨ 비행기가 **퉤이 꺼엎**(테이크 어엎, 테이크 어프)하다 / ◎ 이륙(離떠날이陸뭍륙)

21

영어 단어에 해당하는 국어 단어 (기준으로 세운 뜻)	미국식 발음	영국식 발음	해당 국어 단어들 (다른 뜻들)	{한국식 발음}	스펠링	
번개	을라읻닝		번갯불	{라이트닝}	lightning	연상법
흐리게 하다	블러얼	블러어	흐릿해지다, 희미해지다, 흐릿함	{블러}	blur	
관련된	뤨러뷀t	뤨러뷘t	관련 있는, 적절한	{렐러번트}	relevant	
상대적인	뤨러팁		비교적인, 비교의, 친척	{렐러티브}	relative	
과장하다	이그좩져뤠잍	이그좌져뤠잍		{이그재저레이트}	exaggerate	

을라읻(라이트, 빛)이 사라져 **모닝**(아침)부터 컴컴해지더니 **번개**가 번쩍이다 / ◆ l 발음 : '을'의 구조로 발음
가수가 노래를 감미롭게 **블러**(불러) **얼**마간 나의 감성을 아련하고 **흐리게 하다** / ◆ l 발음 : '브'러얼이 아닌 '블'러얼로 발음
야구에서 점수를 **뤨러**고(내려고) 지시한 **뷀t**(번트) 작전은 1점을 얻기 위한 박빙 승부에 **관련된** 작전이다
인터넷에 광고를 **뤨러**고(내려고) **팁**(티브이, TV) 광고와 **상대적인** 장단점을 알아보다
"**이그**, 거짓말~" 한 학생이 빗물에 신발이 **좩져**(젖어) 발걸음이 무거워져서 학교에 **뤠잍**(late 늦은) 이유라고 **과장하다**

빛	을라잍			{라이트}	light	쪼개기
(전기, 성냥 등의) 불	을라잍		불을 붙이다, 전등, 등, 조명	{라이트}	light	★★★
밝히다	을라잍		밝게 하다	{라이트}	light	
가벼운	을라잍		경쾌한, 가볍게, 경쾌하게	{라이트}	light	light
연한	을라잍		옅은, 약한	{라이트}	light	

어두운 곳에 **빛**을 비추다 ⇨ 어두운 곳에 **을라잍**(라이트)을 비추다
불을 켜다 ⇨ **을라잍**을 켜다 / 장작에 **불**을 붙이다 ⇨ 장작에 **을라잍**하다
어두운 방을 **밝히다** ⇨ 어두운 방을 **을라잍**하다
가벼운 짐을 들다 ⇨ **을라잍**한 짐을 들다 / ◆ l 발음 : 'l'로 시작하는 단어는 '을' 발음을 가볍게 붙인다 ('을'의 구조)
연한 색상 ⇨ **을라잍**한 색상

많은	얼 라 뤕	얼 라 뤕		{어 랏 어브}	a lot of	재활용
강조하다	하일라잍		가장 중요한(흥미 있는, 밝은) 부분	{하이라이트}	highlight	
면허	을라이쎈스		면허증, 허가증, 면허를 주다, 허가하다	{라이선스}	license	
여가	을리이절 / 을레절	을레져		{레져}	leisure	
강단	플랕@뽐~	플랕뽀옴	기반 (체계), 연단, 단, 승강장	{플랫폼}	platform	

많은 물건들 ⇨ **얼 라 뤕**한 물건들 / ◆ l 발음 : a lot of 얼 라 뤕(어 랕 업) / ※ I love you 아일 러 뷰우(아이 울러브 유우)
건강의 중요성을 **강조하다** ⇨ 건강의 중요성을 **하일라잍**(하이라이트)하다 / ◆ 하일라잍(하이 + 라잍)
운전면허 ⇨ 운전 **을라이쎈스**(라이선스) / ※ (= licence 영국)
여가 용품을 구입하다 ⇨ **을리이절**(레져) 용품을 구입하다
강단에 서서 강의를 하다 ⇨ **플랕뽐~**(플랫폼)에 서서 강의를 하다 / ◆ @뽐~ : 혀를 말고 뽐(뽈과 뽐이 섞인 소리)을 길게 발음

후회하다	뤼그뤹		후회, 유감	{리그레트}	regret	무작정
가볍게	을라잍을리	을라이틀리	살짝, 조금	{라이틀리}	lightly	
기후	클라이멑	클라이멑	풍토	{클라이미트}	climate	
일부러	딜리벌을리	딜리버러틀리	의도적으로, 고의로, 신중히		deliberately	
장벽	배어뤼얼	바아뤼어	장애물	{배리어}	barrier	

밤늦게 라면 먹은 것을 **후회하다** ⇨ 밤늦게 라면 먹은 잔 것을 **뤼그뤹**(뤼그뤳t, 뤼그뤹트, 리그레트)하다
가볍게 눌러 주다 ⇨ **을라잍을리**(라이틀리)하게 눌러 주다 / ◆ l로 시작하는 단어 : l 앞에 '을'을 가볍게 붙인다
사계절 내내 온화한 **기후** ⇨ 사계절 내내 온화한 **클라이멑**(클라이미트) / ◆ l 발음(을리) : '크'라가 아닌 '클'라로 발음
일부러 그랬다 ⇨ **딜리벌을리**로 그랬다 / **의도적으로** 접근하다 ⇨ **딜리벌을리**(딜리버러틀리, 딜리버러트리)로 접근하다
높은 **장벽** ⇨ 높은 **배어뤼얼**(배리어) / ◆ b 발음 : 위아래 입술을 모았다가 입안의 공기를 팍 내보내는 발음

22

왕초보 영단어 복합적 암기법 1회

약간의	슬라읕		조금의, 경미한 {슬라이트} slight	연상법
(입으로) 빨다	써억		빨아들이다, 빨아먹다 {석} suck	
상상하다	이똬젼	이똬즌	마음에 그리다 {이매진} imagine	
도달하다	뤼이취		~에 이르다, 닿다, (손을) 뻗다, 미치는 범위 {리취} reach	
통증	페인		고통, 아픔, 고통을 주다 pain	

샌드위치에는 **약간의 슬라**이스 치즈가 **읕**다(있다) / ◆ ㅣ발음 강세: ㅅ + 올**라읕**의 구조. 'ㅅ'이 강세 '올라'에 속하게 발음
새끼 송아지가 태어나자마자 썩 잘 걷고 젖을 **써억**(썩) 잘 빨다
이똬(이마) **젼**(前앞전, 앞)에 뿔이 달린 유니콘을 상상하다
금전적인 성과에 있어서 **뤼이취**(리치 rich 부유한)한 사람이 가난한 사람보다 빠르게 목표에 도달하다
하루 종일 **페인**트 칠을 했더니 팔과 손목에 통증이 있다

맞는	롸잍		오른쪽의, 오른쪽 {라이트} right	쪼개기
옳은	롸잍		올바른, 옳게 {라이트} right	★★★
바로	롸잍		바른, 바르게 {라이트} right	
권리	롸잍		{라이트} right	right
인권	롸잍		{라이트} right	

"그건 맞는 말이야" ⇨ "그건 **롸잍**(라이트)한 말이야" / 오른쪽의 길(오른쪽 길) ⇨ **롸잍**(라이트)의 길
옳은 길을 택하다 ⇨ **롸잍**한 길을 택하다 (롸잍, 라잍, 롸이트, 라이트)
지금 **바로** 행동을 하다 ⇨ 지금 **롸잍**으로 행동을 하다
국민 모두는 행복할 **권리**가 있다 ⇨ 국민 모두는 행복할 **롸잍**이 있다
모든 사람의 **인권**은 존중되어야 한다 ⇨ 모든 사람의 **롸잍**은 존중되어야 한다

뼈대	쁘뤠임	프뤠임	골격, 액자, 틀, (영화 등의) 한 장면 {프레임} frame	재활용
단계	스떼엪 / 스떼앞	스뗖	걸음, 발걸음, 한 걸음, 보폭, 조치 {스텝} step	
경로	쵀아널 / 쵀애널		주파수대, 접근 수단, 표현 수단, 수로, 해협 {채널} channel	
(드릴, 송곳 등으로) 구멍을 뚫다	쥬뤼얼	쥬뤼을	훈련, 연습, 반복 연습, 송곳, 드릴 {드릴} drill	
변화	쉬잎t	쉾t	옮기다, 전환, 바꾸다, 변경하다 {쉬프트} shift	

자동차의 **뼈대**가 튼튼하다 ⇨ 자동차의 **쁘뤠임**(프레임)이 튼튼하다
한 **단계** 나아가다 ⇨ 한 **스떼엪**(스텝) 나아가다
유통 **경로** ⇨ 유통 **쵀아널**(채널) / 다양한 라디오 주파수대 ⇨ 다양한 라디오 **쵀아널**(채널)
나무판에 **구멍을 뚫다** ⇨ 나무판에 **쥬뤼얼**(드릴)하다
작은 **변화** ⇨ 작은 **쉬잎**(쉬잎t, 쉬이ft, 쉬이프트, 쉬프트) / 위치를 옮기다 ⇨ 위치를 **쉬잎**하다

상상력이 풍부한	이똬져너팊 / 이똬져너팊	이똬져너팊	상상의 {이매져너티브} imaginative	무작정
개발하다	디뷀렆 / 디뷀렆		발달시키다, 발전시키다 {디벨렆} develop	
승리	츄롸이엄f		큰 업적, 대성공, 이기다 {트라이엄프} triumph	
이용할 수 있는	어뷀일러벌	어뷀일러블	사용할 수 있는 {어베일러블} available	
밝은	브롸잍		눈부신, 빛나는, 환한, 영리한 {브라이트} bright	

상상력이 풍부한 아이 ⇨ **이똬져너팊**(이매져너팊v, 이매져너티브, 이매져너티브)한 아이
새로운 방법을 **개발하다** ⇨ 새로운 방법을 **디뷀렆**(디벨렆)하다
정의의 **승리** ⇨ 정의의 **츄롸이엄**f(츄라이엄f) / ◆ 한글 발음 표기에 섞인 알파벳 f(ㅍ) : 뒤의 단어에 따라 생략 또는 연결되어 발음
전국에서 **이용할 수 있는** 교통카드 ⇨ 전국에서 **어뷀일러벌**(어베일러블) 하는 교통카드
밝은 표정 ⇨ **브롸잍**(브라잍t, 브라이트, 브라이트)한 표정

23

영어 단어에 해당하는 국어 단어 (기준으로 세운 뜻)	미국식 발음	영국식 발음	해당 국어 단어들 (다른 뜻들)	{한국식 발음} 스펠링	
헌신하다	뒈리케잍	뒈디케잍	바치다 {데디케이트} dedicate		연상법
신중한	프루른t / 프루뤈t		{프루든트} prudent		
선수	아θ쓸맅 / 애θ쓸맅	아θ쓸맅	운동선수 {애슬리트} athlete		
평생	을라이프타임		일생, 생애 {라이프타임} lifetime		
(장래, 경치의) 전망	프롸스뻭t	프뤄스뻭t	가망 {프라스펙트} prospect		

뒈리(대디, 아빠)가 딸이 스케일(스케이트) 선수로 성장하는데 헌신하다
이전에 도로를 내느라 프루른(푸른, 푸르던) 많은 t리(트리, 나무)를 베어서 자연을 훼손했으니 이번에는 신중한 계획을 세우자
그 아마추어 선수는 크게 아 쓸릴(악을 쓸 일, 애를 쓸 일) 없이 타고난 운동 신경을 바탕으로 즐기면서 운동을 한다
사람이 태어나서 올라이프(인생)가 타임(타임, 시간)을 보내면 그것이 그의 생애 즉, 평생이다
경제가 프라스(플러스) 성장을 할 것이라는 전망은 뻭t(팩트, 사실)에 근거한 자료를 바탕으로 한다

삶	을라잎		생 {라이프} life		쪼개기
인생	을라잎		{라이프} life		★★★
생명	을라잎		(집합적) 생물, 생물체 {라이프} life		life
목숨	을라잎		{라이프} life		
생활	을라잎		{라이프} life		

삶을 즐기다 ⇨ 을라잎(라이프)을 즐기다
인생은 짧고도 길다 ⇨ 을라잎(라이프)은 짧고도 길다
새 생명이 탄생하다 ⇨ 새 을라잎(라이프)이 탄생하다
그는 자신의 목숨을 걸고 맹세했다 ⇨ 그는 자신의 을라잎(라이프)을 걸고 맹세했다
결혼 생활 ⇨ 결혼 을라잎(라이프) / 바른생활 ⇨ 바른 을라잎(라이프)

끌다	쥬뤅 / 쥬뢕	쥬뢕	끌고 가다, 질질 끌다, (마우스) 드래그하다 {드래그} drag		재활용
형태	@뿜~	뽀옴	모양, 서식, 형성하다 {폼} form		
부정적인	네기맆	네거팁	부정의, 부정적인 말 {네거티브} negative		
돕다	어씨슽		도와주다, (스포츠) 어시스트 {어시스트} assist		
개혁	뤼@뿜~	뤼뽀옴	개혁하다, 개선, 개선하다 {리폼} reform		

무거운 상자를 현관까지 끌다 ⇨ 무거운 상자를 현관까지 쥬뢕(쥬라그, 드래그)하다
형태를 잡다 ⇨ 뽐~(폼)을 잡다 / ◆ @뽐~: 혀를 말고 뽐(뽈과 뽐이 섞인 소리)을 길게 발음
부정적인 생각 ⇨ 네기맆(네거티브)한 생각
우리팀 공격수의 골을 돕다 ⇨ 우리팀 공격수의 골을 어씨슽(어씨스t, 어씨스트, 어시스트)하다
개혁이 필요한 시점 ⇨ 뤼뽐~(리폼)이 필요한 시점

과학적인	싸이언티픽		과학의 {사이언티픽} scientific		무작정
요청	뤼쿠와슽 / 뤼쿠웨슽		부탁, 요구, 신청, 요청하다, 부탁하다 {리퀘스트} request		
돌아다니다	우원뒬	우원둬	배회하다, 거닐다 {원더} wander		
(대형) 선박 (船배선舶배박)	붸쓸	붸쓸	(대형) 배, 혈관, 그릇 {베설} {베슬} vessel		
노동	을레이붤	을레이붜	노동의, 노동자, 근로, 일하다 {레이버} labor		

과학적인 방법 ⇨ 싸이언티픽(사이언티픽)한 방법
긴급 요청 ⇨ 긴급 뤼쿠와슽(뤼쿠와스t, 뤼쿠와스트, 리퀘스트) / 정중한 부탁 ⇨ 정중한 뤼쿠와슽
이곳저곳을 돌아다니다 ⇨ 이곳저곳을 우원뒬(원더)하다
대형 선박에 화물을 싣다 ⇨ 대형 붸쓸(베설, 베쓸)에 화물을 싣다 / ◆ l 발음: 썰과 쓰 사이로 발음 (우리말 ㄹ받침인 듯 아닌 듯)
힘든 노동 ⇨ 힘든 을레이붤(레이버) / ※ (= labour 영국)

왕초보 **영단어** 복합적 **암기법** **1** 회

손상되지 않은 (서술형)	인퇘액t	인퇘악t	손대지 않은, 고스란히 그대로의 {인택트} intact		연상법
저지르다	커밑		범하다, 맡기다, 위탁하다 {커미트} {커밋} commit		
익숙한	쀄밀리얼	쀄밀리어	친숙한, 잘 아는 {퍼밀리어} familiar		
약	쥬뤅		약품, 약물, 마약 {드러그} drug		
영구적인	쀨뭐넌t	풔뭐넌t	상설의, 파마, 펌 (= perm) {퍼머넌트} permanent		

인간의 손이 컨**퇘액t**(컨택트, 접촉하다, 맞닿음) 하지 않아 **손상되지 않은** 계곡
커피를 **밑**바닥에 쏟아 새로 산 카펫이 얼룩지게 만드는 일을 **저지르다**
이웃집 사람들은 한 동네에서 20년 넘게 같이 살아서 **쀄밀리**(패밀리, 가족) 같이 **얼**굴들이 **익숙한** 사람들이다
눈물이 **쥬뤅**(주룩, 주르르) 흘릴 정도로 아파서 **약**을 먹고 쉬다 (쥬뤅, 쥬뤅그, 드러그)
쀨뭐넌(8만원) 짜리 그 **t**럭(트럭) 부품은 한 번 교환하면 거의 **영구적인** 사용을 한다 / **+** 파마, 펌 permanent wave

살다	을리입★		살아가다 {리브} live		쪼개기
생활하다	을리입★		지내다 {리브} live		★★★
거주하다	을리입★		{리브} live		live
생방송의	을라입☆		실황의, 실황으로, 생방송으로, 생중계의, 생중계로 {라이브} live		
살아 있는	을라입☆		생존 있는, 생존하다, 생존 해 있다 {라이브} live		

아파트에 **살다** ⇨ 아파트에 **을리입**(리브)하다
함께 **생활하다** ⇨ 함께 **을리입**(리브)하다 / 산에서 **지내다** ⇨ 산에서 **을리입**(리브)하다
런던에 **거주하다** ⇨ 런던에 **을리입**(리브)하다
생방송의 프로그램 ⇨ **을라입**(라이브)의 프로그램 / 공연 실황의 영상 ⇨ 공연 **을라입** 영상 / ● 실황 : 실제의 상황
살아 있는 물고기 ⇨ **을라입**(라이브)한 물고기

살아 있는 (명사 앞에는 안 씀)	얼라입		생기 넘치는, 활발한 {얼라이브} alive		재활용
미술관	걀러뤼 / 갤러뤼	걀러뤼	화랑, (골프의) 관중 {갤러리} gallery		
접촉	커언퇘악t	컨퇘악t	접촉하다, 교제, 연락, 연락하다 {콘택트} contact		
오류	에어뤌	에어뤄	오차, 잘못, 실수 {에러} error		
공포	퉤뤌	퉤뤄	두려움, 테러 (공포 행위) {테러} terror		

꽃게가 있다 **살아 있는**(꽃게가 살아 있다, 서술형 형용사, 주어인 꽃게를 서술, 주격 보어) ⇨ 꽃게가 있다 **얼라입**(얼라이v)
개인 미술관을 운영하다 ⇨ 개인 **걀러뤼**(갤러리)를 운영하다
접촉 렌즈 ⇨ **커언퇘악**(커언퇘악t, 커언퇘악t, 콘택트) 렌즈
전산처리에 **오류**가 나다 ⇨ 전산처리에 **에어뤌**(에러)이 나다
도심에서 폭탄 **퉤뤌**(테러)이 일어나 사람들이 **공포**에 휩싸이다 / **+** 끔찍한, 무서운 terrible 퉤뤄벌

살아 있는	을리빙		생활의, 현대의, 현재 사용되는, 현존하는 {리빙} living		무작정
거실 (미국)	을리빙 루움		{리빙 룸} living room		
감다	우와인d		휘감기다, 바람 (우원d☆) {와인드} {윈드} wind		
평판 (評판할評判할판)	뤠쀼퉤이션	뤠퓨퉤이션	명성 {레퓨테이션} reputation		
반도 (半반반島섬도)	페넨쓸라	페닌씰라	{페닌슐라} peninsula		

살아 있는 고등어 ⇨ **을리빙**(리빙)한 고등어
거실에서 TV를 보다 ⇨ **을리빙 루움**(리빙 룸)에서 TV를 보다
실을 **감다** ⇨ 실을 **우와인**(우와인d, 우와인드)하다 / **+** 되감다, 다시 감다 rewind 뤼우와인d
그는 사람들에게 **평판**이 좋다 ⇨ 그는 사람들에게 **뤠쀼퉤이션**(레퓨테이션)이 좋다
우리나라는 **반도** 국가이다 ⇨ 우리나라는 **페넨쓸라** 국가이다 / ● 반도 : 한 면이 육지에 이어지고 삼면이 바다인 땅

영어 단어에 해당하는 국어 단어 (기준으로 세운 뜻)	미국식 발음	영국식 발음	해당 국어 단어들 (다른 뜻들)	{한국식 발음} 스펠링	
삐다	스쁘뤠인		접질리다, 삠, 염좌	{스프레인} sprain	연상법
잔소리하다	내액 / 내악	나악	바가지를 긁다, 들볶다	{내그} nag	
주요한	프롸이뭬어뤼	프롸이뭐뤼	주된, 제1의, 초등의	{프라이머리} primary	
(안 좋은 일 등을) 겪다	언둴궈우	언둮궈우	받다	{언더고} undergo	
머무르다	스뗴이		남다, 체류하다, 그대로 있다, ~인 채로 있다, 체류	{스테이} stay	

스쁘뤠인(스프레인) 파스를 뿌리면 괜찮아질 정도로 가볍게 발목을 삐다
감독이 **내 액**션 연기가 별로라며 이런저런 **잔소리하다** (내액, 내애그, 내애그, 내그)
지진이 일어나서 **프롸이**팬(프라이팬)으로 주요한 **뭬어뤼**(머리) 부분을 보호하다
일이 잘 안 풀려서 자꾸만 **언둴**(아래로) **궈우**(가다) 하다 보니 여러 고난을 **겪다**
스뗴이크(스테이크)가 맛있는 호텔에 머무르다

기둥	퍼우슽			{포스트} post	쪼개기
(안내문 등을) 게시하다	퍼우슽		(기둥, 벽 등에) 붙이다	{포스트} post	★★☆
(글, 사진 등을 인터넷에) 올리다	퍼우슽			{포스트} post	
~후	퍼우슽		~이후, ~뒤	{포스트} post	post
우편 (영국)	퍼우슽		우편물, 우편으로 보내다, 우체통에 넣다	{포스트} post	

축구공이 골 기둥에 맞고 나오다 ⇨ 축구공이 골 **퍼우슽**(포스트)에 맞고 나오다 / ※ 포스터(벽보)는 기둥에 붙인 데에서 유래
안내문을 게시판에 **게시하다** ⇨ 안내문을 게시판에 **퍼우슽**하다 / + 벽보, 포스터 poster 퍼우스뤌 [퍼우스뚤] {포스터}
블로그에 글을 **올리다** ⇨ 블로그에 글을 **퍼우슽**(퍼우스트)하다 / + (인터넷에) 글 올리기, 글 게재 posting 퍼우스띵
전쟁 후 세대 ⇨ 전쟁 **퍼우슽**(post-war) 세대 / 근대 이후 주택 양식 ⇨ 근대 **퍼우슽**(post-modern) 주택 양식
우편은 주요 전달 매체이다 ⇨ **퍼우슽**(퍼우스트, 포스트)은 주요 전달 매체이다

우편 (미국)	뭬이얼	뭬이을	우편물, 우편으로 보내다	{메일} mail	재활용
화재	빠이얼	빠이어	불, (총 등의) 발사, 발사하다, 난로 (영국)	{파이어} fire	
복합적인	뭘튀펄	뭘티펄	복합의, 다수의, 다중의, (수학) 배수	{멀티플} multiple	
곱하다	뭘튀플라이	뭘티플라이	증가시키다, 증가하다	{멀티플라이} multiply	
~해	이얼	이어	년, 연	{이어} year	

빠른 우편 ⇨ 빠른 **뭬이얼**(메일) / + 전자우편, 이메일 (e-mail) electronic mail 일뤡츄롸넼 뭬이얼 [일뤡츄로닉 뭬이얼]
화재 경보가 잘못 울리다 ⇨ **빠이얼**(파이어) 경보가 잘못 울리다
뭘튀펄렉스(멀티플렉스)는 복합적인 상영관이다 / + 복합의, 복합적인, 다중 송신의 multiplex 뭘튀플렉스 [멀티플렉스]
10에 3을 곱하다 ⇨ 10에 3을 **뭘튀플라이**(멀티플라이)하다
올해의 목표 ⇨ 올 **이얼**(이어)의 목표 / 작년 ⇨ 작 **이얼** / + ~살 (나이) years old 이얼즈 오울d [이어즈 어울d]

경계	얼러얼t	얼러을	방심하지 않는, 경계경보, 민첩한	{얼러트} alert	무작정
주요한	스뗴이쁠	스뗴이펄	주식, 스테이플러 심, 호치키스 알	{스테이플} staple	
비옥한	쀠뤌	쀠어타이을	(땅이) 기름진, 가임의	{퍼틀} [퍼타일] fertile	
적성	앞튀튜울 / 앺튀튜울	앞튀튜울	소질	{앱터튜드} aptitude	
특정한	쒈~은 / 쒈~튼	써어튼 / 써어은	어떤, 확실한 (서술적)	{서튼} certain	

추운 겨울에 **경계**를 서느라 보초들의 얼굴이 **얼러**서(얼어서) **얼을t**다(트다) / ※ (화살표)가 없는 문장은 연상법 적용
주요한 농작물 ⇨ **스뗴이쁠**한 농작물 / 주식으로 먹는 쌀 ⇨ **스뗴이쁠**로 먹는 쌀 / ※ 호치키스는 스테이플러의 상표명
비옥한 땅 ⇨ **쀠뤌**(퍼틀, 퍼타일)한 땅
적성에 맞는 직업 ⇨ **앞튀튜울**(앞튀튜우d, 앞튀튜우드, 앱터튜드)에 맞는 직업
특정한 색깔 ⇨ **쒈~은**(서튼)한 색깔 / ◆ '쒈~' 발음 후 잠깐 멈추고 '은' 발음

획 뒤집다	플맆		획 넘기다, 핵 던지다, (손가락으로) 튀기다 {플립} flip	연상법
아주 멋진	고올져스	고오져스	근사한, 화려한, 호화로운 {고저스} gorgeous	
몇몇의	쎄브럴		몇의, 몇 사람, 몇몇, 여러~ {세버럴} several	
끓다	보이얼	보이을	끓이다, 삶다, (음식이) 익다 {보일} boil	
수수께끼	뤼럴	뤼들	{리들} riddle	

말리고 있는 약초의 **플맆**(풀잎)을 **획 뒤집다** / ◆ㅣ발음 강세 : 'ㅍ+을맆'의 구조
오래된 한옥을 구입해서 **아주 멋진** 한옥으로 새롭게 **고올져스**(고쳤어)
포털사이트에서 욕이 들어간 댓글을 못 쓰게 조치하자 **몇몇의** 댓글에는 **쎄브럴** 등의 변형된 욕이 쓰이다
보이얼러(보일러 boiler 끓이는 것)를 트니 보일러의 물이 끓다
"**뤼럴**(니들) **수수께끼** 낼 테니 맞춰봐"

그다음에	ð덴 / ð뒈엔		그리고 나서, 그러더니, 그리고, 그 후에 {덴} then	쪼개기
그렇다면	ð덴 / ð뒈엔		{덴} then	★★★
그 당시	ð덴 / ð뒈엔		그때, 그때는, 그 무렵 {덴} then	
그러면	ð덴 / ð뒈엔		{덴} then	then
게다가	ð덴 / ð뒈엔		또 {덴} then	

양파를 볶고 **그다음에** 고기를 볶다 ⇨ 양파를 볶고 **덴**(덴) 고기를 볶다
"다이어트? **그렇다면** 저녁에 운동을 하는 건 어떨까?" ⇨ "다이어트? **덴**(덴) 저녁에 운동을 하는 건 어떨까?"
그 당시 인터넷은 발달하지 않았다 ⇨ **덴**(덴) 인터넷은 발달하지 않았다
"요리를 꾸준히 해봐. **그러면** 잘하게 될 거야" ⇨ "요리를 꾸준히 해봐. **덴**(덴) 잘하게 될 거야"
보기에 좋고 **게다가** 맛까지 좋다 ⇨ 보기에 좋고 **덴**(덴) 맛까지 좋다

~보다	ð댄	ð단 / ð던	~보다는, ~하기보다는, ~할 바에는 차라리 {댄} than	재활용
전문병원	클리닉		(특정) 치료소(/교정소), 병과, 진료소 {클리닉} clinic	
냉소적인	씨니껄	씨니컬	비꼬는 {시니컬} cynical	
설치하다	인스뛰얼	인스또을	{인스톨} install	
행진	퍼뤠잎		행렬, 열병식 {퍼레이드} parade	

그는 야구**보다** 농구를 좋아한다 ⇨ 그는 야구 **댄**(댄) 농구를 좋아한다
안과 **전문병원** ⇨ 안과 **클리닉**(클리닉) / 금연 **치료소** ⇨ 금연 **클리닉**
냉소적인 반응을 보이다 ⇨ **씨니껄**(시니컬) 반응을 보이다
컴퓨터에 프로그램을 **설치하다** ⇨ 컴퓨터에 프로그램을 **인스뛰얼**(인스톨) 하다
월드컵 우승 기념 **행진** ⇨ 월드컵 우승 기념 **퍼뤠잎**(퍼레이드)

봉투	엔뷀로웊		{엔벌롭} envelope	무작정
다가가다	어프로우취		다가감, 접근, 접근하다 {어프로치} approach	
(신체, 교통, 기능 등을) 마비시키다	패륄라이즈	파뤌라이즈	저리게 하다 {패럴라이즈} paralyze	
(종이, 날개, 기구 등을) 접다	뽀우d		(옷 등을) 개다, ~배(倍곱배), (양손, 양팔을) 끼다 {폴드} fold	
(접은 것 등을) 펴다	언뽀우d		펴지다, 펼치다, 전개되다 {언폴드} unfold	

봉투 안에는 용돈이 들어 있다 ⇨ **엔뷀로웊**(엔벌롭) 안에는 용돈이 들어 있다
엄마가 아이 곁으로 **다가가다** ⇨ 엄마가 아이 곁으로 **어프로우취**(어프로치)하다
벌이 침을 쏘아 손가락을 **마비시키다** ⇨ 벌이 침을 쏘아 손가락을 **패륄라이즈**하다
종이를 **접다** ⇨ 종이를 **뽀우**d(뽀우드, 폴드)하다 / 옷을 개다 ⇨ 옷을 **뽀우**하다 / 다섯 배 ⇨ 다섯 **뽀우**
설명서를 **펴다** ⇨ 설명서를 **언뽀우**(언뽀우d, 언뽀우드, 언폴드)하다 / ◆뽀: 뽀와 뻐와 섞인 발음 / ◆ㅣ발음: 생략

영어 단어에 해당하는 국어 단어 (기준으로 세운 뜻)	미국식 발음	영국식 발음	해당 국어 단어들 (다른 뜻들)	{한국식 발음}	스펠링	
안정된	스떼이블		안정적인, 마구간	{스테이블}	stable	연상법
갑작스러운	어브뢉t / 아브뢉t		뜻밖의, 퉁명스러운	{어브럽트}	abrupt	
실용적인	프뢐띠껄	프뢐티컬	실제적인, 현실적인	{프랙티컬}	practical	
꾸준한	스떼리	스떼디	일정한, 안정된, 흔들리지 않는	{스테디}	steady	
관점	뷰우포인t		견해	{뷰포인트}	viewpoint	

좋아하는 **스떼**이크(스테이크)를 근사한 레스토랑 테이**블**에서 자주 먹으려면 안정된 수입이 있어야 한다
어브(어부)가 **뢉**스타(랍스타, 바닷가재)를 잡아 올리는데 갑작스러운 **보**t(보트, 배)의 흔들림으로 당황하다
이 옷은 보**프뢐**(보푸라기)도 잘 안 생기고 **띠껄**(티끌, 먼지)도 잘 묻지 않는 실용적인 티셔츠이다
스떼리셀러(스테디셀러)란 오랜 기간에 걸쳐 꾸준한 판매가 이뤄지는 책이나 음반 등의 상품을 뜻한다
뷰우(뷰, 보기, 견해) **포인**t(포인트, 점, 요점)는 어떤 것이 보이는 지점, 즉 관점이라는 뜻이다

견해	뷰우		~라고 여기다, ~라고 보다	{뷰}	view	쪼개기
관점	뷰우		관점에서 보다	{뷰}	view	★★☆
시야	뷰우		시계, 보다, 바라보다	{뷰}	view	view
전망	뷰우		조망, 경관	{뷰}	view	
경치	뷰우		풍경	{뷰}	view	

낙관적인 견해를 가지다 ⇨ 낙관적인 **뷰우**(뷰)를 가지다
사람마다 보는 관점이 다르다 ⇨ 사람마다 보는 **뷰우**(뷰)가 다르다
시야를 가리다 ⇨ **뷰우**(뷰)를 가리다
집 앞 전망이 좋다 ⇨ 집 앞 **뷰우**(뷰)가 좋다
경치가 아름답다 ⇨ **뷰우**(뷰)가 아름답다

(금속의 얇은) 박	뽀이얼	뽀이을	은박지, ~에 박을 입히다	{포일}	{호일} foil	재활용
미인	뷰우리	뷰우티	미녀, 미, 아름다움	{뷰티}	beauty	
향하다	헤엔		고개, 가다, 지도자, 이끌다, 머리	{헤드}	head	
(인쇄된, 문자 등의) 점	돠앝 / 돹	돝	작은 점, ~에 점을 찍다	{닷} {도트}	dot	
석유	오이얼	오이을	원유, (요리용, 미용, 연료용) 기름	{오일}	oil	

쿠킹 **뽀이얼**(포일, 호일)은 알루미늄을 종이처럼 얇고 판판하게 만든 박으로 음식 등을 쌀 수 있다
미인 대회 ⇨ **뷰우리**(뷰티) 대회 / 용기 있는 자가 미녀를 얻는다 ⇨ 용기 있는 자가 **뷰우리**를 얻는다
집으로 향하다 ⇨ 집으로 **헤엔**(헤에d, 헤에드, 헤드)하다 / 고개를 들다 ⇨ **헤엔**을 들다
점이 프린트된 넥타이 ⇨ **돠앝**(닷, 도트)이 프린트된 넥타이 / + **닷컴**(점컴), 닷컴의, 인터넷 회사 dotcom (= .com) **돠**컴 {돝컴}
석유의 대체 에너지 ⇨ **오이얼**(오이열, 오일)의 대체 에너지 / ◆ l 발음 : 얼과 어 사이으로 발음

소유하다	퍼췌스 / 퍼좌스		보유하다, 가지다	{퍼제스}	possess	무작정
수축	컨츄뢐션		축소, (단어의) 축약형	{컨트랙션}	contraction	
계약	컨츄뢐t☆		계약서, 수축하다{컨츄뢐t★}	{컨트랙트}	contract	
요소	엘러멘t	엘러먼t	원소	{엘러먼트}	element	
설립하다	에스똬블러쉬	이스똬블레쉬	수립하다, 세우다	{이스태블리쉬}	establish	

부모님이 자녀에게 돈을 **퍼췌스**(퍼줬어, 물려주다). 그래서 그 돈으로 자녀가 집을 소유하다 / ※ 가 없는 문장은 연상법 적용
이 옷은 땀에도 수축되지 않고 최상의 **컨**디션으로 **츄뢐**(트랙, 경주장)을 달릴 수 있도록 개발된 **패션** 운동복이다
매매 계약 ⇨ 매매 **컨츄뢐**(컨츄뢐t) / ◆ 같은 단어의 품사별 강세(악센트) : 대부분 명사는 앞☆, 동사는 뒤★ (명전동후)
성공을 이루는 요소 ⇨ 성공을 이루는 **엘러멘**(엘러멘t, 엘러먼트, 엘러먼t)
회사를 설립하다 ⇨ 회사를 **에스똬블러쉬**(이스태블리쉬)하다

28

왕초보 영단어 복합적 암기법 1회

연상법

뜻	발음1	발음2	의미	단어
경멸하다 (깔보아 업신여기다)	스@꼰~	스꼬온	경멸, 깔보다, 업신여기다	{스콘} scorn
독이 있는	포이줘너스		유독한, 독성의	{포이저너스} poisonous
요약	써뭐뤼		개요	{써머리} summary
(둘 중) 어느 쪽의 (의문문, 조건문)	아이δ뒬 / 이이δ뒬	아이δ둬 / 이이δ둬	(둘 중) 어느 하나, 또한	{아이더} either
관중	어리언스	오디언스	청중, 관객, 청취자, 시청자	{오디언스} audience

아이**스꼰~**(아이스콘)을 더럽게 해서 혼자 먹는 친구를 **경멸하다** / ◆ @꼰~ : 혀를 말고 꼰(꼴과 꼰이 섞인 소리)을 발음
해충을 잡으려고 **독이 있는** 가루를 물 **포**(4)와 독 **이**(2)의 비율로 **줘너스**(저어 넣었다) / ✚ 독, 독약, 독살하다 poison 포이즌
노트에 **써**가면서 **요약**을 하면 **뭐뤼**(머리)에 정리가 잘 된다
"**아이 뒬**(둘) 중에 **어느 쪽의** 아이가 너의 아이니?"
어리언스(오디션) 프로그램 참가자들의 노래실력에 심사위원들이 **관중**의 입장이 되어 감탄을 연발하다

쪼개기 ★★★

뜻	발음1	발음2	의미	단어
(가득) 채우다	쀠얼	쀠을	(가득) 채워 넣다, 채우다	{필} fill
(신청서를) 작성하다	쀠얼	쀠을	(빈칸을) 채우다, 기입하다	{필} fill
가득 차다	쀠얼	쀠을	가득하다	{필} fill
메우다	쀠얼	쀠을	메워지다	{필} fill
(구멍을) 때우다	쀠얼	쀠을	충족시키다	{필} fill

병에 물을 **채우다** ⇨ 병에 물을 **쀠얼**(필)하다 / 화분에 흙을 **채워 넣다** ⇨ 화분에 흙을 **쀠얼**(필)하다
신청서를 작성하다 ⇨ 신청서를 **쀠얼**(필)하다 / ◆ l 발음 : 얼과 어 사이로 발음
냉장고 안에 음식이 **가득 차다** ⇨ 냉장고 안에 음식이 **쀠얼**(필)하다
틈새를 **메우다** ⇨ 틈새를 **쀠얼**(필)하다
타이어 구멍을 **때우다** ⇨ 타이어 구멍을 **쀠얼**(필)하다

재활용

뜻	발음1	발음2	의미	단어
가득한	뿌울		배부른 (비격식), 가득 찬, 완전한	{풀} full
흥정하다	바알겐	바아겐	매매 계약, 싸게 산 물건, 싼 물건	{바겐} bargain
원뿔	커운		원뿔형, 원뿔형 물건, (아이스크림, 교통용 등의) 콘	{콘} cone
감시 장치	뫄뉘륄 / 뫄뉘뤨	뭐니퉈	감시하다, (감시, 관찰, 화면) 모니터	{모니터} monitor
옥수수 (미국)	@콘~	코온	곡식 (영국)	{콘} corn

행복이 **가득한** 집 ⇨ 행복이 **뿌울**(풀)한 집 / ◆ l 발음 : 울과 우 사이로 발음
판매자와 소비자가 물건 가격을 **흥정하다** ⇨ 판매자와 소비자가 물건 가격을 **바알겐**(바겐)하다
아이스크림 **커운**(콘)의 원뿔 과자
심장 박동 **감시 장치** ⇨ 심장 박동 **뫄뉘륄**(모니터) / CCTV로 **감시하다** ⇨ CCTV로 **뫄뉘륄**하다
팝 **콘~**(콘)은 튀긴 **옥수수**를 뜻한다 / ◆ @콘~ : 혀를 말고 콘(콜과 콘이 섞인 소리)을 길게 발음

무작정

뜻	발음1	발음2	의미	단어
옷	클로우즈 / 클로δ울즈		의복, 의상	{클로즈} clothes
의류 (집합적)	클로우δ딩		옷 (집합적)	{클로딩} clothing
세입	뤠뷔뉴우		수입, 총수입	{레버뉴} revenue
(많은) 재산	뽀올췬 / 뽀올춘	뽀오췬 / 뽀오춘	부, 운, 행운	{포천} {포춘} fortune
불행	미스뽀올췬	미스뽀오췬	불운	{미스포천} misfortune

옷을 사다 ⇨ **클로우즈**(클로즈)를 사다
백화점 **의류** 코너로 가다 ⇨ 백화점 **클로우딩**(클로딩) 코너로 가다
호경기로 나라의 **세입**이 증가하다 ⇨ 호경기로 나라의 **뤠뷔뉴우**(레버뉴)가 증가하다
부동산 투자로 **재산**을 늘리다 ⇨ 부동산 투자로 **뽀올췬**(포천)을 늘리다
살면서 **불행**을 겪지 않는 것이 좋다 ⇨ 살면서 **미스뽀올췬**(미스포천)을 겪지 않는 것이 좋다

영어 단어에 해당하는 국어 단어 (기준으로 세운 뜻)	미국식 발음	영국식 발음	해당 국어 단어들 (다른 뜻들)	{한국식 발음}	스펠링	
관광객	투어뤠슽		관광의	{투어리스트}	tourist	연상법
증가하다	인크뤼이스★		늘다, 늘리다, 증가(인크뤼스☆)	{인크리스}	increase	
감소하다	디크뤼이스★		줄다, 줄어들다, 감소(디크뤼스☆)	{디크리스}	decrease	
100만	밀리언		1,000,000 백만	(one)	million	
10억	빌리언		1,000,000,000 십억	(one)	billion	

세계를 여행하는 관광객은 **투어**(여행) 순서 **뤠슽**(리스트, 목록)을 만들어 계획 있게 여행한다 (투어뤠슽, 투어뤠스트, 투어뤠스트)
거리에 **인**파는 **크뤼이스**마스(크리스마스)가 가까울수록 **증가한다** / ◆ 같은 단어의 품사별 강세 : 명사 앞☆, 동사 뒤★
크리스마스 **디**(뒤)로 갈수록 시내 중심가의 **크뤼이스**마스(크리스마스) 인파가 **감소한다**
밀리언 셀러란 책이 100만 권 혹은 음반이 100만 장 이상 팔린 것을 뜻한다 / ※ = one million 일백만
무명 가수가 **빌**보드 순위권 차트에 오르고 음반 판매 밀**리언**셀러를 기록하더니 10억 원을 벌게 되다 / ※ = one billion 일십억

현재의	프뤠줜t☆		현, 현재	{프리젠트}	present	쪼개기
참석한	프뤠줜t☆		출석한, 있는	{프리젠트}	present	★★★
선물	프뤠줜t☆			{프리젠트}	present	
발표하다	프뤼줸t★		공개하다, 보여 주다, 소개하다	{프리젠트}	present	present
선물하다	프뤼줸t★		증정하다, 기증하다, 수여하다, 주다	{프리젠트}	present	

현재의 상황 ⇨ **프뤠줜**(프뤠줜t)의 상황 / ◆ 한글 발음 표기에 섞인 알파벳 t: 뒤의 단어에 따라 생략 혹은 연결 되어 발음
행사장에 **참석한** 사람들을 행사장으로 안내하다 / 행사장에 **프뤠줜**(프뤠줜t, 프뤠줜트)한 사람들을 행사장으로 안내하다
생일에 **선물**을 받다 ⇨ 생일에 **프뤠줜**을 받다 / 같은 단어의 품사별 강세 : 명사, 형용사는 앞☆, 동사는 뒤★ (명전동후)
새로운 연구 결과를 **발표하다** ⇨ 새로운 연구 결과를 **프뤼줸엔**(프뤼줸엔트, 프뤼줸엔트, 프리젠트)하다
시계를 **선물하다** ⇨ 시계를 **프뤼줸엔**하다 / 기념품을 **증정하다** ⇨ 기념품을 **프뤼줸엔**하다

활동적인	악띱 / 액띱	악팁 / 액팁	적극적인, 능동적인, 활발한	{액티브}	active	재활용
저울	스께이얼	스께이을	비늘, 규모, 척도(縮絶일축尺자척)	{스케일}	scale	
최신의 것으로 하다	엎돼잎		(컴퓨터) 업데이트하다	{업데이트}	update	
손상	돼뫠쥐	돠뫠쥐	손해, 손해를 입히다	{대미지}	damage	
진동	봐이브뤠이션		떨림	{바이브레이션}	vibration	

활동적인 취미 ⇨ **악띱**(악띱v, 악띱브, 액티브)한 취미
저울로 무게를 재다 ⇨ **스께이얼**(스케일)로 무게를 재다 / 생선의 비늘을 벗기다 ⇨ 생선의 **스께이얼**을 벗기다
프로그램 버전을 최신의 것으로 하다 ⇨ 프로그램 버전을 **엎돼잎**(업데이트)하다
제품의 손상 ⇨ 제품의 **돼뫠쥐**(대미지) / ◆ 얇은 '쥐' : 무성음 자음만으로 나는 스치듯, 속삭이듯 작게 나는 발음
진동 창법을 연습하다 ⇨ **봐이브뤠이션**(바이브레이션) 창법을 연습하다

조	츄륄리언		1,000,000,000,000	{트릴리언}	(one) trillion	무작정
던지다	θ뜨로우	θ쓰로우	내던지다, 팽개치다	{스로우}	throw	
발표	프뤠줸테이션	프뤼줸테이션	증정, 제시	{프리젠테이션}	presentation	
선정하다	쓸렠t		선발하다, 선별하다, 선택하다, 고르다	{셀렉트}	select	
무서워하는 (명사 앞에는 안 씀)	어쁘뤠읻		겁내는, 두려워하는	{어프레이드}	afraid	

조 단위의 부자 ⇨ **츄륄리언**(트릴리언) 단위의 부자 / ※ = one trillion 일조
공을 던지다 ⇨ 공을 **뜨로우**(스로우)하다
연구 결과의 발표 ⇨ 연구 결과의 **프뤠줸테이션**(프리젠테이션) / 상품 증정 ⇨ 상품 **프뤠줸테이션**
코카콜라를 올림픽 공식 후원업체로 **선정하다** ⇨ 코카콜라를 올림픽 공식 후원업체로 **쓸렠**(셀렉트, 셀렉트, 실렉트)하다
귀신을 하다 **무서워하는**(귀신을 무서워하다) ⇨ 귀신을 하다 **어쁘뤠읻**(어쁘뤠읻, 어쁘뤠이드, 어프레이드)

왕초보 영단어 복합적 암기법 1회

발음	프뤄넌씨에이션		{프러넌시에이션} pronunciation	연상법
이상적인	아이듸얼	아이듸을 이상의, 이상 (理다스릴리想생각상)	{아이디얼} ideal	
부족	츄롸입		종족 {트라이브} tribe	
주전자	케럴	케틀	{케틀} kettle	
후퇴	뤼츄뤼읕		후퇴하다, 철수하다, 물러가다 {리트리트} retreat	

영어의 **프뤄**(프로)가 "**넌** 발음 실력이 **씨**, 난 **에이**가 **션**(세 개)인 트리플 에이급"이라고 자신의 영어 발음을 자랑을 하다
신제품 개발에 **이상적인 아이듸얼**(아이디어 idea 발상, 생각)을 내놓다 / ◆l 발음 : 얼과 어 사이 발음
"같은 **부족**끼리 만나면 즐겁게 춤을 **츄롸**(춰라). 그리고 **입**을 맞춰라" (츄라입, 츄라이b, 트라이브)
크리스마스에 **케럴**(캐롤)을 틀어 놓고 주전자에 물을 끓여 커피를 타 마시니 운치가 있다
전쟁에서 군인들을 **뤼**(다시) **츄뤼읕**(트리트, 치료하다)을 하기 위해 **후퇴**를 하다 (뤼츄뤼읕, 뤼츄뤼읕t, 리트리트)

치료하다	츄뤼읕		{트리트} treat	쪼개기
대하다	츄뤼읕		대우하다, 대접하다, 대접, 한턱내다 {트리트} treat	★★★
(약품 등으로) 처리하다	츄뤼읕		{트리트} treat	treat
다루다	츄뤼읕		{트리트} treat	
취급하다	츄뤼읕		{트리트} treat	

트리트먼트 샴푸로 상한 머릿결을 **치료하다** ⇨ 트리트먼트 샴푸로 상한 머릿결을 **츄뤼읕**(츄뤼이t, 츄뤼이트, 트리트)하다
영웅으로 **대하다** ⇨ 영웅으로 **츄뤼읕**하다 / 우수 고객으로 대우하다 ⇨ 우수 고객으로 **츄뤼읕**하다
자동차의 얼룩을 광택제로 **처리하다** ⇨ 자동차의 얼룩을 광택제로 **츄뤼읕**하다
도자기를 조심해서 **다루다** ⇨ 도자기를 조심해서 **츄뤼읕**하다
어린애로 **취급하다** ⇨ 어린애로 **츄뤼읕**하다

곡선	커얼v	커업	(야구) 커브로 던지다 {커브} curve	재활용
운전자	쥬롸이붤	쥬롸이붜	기사, 조종자, 드라이버 (컴퓨터, 골프채) driver	
버스 기사	버스 쥬롸이붤	버스 쥬롸이붜	{버스 드라이버} bus driver	
나사	스끄루우		나사로 조이다, 스크루 (배의 회전 날개) {스크루} screw	
드라이버 (나사 돌리는 공구)	스끄루쥬롸이붤	스끄루쥬롸이붜	나사돌리개 screwdriver	

곡선길에서 천천히 달리다 ⇨ **커얼**(커얼v, 커얼브, 커브) 길에서 천천히 달리다
신호를 준수하는 **운전자** ⇨ 신호를 준수하는 **쥬롸이붤**(드라이버)
버스 기사를 모집하다 ⇨ **버스 쥬롸이붤**을 모집하다 / ◆ 버 : 위아래 입술을 모았다가 입안의 공기를 팍 내보냄
나사를 조이다 ⇨ **스끄루우**(스크루)를 조이다 / ◆ 's'와 '끄'는 's'와 'c [k]'의 자음만으로 내는 소리 = ㅅ루우 = sc루우
드라이버로 나사를 조이다 ⇨ **스끄루쥬롸이붤**로 나사를 조이다 / ♣ 드라이버는 스크루드라이버의 콩글리쉬

임신한 (妊아이밸임娠아이밸신)	프뤠그넌t		{프레그넌트} pregnant	무작정
염소	귀읕		{고트} goat	
치료	츄륕먼t		처리, 처치, 대우, 대접 {트리트먼트} treatment	
대표하다	뤠쁘뤼젠t	뤠쁘뤼젠t	나타내다 {레프리젠트} represent	
대표적인	뤠쁘뤼줴뤼립	뤠쁘뤼줴튀팁	대표자, 대표, 대리인 representative	

임신한 아내 ⇨ **프뤠그넌**(프뤠그넌t, 프레그넌트)한 아내
염소는 수염이 있다 ⇨ **귀읕**(귀우t, 귀우트, 고트)은 수염이 있다
치료를 받다 ⇨ **츄륕먼**(츄륕먼t, 츄륕먼트, 트리트먼트)을 받다 / 하수 **처리** ⇨ 하수 **츄륕먼**
국가를 **대표하다** ⇨ 국가를 **뤠쁘뤼줴엔**(뤠쁘뤼줴엔t, 뤠쁘뤼줴엔트, 레프리젠트)하다
한국의 **대표적인** 음식 ⇨ 한국의 **뤠쁘뤼줴뤼립**(레프리젠터티브)한 음식 / 회사의 대표자 ⇨ 회사의 **뤠쁘뤼줴러립**

영어 단어에 해당하는 국어 단어 (기준으로 세운 뜻)	미국식 발음	영국식 발음	해당 국어 단어들 (다른 뜻들)	{한국식 발음} 스펠링	
(좋지 않은) **운명**	쀄잍		비운, 숙명 {페이트} fate		**연상법**
멍	브루우즈		멍들다, 타박상, (과일, 채소의) 홈 {브루즈} bruise		
치명적인	쀄이럴	쀄이틀	죽음을 초래하는, 운명의 {페이틀} {파탈} fatal		
(머리 등을 때려서) **기절시키다**	스뛴		실신시키다, 놀라게 하다 {스턴} stun		
묘기	스뛴t		곡예, 발육을 저해하다, 스턴트 (고난도 동작 연기) {스턴트} stunt		

그 군인은 총알이 **쀄**(뻬) **잍**(이틀) 동안 박혀 있어 죽을 **운명**에 처해 있다 (쀄잍, 쀄이t, 쀄이트, 페이트)
짙은 **브**라운색 **루우즈** (루즈, 립스틱)를 바르니 입술에 **멍**이 든 것 같다
총알이 **쀄**(뻬)에 **이럴**(이틀) 동안 박혀 있어 **치명적인** 상태이다 / ※ 팜므파탈은 치명적인 여자를 뜻하는 프랑스어
영화에서 악역을 맡은 배우가 주인공 대역인 그 **스뛴**트맨(스턴트맨)의 머리를 때려 **기절시키다**
스뛴t (스턴트)맨은 격투나 **묘기**를 하는 고난이도 액션 장면에서 주인공을 대신해 연기한다

덮다	커뷜 / 카뷜	커붜 / 커봐	다루다 {커버} cover		**쪼개기**
씌우다	커뷜 / 카뷜	커붜 / 커봐	덧씌우다, 엄호(하다) {커버} cover		★★★
가리다	커뷜 / 카뷜	커붜 / 커봐	(범위가) ~에 이르다 {커버} cover		
덮개	커뷜 / 카뷜	커붜 / 커봐	표지, 뚜껑, 커버 {커버} cover		cover
취재하다	커뷜 / 카뷜	커붜 / 커봐	보도하다, (음악) 커버 버전 {커버} cover		

흙으로 **덮다** ⇨ 흙으로 **커뷜**(커버)하다 / 이불을 **덮다** ⇨ 이불을 **커뷜**(커버)하다
탁자를 하얀 천으로 **씌우다** ⇨ 탁자를 하얀 천으로 **커뷜**하다
긴 앞머리로 인해 눈썹을 **가리다** ⇨ 긴 앞머리로 인해 눈썹을 **커뷜**하다
덮개를 열다 ⇨ **커뷜**을 열다 / 책표지 디자인 ⇨ 책 **커뷜** 디자인
김치 나눔 봉사 현장을 **취재하다** ⇨ 김치 나눔 봉사 현장을 **커뷜**하다

무늬	패아런 / 파아런	파아튼 / 패애튼	(일정한) 양식, 형, 모범 {패턴} pattern		**재활용**
불리한 조건	해앤디캪앞	한디캪	불이익, 장애, 핸디캡 {핸디캡} handicap		
속임수	츄륔		속이다, 묘기, 재주, 계략 {트릭} trick		
모피 (털털모피가죽피)	쀄얼	쀄어	(토끼, 담비 등의) 털, 부드러운 털 {퍼} fur		
웅장한	그랲앤d / 그랲안d	그뢘d	원대한, 광대한, 성대한, 장대한 {그랜드} grand		

체크무늬 ⇨ 체크 **패아런**(패턴)
불리한 조건을 극복하다 ⇨ **해앤디캪앞**(핸디캡)을 극복하다
간단한 마술 속임수 ⇨ 간단한 마술 **츄륔**(트릭)
모피 목도리 ⇨ **쀄얼**(퍼) 목도리
웅장한 건물 ⇨ **그랲앤**(그랲앤드, 그랲안드, 그랜드)한 건물

발견하다	디스꺼뷜	디스꺼붜	{디스커버} discover		**무작정**
(짠 그대로의 진한) **과즙**	넥뒬	넥튀	과일즙, 꽃의 꿀 {넥터} nectar		
강력한 (문예체)	롸이리	롸이티	웅장한, 힘센, 강대한, 대단히 {마이티} mighty		
다락방	애아릴 / 아아릴	아틸	다락 {애틱} attic		
(남자) **마법사**	위쵤d	위줘d	마법의, 마술의, 마술사, 귀재, 명수 {위저드} wizard		

보물을 발견하다 ⇨ 보물을 **디스꺼뷜**(디스커버)하다 / ※ dis (반대, 부정) + cover (덮다, 덮개)
과즙을 마시다 ⇨ **넥뒬**(넥터)을 마시다
강력한 바람 ⇨ **롸이리**(마이티)한 바람
아이들이 다락방에서 소꿉놀이를 한다 ⇨ 아이들이 **애아릴**(애틱)에서 소꿉놀이를 한다
마법사가 주문을 걸다 ⇨ **위쵤**(위쵤d, 위쵤드, 위저드)이 주문을 걸다

왕초보 영단어 복합적 암기법 **1**회

제공하다	프뤄봐일		공급하다, 주다 {프러바이드} provide	연상법
자원봉사자	봘런틔얼	볼런틔어	자원하다, 자진하여 하다 {발런티어} volunteer	
싸다	롸앞 / 뢔앞	뢒 / 뢮	감싸다, 두르다, 포장하다, 싸개 {랩} wrap	
기근	뻬아먼 / 뻬애먼	뽜멘	굶주림, 기아 {패민} famine	
억제하다	뤼스쮸뤠인		억누르다, 제지하다, 저지하다 {리스트레인} restrain	

"가져온 그것을 **프뤄봐**(풀러봐)" 하고는 가져온 **잍**(it 그것)을 후배들에게 제공하다 (프뤄봐일, 프뤄봐id, 프러바이드)
자원봉사자가 하루 종일 **봘**로(발로) **런**(달리다)하여 힘들지만 **틔**(티) 없는 **얼**굴로 사람들을 대하다
남은 음식을 냉장고에 넣기 전에 잘 밀폐가 되도록 **롸앞**(랩)으로 **싸다**
백성들은 흉년에 감자를 **뻬아먼**(빼면, 빼고는) 먹을 것이 없어 늘 **기근**에 시달린다 / ◎ 기근(飢주릴기饉흉년들근,주릴근)
뤼(다시) **스쮸**레스(스트레스)로 폭발할 것 같지만 **뤠인**(레인, 비)이 내리는 소리를 듣고 차분히 감정을 **억제하다**

변화시키다	췌인쥐		변화, 변하다 {체인쥐} change	쪼개기
바꾸다	췌인쥐		변경하다, 바꾸다 {체인쥐} change	★★★
달라지다	췌인쥐		(기저귀, 물건 등을) 갈다 {체인쥐} change	
갈아입다	췌인쥐		갈아타다 {체인쥐} change	change
거스름돈	췌인쥐		잔돈, 잔돈으로 바꾸다 {체인쥐} change	

집안을 밝게 **변화시키다** ⇨ 집안을 밝게 **췌인쥐**(체인지)하다 / 빠른 **변화** ⇨ 빠른 **췌인쥐**(체인지)
생각을 **바꾸다** ⇨ 생각을 **췌인쥐**하다 / 주소를 변경하다 ⇨ 주소를 **췌인쥐**하다
도배로 방 분위기가 **달라지다** ⇨ 도배로 방 분위기가 **췌인쥐**되다 / 기저귀를 갈다 ⇨ 기저귀를 **췌인쥐**하다
옷을 **갈아입다** ⇨ 옷을 **췌인쥐**하다 / 버스를 갈아타다 ⇨ 버스를 **췌인쥐**하다
거스름돈을 받다 ⇨ **췌인쥐**를 받다 / ◆ 앏은 '쥐' 발음: 모음 없이 자음만으로 내는 스치듯, 속삭이듯이 살짝 내뱉는 발음

교환	잌스쮀인쥐	엑스쮀인쥐	교환하다 {익스체인쥐} exchange	재활용
환영회	뤼쎂션 / 뤼쏉션		환영, 대접, 접수처 (영국) {리셉션} reception	
거르다	스끼잎	스낖	건너뛰다, 깡충깡충 뛰다 {스킵} skip	
일정	스께쥬얼 / 스께쥴	쉐쥴	일정표, 예정, 시간표 (미국) {스케줄} schedule	
의식	쎄뤄뭐니		식, 의례, 예식 {세러머니} ceremony	

교환이 가능한 기간은 한 달이다 ⇨ **잌스쮀인쥐**(익스체인쥐)가 가능한 기간은 한 달이다
우승 기념 환영회 ⇨ 우승 기념 **뤼쎂션** (리셉션)
식사를 **거르다** ⇨ 식사를 **스끼잎**(스킵)하다 / 광고를 건너뛰다 ⇨ 광고를 **스끼잎**(스킵)하다
일정이 빡빡하다 ⇨ **스께쥬얼**(스케줄)이 빡빡하다
화끈한 골 **의식** ⇨ 화끈한 골 **쎄뤄뭐니**(세러머니)

마늘	가알렉		마늘의 {갈릭} garlic	무작정
이발사	바알벌	바아버	{바버} barber	
주식회사	콜뻐뤠이션	코퍼뤠이션	법인, 기업 {코퍼레이션} corporation	
사과	어펄러쥐		사죄 {어팔러쥐} apology	
사과하다	어펄러좌이즈		사죄하다 {어팔러자이즈} apologize	

마늘은 대부분의 요리에 들어간다 ⇨ **가알렉**(갈릭)은 대부분의 요리에 들어간다
솜씨 좋은 이발사 ⇨ 솜씨 좋은 **바알벌**(바버)
주식회사의 주주총회 ⇨ **콜뻐뤠이션**(코퍼레이션)의 주주총회
정중한 사과 ⇨ 정중한 **어펄러쥐**(어팔러쥐) / ◆ '쥐' : 모음이 있는 '쥐'발음으로 '앏은 쥐'와 다르게 일반적으로 발음
잘못에 대해 **사과하다** ⇨ 잘못에 대해 **어펄러좌이즈**(어팔러자이즈)하다

영어 단어에 해당하는 국어 단어 (기준으로 세운 뜻)	미국식 발음	영국식 발음	해당 국어 단어들 (다른 뜻들) {한국식 발음}	스펠링	
의견	어피니언		견해 {어피니언} {어피년} opinion		연상법
달성하다	어취입		성취하다, 이루다 {어취브} achieve		
결점	쥬로배악	쥬로박	결함, 단점 {드로백} drawback		
정의 (어떤 개념을 정함)	뒈쀠니션		{데퍼니션} definition		
간과하다	오우블룩		못 보고 넘어가다, 봐주다, 눈감아주다 {오버룩} overlook		

어린 동생은 언니를 의지하고 자주 **어피니**(업피니) 거의 모든 일도 **언니**의 **의견**을 따른다
어(하나의)의 음반을 **취입**하여 100만 장 판매를 **달성하다** (어피입, 어취이v, 어취이브, 어취브)
제품의 전면에는 이상이 없는데 **쥬로**(주로) **배악**(백, 뒤)에서 **결점**이 발견되다
인생이란 **뒈**(大 큰 대) **쀠니**(퍼니, 재미있는)이다. 즉, 인생이란 큰 재미를 누리는 것이라고 **션**하게(시원하게) **정의**를 내리다
볼 수 있는 한계치를 **오우블**(오우버, 넘어서) 여러 가지 것을 한꺼번에 **룩**(룩, 보다) 하다 보니 지나쳐서 **간과하다**

(주의, 사람, 마차 등을) 끌다	쥬러어	쥬로어	끌어내다 {드로} draw		쪼개기
끌어당기다	쥬러어	쥬로어	잡아당기다, 당기다 {드로} draw		★★★
뽑다	쥬러어	쥬로어	뽑아내다, 빼내다, 꺼내다, 추첨, 뽑기 {드로} draw		
(커튼 등을) 치다	쥬러어	쥬로어	(커튼 등을) 걷다 {드로} draw		draw
(색칠 없이 연필, 펜 등으로) 그리다	쥬러어	쥬로어	(선 등을) 긋다, 선으로 그리다 {드로} draw		

관심을 끌다 ⇨ 관심을 **쥬러어**(드로)하다
웅덩이에 빠진 수레를 끌어당기다 ⇨ 웅덩이에 빠진 수레를 **쥬러어**(드로)하다
반장을 뽑다 ⇨ 반장을 **쥬러어**하다 / 검을 뽑다 ⇨ 검을 **쥬러어**하다 / 제비를 뽑다 ⇨ 제비를 **쥬러어**하다
커튼을 치다 ⇨ 커튼을 **쥬러어**(드로)하다
그림을 그리다 ⇨ 그림을 **쥬러어**(드로)하다 / 선을 긋다 ⇨ 선을 **쥬러어**(드로)하다

(연필, 펜, 목탄 등으로 그린) 그림	쥬롸잉	쥬로잉	소묘, 데생, 제도, 끌기, 인출, 뽑기 {드로잉} drawing		재활용
사진	픽쩔	픽쳐	그림, 회화(繪그림회畵그림화), 영화 {픽쳐} picture		
밑그림	스께취		밑그림을 그리다, 개략, 스케치 {스케치} sketch		
사진 (= photograph), (비격식)	쀠우뤄우	쀠우퉈우	사진을 찍다 {포토} photo		
사진	쀠우뤄그롸앞	쀠우퉈그롸앞	사진을 찍다 {포토그래프} photograph		

흑백사진 같은 연필그림 ⇨ 흑백사진 같은 연필 **쥬롸잉**(드로잉)
사진을 찍다 ⇨ **픽쩔**(픽쳐)을 찍다 / 미래에 대한 큰 그림을 그리다 ⇨ 미래에 대한 큰 **픽쩔**(픽쳐)를 그리다
도화지에 밑그림을 그리다 ⇨ 도화지에 **스께취**(스케치)를 그리다
사진을 찍다 ⇨ **쀠우뤄우**(포토)를 찍다 / ◆ 스펠링 ph = 발음기호 [f]
사진을 보정하다 ⇨ **쀠우뤄그롸앞**(포토그래프)을 보정하다

장례식	쀼너뤌	퓨너뤌	장례, 장례의 {퓨너럴} funeral		무작정
서랍	쥬로얼	쥬로어	제도사 {드로어} drawer		
어른	어둬얼t / 아뤌t	아뤌t / 어뤌t	어른의, 성인, 성인의, 성인용의 {어덜트} adult		
셀 수 없는	카운틀러스		무수한 {카운틀러스} countless		
철수하다 (撤거둘철收거둘수)	ð윈쥬뤄	ð윈쥬로어	(예금을) 인출하다 {위드드로} withdraw		

장례식에 참석하려고 검은 양복을 입다 ⇨ **쀼너뤌**(퓨너럴)에 참석하려고 검은 양복을 입다
서랍을 열다 ⇨ **쥬로얼**(드로어)을 열다
청소년들은 빨리 어른이 되기를 바란다 ⇨ 청소년들은 빨리 **어둬얼**(어둬얼t, 어둬얼트, 어덜트)이 되기를 바란다
밤하늘의 셀 수 없는 별들만큼 너를 사랑해 ⇨ 밤하늘의 **카운틀러스**(카운틀러스)한 별들만큼 너를 사랑해
사업을 철수하다 ⇨ 사업을 **윈쥬뤄**(위ð쥬뤄어, 위드쥬뤄어)하다 / 예금을 인출하다 ⇨ 예금을 **윈쥬뤄어**하다

대포	캐아넌 / 캐애넌	캐넌	{캐넌} cannon	연상법
눈썹	아이브롸우		{아이브라우} {아이브로우} eyebrow	
양심	카안션스 / 커언션스	콘션스	{콘션스} conscience	
보행자	퍼줴스쮸뤼언		보행자의 {퍼데스트리언} pedestrian	
추가의	어듸셔널		추가적인, 부가적인 {어디셔널} additional	

축구선수가 **대포**처럼 강한 **캐아넌**(캐넌) 슛을 차서 한 점을 올리다
눈썹이 예쁜 사람을 보자 여자들이 "**아이 브롸우**~(아이 부러워)"라고 말하다
카(차) **안**에 놓고 간 어떤 **션스**(선수)의 지갑을 **양심** 있는 운전사가 찾아서 돌려주다
보행자를 위한 모래 **퍼줴**(포대)를 준비해 놓아서 눈이 올 때 뿌려 **스쮸뤼트**(스트리트, 거리)를 **언**제나 안전하게 걸을 수 있다
"지원한 곳 중에 **어듸셔**(어디서) **널**(너를) **추가**의 합격자로 부를 수 있으니 아직 실망하지 마"

(그림물감으로 색칠하여) 그리다	페인t		{페인트} paint	쪼개기
색칠하다	페인t		(색조) 화장하다, 화장품, 연지 {페인트} paint	★★☆
페인트 (물감, 안료, 도료 등)	페인t		안료, 도료 {페인트} paint	paint
페인트를 칠하다	페인t		(페인트, 물감으로) 칠하다 {페인트} paint	
물감	페인t		그림물감 {페인트} paint	

유화 물감으로 그림을 **그리다** ⇨ 유화 물감으로 그림을 **페인**(페인t, 페인트)하다
하늘색으로 **색칠하다** ⇨ 하늘색으로 **페인**하다 / ※ 페인트 = 물감 (미술용, 의류용, 공예용, 미용, 건축용, 공업용 등)
벽을 하얀 **페인트**로 칠하다 ⇨ 벽을 하얀 **페인**으로 칠하다 / ※ 페인트를 우리말 의미의 건축용, 공업용으로 한정하지 않기
자동차에 **페인트를 칠하다** ⇨ 자동차에 **페인**(페인t, 페인트)하다 / 노란색으로 **칠하다** ⇨ 노란색으로 **페인**하다
연두색 **물감**으로 옷에 물들이다 ⇨ 연두색 **페인**으로 옷에 물들이다 / 그림물감으로 **그리다** ⇨ **페인**으로 그리다

색칠하다	컬러	컬러	색, 색깔, 색상, (= colour 영국) {컬러} color	재활용
(색칠한) 그림	페인팅		그림 그리기, 페인트칠하기 {페인팅} painting	
정당 (政黨사정黨무리당)	파아리 / 퍼어리	파아티	당, 당파, 당사자, 사교적인 모임, 파티 {파티} party	
행동하다	애액t / 아악t		행동, 행위, 법률 {액트} act	
색채가 풍부한	컬럴뻘	컬러뻘	다채로운, 알록달록한, 화려한 {컬러풀} colorful	

녹색으로 **색칠하다** ⇨ 녹색으로 **컬러**(컬러)하다
유명한 화가의 **그림** ⇨ 유명한 화가의 **페인팅**(페인팅)
선거에서 승리하여 그 **정당**은 밤새도록 **파아리**(파티)를 열다
계획대로 **행동하다** ⇨ 계획대로 **애액**(애액t, 애액트, 액트)하다 **+** 행동, 활동, 작용 action 액션 / 악션
색채가 풍부한 티셔츠 ⇨ **컬럴뻘**(컬러풀)한 티셔츠 / 다채로운 행사 ⇨ **컬럴뻘**한 행사 / ※ (= colourful 영국)

공식적인	어쀠셜		관계자, 공식의, 공무상의 {오피셜} official	무작정
공식적으로	어쀠셜리		공식으로 {오피셜리} officially	
고용하다	임플로이 / 엠플로이		{임플로이} employ	
고용인	임플로이이 / 엠플로이이		직원, 종업원, 근로자, 피고용인 {임플로이이} employee	
고용주	임플로이얼	임플로이어	고용주 {임플로이어} employer	

공식적인 발표 ⇨ **어쀠셜**(오피셜)한 발표 / 학교 관계자 ⇨ 학교 **어쀠셜**(오피셜)
제품의 안전성을 **공식적으로** 인증받다 ⇨ 제품의 안전성을 **어쀠셜리**(오피셜리)로 인증받다
능력 있는 관리자를 **고용하다** ⇨ 능력 있는 관리자를 **임플로이**하다
회사의 **고용인** ⇨ 회사의 **임플로이이** / ● 1. 고용인 : 雇品팔(살)고備품팔용人사람인
고용주가 직원을 채용하다 ⇨ **임플로이얼**이 직원을 채용하다 / ● 2. 고용인 : 雇品살(팔)고用쓸用人사람인

영어 단어에 해당하는 국어 단어 (기준으로 세운 뜻)	미국식 발음	영국식 발음	해당 국어 단어들 (다른 뜻들)	{한국식 발음} 스펠링	
본능	인스띵t		직감, 직관	{인스팅트} instinct	연상법
미세한	마이뉴울		상세한, (시간 단위) 분 (미닡☆)	{마이뉴트} minute	
창백한	페이얼	페이을	창백해지다, (색이) 엷은, 연한	{페일} pale	
적절한	프라뻴	프뤄퍼	적당한, 알맞은, 제대로 된	{프라퍼} proper	
재산	프라뻴리	프뤼퍼티	특성, 부동산	{프라퍼티} property	

인스턴트 라면을 먹고 자면 얼굴이 **띵**띵(팅팅) 붓고 **본능**에 의해 얼굴을 **t**위스트(트위스트, 꼬t, 찌푸리다)하게 된다
마이(my 나의) **뉴**(새, 새로운) **울**(옷)에는 **미세한** 줄무늬가 있다
연인과 데이트 후에 식당에서 **페이**(지불하다, 내다, 급료)를 내려고 하는데 잔고가 **얼** 없어서 **창백한** 얼굴이 되다
악마 분장에 **적절한 프라**스틱(플라스틱) **뻴**(뿔)을 달다
프라(프로) 선수가 되자 연봉이 높아져서 **뻴리** 재산이 늘어나다

묶다	타이		매다, 끈, 얽매다	{타이} tie	쪼개기
유대관계	타이		구속하다, 구속, 속박하다, 속박	{타이} tie	★★☆
동점	타이		동점이 되다	{타이} tie	
비기다	타이		무승부	{타이} tie	
넥타이	타이		(묶어서) 달다	{타이} tie	

폐지를 끈으로 **묶**다 ▷ 폐지를 끈으로 **타이**(타이)하다
우방국과 긴밀한 **유대관계**를 유지하다 ▷ 우방국과 긴밀한 **타이**(타이)를 유지하다
세계 기록과 **동점**을 이루다 ▷ 세계 기록과 **타이**(타이)를 이루다
축구 경기가 1대 1로 **비기**다 ▷ 축구 경기가 1대 1로 **타이**(타이)하다
군청 정장에 회색 **넥타이**를 매다 ▷ 군청 정장에 회색 **타이**(타이)를 매다

(식물, 동물에) 물을 주다	우와뤌 / 우워뤌	우오터 / 오오터	물을 뿌리다, 군침이 돌다, 물	{워터} water	재활용
바닷물	씨이우와뤌	씨이우오터		{씨워터} seawater	
삭감하다	캍 / 컽		자르다, 베다, 베인 상처	{컷} 커트} cut	
목표	궈울		목적, (경기의) 골	{골} goal	
과녁	타알겥	타아겥	목표물, 목표, 표적	{타겟} 타깃} target	

꽃에 물을 주다 ▷ 꽃에 **우와뤌**(워터)하다
바닷물은 짜다 ▷ **씨이우와뤌**(씨워터)은 짜다
예산을 **삭감하다** ▷ 예산을 **캍**(컷, 커트)하다
목표를 위해 열심히 공부하다 ▷ **궈울**(골)을 위해 열심히 공부하다 / ◆ㅣ발음 : 울과 우 사이로 발음
과녁을 향해 사격을 하다 ▷ **타알겥**(타겟)을 향해 사격을 하다 / 목표물을 발견하다 ▷ **타알겥**을 발견하다

자주 일어나는	쁘뤼꿘t		잦은, 빈번한, 흔한, 자주 가다	{프리퀀트} frequent	무작정
고난	하알쉪	하앝쉪	어려움	{하드쉽} hardship	
빚	뒈엩	뎉	부채 (負질부(債)부채), 채무	{데트} debt	
재배하다	컬터뷔엩		경작하다, 일구다, 양성하다	{컬터베이트} cultivate	
지휘자	컨닼떨	컨닼뚸	안내자, 관리자, 전도체	{컨덕터} conductor	

수입 없이 **쁘뤼**(프리 free 무료로)로 **꿘t**(권투)를 하다 보니 선수들이 권투를 그만두는 것은 자주 **일어나는** 일이다
고난을 극복하다 ▷ **하알쉪**(하드쉽)을 극복하다
빚을 갚다 ▷ **뒈엩**(뒈에트, 뒈에트, 데트)을 갚다
배추를 **재배하다** ▷ 배추를 **컬터뷔엩**(컬터베이t, 컬터베이트, 컬터베이트)하다
오케스트라 **지휘자** ▷ 오케스트라 **컨닼떨**(컨덕터) / ※ 세미컨덕터(반도체) = semi(절반) + conductor(전도체)

왕초보 영단어 복합적 암기법 1회

연상법

의무	듀우리	듀우티	임무, 관세 {듀티} duty
전문가	엑스뻐얼t	엑스뻐얼	전문가의 {엑스퍼트} expert
(손가락, 도구 등으로) 찌르다	포욱	퍼욱	쿡 찌르다, 쑤시다, 쑥 밀다 {포크} poke
그럴듯한	플라줘벌	플로줘블	그럴싸한 {플로저블} plausible
노예	슬레입	슬레입	노예의 {슬레이브} slave

사회의 구성원 **듀**(두) 사람 사이인 **우리**(우리) 사이에는 지켜야 할 예절과 **의무**가 있다
환경 **전문가**가 지도상에 **엑스**(엑스)로 표시된 **뻐얼**(뻘, 갯벌)에 텐**t**(텐트)를 치고 뻘 오염도를 측정하다
포욱(포크 fork 뽀욱, 식용 포크)으로 소고기 스테이크를 **찌르다** (포욱, 포우k, 포우크, 포크)
플라(풀로) **줘벌**(접어) 만든 **그럴듯한** 메뚜기 모형 / ◆ ㅍ+ㄹ**라줘벌**의 구조 = 'ㅍ'는 약하면서 강세 '울**라**'에 속하는 발음
아담은 사랑놀이에서 **슬레**(술래)가 된 것처럼 **입**(이브)에게 사랑의 **노예**가 되다 / ◆ l 발음 : 'ㅅ+을**레입**'의 구조

쪼개기 ★★★ record

기록하다	뤼코얼d★	뤼코올★	적어두다 {레코드} record
녹음하다	뤼코얼d★	뤼코올★	녹화하다 {레코드} record
기록적인	뤠꺼얼d☆	뤠코올☆	{레코드} record
기록	뤠꺼얼d☆	뤠코올☆	{레코드} record
음반	뤠꺼얼d☆	뤠코올☆	레코드 {레코드} record

최고 판매량을 **기록하다** ⇨ 최고 판매량을 **뤼코얼**(뤼코얼d, 레코드)하다 / ◆ 품사별 발음과 강세 변화
라디오 방송을 **녹음하다** ⇨ 라디오 방송을 **뤼코얼**(뤼코얼d, 레코드)하다
기록적인 강수량 ⇨ **뤠꺼얼**(뤠꺼얼d, 레코드)한 강수량
역사에 대한 **기록**이 남아있다 ⇨ 역사에 대한 **뤠꺼얼**(뤠꺼얼d, 레코드)이 남아있다
오래된 재즈 **음반**을 수집하다 ⇨ 오래된 재즈 **뤠꺼얼**(뤠꺼얼d, 레코드)을 수집하다

재활용

무선의 (장치, 통신, 방송 등)	뤠이리어	뤠이디어우	무선, 무선 방송, 라디오 (방송, 수신기) radio
중개인	브로우껄	브로우커	주식 중개인, 중개하다 {브로커} broker
비용	커어슽	커슽	가격, 값, 대가 {코스트} cost
방패	쉬이얼d	쉬이을d	보호물, 방어물, 방패가 되다 {쉴드} shield
닻	애앤컬	앙커 / 앵커	닻을 내리다, 뉴스 진행자 {앵커} anchor

케이블 방송과 **무선의** 방송 ⇨ 케이블 방송과 **뤠이리어**(라디오)의 방송
중개인이 수수료를 받고 일자리를 소개하다 ⇨ **브로우껄**(브로커)이 수수료를 받고 일자리를 소개하다
비용을 부담하다 ⇨ **커어슽**(커어스t, 커어스트, 코스트)을 부담하다
방패로 공격을 막다 ⇨ **쉬이얼**(쉬이얼d)로 공격을 막다 / ◆ 단어 끝 l 발음 : 얼과 어 사이로 발음(우리말 ㄹ 받침과 다르게 발음)
닻을 올리다 ⇨ **애앤컬**(앵커)을 올리다

무작정

경우	어케이젼		행사, 때 occasion
빈도	쁘뤼꿘시	프뤼퀀시	주파수, 빈번 {프리퀀시} frequency
연방의	뿨르럴	뿨드뤌	연방제의, 연방 정부의 {페더럴} federal
사무원	클럴k	클라악	점원, 사무직원, 직원, (법원의) 서기 {클럭} clerk
꽤	쿠와잍 / 크우와잍		상당히, 아주, 완전히 {콰잇} quite

특별한 **경우**에 한복을 입는다 ⇨ 특별한 **어케이젼**에 한복을 입는다 / 특별한 **행사** ⇨ 특별한 **어케이젼**
지진의 강도와 **빈도** ⇨ 지진의 강도와 **쁘뤼꿘시**(프리퀀시) / 라디오 **주파수**를 맞추다 ⇨ 라디오 **쁘뤼꿘시**를 맞추다
미국은 **연방의** 국가이다 ⇨ 미국은 **뿨르럴**(페더럴) 국가이다 / ◎ 연방(聯연이을연邦나라방)
회사의 **사무원** ⇨ 회사의 **클럴**(클럴k, 클럭크, 클락) / 매장의 **점원** ⇨ 매장의 **클럴**
시간이 **꽤** 걸리다 ⇨ 시간이 **쿠와잍**(콰잇) 걸리다 / **상당히** 많다 ⇨ **쿠와잍** 많다

영어 단어에 해당하는 국어 단어 (기준으로 세운 뜻)	미국식 발음	영국식 발음	해당 국어 단어들 (다른 뜻들)	{한국식 발음}	스펠링	
자격을 갖추다	쿠월러빠이		자격을 얻다, 자격을 주다	{퀄러파이}	qualify	연상법
금지	배앤 / 배안	바안	금지하다, 금하다	{밴}	ban	
비극적인	츄롸쥑		비극의	{트래직}	tragic	
대출 (貸빌릴대出날출)	을로운		대출금, 대출하다, 빌려줌, 빌려주다	{론}	loan	
시대	에어롸 / 이어롸	이어롸	연대, 시기	{에라} {이라}	era	

천연 재료로 **쿠월러**(컬러)를 입힌 호박파이와 사과**빠이**(사과파이)를 만들어 그녀는 컬러파이의 달인 **자격을 갖추다**
알은 **배앤**(밴) 물고기 잡는 것은 **금지**를 한다
"망나니는 칼춤을 **츄롸~**(추어라)". 어사의 명령에 죄인들이 비**극적인 쥑**(죽음)을 맞이하다
불경기로 가게들이 위태**올로운**(위태로운) 상황에 처하자 나라에서 낮은 이자로 **대출**을 해 주다 / ◉ 대출 : 빌려주거나 빌리는 일
"친환경 에너지 **시대**를 만들어 맑은 **에**(공기, 대기)를 후대까지 이제는 너희들이 이어**롸**(이어라)"

(물질, 성질 등을) 가지고 있다	해앱 / 해압	하압	가지다, 소유하다	{해브} have	쪼개기
있다	해앱 / 해압	하압	지니고 있다	{해브} have	★★★
얻다	해앱 / 해압	하압	(병에) 걸리다, 받다, 경험하다	{해브} have	
먹다	해앱 / 해압	하압	마시다	{해브} have	have
~을 하게 하다	해앱 / 해압	하압	(사람, 동물이) 낳다, ~을 하도록 시키다	{해브} have	

여분의 돈을 가지고 있다 ⇨ 여분의 돈을 **해앱**(해애v, 해애브, 해브)하고 있다
지갑에 현금이 있다 ⇨ 지갑에 현금이 **해앱**이다 / 좋은 생각이 있다 ⇨ 좋은 생각이 **해앱**이다
많은 인기를 얻다 ⇨ 많은 인기를 **해앱**하다 / 감기에 걸리다 ⇨ 감기에 **해앱**하다
음식을 먹다 ⇨ 음식을 **해앱**하다
아이에게 공부를 하게 하다 ⇨ 아이에게 공부를 **해앱**하다 / 아기를 낳다 ⇨ 아기를 **해앱**하다

(몸의) 배	베얼리	벨리	(사물의) 볼록한 부분	{벨리} belly	재활용
빈민가	슬럼		빈민굴, 슬럼가 (slum街거리가)	slum	
문제	이슈우	이슈	쟁점, (정기 간행물의) ~호, 발행, 논점	{이슈} issue	
기억	뭬뭐뤼		기억력, 메모리 (컴퓨터 기억 장치)	{메모리} memory	
암기하다	뭬뭐롸이즈		외우다, 기억하다	{메모라이즈} memorize	

베얼리 댄스(벨리 댄스)는 배로 추는 춤이다
대도시 주변의 빈민가 ⇨ 대도시 주변의 **슬럼**
돈 문제 ⇨ 돈 **이슈우**(이슈) / 사회적인 쟁점 ⇨ 사회적인 **이슈우** / 잡지 9월호 ⇨ 잡지 9월 **이슈우**
좋았던 기억을 떠올리다 ⇨ 좋았던 **뭬뭐뤼**(메모리)를 떠올리다 / 기억력이 좋다 ⇨ **뭬뭐뤼**가 좋다
원소 기호를 암기하다 ⇨ 원소 기호를 **뭬뭐롸이즈**(메모라이즈)하다

적절한	어프로프뤼얼☆		책정하다(어프로프뤼에얼★), 적절한, 충당하다	appropriate	무작정
국경	보오뤌 / 보오뒬	보오돠	접해 있다, (지역의) 경계, 가장자리, 가	{보더} border	
처신하다	비헤입		(특정하게, 예의 바르게) 행동하다	{비헤이브} behave	
무서워하는	스께얼d	스께엘	두려워하는, 겁먹은	{스케어드} scared	
번성하다	θ뜨롸입	θ쓰롸입	번창하다	{쓰라이브} thrive	

적절한 수면시간 ⇨ **어프로프뤼얼**한 수면시간 / 100만원을 책정하다 ⇨ 100만원을 **어프로프뤼에얼**하다
국경을 접하고 있는 유럽의 나라들 ⇨ **보오뤌**(보더)을 접하고 있는 유럽의 나라들
현명하게 처신하다 ⇨ 현명하게 **비헤입**(비헤이v, 비헤이브)하다
귀신을 무서워하는 아이 ⇨ 귀신을 **스께얼**(스께얼d, 스께얼드, 스케어드)하는 아이
문화가 번성하다 ⇨ 문화가 **뜨롸입**(뜨롸이v, 뜨롸이브, 쓰라이브)하다 / ◆ th = θ = 뜨 : 모음 없이 자음 θ(ㄸ, ㅆ)로만 내는 발음

왕초보 영단어 복합적 암기법 **1**회

긴장	텐션		장력 {텐션} tension	연상법
확장	익스뗀션		연장, 신장, 확대 {익스텐션} extension	
관심	어뗀션		주목, 주의, 주의력 attention	
목적	펄뻐스	퍼어퍼스	용도, 의도 {퍼포스} purpose	
시력	비젼		시야, 환상, 미래상, 이상, 선견지명 {비젼} vision	

육상선수가 출발 전 **긴장**을 풀려고 제자리 뛰기를 **텐** 번(열 번)하며 컨디**션**을 조절하다
신생 회사가 성장하여 지역 **익스**(바깥의)로 사업영역을 **확장**하니 경쟁 기업들이 **뗀션**(텐션, 긴장)을 하다
어(하나의) **텐션**(텐션, 긴장)을 하게 만드는 경쟁 회사의 신제품에 **관심**을 가지고 지켜보다
펄 번(8번) 버스는 마을**뻐스**(마을버스)의 **목적**으로 운영된다
텔레**비젼**(텔레비젼)을 너무 가까이에서 보면 **시력**이 나빠진다

개선하다	임프루웁		{임프루브} improve	쪼개기
개선되다	임프루웁		나아지다 {임프루브} improve	★★☆
향상시키다	임프루웁		향상하다 {임프루브} improve	
증진시키다	임프루웁		증진하다 {임프루브} improve	improve
개량하다	임프루웁		{임프루브} improve	

식습관을 **개선하다** ⇨ 식습관을 **임프루웁**(임프루v, 임프루브, 임푸루브)하다
환경이 **개선되다** ⇨ 환경을 **임프루웁**되다
삶의 질을 **향상시키다** ⇨ 삶의 질을 **임프루웁**하다
건강을 **증진시키다** ⇨ 건강을 **임프루웁**하다
한복을 **개량하다** ⇨ 한복을 **임프루웁**하다

(차, 말, 소 등을) 몰다	쥬롸입		몰아내다, 운전하다, 구동하다, 구동 {드라이브} drive	재활용
운전	쥬롸이빙		운전 방식, 질주하는, 휘몰아치는 {드라이빙} driving	
예약하다	브억	브	장부, 책, 도서, 서적 {북} book	
활기	에뉠쥐	에뉴쥐	기운, 힘, 정력 {에너지} energy	
활기찬	에뉠쮀릭	에뉴쮀릭	정력적인, 원기 왕성한 {에너제틱} energetic	

말을 몰다 ⇨ 말을 **쥬롸입**(쥬롸이v, 쥬롸이브, 드라이브)하다 / 적들을 몰아내다 ⇨ 적들을 **쥬롸입**하다
안전 운전 ⇨ 안전 **쥬롸이빙**(드라이빙) / 운전 연습 ⇨ **쥬롸이빙**(드라이빙) 연습
영화표를 예약하다 ⇨ 영화표를 **브억**(북)하다 / 회계 장부를 쓰다 ⇨ 회계 **브억**(북)을 쓰다
활기가 넘친다 ⇨ **에뉠쥐**(에너지)가 넘친다 / ◆ 쥐 발음 : 자음과 모음으로 구성된 '앏은 쥐'와 다른 '쥐' 그대로 발음
활기찬 어린이들 ⇨ **에뉠쮀릭**(에너제틱)한 어린이들 / 정력적인 활동 ⇨ **에뉠쮀릭**한 활동

연장하다	익스뗀엔d	익스뗀d	확장하다, 늘리다 {익스텐드} extend	무작정
껍질을 벗기다	피이얼	피이을	(과일, 야채 등의) 껍질 {피일} peel	
거의 ~않다	스께얼슬리	스께애슬리	겨우, 간신히 {스케어슬리} scarcely	
대신에	인스뗀엔	인스뗀	대신, 그 대신 {인스테드} instead	
겁나게 하다	스께얼	스께애	겁주다, 겁먹다, 두려워하다, 무서워하다 {스케어} scare	

기간을 연장하다 ⇨ 기간을 **익스뗀엔**(익스뗀d, 익스뗀엔d, 익스텐드)하다
양파 껍질을 벗기다 ⇨ 양파 껍질을 **피이얼**(피일)하다 / ◆ 단어 끝 l발음 : 얼과 어사이로 발음 (우리말 ㄹ받침과는 다르게)
요새는 빵을 거의 먹지 않다 ⇨ 요새는 빵을 **스께얼슬리**(스케어슬리) 먹다
꿩 대신에 닭을 먹다 ⇨ 꿩 **인스뗀엔**(인스뗀에d, 인스뗀에드, 인스테드) 닭을 먹다
귀신 분장으로 친구를 겁나게 하다 ⇨ 귀신 분장으로 친구를 **스께얼**(스케어)하다

39

영어 단어에 해당하는 국어 단어 (기준으로 세운 뜻)	미국식 발음	영국식 발음	해당 국어 단어들 (다른 뜻들)	{한국식 발음} 스펠링	
성숙한	뭐츄얼	뭐츄어	(포도주 등이) 숙성한 {머츄어} mature		연상법
종 (種씨종)	스삐쉬이즈		종류 {스피쉬즈} species		
가난	파붜리 / 파뷜티	퍼붜티	빈곤 {파버티} poverty		
간접의	쎄껀해앤d / 쎄껀해안d	쎄컨하안d	중고의, 간접적인 {세컨핸드} secondhand		
톡톡 두드리다	탸앞 / 태앞	탶	가볍게 치다, 툭 치다, (통의) 꼭지, 수도꼭지 (영국) {탭} tap		

건널목 신호등의 적색신호에서 성숙한 시민은 **뭐츄얼**(멈추어) 선다
현미경으로 확대해 보니 여러 종의 미생물들이 **스삐드**(스피드) 하게 **쉬이즈**(쉬지) 않고 움직이다
가난하여 집에 먹을 것이 **파**(파)와 **뷔리**(보리) 밖에 없다
광고 시간을 통한 직접 광고가 아닌 드라마를 통한 **쎄껀**d(두 번째의) **해앤d**(핸드, 손)를 거치게 된 간접의 광고(간접 광고)
탸앞(탭) 댄스 신발을 신고 바닥을 **톡톡 두드리다**

첫	쀠얼슅	쀠어슅	처음으로, 처음의, 처음, 최우수 {퍼스트} first		쪼개기
첫 번째의	쀠얼슅	쀠어슅	첫째의, 첫째로 {퍼스트} first		★★★
최초의	쀠얼슅	쀠어슅	최초로, 1등(의), 제1(의), 제1위, 제1호 {퍼스트} first		*first*
먼저	쀠얼슅	쀠어슅	{퍼스트} first		
우선	쀠얼슅	쀠어슅	(first = 1st 쀠얼슅) {퍼스트} first		

첫인상 ⇨ **쀠얼슅**(쀠얼스ㅌ, 쀠얼스트, 퍼스트) 인상 / 처음으로 집을 사다 ⇨ **쀠얼슅**으로 집을 사다
첫 번째의 생일(첫 번째 생일) ⇨ **쀠얼슅** 생일 / 첫째의 날(첫째 날) ⇨ **쀠어슅** 날
달에 간 최초의 사람 ⇨ 달에 간 **쀠얼슅** 사람 / 세계 최초로 개발 ⇨ 세계 **쀠얼슅**으로 개발
"먼저 갈게" ⇨ "**쀠얼슅** 갈게"
"우선 밥부터 먹자" ⇨ "**쀠얼슅** 밥부터 먹자"

초 (시간 단위)	쎄껜d / 쎄끈d	쎄큰d	두 번째의, 제2(의), (= 2nd) {세컨드} second		재활용
세 번째의	θ뚸얼d	θ써얼	제3(의), (= 3rd, 3d) {써드} third		
네 번째의	뽀얼θ뜨	뽀어θ쓰 / 뽀θ엇	제4(의) {포스} fourth		
다섯 번째의	쀠잎θ뜨	쀠잎θ쓰	제5(의) {핍스} {피프스} fifth		
여섯 번째의	씩슡 / 씩스θ뜨	씩θ슛 / 씩스θ쓰	제6(의) {식스쓰} sixth		

50**초** 안에 문제를 풀다 ⇨ 50 **쎄껜**(쎄껜d, 쎄껜드, 세컨드) 안에 문제를 풀다 / 두 번째의 기회 ⇨ **쎄껜**의 기회
세 번째의 소원(세 번째 소원) ⇨ **뚸얼**(뚸얼d, 뚸얼드, 써드) 소원 / ◆ θ뚸 : 혀끝을 앞니에 살짝 물었다 당기면서 그 사이로 발음
네 번째의 손가락(네 번째 손가락) ⇨ **뽀얼뜨**(뽀얼th, 뽀얼θ, 포스) 손가락 / ◆ θ뜨 : 아주 살짝 내뱉듯이 발음
다섯 번째의 이야기(다섯 번째 이야기) ⇨ **쀠잎뜨**(쀠잎th, 쀠잎θ, 핍스) 이야기
여섯 번째의 도전(여섯 번째 도전) ⇨ **씩슡**(씩스th, 씩스θ, 씩스뜨, 식스쓰) 도전 / ◆ '씩슛' = '씩스뜨'로 발음

정말	인디잍		정말로, 참으로, 실제로, 실로 {인디드} indeed		무작정
수도꼭지 (미국)	빠아셀	뽀싵	(수도, 물통의) 꼭지 {포싯} faucet		
수돗물	탸앞 우와뤌	탶 우오퉈	{탭 워터} tap water		
이차적인	쎄컨돼어뤼	쎄큰듀뤼	부차적인, 중등교육의 {세컨데리} secondary		
특정한	스삐씨뻴		구체적인, 명확한 {스피시픽} specific		

"정말 멋지다" ⇨ "**인디읻**(인디읻d, 인디이드, 인디드) 멋지다"
수도 꼭지를 틀다 ⇨ **빠아셀**(포싯)을 틀다
수돗물을 아껴 쓰다 ⇨ **탸앞 우와뤌**(탭 워터)을 아껴 쓰다
이차적인 문제 ⇨ **쎄컨돼어뤼**(세컨데리)한 문제 / 부차적인 목적 ⇨ **쎄컨돼어뤼**한 목적
특정한 활동 ⇨ **스삐씨뻴**(스피시픽)한 활동 / 구체적인 시기 ⇨ **스삐씨뻴**(스피시픽)한 시기

왕초보 영단어 독학직 암기법 2막

두 마리 토끼를 잡으려면 한 마리씩!

빠른 영어 단어 암기를 위해 발음 요령과 강세는 제외하고 한글 표기 대로의 미국식 발음부터 암기합니다. (권장 사항)

단어용
영어 단어 암기용 기본 발음

VS

발음용
영어 발음 향상용 발음법

어뤄꽤아릭	어뤄꽤아릭
브래앤드	브뢔앤d
디스카운트	디스카운t☆
패앗 / 패아뜨	패θ앝 / 패아θ뜨
클로우딩	클로우ð딩

VS

우와뤌 / 우워뤌	우와뤌 / 우워뤌
을라이썬스	을라이썬ㅅ
뤼코얼드	뤼코얼d★
익스쮸롹트	익스쮸롹t★
플랕쁨~	플랕@쁨~

△ 한글 표기대로만 발음　　▲ 발음 요령 & 강세

① d, t 등의 알파벳 표기는 드, 트 등으로 읽기
② '얇은 글자'와 '홀쭉한 글자' 그냥 읽기
③ 각종 기호, 발음 요령은 신경 쓰지 말고 발음
④ 강세를 위한 높낮이 표시 배제하고 발음
※ 한글 발음 표기에 기본 영어 발음 내재

영어 단어에 해당하는 국어 단어 (기준으로 세운 뜻)	미국식 발음	영국식 발음	해당 국어 단어들 (다른 뜻들)	{한국식 발음} 스펠링	
이익	프롸삗	프뤄삗	이득, 수익, 이윤 {프로핏} profit		연상법
활기	비결	비거	정력, 활력, 원기, (= vigour 영국) {비거} vigor		
계획	스끼임		제도 {스킴} scheme		
이상한	스쮸뤠인쥐		낯선, 모르는 {스트레인지} strange		
낯선 사람	스쮸뤠인절	스쮸뤠인져	모르는 사람 {스트레인져} stranger		

프롸스틱(플라스틱) 마네킹에 옷을 **삗**(핏, 딱 맞는, 어울리는)하게 디스플레이해서 판매 이익이 올라가다
비비드(비비드, 생생한, 발랄한)하고 활기 넘치는 **걸**(여자아이, 소녀)
이번 주말 계획은 **스끼임**(스키임, 스키 타기이다)
상태가 이상한 전자레인지 때문에 **스쮸**레스(스트레스)를 받아 전자**뤠인쥐**(전자레인지)를 폐기해 버리다
낯선 사람이 **스쮸**리트(스트리트, 거리)에서 파워**뤠인절**(파워레인져) 복장을 하고 있다

데려오다	브륑		데리고 오다 {브링} bring		쪼개기
오게 하다	브륑		{브링} bring	★★★	
가져오다	브륑		가지고 오다 {브링} bring		bring
가져다주다	브륑		초래하다, 일으키다, 야기하다 {브링} bring		
갖다 주다	브륑		{브링} bring		

아이를 집으로 데려오다 ⇨ 아이를 집으로 **브륑**(브링)하다 / 친구를 집에 데리고 오다 ⇨ 친구를 집에 **브륑**하다
집으로 오게 하다 ⇨ 집으로 **브륑**(브링)하다
짐을 가져오다 ⇨ 짐을 **브륑**하다 / 도시락을 가지고 오다 ⇨ 도시락을 **브륑**하다
행운을 가져다주다 ⇨ 행운을 **브륑**하다
사과를 갖다 주다 ⇨ 사과를 **브륑**하다

(몸속의) 장기	오올근 / 오올겐	오오근	(장기, 조직의) 기관, 오르간 (악기) {오르간} organ		재활용
유기적인	올개닉	오갸닉	유기농의, 유기체의, 장기의 {오가닉} organic		
근원	쏘올스	쏘오스	원천, 정보원, 소식통, 자료, 출처 {소스} source		
꽤	프리리	프리티	상당히, 아주, 예쁜, 귀여운 {프리티} pretty		
(운동, 수험 등을) 지도하다	쿼우취		가정 교사, 장거리용 대형 버스, (스포츠의) 코치 {코치} coach		

몸속의 장기와 그 주요 기능 ⇨ 몸속의 **오올근**과 그 주요 기능 / 감각 기관 ⇨ 감각 **오올근**
유기적인 협력 ⇨ **올개닉**(오가닉)한 협력 / ◉ 유기 : 전체를 구성하는 요소가 서로 관련을 가지고 있는 것
이 유명한 갈빗집 갈비맛의 근원은 깊은 맛을 자랑하는 간장 **쏘올스**(sauce 소스, 양념)에 있다
꽤 맛있는 요리 ⇨ **프리리**(프리티) 맛있는 요리
축구를 지도하다 ⇨ 축구를 **쿼우취**(코치)하다 / ◆ 얇은 취 : 자음만으로 내는 발음. 스치듯 속삭이듯 약하게 툭 내뱉는 발음

범위	뤠인쥐		(범위가 ~에) 이르다, (조리용) 레인지 (미국) {레인지} range		무작정
배열하다	어뤠인쥐		가지런히 하다, 정리하다 {어레인지} arrange		
평소의	유우쥬얼		평상시의, 일상의, 일상적인, 일반적인 {유쥬얼} usual		
특이한	언유우쥬얼		독특한, 드문, 흔치 않은 {언유쥬얼} unusual		
지배하다	돠머네읻	뒤머네읻	장악하다 {다머네이트} dominate		

전자**뤠인쥐**는 조리와 음식을 데우는 등 사용 범위가 다양하다 / ※ 전자레인지(한자어+영어)는 영어로 마이크로웨이브
어(하나의) 전자**뤠인쥐** 앞에 데울 음식들을 가지런히 **배열하다** / 취 : 스치듯 속삭이듯 약하게 툭 내뱉는 발음
평소의 수수한 **유우**(너) 답지 않게 오늘은 아주 세련된 비**쥬얼**(시각의)의 모습이다
특이한 디자인 ⇨ **언유우쥬얼**(언유쥬얼)한 디자인
미국 영화가 세계를 지배하다 ⇨ 미국 영화가 세계를 **돠머네읻**(다머네이트)하다 / ◆ 강세 2개 : 돠(제1강세), 네(제2강세)

왕초보 영단어 복합적 암기법 **2**회

조직하다	올거나이즈	오거나이즈	편성하다, 계획하다 {오거나이즈} organize	연상법
부인하다	디나이		부정하다, 거절하다 {디나이} deny	
자원	뤼쏘올스	뤼조오스	재원, 자산, 수단 {리소스} resource	
대략	어프롹써멑을리	아프롹써머틀리	약, 거의 approximately	
선언하다	디클레얼	디클레애	선포하다 {디클레어} declare	

신입 사원들이 많이 채용돼서 **올 거**(올 것이)가 왔다" 하며 **나이**로 밀려날 **즈**음 몇몇 동료들과 새로운 회사를 **조직하다**
디게(되게) **나이** 많은 싱글 언니에게 "혼자 사는 거 외롭지 않아?"라고 물어보니 전혀 아니라고 **부인하다**
뤼(다시) **쏘올스**(소스, 근원, 자료)를 가공하여 새로운 **자원**으로 활용하다 / ◆ 미국과 영국 발음, 강세 차이
해변의 **어프**(off 꺼진) **롹**(락음악)은 대략 **써멑**(써머, 여름) 바캉스 때 사람들이 많이 모이면 **을리**(틀리, 틀 것이다)
"나 연예인으로 **디**게(되게) **클레**(클래, 성공할래)!" 하며 **얼**굴에 자신 있는 아이가 부모님에게 **선언하다**

참다	베얼	베어 / 베애	곰 {베어} bear	쪼개기
견디다	베얼	베어 / 베애	{베어} bear	★★☆
부담하다	베얼	베어 / 베애	(비용, 책임 등을) 지다, 떠맡다 {베어} bear	
(아이, 새끼를) 낳다	베얼	베어 / 베애	출산하다 {베어} bear	bear
(열매 등을) 맺다	베얼	베어 / 베애	{베어} bear	

산에서 **베얼**(베어, 곰)과 마주치자 엎드려 죽은 척 하며 숨 쉬는 것을 **참다**
슬픔을 **견디다** ⇨ 슬픔을 **베얼**하다 / ◆ '베' 발음 : 위아래 입술을 모았다가 입안의 공기를 팍 내보내는 [b] 발음
비용을 **부담하다** ⇨ 비용을 **베얼**하다
아이를 **낳다** ⇨ 아이를 **베얼**하다
열매를 **맺다** ⇨ 열매를 **베얼**하다

들리다	히얼	히어	듣다 {히어} hear	재활용
전설	을레젼d		전설적 인물 {레전드} legend	
계획 (큰 규모의 사업, 연구 과제)	프롸젴t☆	프롸젴t☆	기획, 과제, 계획하다(프뤄젴t★) {프로젝트} project	
훑어보다	스깨안	스까안	정밀 촬영(검사)하다, 정밀 검사, 스캔하다 {스캔} scan	
청력	히어링		듣기, 청취, 청문회 {히어링} hearing	

새소리가 **들리다** ⇨ 새소리가 **히얼**(히어)하다
영화계의 **전설** ⇨ 영화계의 **을레젼**(을레젼d) / ◆ 한글 발음 표기에 섞인 알파벳 d : 뒤에 오는 단어에 따라 생략되거나 발음
대규모 건설 **계획** ⇨ 대규모 건설 **프롸젴**(프로젝트) / ◆ 같은 단어의 품사별 강세 : 대부분 명사는 앞, 동사는 뒤 (명전동후)
제품의 설명서를 **훑어보다** ⇨ 제품의 설명서를 **스깨안**(스캔)하다
양쪽 **청력**이 양호하다 ⇨ 양쪽 **히어링**(히어링)이 양호하다

찬사	컴플러멘t	컴플러먼t	칭찬, 칭찬하다 {컴플리먼트} compliment	무작정
(돈, 시간적) ~할 여유가 있다	어쀼올d	어쀼온	{어포드} afford	
(비밀 등을) 드러내다	뤼비얼	뤼비을	공개하다, 폭로하다, 밝히다, 폭로 {리빌} reveal	
~당	펄 / 펄	퍼 / 퍼	~마다, ~에 대해, ~으로, ~에 의하여 {퍼} per	
태어난	@본~	보온	타고난, ~태생의, (bear의 과거분사) {본} born	

가창력에 대한 **찬사**를 보내다 ⇨ 가창력에 대한 **컴플러멘**(컴플러멘트, 컴플리먼트, 컴플러먼트)를 보내다
집을 구입할 **여유가 있다** ⇨ 집을 구입 **어쀼올**(어쀼올d, 어쀼올드, 어포드)이다
마침내 비밀을 **드러내다** ⇨ 마침내 비밀을 **뤼비얼**(리빌)하다
1인당 5개씩 나눠주다 ⇨ 1인 **펄**(퍼) 5개씩 나눠주다 / 1kg 당 3만 원 ⇨ 1kg **펄**(퍼) 3만 원
건강하게 **태어난** 아기 ⇨ 건강하게 **본**~한 아기 / ◆ @본~ : 혀를 말고 본(볼과 본이 섞인 소리)을 길게 발음

영어 단어에 해당하는 국어 단어 (기준으로 세운 뜻)	미국식 발음	영국식 발음	해당 국어 단어들 (다른 뜻들)	{한국식 발음} 스펠링	
영토	테뤼토어뤼	테뤼츄뤼	영역	{테러토리} territory	연상법
상호 간의	뮤우츄얼 / 뮤우쮸얼	뮤우츄얼	상호의, 서로의, 공동의	{뮤츄얼} mutual	
화장실 (미국)	배아θ뜨루움	바아θ쓰루움	욕실(영국), 목욕탕	{배스룸} bathroom	
변기 (미국)	토일렅		화장실(영국)	{토일렛} toilet	
방향	디뤡션 / 다이뤡션		지시	{디렉션} {다이렉션} direction	

각 나라마다 자신들의 **영토**에서 **테뤼**(테러)에 대비해 실제 상황처럼 스**토어뤼**(스토리)를 만들어 모의훈련을 하다
상호 간의 커**뮤우**니케이션(의사소통)에 있어서 어느 한쪽이 상대의 의견을 일방적으로 **츄얼**(추얼)해서는 곤란하다
배아뜨(배스, 목욕)**루움**(룸, 방)에는 목욕 시설과 화장실 시설이 같이 있다
주말에 **토**요일 **일**요일에 여**렅**(여럿)이서 화장실을 이용하다 보니 **변기**가 고장 나다
네비게이션이 목적지까지 가는 방향을 **디뤡**(다이렉트, 직행으로)**션**하게(시원하게) 알려주다

끝	에엔d / 엔d			{엔드} end	쪼개기
끝나다	에엔d / 엔d			{엔드} end	★★★
끝내다	에엔d / 엔d		종료, 종료하다	{엔드} end	
~말	에엔d / 엔d			{엔드} end	end
종말	에엔d / 엔d		결말, 최후	{엔드} end	

노력 **끝**에 요리의 달인이 되다 ⇨ 노력 **에엔**(에엔d, 에엔드, 엔드)에 요리의 달인이 되다
영화가 **끝나다** ⇨ 영화가 **에엔**(에엔d, 에엔드, 엔드)하다
분쟁을 **끝내다** ⇨ 분쟁을 **에엔**(에엔d, 에엔드, 엔드)하다
올해 **말**에 집을 구입한다 ⇨ 올해 **에엔**(에엔d, 에엔드, 엔드)에 집을 구입한다
지구 **종말** ⇨ 지구 **에엔**(에엔d, 에엔드, 엔드)

목욕	배θ앝 / 배아θ뜨	바θ앗 / 바아θ쓰	욕실 (미국), 욕조 (영국)	{배쓰} bath	재활용
소나기	샤우월	샤우워	퍼붓다, 샤워, 샤워를 하다, 샤워기	{샤워} shower	
끝없는	엔d러쓰	엔들러스	끊임없는, 무한한	{엔드레스} endless	
(가열하여) 요리하다	쿠욱 / 크욱		(밥을) 짓다, 요리사	{쿡} cook	
요리	쿠낑 / 크킹		요리용의, 조리, 조리용의	{쿠킹} cooking	

목욕을 하다 ⇨ **배앝**(배아th, 배아θ, 배아뜨, 배쓰)를 하다 / ◆ '배앗' = '배아뜨'로 발음
갑자기 소나기가 내리다 ⇨ 갑자기 **샤우월**(샤워)이 내리다
끝없는 우주 ⇨ **엔러쓰**(엔드레스)한 우주
음식을 요리하다 ⇨ 음식을 **쿠욱**(쿡)하다 / 최고의 요리사 ⇨ 최고의 **쿠욱**(쿡) / ※ 가열하지 않는 요리에는 사용 안 함
나는 요리하는 게 즐겁다 ⇨ 나는 **쿠낑**(쿠킹)하는 게 즐겁다 / 요리용의 장갑(요리용 장갑) ⇨ **쿠낑**(쿠킹)의 장갑

두꺼운	θ띡	θ씩	굵은, 두껍게, 굵게	{씩} {씨크} thick	무작정
두께	θ띡크너스	θ씩크너스	겹, 굵기	{씨크너스} thickness	
(지구의) 대기	앹머스삐얼	앹머스삐어	공기, 분위기	{앳머스피어} atmosphere	
대륙 (大큰大陸뭍륙)	커언티넌t	콘티넌t		{콘티넌트} continent	
자랑하다	보우슽		자랑, 뽐내다	{보스트} boast	

두꺼운 종이 ⇨ **띡**(씩)한 종이 / 굵은 나무 ⇨ **띡**(씩)한 나무
얼음의 두께 ⇨ 얼음의 **띡크너스**(씨크너스)
대기 중 이산화탄소의 양 ⇨ **앹머스삐얼**(앳머스피어) 중 이산화탄소의 양 / ● 대기(大큰大氣공기기) : 지구를 둘러싼 기체
아시아 대륙 ⇨ 아시아 **커언티넌**(커언티넌트, 커언티넌트, 콘티넌트)
비싼 자동차를 사서 자랑하다 ⇨ 비싼 자동차를 사서 **보우슽**(보우스t, 보우스트, 보스트)하다

왕초보 영단어 복합적 암기법 **2**회

알고 있는 (명사 앞에는 안 씀)	어우웨얼	어우웨애	알아차린, 눈치채고 있는 {어웨어} aware	연상법
(여자) 인어	뭘뭬읻	뭐어뭬읻	여자 수영 선수 (미국) {머메이드} mermaid	
게으른	을레이즤		나태한, 느긋한 {레이지} lazy	
파다	딕		(뿌리 야채 등을) 캐다, 파내다 {딕} dig	
애도하다	@몬~	모온	슬퍼하다 {몬} mourn	

어(하나의)의 역사적 사실을 **우웨얼**해서(외워서) **알고 있는** 아이
인어로 분장하기 위해 **뭘**(뭐를) 가지고 **뭬읻**(메이드 made 만든)한 그럴싸한 지느러미 (뭘뭬읻, 뭘뭬이드, 뭘뭬이드, 머메이드)
게으른 동생이 소파에 누워 **을레이즤**(레이저) 빔을 쏘며 장난을 치다
고대 유물이 발견된 곳에 굵은 고**딕**체(고딕체)로 '일반인 출입금지'라고 표시한 후 땅을 **파다**
정중히 두 손을 **몬**~(모은) 자세로 고인을 **애도하다** / ⊙ 애도(哀슬플애悼슬퍼할도) : 사람의 죽음을 슬퍼함

적용하다	어플라이			apply	쪼개기
응용하다	어플라이			apply	★★☆
지원하다	어플라이		응시하다	apply	
신청하다	어플라이			apply	
(로션, 연고, 페인트 등을) 바르다	어플라이			apply	

새로운 기술을 **적용하다** ⇨ 새로운 기술을 **어플라이**하다 / ◆ l 발음(을ㄹ) : **어**ㅍ + **을라**이'의 구조
전통문양을 **응용하다** ⇨ 전통문양을 **어플라이**하다
공기업에 **지원하다** ⇨ 공기업에 **어플라이**하다
기네스북 등재를 **신청하다** ⇨ 기네스북 등재를 **어플라이**하다
로션을 **바르다** ⇨ 로션을 **어플라이**하다 / 연고를 바르다 ⇨ 연고를 **어플라이**하다

응용	아플러케이션		적용, 지원, 신청, 응용프로그램, 앱 (약어 app) application	재활용
빠른	쿠윅 / 쿠웩		재빠른, 신속한 {퀵} quick	
빨리	쿠위끌리	쿠위클리	빠르게, 재빨리, 신속히, 급히 {퀴클리} quickly	
최고급의	하이에엔d		고성능의 {하이엔드} high-end	
직접적인	디뤡t / 다이뤡t		직접의, 직행의, 지휘하다, 감독하다 {디렉트} direct	

응용 프로그램을 뜻하는 앱(app)은 **아플러케이션**(애플리케이션)의 약어이다 / ♣ 어플(콩글리쉬) = 앱(app 영어)
쿠윅(퀵) 서비스는 빠른 운송 서비스이다
일을 빨리 처리하다 ⇨ 일을 **쿠위끌리**(퀴클리) 처리하다
최고급의 자동차 ⇨ **하이에엔**(하이엔d, 하이엔드) 자동차
이 일과 직접적인 관련이 없다 ⇨ 이 일과 **디뤡**t(디뤡t, 디렉트, 다이렉트)한 관련이 없다

그러므로	더웨얼뽀얼	더웨애뽀어	따라서 {데어포어} therefore	무작정
(영화, 연극의) 감독	디뤡털	다이뤡털 / 디뤡털	이사, 책임자, 임원, 중역 {디렉터} director	
환승하다	츄랜스뿰★	츄랜스뿨★	갈아타다, 송금하다, 옮기다 {트랜스퍼} transfer	
딸	도어뤌	도오뤄	{도터} daughter	
사투리	다이얼렉t	다일렉t	방언, 지방어 {다이얼렉트} dialect	

음식으로 건강을 되찾다. 그러므로 식습관이 중요하다 ⇨ 음식으로 건강을 되찾다. **더웨얼뽀얼** 식습관이 중요하다
영화감독 ⇨ 영화 **디뤡털**(디렉터) / 회사의 이사 ⇨ 회사의 **디뤡털**(디렉터)
버스를 환승하다 ⇨ 버스를 **츄랜스뿰**(트랜스퍼)하다 / ◆ 명사 일 때 강세 : 츄랜스뿰☆ (츄랜스뿨☆) 이전, 양도
딸과 아들 ⇨ **도어뤌**(도터)과 아들 / ✛ 아들, 자손(sons), "젊은이"(부를 때) son 썬
지역별 사투리 ⇨ 지역별 **다이얼렉t**(다이얼렉t, 다이얼렉트, 다이렉트)

45

영어 단어에 해당하는 국어 단어 (기준으로 세운 뜻)	미국식 발음	영국식 발음	해당 국어 단어들 (다른 뜻들)	{한국식 발음} 스펠링	
엄격한	스쮸뤹t	스쮸뤽t	엄한 {스트릭트} strict		연상법
제한하다	뤼스쮸뤹t	뤼스쮸뤽t	{리스트릭트} restrict		
구역	디스쮸뤹t	디스쮸뤽t	지역, 지구, 관할구 {디스트릭트} district		
요구하다	클레임		주장하다 claim		
즐거움	플레절	플레져	기쁨, 쾌락, 기쁘게 하다 {플레져} pleasure		

직원들이 **스쮸**레스(스트레스)를 다이**뤹t**(다이렉트)로 받자 밤늦게까지 일 하지 않도록 엄격한 근무 시간제한을 두다
뤼(다시) **스쮸뤹t**(엄격한)한 규칙을 만들어 무질서한 행동을 제한하다
이 **구역 디**에는(뒤에는) 초등학교가 있어서 과속하지 못하게 **스쮸뤹t**(엄격한)한 속도 제한이 있다
인기가 많아진 배우가 더 **클레**~(클래) 하며 감독에게 **임**금액을 요구하다
게임 **플레**이와 **레절**(레져) 활동으로 즐거움을 얻다

놓다	을레이		두다, 위치, 배치 {레이} lay		쪼개기
눕히다	을레이		눕다 {레이} lay		★★★
쌓다	을레이		(쌓은) 층 {레이} lay		
깔다	을레이		마련하다 {레이} lay		lay
(새, 곤충, 물고기가 알을) **낳다**	을레이		넘어뜨리다, 때려눕히다 {레이} lay		

테이블에 꽃을 놓다 ⇨ 테이블에 꽃을 **을레이**(레이)하다
아기를 잠자리에 눕히다 ⇨ 아기를 잠자리에 **을레이**하다
벽돌을 쌓다 ⇨ 벽돌을 **을레이**하다
장판을 깔다 ⇨ 장판을 **을레이**하다 / 돗자리를 깔다 ⇨ 돗자리를 **을레이**하다
새가 알을 낳다 ⇨ 새가 알을 **을레이**하다 / 여왕개미가 알을 낳다 ⇨ 여왕개미가 알을 **을레이**하다

(출판, 땅, 건물 등) **배치**	을레이아울		깔기, 펴기, 펼치기, 지면 배정, 설계 {레이아웃} layout		재활용
정찰병	스까울		정찰하다, 스카우트하다, 스카우트 (단체, 단원) {스카우트} scout		
현금	캐아쉬	캬아쉬	현찰, 돈 {캐쉬} cash		
천국	헤븐 / 헤뷘		천당, 낙원, 하늘 {헤븐} heaven		
연기하다	딜레이		지연시키다, 지체시키다, 미루다, 지연, 연기 {딜레이} delay		

기사에 들어갈 글과 사진의 **배치**를 하다 ⇨ 기사에 들어갈 글과 사진의 **을레이아울**(레이아웃)을 하다
적지에 정찰병을 보내다 ⇨ 적지에 **스까울**(스카우트)을 보내다 / ※ 스카우트 : 선수나 인재를 찾아내어 영입하는 일
적립된 **캐아쉬**(캐쉬)백은 현금과 동일하게 물건을 구입할 수 있다
천국과 지옥 ⇨ **헤븐**과 지옥
폭설로 인해 비행기 이륙을 연기하다 ⇨ 폭설로 인해 비행기 이륙을 **딜레이**(딜레이)하다

~사이에	비투윈		~간의 {비트윈} between		무작정
층	을레이얼	을레이어	겹, 겹겹이 놓다, 층층이 놓다 {레이어} layer		
초안	쥬롸앞t	쥬뤼앞t	시안, 징병, 외풍, 신인 선수 선발제 {드래프트} draft		
(빛, 열, 냄새 등을) **확산하다**	디쀼우즈	디퓨우즈	발산하다, 퍼지다, 퍼프리다 {디퓨즈} diffuse		
거짓말쟁이	을라이얼	을라이어	{라이어} liar		

방송 출연자 두 사람 사이에 진행자가 앉아 있다 ⇨ 방송 출연자 두 사람 **비투윈**(비트윈) 진행자가 앉아 있다
오존층이 파괴되다 ⇨ 오존 **을레이얼**(레이어)이 파괴되다 / 3겹으로 껴입다 ⇨ 3 **을레이얼**로 껴입다
연설문 초안 ⇨ 연설문 **쥬롸앞**(레이앞t, 쥬롸아ft, 쥬롸앞t) / ◆ 얇은 알파벳 표기 t(t) : 't'하고 속삭이듯 작게 내뱉는 발음
빛이 확산하다 ⇨ 빛이 **디쀼우즈**(디퓨즈)하다 / ◆ 얇은 표기 '즈' : 스치듯 속삭이듯 작게 나는 소리로 'ㅅ' 같은 '즈' 발음
거짓말쟁이를 혼내다 ⇨ **을라이얼**(라이어)을 혼내다

(색, 빛, 소리, 기억 등) 희미한	쀄인t		어렴풋한, 기절하다, 어지러운 (서술적) {페인트} faint	연상법
방사선	뤠리에이션	뤠이디에이션	방사, 복사 {레이디에이션} radiation	
절대적인	앱쎌루울	압쎌루울	완전무결한, 완전한 {앱솔루트} absolute	
손목	뤼이슽	뤼슽	{리스트} wrist	
발목	애앤껄 / 애앤끌	앙클	{앵클} ankle	

쀄인t(paint 페인트) 칠이 오래되어 희미한 색상으로 되다 (쀄인, 쀄인t, 쀄인트, 페인트)
이 장비는 언제든 사용할 수 있게 뤠리(레디, 준비되)하고 품질이 에이 션(A가 셋, 품질이 우수)인 방사선 검사기이다
절대적인 권력을 가진 왕이 반대 세력을 앱쎌(압살)하고 남아 있는 세력의 루울(루트, 뿌리, 근원) 마저 뿌리 뽑다
행사에 초대할 100명의 손님들 뤼이슽(리스트, 명단)을 작성했더니 손목이 뻐근하다 (뤼이슽, 뤼이스트, 뤼이스트, 리스트)
핸드폰 메시지 애앤 껄(애인 것을) 몰래 훔쳐봤다. 그러다가 애인에게 걸려서 깜짝 놀라 뒷걸음치다 발목을 접질리다

눕다	을라이		(과거 lay, 과거 분사 lain) {라이} lie	쪼개기
드러눕다	을라이		{라이} lie	★★★
누워 있다	을라이		(어떤 상태로) 있다 {라이} lie	
(기다랗게 가로) 놓여 있다	을라이		펼쳐져 있다 {라이} lie	
거짓말하다	을라이		거짓말, (과거, 과거 분사 lied) {라이} lie	

침대에 눕다 ⇨ 침대에 올라이(라이)하다
현기증이 나서 바닥에 드러눕다 ⇨ 현기증이 나서 바닥에 올라이(라이)하다
언니가 소파에 누워 있다 ⇨ 언니가 소파에 올라이(라이)하다
눈앞에 강이 놓여 있다 ⇨ 눈앞에 강이 올라이(라이)하다
악의적으로 거짓말하다 ⇨ 악의적으로 올라이(라이)하다

면	캍은	커튼	목화, 솜, 무명 {코튼} cotton	재활용
규칙적인	뤠귤럴 / 뤠규율럴	뤠귤러	(크기가) 표준의, 정기적인, 정규의 {레귤러} regular	
고수하다	스띡		붙이다, 달라붙다, 찌르다, 막대기, 스틱 {스틱} stick	
끈적끈적한	스띡끼	스띡키	끈끈한, 끈적거리는, 후덥지근한 {스티키} sticky	
(액체, 기체의) 관	튜웁	츄웁	텔레비전, (물놀이, 치약, 물감 등의) 튜브 {튜브} tube	

면 재질의 옷 ⇨ 캍은(코튼) 재질의 옷 / ◆ '캍' 발음 후 잠시 멈추고 '은' 발음
규칙적인 운동 ⇨ 뤠귤럴(레귤러)한 운동 / 피자 표준의 사이즈 ⇨ 피자 뤠귤럴 사이즈
그 유명한 드러머는 특정 회사 브랜드의 스띡(스틱)만을 고수하다 / ✚ 접착 인쇄물, 스티커 sticker 스띡껄 [스띡커]
끈적끈적한 풀 ⇨ 스띡끼(스티키)한 풀
관을 따라 물이 나오다 ⇨ 튜웁(튜우b, 튜우브, 튜브)을 따라 물이 나오다

절대적으로	압쎌루울을리	압쎌루우틀리	완전히, 전적으로 {앱솔루틀리} absolutely	무작정
(환경 등에) 친화적인	쁘뤤을리	프뤤들리	우호적인, 친근한, 친절한, 친한 {프렌들리} friendly	
우정	쁘뤤슆	프뤤슆	교우 관계 {프렌드쉽} friendship	
붓다	스웨얼		부풀다, 부어오르다, 팽창하다, 팽창, 증가 {스웰} swell	
(음식, 도덕적) 썩은	롸앝은	@로튼	부패한, 부식된 {로튼} rotten	

절대적으로 필요한 물 ⇨ 압쎌루울을리(앱솔루틀리)로 필요한 물
자연 친화적인 식재료 ⇨ 자연 쁘뤤을리(프렌들리)한 식재료 / 우호적인 태도 ⇨ 쁘뤤을리(프렌들리)한 태도
사랑과 우정 ⇨ 사랑과 쁘뤤슆(프렌드쉽)
라면을 먹고 자서 얼굴이 붓다 ⇨ 라면을 먹고 자서 얼굴이 스웨얼(스웰)하다 / 풍선이 부풀다 ⇨ 풍선이 스웨얼하다
썩은 감자 ⇨ 롸앝은(로튼)한 감자 / 부패한 권력 ⇨ 롸앝은한 권력 / ◆ '롸앝' 발음 후 잠시 멈추고 '은' 발음

영어 단어에 해당하는 국어 단어 (기준으로 세운 뜻)	미국식 발음	영국식 발음	해당 국어 단어들 (다른 뜻들)	{한국식 발음} 스펠링	
당황	디스뭬이		실망, 경악, 당황하게 하다, 놀라게 하다	{디스메이} dismay	연상법
가장 적은	을리이슬		최소의, 최소로	{리스트} least	
결정하다	디퉈얼먼	디퉈어민	결심하다	{디터민} determine	
보리	바알리			{발리} barley	
완전히	얼~투게ㄷ뤌	올~투게ㄷ뒤	전적으로	{올투게더} altogether	

냉장고에 있던 **디스**(this 이) 식품은 유통기한이 올해 **뭬이**(May 5월)까지 인데 세 달이나 지나 **당황**을 하다 / ※ dis (반대, 부정)
가게에 재고 **을리이슬**(리스트, 목록)에서 **가장 적은** 품목을 보고 부족한 물건을 주문하다 (을리슬, 울리이스트, 울리이슬리스트)
오래된 양복의 **디**에(뒤에) **퉈얼**(털)과 **먼**지가 잘 묻자 새 양복을 구입하기로 **결정하다**
바알리(발리)에 여행을 가서 **보리**밥 요리를 먹다 / ◆ b 발음 : 위아래 입술을 모았다가 입안의 공기를 팍 내보내는 발음
얼~(올, 모두) **투게뤌**(함께) 힘을 합쳐 **완전히** 새로운 제품을 개발하다 / ◆ l 발음 : 얼과 어 사이로 발음

영어 단어에 해당하는 국어 단어	미국식 발음	영국식 발음	해당 국어 단어들	{한국식 발음} 스펠링	
(해, 인기 등이) 뜨다	롸이즈		떠오르다, 솟다, 솟아오르다	{라이즈} rise	쪼개기
(앉아 있다가) 일어나다	롸이즈			{라이즈} rise	★★★
(수량, 지위 등이) 오르다	롸이즈		올라가다, 오르기	{라이즈} rise	rise
상승하다	롸이즈		상승	{라이즈} rise	
증가하다	롸이즈		증가, 임금 인상 (영국)	{라이즈} rise	

해가 뜨다 ⇨ 해가 **롸이즈**(라이즈)하다 / 신인가수가 전국적으로 **뜨다** ⇨ 신인가수가 전국적으로 **롸이즈**하다
의자에서 **일어나다** ⇨ 의자에서 **롸이즈**하다 / ◆ 얇은 표기 '즈' : 스치듯 속삭이듯 'ㅅ' 같은 '즈[z]' 발음
가격이 **오르다** ⇨ 가격이 **롸이즈**하다 / 왕좌에 **오르다** ⇨ 왕좌에 **롸이즈**하다
지구 온도가 매년 **상승하다** ⇨ 지구 온도가 매년 **롸이즈**하다
실업율이 **증가하다** ⇨ 실업율이 **롸이즈**하다

영어 단어에 해당하는 국어 단어	미국식 발음	영국식 발음	해당 국어 단어들	{한국식 발음} 스펠링	
3월	뫄알춰	뫄아춰		{마치} March	재활용
행진하다	뫄알춰	뫄아춰	행진, 행군, 행진곡	{마치} march	
터무니없는 말	넌쎈스		허튼소리, 말도 안 되는, 터무니없는	{넌센스} nonsense	
감각	쎈스		~감, 의식, 느낌, 느끼다	{센스} sense	
굴러 떨어지다	튐벌		구르다, 넘어지다, 공중제비를 하다, 하락	{텀블} tumble	

꽃이 피기 시작하는 3월에는 많은 커플들의 웨딩 **뫄알춰**(마치)가 울려 퍼진다 / ◆ 얇은 '춰' : 모음 없이 자음만으로 내는 발음
웨딩 **뫄알춰**(마치)에 맞춰 신랑 신부가 **행진하다** / ◆ 얇은 '춰' : 스치듯 속삭이듯 목 울림 없이(무성음) 작게 내는 발음
터무니없는 말을 듣다 ⇨ **넌쎈스**(넌센스)한 말을 듣다 / "허튼 소리 그만해" ⇨ "**넌쎈스** 그만해"
유머 **감각**이 없다 ⇨ 유머 **쎈스**(센스)가 없다 / ※ ~감 : 오감, 육감, 허탈감, 박탈감, 상실감 등
튐벌링(덤블링, 공중제비)을 하다가 덤불숲으로 **굴러 떨어지다** / ✚ 공중제비, 구르기, 덤블링 tumbling 튐블링 {텀블링}

영어 단어에 해당하는 국어 단어	미국식 발음	영국식 발음	해당 국어 단어들	{한국식 발음} 스펠링	
모이다	개아ㄷ뤌	갸ㄷ뒤	모으다, 수집하다	{개더} gather	무작정
(특정한) 맛	플레이붤	플레이붜	풍미, 향미, 정취, (= flavour 영국)	{플레이버} flavor	
모임	개아ㄷ뤌링	갸ㄷ뒤링	집회, 수집품, 모이기	{개더링} gathering	
지위	스뗴이럿스 / 스따럿스	스떼이튯스	(법적) 신분	{스테이터스} status	
민감한	쎈서립 / 쎈서팁	쎈서팁	예민한, 섬세한	{센서티브} sensitive	

많은 사람들이 **모이다** ⇨ 많은 사람들이 **개아뒬**(개더)하다
딸기 **맛** ⇨ 딸기 **플레이붤**(플레이버) / 불고기 **맛** ⇨ 불고기 **플레이붤**(플레이버)
사교 **모임** ⇨ 사교 **개아뒬링**(개더링)
사회적 **지위**와 부를 얻다 ⇨ 사회적 **스뗴이럿스**(스테이터스)와 부를 얻다
민감한 반응 ⇨ **쎈서립**(센서티브)한 반응 / 예민한 성격 ⇨ **쎈서립**한 성격

왕초보 영단어 복합적 암기법 **2**회

1월	쟤뉴웨어뤼	쟈뉴워뤼	정월 (음력 첫째 달) {재뉴어리} January	연상법
5월	뭬이		{메이} May 1	
6월	쥬운		{메이} June	
~일지도 모른다	뭬이		~해도 좋다, 아마 ~일 것이다, ~할 수도 있다, 아마도 may 2	
바쁜	븨지		분주한, 변화한 {비지} busy	

1월이 되면 **쟤**는(저 얘는) **뉴**(새로운)한 계획들을 세우는데 늘 못 지킬까봐 **웨어뤼**(워리, 걱정하다)하다
5월에 결혼하는 딸을 보며 엄마는 목이 **뭬이**다(메이다)
6월에 가로수 밑에서 **쥬운**(주운) 은행나무 낙엽은 초록색이다
나는 **뭬이**(메이 May 5월)에 결혼할지도 모른다 / **+** 어쩌면, 아마 maybe 뭬이비
븨지(비지)땀을 흘리며 바쁜 하루를 보내다

가라앉다	씨잉k / 씽k		가라앉히다 {싱크} sink	쪼개기
침몰하다	씨잉k / 씽k		침몰시키다 {싱크} sink	★★★
(해, 달 등이) 지다	씨잉k / 씽k		주저앉다, 쓰러지다, 내려앉다 {싱크} sink	sink
(부엌의) 싱크대	씨잉k / 씽k		{싱크} sink	
세면대 (미국)	씨잉k / 씽k		{싱크} sink	

물속에 가라앉다 ⇨ 물속에 **씨잉**(씨잉k, 씨잉크, 씽크)하다
배가 침몰하다 ⇨ 배가 **씨잉**하다
해가 지다 ⇨ 해가 **씨잉**하다
싱크대에서 설거지를 하다 ⇨ **씨잉**에서 설거지를 하다
세면대에서 세수를 하다 ⇨ **씨잉**에서 세수를 하다 / **+** 세면대 (영국), 대야, 양푼 basin 베이슨 (= washbasin)

경향	츄뤤d		추세, 유행, 동향 {트렌드} trend	재활용
~판	붜얼젼	붜어젼	특별한 형, 다른 형, 번역, 버전 {버젼} version	
(가볍게 아무렇게나) 던지다	튀어스 / 튀아스	토스	(사람, 물건, 공, 동전 등을) 던져 올리다, 뒤척이다 {토스} toss	
거리	스쮸뤼잍		~가(街거리가), 길거리 {스트리트} street	
번화가	븨지 스쮸뤼잍		분주한 거리 {비지 스트리트} busy street	

요즘 소비 경향 ⇨ 요즘 소비 **츄뤤**(츄뤤d, 츄뤤드, 트렌드) / 일자리가 줄어드는 추세 ⇨ 일자리가 줄어드는 **츄뤤**
새로운 판의 포토샵 프로그램 ⇨ 새로운 **붜얼젼**(버전)의 포토샵 프로그램
휴지를 휴지통에 던지다 ⇨ 휴지를 휴지통에 **튀어스**(토스)하다 / 동전을 던져 올리다 ⇨ 동전을 **튀어스**(토스)하다
거리에 사람들이 많다 ⇨ **스쮸뤼잍**(스트리트)에 사람들이 많다
번화가에 위치한 카페 ⇨ **븨지 스쮸뤼잍**(비지 스트리트)에 위치한 카페

2월	뿨브뤠어뤼	뿨브뤄뤼	{페브러리} February	무작정
4월	에이쁘륄	에이프뤌	{에이프릴} April	
일출	썬롸이즈		해돋이, 동틀 녘 {선라이즈} sunrise	
일몰	썬쎝		해질녘 {선셋} sunset	
기업	엔튈프롸이즈	엔튀프롸이즈	모험적 큰 사업 {엔터프라이즈} enterprise	

보통은 2월에도 많이 춥다 ⇨ 보통은 **뿨브뤠어뤼**(페브러리)에도 많이 춥다
4월 5일은 식목일이다 ⇨ **에이쁘륄**(에이프릴) 5일은 식목일이다 / ◆ l 발음 : '륄'과 '뤌' 사이로 발음
새해 첫 일출을 보러 동해에 가다 ⇨ 새해 첫 **썬롸이즈**(선라이즈)를 보러 동해에 가다 / ● 일출(日해일,날일出날출) : 해가 뜸
바닷가의 일몰 사진을 찍다 ⇨ 바닷가의 **썬쎝**(선셋) 사진을 찍다 / ● 일몰(日해일,날일沒빠질몰) : 해가 짐
다국적 기업 ⇨ 다국적 **엔튈프롸이즈** / ◆ 얇은 표기 '즈' : 스치듯 속삭이듯 'ㅅ' 같은 '즈[z]' 발음

영어 단어에 해당하는 국어 단어 (기준으로 세운 뜻)	미국식 발음	영국식 발음	해당 국어 단어들 (다른 뜻들)	{한국식 발음} 스펠링	
7월	쥴라이			{쥴라이} July	연상법
8월	어게슬	오거슬		{오거스트} August	
11월	노벰붤	노벰뷔		{노벰버} November	
다양한	붸어뤼어스	붸뤼어스	여러 가지의	{베리어스} various	
숙고하다	컨씨뤌	컨씨둬	고려하다, ~라고 여기다	{컨시더} consider	

7월에는 여름옷을 입기 위해 뱃살을 **쥴**여(줄여) **라**이(나이) 보다 젊어 보이도록 하다
어느덧 8월이 되어 휴양지에 **게**슬(게스트, 손님)이 많아지는 휴가철이 되다 (어게슬, 어게슬, 어게스트, 오거스트)
11월에 가을 등산에 왔다가 뱀을 발견하고는 "오~ **노**! **뷈**(뱀)!" 이라고 외치고는 무서워서 **뷤**별(벌벌) 떨다
다양한 블루**붸어뤼**(블루베리)와 스트로베리(딸기)가 **어**스(지구)에 있다
농부가 이번 여름에 **컨**(콘, 옥수수) **씨뤌**(씨를) 심을지 참외씨를 심을지 숙고하다

충전하다	챠알쥐	챠아쥐	충전, 채우다	{챠쥐} charge	쪼개기
(요금, 비용 등을) **청구하다**	챠알쥐	챠아쥐	요금	{챠쥐} charge	★★☆
(세금 등을) **부과하다**	챠알쥐	챠아쥐	맡기다, 담당	{챠쥐} charge	
고발하다	챠알쥐	챠아쥐	고소, 고발, 고소하다	{챠쥐} charge	charge
혐의	챠알쥐	챠아쥐	비난하다	{챠쥐} charge	

핸드폰을 충전하다 ⇨ 핸드폰을 **챠알쥐**(차쥐)하다 / 급속 충전 ⇨ 급속 **챠알쥐**(챠쥐)
공사비를 청구하다 ⇨ 공사비를 **챠알쥐**하다 / 핸드폰 요금 ⇨ 핸드폰 **챠알쥐**
세금을 부과하다 ⇨ 세금을 **챠알쥐**하다 / ◆ 얇은 글자 '쥐' : 스치듯 속삭이듯 작게 내는 발음
상대방을 고발하다 ⇨ 상대방을 **챠알쥐**하다
공금 횡령 혐의 ⇨ 공금 횡령 **챠알쥐** / ◎ 혐의(嫌의심찰혐疑의심찰의)

짚	스쮸뤄	스츄로어	짚의, 밀짚, 지푸라기, 빨대	{스트로} straw	재활용
설명서	왜뉴얼	마뉴얼 / 먀뉼	수동의, 안내서, 지침, 손의, 손으로 하는	manual	
경기장	스뗴이리엄	스뗴이디엄	육상 경기장, 스타디움	{스테이디엄} stadium	
맛있는	딜리셔스	딜리셔스	맛 좋은, 아주 맛있는	{딜리셔스} delicious	
도시의 번화가	돠운퇀운	돠운타운	도심지, 도심지로, 시내로, 상업 지구	{다운타운} downtown	

짚으로 만든 친환경 **스쮸뤄**(스트로, 빨대)를 사용하다
조립 설명서 ⇨ 조립 **왜뉴얼**(매뉴얼) / 수동의 자동차 변속기 ⇨ **왜뉴얼**(매뉴얼) 자동차 변속기
경기장에서 선수들이 경기를 하다 ⇨ **스뗴이리엄**(스타디움)에서 선수들이 경기를 하다
맛있는 음식을 먹다 ⇨ **딜리셔스**(딜리셔스)한 음식을 먹다
도시의 번화가에 가다 ⇨ **돠운퇀운**(다운타운)에 가다 / ✚ **시내**, 도시, 읍 town **탸운** {타운}

원인	커어즈	코오즈	원인이 되다, 초래하다, 일으키다	{코즈} cause	무작정
9월	쎞템붤	쎞템뷔		{셉템버} September	
10월	악토우붤	옥토우뷔		{악토버} {옥토버} October	
12월	디쎔붤	디쎔뷔		{디쎔버} December	
문어	악튀퍼스	옥토퍼스	낙지	{악터퍼스} {옥토퍼스} octopus	

작은 문제가 **커어즈**(커져) 말싸움의 원인이 되다 / ※ (화살표)가 없는 문장은 연상법 적용
9월에는 벼가 무르익는다. 그때 참새떼가 날아오면 **쎞**하게(세게) **템붤**린(템버린)을 치며 쫓아낸다
10월의 가을 하늘 ⇨ **악토우붤**(옥토버)의 가을 하늘 / ※ octo~ 악토우, 8 / ※ 3월이 새해일 때 8번째 달 (10월)
어느새 12월이다 ⇨ 어느새 **디쎔붤**(디쎔버)이다
문어는 다리가 8개이다 ⇨ **악튀퍼스**는 다리가 8개이다 / ✚ **8각형** octagon 악뜨건 {옥뜨건} {옥토곤}

왕초보 영단어 복합적 암기법 **2**회

10년간	**뒈케읻**		10년, 10권, 10편 {데케이드} decade	연상법
도시의	**어얼벤 / 어얼번**	어어번	{어반} {어번} urban	
경쟁하다	**컴피읻**		{컴피트} compete	
영향	**이뻭t / 어뻭t**	이뻭t	효과 {이펙트} effect	
효과적인	**이뻭띱 / 어뻭띱**	이뻭팁	유효한, 실제의 {이펙티브} effective	

이 제과점은 지난 **10년간 뒈**게(되게) 큰 **케읻**(케익, 케이크)만을 만들다 (뒈케읻, 뒈케읻d, 뒈케이드, 데케이드)
도시의 **어**른들 **얼**굴엔 피곤함이 **벤**(밴, 배다) 얼굴들이다
노트북 **컴**퓨터를 휴대하기에 **피읻**(fit 핏, 딱 맞는, 알맞은)하게 만드는데 제조사들이 경쟁하다 (컴피읻, 컴피이t)
이 **뻭t**(이 팩트, 이 사실)가 결과에 큰 영향을 주다 (이뻭, 이뻭t, 이뻭트, 이펙트)
"미용에 효과적인 이 **뻭**(팩, 미용팩)을 붙이는 **띱**(팁, 비결, 조언, 사례금)을 알려 줄게" (이뻭띱, 이뻭띠v, 이뻭띠v)

보다	**우와취**	**우워취**	지켜보다, 시청하다 {워취} watch	쪼개기
관람하다	**우와취**	**우워취**	{워취} watch	★★★
지켜보다	**우와취**	**우워취**	{워취} watch	
감시하다	**우와취**	**우워취**	감시 {워취} watch	watch
(손목, 휴대용) **시계**	**우와취**	**우워취**	{워취} watch	

TV를 보다 ⇨ TV를 **우와취**(워취)하다 / ◆ 얇은 '취' : '취'는 모음 없이 무성음 자음만으로 내는 스치듯 속삭이듯 작게 내는 발음
영화를 관람하다 ⇨ 영화를 **우와취**(워취)하다
유심히 지켜보다 ⇨ 유심히 **우와취**(워취)하다
수상한 사람을 감시하다 ⇨ 수상한 사람을 **우와취**(워취)하다
손목시계를 보다 ⇨ 손목 **우와취**(워취)를 보다

칸막이	**스끄뤼인**	화면, 병풍, 가리개, 가리다, 은막 {스크린} screen	재활용
흔들다	**쉐읶**	흔들리다, 흔들림, 밀크쉐이크 {쉐이크} shake	
놓치다	**믜스**	(부를 때) "아가씨 (Miss), 그리워하다 {미스} miss	
기간	**피어뤼얻**	시대 {피어리드} period	
콘센트(전기 코드 꼽는 곳, ♣ 콩글리쉬)	**아울을렅**	(액체, 감정 등의) 배출구, 표현 수단, 직판점 {아울렛} outlet	

칸막이를 치다 ⇨ **스끄뤼인**(스크린)을 치다 / TV 화면이 크다 ⇨ TV **스끄뤼인**(스크린)이 크다
밀크**쉐읶**(쉐이크)을 만들기 위해 쉐이크 통을 흔들다 / 책상이 흔들리다 ⇨ 책상이 **쉐읶**(쉐이크)하다
기회를 놓치다 ⇨ 기회를 **믜스**(미스)하다 / "아가씨, 여기 주문이요" ⇨ "**믜스**, 여기 주문이요"
방학 기간 ⇨ 방학 **피어뤼얻**(피어리드, 피어뤼어드, 피어리드) / 축제 기간 ⇨ 축제 **피어뤼얻**
콘센트에 코드를 꽂다 ⇨ **아울을렅**(아울렛)에 코드를 꽂다 / ♣ 콘센트는 outlet(미국), socket(영국)의 콩글리쉬

시골의	**@루어뤌**	**@루으뤌**	전원의, 농촌의, 농사의 {루럴} rural	무작정
핥다	**을릭**		핥아먹다 {리크} lick	
지속되다	**펄씨슽**	**퍼씨슽**	(끈질기게) 계속하다, 고집하다 {퍼시스트} persist	
~때문에	**비커즈**		왜냐하면 ~때문에 {비코즈} because	
원인과 결과	**커어 쥔 이뻭t**	**코오 쥔 이뻭t**	{코즈 앤 이펙트} cause and effect	

한적한 시골의 풍경 ⇨ 한적한 **루어뤌**(루럴)의 풍경 / ◆ @루 : 혀를 말고 루 발음 / ◆ 단어 끝 l 발음 : 뤌과 뤄 사이의 발음
아이스크림을 핥다 ⇨ 아이스크림을 **을릭**(을리k, 을리크, 리크)하다
건조한 날씨가 지속되다 ⇨ 건조한 날씨가 **펄씨슽**(펄씨스트, 펄시스트, 퍼시스트)하다
너 때문에 행복하다 ⇨ 너 **비커어즈**(비코즈)로 행복하다
모든 일에는 원인과 결과가 있다 ⇨ 모든 일에는 **커어 쥔 이뻭t**(코즈 앤 이펙트)이 있다

영어 단어에 해당하는 국어 단어 (기준으로 세운 뜻)	미국식 발음	영국식 발음	해당 국어 단어들 (다른 뜻들)	{한국식 발음} 스펠링	
외향적인	아웉고잉		사교적인, (장소, 지위 등을) 떠나는	{아웃고잉} outgoing	연상법
영양	뉴츄뤼션		영양분, 영양 작용, 영양 섭취	{뉴트리션} nutrition	
(외국어, 말 등이) 유창한	플루엔t	플루언t		{플루언트} fluent	
통나무	을러억	을로옥	(항해, 비행 등의) 일지, 일지에 기록하다	{로그} log	

그는 실내 안에서 보다는 실내 **아울**(아웃, 밖에)로 **고잉**(가기, 떠나기)하는 **외향적인** 사람이다
뉴(새로운) **츄뤼**(트리, 나무)의 자라는 상태로 **션**찮아 영양을 잘 흡수하도록 비료를 주다
그 연주자는 **플루**(플룻) **엔**(and, ~과, 그리고) **t**럼펫(트럼펫)을 잘 불고 **유창한** 영어를 구사한다 (플루엔, 플루언트)
통나무집을 만들기 위해 통나무 건축 업체 인터넷 사이트에 **을러억**인(로그인 login) 해서 가격을 알아보다 (을러억g, 을러어그)
아이들이 **인**파 속에 있다 오면 **플루**(독감)에 영향이 있으니 **언**제나 **스**스로 손을 씻는 습관을 들이다

건축하다	비얼d	비을d	건설하다, 구축하다	{빌드} build	쪼개기
짓다	비얼d	비을d		{빌드} build	★★★
(건물, 나라, 이론 등을) 세우다	비얼d	비을d		{빌드} build	build
만들다	비얼d	비을d	(남성의) 체격	{빌드} build	
(명성, 재산 등을) 쌓아 올리다	비얼d	비을d	쌓다, 쌓이다	{빌드} build	

아파트를 건축하다 ⇨ 아파트를 **비얼**(비얼d, 빌드)하다 / 다리를 건설하다 ⇨ 다리를 **비얼**하다
집을 짓다 ⇨ 집을 **비얼**(비얼d, 빌드)하다 / ◆ b 발음 : 위아래 입술을 모았다가 입안의 공기를 팍 내보내는 발음
건물을 세우다 ⇨ 건물을 **비얼**(비얼d, 빌드)하다
자동차를 만들다 ⇨ 자동차를 **비얼**(비얼d, 빌드)하다
명성을 쌓아 올리다 ⇨ 명성을 **비얼**(비얼d, 빌드)하다

침대	베엘	벨	잠자리, 취침, (강, 바다 등의) 바닥	{베드} bed	재활용
인간 (집합적)	뫠안 / 뫠앤 / 맨	뫈 / 뫄안	사람, (성인) 남자	{맨} man	
인간의	휴우뭔		인간, 인간적인, 사람, 사람의	{휴먼} human	
야생의	우와이얼d		길들여지지 않은, 거친, 열광적인	{와일드} wild	
기러기	우와이얼드 구우스			{와일드 구스} wild goose	

침대가 편하다 ⇨ **베엘**(베에ld, 베드)이 편하다 / 편한 잠자리 ⇨ 편한 **베엘**
인간은 사회적 동물이다 ⇨ **뫠안**(맨)은 사회적 동물이다
인간의 기본 욕구 ⇨ **휴우뭔**(휴먼)의 기본 욕구
야생의 말은 거칠다 ⇨ **우와이얼**(우와이얼d, 우와이얼드, 와일드)의 말은 거칠다
거위는 가축화된 기러기이다 ⇨ 거위는 가축화된 **우와이얼드 구우스**이다 / + 거위 goose 구우스 {구스}

견뎌 내다 (견디어 내다)	ð우윋스뙈안d	ð우윋스똬안d	견디다, 버티다	{위드스탠드} withstand	무작정
국면	뻬이즈		단계, 면, 양상	{페이즈} phase	
없애다	일러머네일	일리미네일	제거하다	{일리미네이트} eliminate	
표면	쒸얼쀄스	써어쁘스	표면의, 겉, 수면	{서피스} surface	
4분의 1	쿠워뤌	쿠오튁	15분, 분기 (4분의 1년), 4등분하다	{쿼터} quarter	

홍수로 건물의 아래층에 물이 차는 **우윋**(윗) 층에서 **스뙈안**d(스탠드, 서다)하여 구조되었을 때까지 **견뎌 내다**
새로운 국면을 맞이하다 ⇨ 새로운 **뻬이즈**(페이즈)를 맞이하다 / ◉ 국면(局面판국면낯면) : 일의 상황 / ◆ 스펠링 ph = 발음 [f]
복잡한 절차를 없애다 ⇨ 복잡한 절차를 **일러머네일**(일리미네이트)하다
제품의 표면을 흰색으로 칠하다 ⇨ 제품의 **쒸얼쀄스**(서피스)를 흰색으로 칠하다
4분의 1로 나누다 ⇨ **쿠워뤌**(쿼터)로 나누다

왕초보 영단어 복합적 암기법 2회

예약하다	뤼줘얼v	뤼줘업	보유하다, 보유, 비축 {리저브} reserve	연상법
편견 (偏치우칠偏見볼견)	프뤠쥬뒈스	프뤠주디스	선입견 {프레쥬디스} prejudice	
만성적인	크롸닉	크로닉	만성의, 고질적인, 고질의 {크로닉} chronic	
~인 척하다	프뤼퉤엔d		~인 체하다 {프리텐드} pretend	
보존하다	프뤼줘얼v	프뤼줘업	보호하다, 지키다 {프리저브} preserve	

폭우가 쏟아진다고 해서 캠핑용 텐트를 **뤼**(다시) **줘얼v**(접어) 놓고 호텔을 예약하다
남편이 생녹즙을 권하니 아내가 **프뤠**서(풀에서) 짠 **쥬**스는 써서 맛이 없다는 편견에 "**뒈스**"라고 말하다
만성적인 어깨결림을 치료하기 위해 물리치료 **크롸닉**(클리닉, 전문 병원, 교정소)을 가다
동생의 아이디로 **프뤼**(무료로) **퉤엔**(텐, 10, 열) **d**라마(드라마)를 몰래 시청하고는 형이 모르는 척, 아닌 **척하다**
산을 깎아 건물을 지을 계획이었으나 환경보존을 위해 **프뤼**(미리) 공사를 **줘얼v**(접어) 환경을 보존하다

세우다	스때앤d / 스때앤d	스똬안d	{스탠드} stand	쪼개기
서다	스때앤d / 스때앤d	스똬안d	서 있다 {스탠드} stand	★★★
일어서다	스때앤d / 스때앤d	스똬안d	기립하다 {스탠드} stand	
(경기장의) 관중석	스때앤d / 스때앤d	스똬안d	{스탠드} stand	stand
대 (臺대대)	스때앤d / 스때앤d	스똬안d	{스탠드} stand	

똑바로 세우다 ⇨ 똑바로 **스때앤**(스때안d, 스때안드, 스탠드)하다
일렬로 서다 ⇨ 일렬로 **스때앤**(스탠드)하다 / 벽에 기대어 힘겹게 서 있다 ⇨ 벽에 기대어 힘겹게 **스때앤**(스탠드)하다
모두 일어서다 ⇨ 모두 **스때앤**(스탠드)하다
야구장의 관중석 ⇨ 야구장의 **스때앤**(스탠드)
판매대 ⇨ 판매 **스때앤**(스탠드)

대기하다	스때앤 바이	스똬안 바이	방관하며 가만히 있다, 수수방관하다 stand by	재활용
침실	베쥬룸		{베드룸} bedroom	
독감	쁠루우	플루우	유행성 감기, 인플루엔자 {플루} flu	
아무도 ~없다 (않다)	넌 / 난	넌	하나도 ~없다(않다), 조금도 ~없다, 아무것도 ~않다 {넌} none	
표준	스때앤될d	스똬안될	기준 {스탠다드} standard	

맥도날드에서 햄버거를 주문하고 대기하다 ⇨ 맥도날드에서 햄버거를 주문하고 **스때앤 바이**(스탠 바이)하다
침실 조명을 은은하게 하다 ⇨ **베쥬룸**(베드룸) 조명을 은은하게 하다
독감을 예방하다 ⇨ **쁠루우**(플루)를 예방하다 / **+ 독감**, 유행성 감기, 인플루엔자 influenza 인쁠루엔좌 (= flu)
이 세상에 험담을 하지 않는 사람은 아무도 없다 ⇨ 이 세상에 험담을 하지 않는 사람은 **넌**이다
표준값 ⇨ **스때앤될**(스때안될d, 스때안될드, 스탠다드) 값 / 삶의 기준 ⇨ 삶의 **스때앤될**(스탠다드)

초과하다	익씨읻 / 엑씨읻		(수, 양, 정도, 한도를) 넘다 {엑시드} exceed	무작정
초원	뭬뤄우	뭬둬우	목초지 {메도우} meadow	
경험	익스뻐어뤼언스		체험 {익스피리언스} experience	
보호하다	프뤄텍t		{프러텍트} protect	
편향 (偏치우칠偏向향할향)	바이어스		치우침, 편견, 선입견, 성향 {바이어스} bias	

한도를 초과하다 ⇨ 한도를 **익씨읻**(익씨읻d, 익씨읻드, 엑씨드)하다
말들이 **초원**을 힘차게 달리다 ⇨ 말들이 **뭬뤄우**(메도우)를 힘차게 달리다 / **● 초원**(草原초언덕원) : 풀이 있는 들판
요리사의 오랜 **경험**에서 깊은 맛이 나오다 ⇨ 요리사의 오랜 **익스뻐어뤼언스**(익스피리언스)에서 깊은 맛이 나오다
자연을 **보호하다** ⇨ 자연을 **프뤄텍**(프뤄텍d, 프뤄텍트, 프러텍트)하다 / **+ 보호** protection 프뤄텍션
편향의 시각 ⇨ **바이어스**(바이어스)의 시각 / 한쪽 의견에 치우침 ⇨ 한쪽 의견으로 **바이어스**

영어 단어에 해당하는 국어 단어 (기준으로 세운 뜻)	미국식 발음	영국식 발음	해당 국어 단어들 (다른 뜻들)	{한국식 발음} 스펠링	
암호	커운		부호, 규정, 규약, 규칙, 법전, 코드 {코드} code		연상법
무덤	튜움		묘, 묘지 {툼} tomb		
귀중한	프롸셔스	프뤠셔스	귀한, 소중한 {프레셔스} precious		
엄지손가락	θ뚸엄	θ쒀엄	엄지, 대충 훑어보다 {섬} {썸} thumb		
달팽이	스네이얼	스네이을	{스네일} snail		

커운(커우d, 커우드)이 콘센트에 맞춰야 하듯 아이디와 **암호**가 서로 맞아야 한다 / ✚ (전기) **코드** (미국), 끈 cord 코올d {코올}
무덤 앞에서 **튜**(투, 둘) 사람이 슬피 **움**(운다)
이것은 **프롸**서(플에서) 뽑아낸 천연염료로 만들어진 **귀중한 셔스**(셔츠)이다
왕이 **엄지손가락**을 치켜세우면 상을 받고 아래로 향하면 곤장을 맞기에 신하들이 벌벌 **뚸엄**(떰, 떨다) / ※ finger(손가락) 생략
스몰(작은) 사이즈의 **달팽이**가 **네이얼**(네일, 손톱, 발톱) 같이 딱딱한 집을 가지고 있다

(바람이) 불다	블로우		{블로} blow		쪼개기
(입으로) 불다	블로우		{블로} blow		★★☆
(바람, 입김 등을) 날리다	블로우		{블로} blow		blow
(정신적인) 타격	블로우		{블로} blow		
일격	블로우		세게 때림, (신체적) 강타, 구타 {블로} blow		

바람이 시원하게 **불다** ⇨ 바람이 시원하게 **블로우**(블로)하다
입으로 먼지를 **불다** ⇨ 입으로 먼지를 **블로우**하다 / 심판이 호루라기를 **불다** ⇨ 심판이 호루라기를 **블로우**하다
바람으로 먼지를 **날리다** ⇨ 바람으로 먼지를 **블로우**하다
정신적 **타격**을 입다 ⇨ 정신적 **블로우**를 입다
상대에 **일격**을 가하다 ⇨ 상대에 **블로우**를 가하다 / ⦿ 일격(一日擊칠격) : 한 번의 공격이나 타격

인쇄하다	프뤤t / 프륀t	프륀t	인쇄물, (인쇄물 등을) 찍다, 프린트하다 {프린트} print		재활용
지수	인뎈스		지표, 색인, 지침, 손가락표(☞), 검지손가락 {인덱스} index		
지문	뻥걸프뤤t	뻥거프륀t	{핑거프린트} fingerprint		
새끼손가락	으리를 뻥걸	으리틀 뻥거	{리틀 핑거} little finger		
검지손가락	인뎈스 뻥걸	인뎈스 뻥거	집게손가락 {인덱스 핑거} index finger		

달력을 **인쇄하다** ⇨ 달력을 **프뤤**(프뤤트, 프린트)하다 / ✚ **인쇄**, 인쇄술, 인쇄물 printing 프륀팅 {프륀팅}
물가 **지수** ⇨ 물가 **인뎈스**(인덱스)
지문 인식으로 열리는 출입문 ⇨ **뻥걸프뤤**(뻥걸프륀t) 인식으로 열리는 출입문
새끼손가락 걸고 약속하다 ⇨ **으리를 뻥걸**(리틀 핑거) 걸고 약속하다
아이가 **검지손가락**으로 지붕의 비둘기 가리키다 ⇨ 아이가 **인뎈스 뻥걸**(인덱스 핑거)로 지붕의 비둘기 가리키다

엄지손톱	θ뚬네이얼	θ썸네이을	엄지손톱 정도의, 섬네일 (개요 그림) thumbnail		무작정
회견	커언쁘륀스	컨쁘륀스	회의, 회담, 협의 {컨퍼런스} conference		
따르다	포얼	포어	(액체, 가루 등을) 붓다, 쏟다 {포얼} pour		
기생하는	패뤄씨릭	파뤄씨틱	기생의, 기생충에 의한 {패러시틱} parasitic		
연료	쀼우얼	퓨우얼	연료를 공급하다, (감정 등을) 부채질하는 것 {퓨얼} fuel		

엄지손톱만 한 사이즈로 아이디어나 그림, 동영상 등의 대략적인 모습을 보여주는 것을 **뚬네이얼**(섬네일)이라고 한다
기자 **회견** ⇨ 기자 **커언쁘륀스**(컨퍼런스) / 기후변화 회의 ⇨ 기후변화 **커언쁘륀스**(컨퍼런스)
컵에 물을 **따르다** ⇨ 컵에 물을 **포얼**(포어)하다 / 붕어빵 틀에 반죽을 붓다 ⇨ 붕어빵 틀에 반죽을 **포얼**하다
동물에 **기생하는** 벌레 ⇨ 동물에 **패뤄씨릭**(패러시틱)하는 벌레
연료를 채우다 ⇨ **쀼우얼**(퓨얼)을 채우다

왕초보 영단어 복합적 암기법 **2**회

사직하다	뤼좌인		사임하다, 사퇴하다 {리자인} resign	연상법
정화하다	퓨어뤄빠이		순화하다 {퓨러파이} purify	
방어	디뻰스		방위, 수비, (= defence 영국) {디펜스} defense	
부주의한	케얼레스 / 케얼러스		조심성 없는 {케어리스} {케어레스} careless	
영리한 (영국)	클레뷜	클레뷔	똑똑한 {클레버} clever	

몇 년째 비슷한 **뤼**(다시) 디**좌인**(디자인)의 제품만 내놓자 시장 반응이 안 좋아 디자이너가 스스로 한계를 느껴 **사직하다**
퓨어(순수한)하고 **뤄블리**(러블리)한 어린이가 먹을 호박**빠이**(파이)를 만들기 위해 물을 **정화하다**
옥수수밭 **디**(뒤)에 **뻰스**(펜스 fence 담, 울타리)를 쳐서 멧돼지의 침범으로부터 **방어**를 하다
케얼(케어, 주의)이 **레스**(less, ~이 없는)해서 **부주의한** 행동을 하다 / ※ ~less, (명사에 붙여) ~이 없는
영리한 토끼가 행운의 네 잎 **클레뷜**잎(클로버잎)은 먹지 않고 놔둔다

보살피다	케얼	케어 / 케애	보살핌 {케어} care	쪼개기 ★★★ care
돌보다	케얼	케어 / 케애	돌봄 {케어} care	
관리	케얼	케어 / 케애	걱정, 근심 {케어} care	
신경쓰다 (보통 부정문)	케얼	케어 / 케애	마음을 쓰다, 상관하다 {케어} care	
주의	케얼	케어 / 케애	{케어} care	

어린 동생을 보살피다 ⇨ 어린 동생을 **케얼**(케어)하다
아이를 돌보다 ⇨ 아이를 **케얼**(케어)하다
건강 관리 ⇨ 건강 **케얼**(케어)
지나간 일들에 신경쓰다 ⇨ 지나간 일들에 **케얼**(케어)하다 / ✚ "난 상관없어", "신경 안 써" I don't care 아이 돈 케얼 (케어)
취급상 주의 ⇨ 취급상 **케얼**(케어)

똑똑한 (미국)	스롸알t	스롸알	영리한, 맵시 있는 (영국) {스마트} smart	재활용
양동이	버껟 / 버낕	버켙 / 바킬	들통 {버킷} bucket	
설계하다	디좌인		설계, 도안하다, 도안, 의장, 계획, 디자인(하다) {디자인} design	
울타리	뻰스		담, 검술, 펜싱 {펜스} fence	
못	네이얼	네이을	손톱(fingenail), 발톱(toenail), 손발톱 {네일} nail	

똑똑한 어린이 ⇨ **스롸알**(스롸알, 스롸알t, 스마트)한 어린이 / 맵시 있는 학생복 ⇨ **스롸알**한 학생복
양동이에 물을 담다 ⇨ **버껟**(버킷)에 물을 담다 / ※ 버킷 리스트: 죽기 전에 꼭 해보고 싶은 일을 적은 목록
건물을 설계하다 ⇨ 건물을 **디좌인**(디자인)하다 / 제품 도안에 공을 들이다 ⇨ 제품 **디좌인**에 공을 들이다
야생동물이 접근하지 못하게 밭에 울타리를 치다 ⇨ 야생동물이 접근하지 못하게 밭에 **뻰스**(펜스)를 치다
벽에 못을 박다 ⇨ 벽에 **네이얼**(네일)을 박다 / 손톱을 깎다 ⇨ **네이얼**(네일)을 깎다 / ◆ 얼 : 얼과 어 사이로 발음

조심스러운	케얼쁄	케아쁄	조심성 있는, 주의 깊은, 신중한 {케어플} careful	무작정
조심스럽게	케얼쁄리	케아쁄리	주의하여, 신중하게 {케어플리} carefully	
율 (率비율율,비율률)	뤠잍		속도, 비율, 요금 {레이트} rate	
향상시키다	인해앤스	인허언스	(질, 가치 등을) 높이다 {인핸스} enhance	
뛰어난	아욷스때안딩	아욷스똬안딩	눈에 띄는 {아웃스탠딩} outstanding	

조심스러운 질문 ⇨ **케얼쁄**(케어플)한 질문
조심스럽게 운전하다 ⇨ **케얼쁄리**(케어플리)하게 운전하다
최대 할인율 ⇨ 최대 할인 **뤠잍**(뤠잍t, 뤠이트, 레이트) / 놀라운 속도로 발전하다 ⇨ 놀라운 **뤠잍**으로 발전하다
기술을 향상시키다 ⇨ 기술을 **인해앤스**(인핸스)하다
뛰어난 실력 ⇨ **아욷스때안딩**(아웃스탠딩)한 실력

영어 단어에 해당하는 국어 단어 (기준으로 세운 뜻)	미국식 발음	영국식 발음	해당 국어 단어들 (다른 뜻들)	{한국식 발음} 스펠링	
세제	디**튀얼**젼t	디**튀어**젼t	{디터전트} detergent		연상법
전송하다	츄**랜스**밑 / 츄**랜즈**밑	츄**롼즈**밑	전하다, 보내다, 부치다 {트랜스밋} transmit		
비참한	미**줘뤄**뷜		불쌍한 {미저러블} miserable		
개구리	쁘**뤄**억	쁘**뤽**	{프로그} frog		
혀	**튕**엉		말, 언어 {텅} tongue		

직원들이 세제 공장 **디**(뒤) **튀얼**(터) 창고에서 전국으로 배달할 세제를 **젼t**(전투) 하듯 신속히 나르고 있다
방송국에서 방송을 여기저기 **츄랜스**(트랜스, 횡단하여, 지나서)하여 좌, 우, 위, **밑**으로 **전송하다**
그 사람은 갑자기 **미줘**(미쳐)서 **뤄뷜**리(러블리)하던 외모도 꿰해지고 **비참**한 생활을 하다 / **+ 비참**, 고통 misery 미줘뤄
쁘뤄(프로)선수가 스태미나에 좋다는 **개구리** 뒷다리 요리를 **억**지로 먹다
엄마가 먹을 것을 한가득 사 왔는데 먹성 좋은 아이들로 인해 냉장고가 **텅**(텅) 비자 엄마는 **혀**를 내두르다

자연적인	나아**츄**럴 / 내애**츄**럴	나**츄뤌**	자연의 {내츄럴} natural		쪼개기
자연스러운	나아**츄**럴 / 내애**츄**럴	나**츄뤌**	{내츄럴} natural		★★☆
천연의	나아**츄**럴 / 내애**츄**럴	나**츄뤌**	{내츄럴} natural		natural
당연한	나아**츄**럴 / 내애**츄**럴	나**츄뤌**	{내츄럴} natural		
타고난	나아**츄**럴 / 내애**츄**럴	나**츄뤌**	본래의 {내츄럴} natural		

자연적인 아름다움 ⇨ **나아츄럴**(내츄럴)한 아름다움 / 자연의 현상(자연 현상) ⇨ **나아츄럴** 현상
자연스러운 대화를 이끄는 법 ⇨ **나아츄럴**한 대화를 이끄는 법
천연의 비누(천연비누) ⇨ **나아츄럴** 비누 / 천연의 색소(천연색소) ⇨ **나아츄럴** 색소
당연한 결과 ⇨ **나아츄럴**한 결과
타고난 재능 ⇨ **나아츄럴**한 재능

자연	**네이**철	**네이**쳐	본성, 천성, 본질 {네이쳐} nature		재활용
자연스럽게	나**츄뤌**리 / 내**츄뤌**리	나**츄뤌**리	자연히, 당연히, 자연적으로 {내츄럴리} naturally		
주제	**튀아**쁵	**톼**쁵	화제, 이야깃거리 {토픽} topic		
주제	θ**띠**임	θ**씨**임	주제곡, 테마 {씨임} theme		
돗자리	**왜**앹 / **왜**앝	**뫄**앝	깔개, (현관, 욕실, 침대, 체육관 등의) 매트 {매트} mat		

자연을 보호하다 ⇨ **네이철**(네이쳐)을 보호하다
자연스럽게 생겨나다 ⇨ **나츄뤌리**(내츄럴리)하게 생겨나다
토론의 주제 ⇨ 토론의 **튀아쁵**(토픽) / 흥미로운 화제 ⇨ 흥미로운 **튀아쁵**(토픽)
책의 주제는 권선징악이다 ⇨ 책의 **띠임**(씨임, 테마)은 권선징악이다
돗자리를 깔고 샌드위치를 먹다 ⇨ **왜앹**(왜애트, 왜애트, 매트)을 깔고 샌드위치를 먹다

아시아	**에이**져 / 에이**쟈**	**에이**져 / 에이**샤**	{에이져} Asia		무작정
활동	**액티**비리 / **악티**비리	**악티**비티	활성 {액티비티} activity		
햇빛	**썬**을라잍		{선라잇} {선라이트} sunlight		
주관적인	**써**브줵띺	**써**브줵띺	{서브젝티브} subjective		
객관적인	어**브**줵띺	어**브**줵띺	목표, 목적 {어브젝티브} objective		

아시아의 여러 나라들 ⇨ **에이져**의 여러 나라들
취미 활동 ⇨ 취미 **액티비리**(액티비티)
햇빛을 차단하다 ⇨ **썬을라잍**(썬라이t, 썬라이트)를 차단하다
주관적인 생각 ⇨ **써브줵띺**(써브젝띠v, 써브젝띠브, 서브젝티브)한 생각
노래 실력에 대해 객관적인 평가를 하다 ⇨ 노래 실력에 대해 **어브줵띺**(어브젝띠v, 어브젝띠브)한 평가를 하다

왕초보 영단어 복합적 암기법 **2**회

목격자	우윁너스		목격하다, 증인, 증언하다 {위트니스} witness	연상법
벽	우워얼	우오을	벽면, 벽의, 벽으로 둘러싸다 {월} wall	
기본적인	뻰둬멘틀	뻔둬멘틀	근본적인, 기본, 근본 {펀더멘틀} fundamental	
갑작스러운	썬은 / 써른	써든	돌연한 {서든} sudden	
다 써버리다	이그줘어슽	에그조오슽	소진시키다, 배기가스 {이그조스트} exhaust	

"아빠가 비상금을 냉장고 **우윁 너스**(위에 넣었어)" 하며 **목격자**인 아들이 엄마에게 몰래 알려주다
벽에 있는 달력을 보니 어느새 12**우워얼**(월) 마지막 달이다
뻔(편, 재미있는)한 일을 **둬**(더) 추구하는 **멘틀**(멘탈, 정신의)은 인간의 **기본적인** 욕구이다
올해 **썬은**(서른)이 된 연예인이 **갑작스러운** 결혼 발표를 하다 / ✚ 갑자기, 돌연 suddenly 썬은울리 {써든올리}
"**이그**~" 배의 노를 힘차게 **줘어슬**(저어서) 힘을 **다 써버리다** (이그줘어슬, 이그줘어슽t, 이그줘어슽, 이그조스트)

(큰소리로, 전화로, 오라고) 부르다	커얼	코울	{콜} call	쪼개기
~라고 부르다 (칭호)	커얼	코울	이름을 지어주다 {콜} call	★★★
~라고 하다 (묘사, 칭호)	커얼	코울	~라고 칭하다 {콜} call	call
전화하다	커얼	코울	{콜} call	
요청하다	커얼	코울	요구하다 {콜} call	

밖에 있는 동생을 **부르다** ⇨ 밖에 있는 동생을 **커얼**(콜)하다 / 전화로 택시를 **부르다** ⇨ 전화로 택시를 **커얼**(콜)하다
나무인형을 피노키오라고 **부르다** ⇨ 나무인형을 피노키오라고 **커얼**(콜)하다
숲이 신비롭다라고 **하다** ⇨ 숲이 신비롭다라고 **커얼**(콜)하다 / 그를 슈퍼맨이라고 **하다** ⇨ 그를 슈퍼맨이라고 **커얼**하다
애인에게 **전화하다** ⇨ 애인에게 **커얼**(콜)하다
도움을 **요청하다** ⇨ 도움을 **커얼**(콜)하다

상기하다	뤼커얼	뤼코울	기억해 내다, 회상하다, 불량 제품 회수 {리콜} recall	재활용
제안하다	프뤄퍼우즈		제시하다, 제의하다, 청혼하다 {프로포즈} propose	
마음	롸인d		정신 {마인드} mind	
정신의	멘틀	멘틀	정신적인, 마음의 {멘탈} mental	
생각나게 하다	뤼롸인d		상기시키다 {리마인드} remind	

지난 일을 **상기하다** ⇨ 지난 일을 **뤼커얼**(리콜)하다
문제의 해결 방법을 **제안하다** ⇨ 문제의 해결 방법을 **프뤄퍼우즈**(프러포즈)하다
마음에 떠오르다 ⇨ **롸인**(롸인d, 롸인드, 마인드)에 떠오르다 / **정신**을 집중하다 ⇨ **롸인**을 집중하다
정신의 붕괴 ⇨ **멘틀**(멘탈)의 붕괴
뤼롸인(뤼롸인d, 뤼롸인드, 리마인드) 웨딩을 통해 풋풋했던 신혼시절을 **생각나게 하다**

과목	써브쥌t		주제, 주어, 대상 {서브젝트} subject	무작정
물체	아브쥌t	어브쥌t	물건, 사물, 목적, 반대하다 {오브젝트} object	
전체의	허울		전체, 전~, 전부의, 모든 {홀} whole	
가정하다	써퍼우즈		~라고 생각하다, 추정하다 {서포즈} suppose	
구멍	허울		구멍을 뚫다, 구덩이, (작은 동물의) 굴, (골프의) 홀 {홀} hole	

국어 **과목**을 좋아한다 ⇨ 국어 **써브쥌**(써브쥌t, 써브쥌트, 서브젝트)을 좋아한다 / 토론의 주제 ⇨ 토론의 **써브쥌**
이상한 **물체**를 발견하다 ⇨ 이상한 **아브쥌**(아브쥌t, 아브쥌트, 오브젝트)을 발견하다
전체의 조화 ⇨ **허울**(홀)의 조화 / 지구 **전체** ⇨ 지구 **허울** / 전 국민 ⇨ **허울** 국민
외계인이 존재한다고 **가정하다** ⇨ 외계인이 존재한다고 **써퍼우즈**(서포즈)하다
벽에 작은 **구멍**이 있다 ⇨ 벽에 작은 **허울**(홀)이 있다

영어 단어에 해당하는 국어 단어 (기준으로 세운 뜻)	미국식 발음	영국식 발음	해당 국어 단어들 (다른 뜻들)	{한국식 발음}	스펠링	
재촉하다	어얼쥐	어어쥐	촉구하다, 다그치다, 욕구	{어지}	urge	연상법
속이다	듸씨입		기만하다	{디시브}	deceive	
복수하다	어벤쥐		원수를 갚다	{어벤지}	avenge	
군중	뫄압	뭐업	폭도, 집단, 떼	{몹}	mob	
복수	뤼벤쥐		보복, 앙갚음	{리벤지}	revenge	

아빠가 콜라로 아이스바를 만드는데 잘 **어얼쥐**(얼지) 않자 아이들이 빨리 얼려 달라고 **재촉하다**
"손님만 특별히(사실은 모두에게) **듸씨**(DC) 해 주는 거니 다른 손님들은 모르게 **입**단속하세요"라며 판매자가 손님을 **속이다**
"어! 이게 뭐야" 새로 설치한 **벤**치, 긴 의자를 **쥐**가 갉아먹어서 보기 흉하게 되자 쥐약을 뿌려 쥐에게 **복수하다**
시위하는 **군중**들이 **뫄압**시(몹시) 화가 나 있다 / ※ 플래시몹 : 약속된 장소에 모여 같은 행동을 하다가 흩어지는 군중
뤼(다시) **벤쥐**(벤치)에 앉아 복수할 계획을 세우다

뜨거운	하앝 / 핱	허얼 / 헐		{핫} hot		쪼개기
(요리 등이) **뜨끈뜨끈한**	하앝 / 핱	허얼 / 헐	(요리, 소식 등이) 따끈따끈한	{핫} hot		★★★
더운	하앝 / 핱	허얼 / 헐		{핫} hot		hot
매운	하앝 / 핱	허얼 / 헐	얼얼한, 톡 쏘는, 치열한	{핫} hot		
인기 있는	하앝 / 핱	허얼 / 헐	(소식, 뉴스 등이) 방금 들어온, 최신의, 새로운	{핫} hot		

뜨거운 감자 ⇨ **하앝**(핫)한 감자 / 뜨거운 물 ⇨ **하앝**한 물
뜨끈뜨끈한 국물 ⇨ **하앝**(핫)한 국물 / 따끈따끈한 소식 ⇨ **하앝**(핫)한 소식
더운 날씨 ⇨ **하앝**(핫)한 날씨 / 더운 여름 ⇨ **하앝**한 여름
매운 소스 ⇨ **하앝**(핫)한 소스 / 매운 고추 ⇨ **하앝**(핫)한 고추
요즘 인기 있는 노래 ⇨ 요즘 **하앝**(핫)한 노래 / 방금 들어온 소식 ⇨ **하앝**(핫)한 소식

멋진	우원둴뻴	우원둬풀	놀라운, 훌륭한, 불가사의한	{원더풀}	wonderful	재활용
매운	스빠이씨		매콤한, 양념이 된, 양념을 넣은	{스파이시}	spicy	
(금속, 돌, 상아, 나무의) **평판**	태아블럳	탸블럳	정제 (둥글넓적한 알약), 알약	{태블릿}	tablet	
(호텔에) **숙박 절차를 밟다**	췌 낀	췌 킨	숙박 절차, (항공사) 수속 절차, (호텔의) 체크인		check in	
시각의	비쥬얼		시각적인, 눈에 보이는	{비쥬얼}	visual	

멋진 공연 ⇨ **우원둴뻴**(원더풀)한 공연 / 놀라운 작품 ⇨ **우원둴뻴**(원더풀)한 작품
매운 요리 ⇨ **스빠이씨**(스파이시)한 요리 / 매콤한 국물 ⇨ **스빠이씨**(스파이시)한 국물
태아블럳(태블릿)PC는 평판 모양이다 / ● 정제(錠이인정劑의약제제) : 약제를 둥글고 넓적하게 압축한 약제
호텔의 숙박 절차를 밟다 ⇨ 호텔의 **췌 낀**(췌 인, 체크인)을 하다
가수들은 노래 실력만큼 **시각**의 요소가 중요해 **비쥬얼**(눈에 보이는)에 신경을 많이 쓴다

사라지다	듸써피얼	듸써피어	없어지다	{디스어피어}	disappear	무작정
감추다	컨씨얼	컨씨을	숨기다	{컨실}	conceal	
긴급한	얼쥔t	어어쥔t	다급한, 시급한	{어전트}	urgent	
(산의) **정상**	써멭 / 써밑		정상 회담, 정점, 꼭대기	{써밋}	summit	
부드러운	텐덜	텐둬	연한, 상냥한, 다정한, 어린	{텐더}	tender	

공룡들이 지구에서 **사라지다** ⇨ 공룡들이 지구에서 **듸써피얼**(디스어피어)하다
진실을 감추다 ⇨ 진실을 **컨씨얼**(컨실)하다 / 보물을 숨기다 ⇨ 보물을 **컨씨얼**(컨실)하다
긴급한 상황 ⇨ **얼쥔**(얼전, 얼전트, 어전트)한 상황 / 다급한 목소리 ⇨ **얼쥔** 목소리
산 정상 ⇨ 산 **써멭**(써밋) / 정상 회담을 열다 ⇨ **써멭**을 열다
부드러운 소고기 ⇨ **텐덜**(텐더)한 소고기 / 연한 고기 ⇨ **텐덜**한 고기 / 상냥한 마음 ⇨ **텐덜**한 마음

왕초보 영단어 복합적 암기법 **2**회

헐떡거리다	팬안t	판t	바지 한쪽 가랑이 (pants 바지) {팬트} pant	연상법
야망	앰비션	암비션	야심 {앰비션} ambition	
가리키다	인디케잍		나타내다, 지적하다 {인디케이트} indicate	
접착제	글루우		풀, 아교 {글루} glue	
나타나다	어피얼	어피어	출연하다, ~처럼 보이다 {어피어} appear	

버스에서 내릴 때 **팬안t**(팬츠, 바지)가 터져서 집에까지 빨리 뛰어 들어가느라 숨을 **헐떡거리다**
앰비씨(엠비씨, MBC) 방송국에 **션**(시험)을 봐서 입사한 직원이 최고의 자리에 오를 **야망**을 품다
한 아이가 화려한 **인디**언(인디언) 복장을 하고 **스케잍**(스케이트)을 타는 사람을 손으로 **가리키다**
"여기 잡고 있을 테니 **글루우**(그리로) **접착제**를 발라봐" / ◉ 아교 : 동물의 가죽이나 뼈를 고아 만든 접착제
발목을 다친 가수가 동료 가수에게 **어피얼**(업혀) 무대에 **나타나다**

유지하다	키잎		(약속, 규칙 등을) 지키다 {킵} keep	쪼개기
보관하다	키잎		{킵} keep	★★★
계속하다	키잎		{킵} keep	
계속 가지고 있다	키잎		계속 있다 {킵} keep	keep
(동물을) 키우다	키잎		(동물을) 기르다 {킵} keep	

건강을 유지하다 ⇨ 건강을 **키잎**(킵)하다 / 약속을 지키다 ⇨ 약속을 **키잎**(킵)하다
금을 금고에 보관하다 ⇨ 금을 금고에 **키잎**(킵)하다
말을 계속하다 ⇨ 말을 **키잎**(킵)하다
그 꿈을 계속 가지고 있다 ⇨ 그 꿈을 **키잎**(킵)하고 있다
고양이를 키우다 ⇨ 고양이를 **키잎**(킵)하다

목재	우윌 / 우운	우운	(재료로서의) 나무, (작은) 숲 {우드} wood	재활용
(재료로서의) 나무의	욷은 / 우른	우든	나무로 된, 나무로 만든, 목제의, 경직된 {우든} wooden	
무작위의	래앤둼 / 래안둼	롸안둼	닥치는 대로 하는, 되는 대로의, 임의의 {랜덤} random	
숲	뽀뤠슽	쀠뤠슽	산림, 삼림 {포레스트} forest	
제한	을리밑 / 을리멭		제한하다, 한계, 한도, 한정하다 {리밑} {리미트} limit	

책상을 만들 목재를 준비하다 ⇨ 책상을 만들 **우윌**(우윋d, 우워드, 우드)을 준비하다
나무의 상자(나무상자) ⇨ **욷은**(우든) 상자 / ◆ 욷은 : '옫' 발음 후 잠깐 멈추고 '은' 발음
음악을 무작위의 **래앤둼**(랜덤)으로 듣다 / 닥치는 대로 하는 공부 ⇨ **래앤둼**(랜덤) 공부
나무가 우거진 숲 ⇨ 나무가 우거진 **뽀뤠슽**(뽀뤠스트, 뽀뤠스트, 포레스트)
제한을 두지 않다 ⇨ **을리밑**(리밑, 리미트)을 두지 않다 / 판매 수량을 제한하다 ⇨ 판매 수량을 **을리밑**하다

장작	빠이얼우윋	빠이어우운	땔나무, 땔감 {파이어우드} firewood	무작정
바지 (미국)	팬앤스 / 패앤스	판스	(여성, 어린이용) 팬티 (영국) {팬츠} pants	
바지 (영국)	츄롸우줼즈	츄롸우줘즈	{트라우저즈} trousers	
믹서기 (미국)	블렌둴	블렌둬	혼합기, 혼합하는 사람 {블렌더} blender	
제한 속도	스삐인 을리밑		{스피드 리밑} speed limit	

장작을 패다 ⇨ **빠이얼우윋**(빠이얼우윋d, 빠이얼우워드, 파이어우드)을 패다
통이 큰 바지 ⇨ 통이 큰 **팬앤스**(팬츠) ※ underpants 팬티 (미국), (남성용) 팬티 (영국) ※ 브리잎스 briefs 남성용 팬티
다리미로 정장 바지를 다리다 ⇨ 다리미로 정장 **츄롸우줼즈**(트라우저즈)를 다리다
믹서기로 사과 쥬스를 만들다 ⇨ **블렌둴**(블렌더)로 사과 쥬스를 만들다 / ♣ 믹서기(영어+한자어)는 블렌더의 콩글리쉬
도로마다 제한 속도가 다르다 ⇨ 도로마다 **스삐인 을리밑**(스피드 리밑)이 다르다

영어 단어에 해당하는 국어 단어 (기준으로 세운 뜻)	미국식 발음	영국식 발음	해당 국어 단어들 (다른 뜻들)	{한국식 발음} 스펠링	
위반하다	봐이얼레잍		어기다, 침해하다	{바이얼레이트} violate	연상법
상황	쒤껌스때앤스	써컴스따안스	환경	{서컴스탠스} circumstance	
고립시키다	아이썰레잍		격리하다	{아이설레이트} isolate	
계산하다	캴꿀레잍	캴큘레잍		{캘큘레이트} calculate	
규제하다	뤠귤레잍		조절하다	{레귤레이트} regulate	

한 학생이 **봐이얼**린(바이올린) 학원에서 정한 수업시간에 **레**잍(레이트, 늦은)해서 규칙을 위반하다
사람들이 빙판길에서 아슬하게 미끄러지듯 걷는 **상황**이 **쒤껌스**(서커스, 곡예)를 하고 **때앤스**(댄스)를 추는 것 같다
산행 중 예쁜 사슴을 보고 "**아이~ 썰**레(설레다)" 하다가 길을 잃은 등산객을 **잍**(이틀) 간 대피소에 **고립시키다**
캴린더(캘린더, 달력)를 보며 **꿀**(꿀 or 귤) 배송이 **레**잍(늦은, 늦게) 하지 않도록 채집(수확) 일정을 **계산하다**
뤠몬(레몬)과 **귤**의 생산일이 **레잍**(늦은, 최근의) 한 것 외에는 시중에 유통되는 것을 **규제하다**

늦은	을레잍			{레이트} late	쪼개기
늦~	을레잍		최근의	{레이트} late	★★★
지각한	을레잍			{레이트} late	
늦게	을레잍		늦게까지	{레이트} late	late
후기의	을레잍		말기의	{레이트} late	

늦은 시간 ⇨ **을레잍**(을레이트, 을레이트, 레이트)한 시간
늦잠 ⇨ **을레잍** 잠 / 늦가을 ⇨ **을레잍** 가을
지각한 학생 ⇨ **을레잍**한 학생
늦게 도착하다 ⇨ **을레잍** 도착하다 / 늦게까지 공부하다 ⇨ **을레잍** 공부하다
조선 후기의 작품 ⇨ 조선 **을레잍**의 작품 / 중세 말기의 철학자 ⇨ 중세 **을레잍**의 철학자

(지금으로부터) ~전에	어궈우		~전, ~이전	{어고} ago	재활용
(순서, 시간) ~전에	비뽀얼	비뽀어	~전, 이전에, (공간) 앞에	{비포} before	
~앞에	쁘뤈t		앞, 앞의, 앞면, 앞쪽, 정면	{프런트} front	
때	타임		시간	{타임} time	
~배	타임즈		~번, ~곱, 곱하기 (비격식), (런던, 뉴욕) 타임즈 (신문)	times	

100년 전에 일어난 일 ⇨ 100년 **어궈우**(어고)에 일어난 일 / 30년 전 ⇨ 30년 **어궈우**(어고)
밥 먹기 전에 손을 씻다 ⇨ 밥 먹기 **비뽀얼**(비포)에 손을 씻다
집 앞에 나무를 심다 ⇨ 집 **쁘뤈**(쁘뤈t, 쁘뤈트, 프런트)에 나무를 심다
봄은 소풍 가기 좋은 때이다 ⇨ 봄은 소풍 가기 좋은 **타임**(타임)이다
축구장 5배 크기의 선박 ⇨ 축구장 5**타임즈**(타임스) 크기의 선박 / 열 번 도전하다 ⇨ 열 **타임즈**(타임스) 도전하다

친밀한	인튀멭 / 인튀맅	인티멑	친한, 개인적인, 사적인	{인터멑} {인티멑} intimate	무작정
원형의	쓀~꿀륄	써어킬라	순환의, 순회의, 원의, 둥근	{서큘러} circular	
직면하다	컨쁘뤈t	컨프뤈t	맞닥뜨리다	{컨프런트} confront	
나중에	을레이뤌	을레이튀	후에, 더 늦은, (late의 비교급)	{레이터} later	
실	θ뜨뤩	θ쓰뤩	(바늘에 실을, 실에 구슬을) 꿰다	{쓰레드} thread	

인튀넷(인터넷) 유튜브 방송에서 **멭**돌(맷돌)을 돌리며 콩국수 요리를 만드는 **친밀한** 사이의 요리사와 연예인들
원형의 공연장 ⇨ **쓀~꿀륄**(서큘러)의 공연장
여러 문제에 직면하다 ⇨ 여러 문제에 **컨쁘뤈**(컨쁘뤈t, 컨쁘뤈트, 컨프런트)하다
"나중에 보자" ⇨ "**을레이뤌**(레이터) 보자"
실과 바늘 ⇨ **뜨뤩**(뜨뤠d, 뜨뤠드, 쓰레드)과 바늘

왕초보 영단어 복합적 암기법 **2**회

자극하다	스띠뮬레잍		자극이 되다 {스티뮬레이트} stimulate	연상법
흐르다	쁠로우		흐름, 유동 {플로우} flow	
기분 전환	패스타임	파스타임	오락, 놀이, 취미 {패스타임} pastime	
바느질하다	쒀우		꿰매다, 박다, 봉합하다 {쏘} {소우} sew	
(가득 담겨서, 사람들이) 넘치다	오우뷜쁠로우	오우붜플로우	범람하다 {오버플로우} overflow	

새로 산 냉장고에 붙인 스띠커(스티커)를 뮬(물)에 불려 밤 레잍(늦게)까지 제거했는데 아이들이 또 붙여서 엄마를 자극하다
산 꼭대기부터 쁠(풀, 가득)로 찬 빗물이 로우(낮은) 곳으로 흐르다
패스(패스, 지나가다, 보내다) 타임(타임, 시간)에는 기분 전환으로 컴퓨터 게임을 한다
쒀우(牛소우). 소가죽으로 핸드백을 만들려고 한 땀 한 땀 바느질하다
물이 대야를 오우뷜(오버, 넘어서) 해서 쁠로우(플로우, 흐르다)하니 넘치다

~이라도	이이븐		~도, 더욱, 한층 {이븐} even	쪼개기
~조차	이이븐		~마저 {이븐} even	★★★
균등한	이이븐		균일한 {이븐} even	
평평한	이이븐		평탄한, 평평하게 하다 {이븐} even	even
짝수의	이이븐		{이븐} even	

5월이라도 눈이 내릴 때가 있다 ⇨ 5월 **이이븐**(이븐) 눈이 내릴 때가 있다
기대조차 하지 않다 ⇨ 기대 **이이븐** 하지 않다
모두에게 균등한 기회를 주다 ⇨ 모두에게 **이이븐**한 기회를 주다
평평한 땅 ⇨ **이이븐**한 땅
아파트 짝수의 층 ⇨ 아파트 **이이븐** 층 / **+** 짝수의 even number 이이븐 넘뷜 [넘버]

광장	스꾸웨얼	스꾸웨어	정사각형의, 정사각형, 제곱 {스퀘어} square	재활용
동그라미	쒈~껄	쒀어컬	빙빙 돌다, 원, 원형, 동아리 {서클} circle	
정각에	언 타임		제시간에, 제때에 {온 타임} on time	
같은	쎄임		똑같은, 동일한, 마찬가지로, 같은 것 {세임} same	
동시에	앹 더 쎄임 타임	앹 더 쎄임 타임	같은 시간에 at the same time	

시청 앞 광장 ⇨ 시청 앞 **스꾸웨얼**(스퀘어) / 정사각형의 박스 ⇨ **스꾸웨얼**의 박스 / ※ 스꾸웨얼 = 스끄워웨얼
동그라미를 그리다 ⇨ **쒈~껄**(서클)을 그리다 / 운동장을 빙빙 돌다 ⇨ 운동장을 **쒈~껄**(서클)하다
고속버스가 정각에 도착하다 ⇨ 고속버스가 **언 타임**(온 타임)에 도착하다
두 사람이 서로 같은 잘못을 하고 '쌤쌤(same same)'이라고 하는 말은 영어 **쎄임**에서 왔다
둘이 동시에 대답하다 ⇨ 둘이 **앹 더 쎄임 타임**(앳 더 쎄임 타임)에 대답하다

~부 (部나눌부)	디파알멘t	디파아먼t	부서, 과, 학과 {디파트먼트} department	무작정
초과 근무	오우뷜타임	오우뷔타임	잔업, 연장전 (미국) {오버타임} overtime	
아파트 (미국) (♣ 콩글리쉬)	아파@앝멘t	아파아먼t	{아파트먼트} apartment	
요즈음	을레잍을리	을레잍을리 / 을레이틀리	최근에 {레이틀리} lately	
최근에	뤼이슨을리	뤼이슨을리 / 뤼이슨틀리	얼마 전에 {리슨틀리} recently	

영업부 ⇨ 영업 **디파알멘**(디파알멘, 디파아먼트, 디파트먼트) / 성악부 ⇨ 성악 **디파알멘**
초과 근무 수당 ⇨ **오우뷜타임**(오버타임) 수당 / 밤늦게 잔업을 끝내다 ⇨ 밤늦게 **오우뷜타임**을 끝내다
고층 아파트 ⇨ 고층 **아파앝멘**(아파앝먼) / ◆ @앝 : 혀를 말고 앝(알과 앝이 섞인 소리)을 발음
요즈음 그를 보지 못했다 ⇨ **을레잍을리**(레이틀리) 그를 보지 못했다 / ※ 요즈음 = 요즘(요즈음의 줄임말)
그 친구를 최근에 본 적이 있다 ⇨ 그 친구를 **뤼이슨을리**(뤼슨틀리)에 본 적이 있다

영어 단어에 해당하는 국어 단어 (기준으로 세운 뜻)	미국식 발음	영국식 발음	해당 국어 단어들 (다른 뜻들)	{한국식 발음} 스펠링	
깜짝 놀라게 하다	스따아럴	스따아틀	깜짝 놀라다, 깜짝 놀람	{스타틀} startle	연상법
특징	캐뤽뒤뤼스띸	카뤡튀뤼스띸	특성	{캐릭터리스틱} characteristic	
턱 (위아래 턱 전체)	져아	죠오	(턱, 이를 포함한) 입 부분 (jaws)	{죠} jaw	
턱 (아래쪽 턱)	취인	췬	아래턱, 턱끝	{친} chin	
굶주리다	스따알v	스따압	굶어 죽다, 굶기다	{스타브} starve	

인기 **스따**(스타)가 된 **아럴**(아들)이 아무런 예고 없이 집을 사드려 부모님을 깜짝 놀라게 하다
고양이의 만화영화 **캐뤽뒤**(캐릭터)를 만들기 위해 고양이의 특징을 모은 **뤼스띸**(리스트, 목록)을 정리해 놓았
져(저) **아**이가 위아래 턱을 크게 벌려 햄버거를 베어 먹다 / ※ jaws 져아즈 {죠오즈} {죠스}는 위아래 턱뼈와 이를 포함한 부분
격투 경기에서 턱을 먼저 **취인**(친) 사람이 유리하다
연예인이 **스따알**(스타)의 자리에 올라 인기와 **v**(부)를 얻기 전까지는 대부분 경제적 어려움으로 **굶주리다**

그리고	앤d / 애안d / 언d	안d / 아안d / 언d	그리고는	{앤드} and	쪼개기
~도 ~	앤d / 애안d / 언d	안d / 아안d / 언d	~더하기 ~	{앤드} and	★★★
~와 ~	앤d / 애안d / 언d	안d / 아안d / 언d	~과 ~	{앤드} and	and
~하고	앤d / 애안d / 언d	안d / 아안d / 언d	~하고는, 하더니, ~하면서	{앤드} and	
~ 및 ~	앤d / 애안d / 언d	안d / 아안d / 언d		{앤드} and	

너 그리고 나 ⇨ 너 **앤**(앤d, 앤드) 나
너도 나도 ⇨ 너 **앤** 나도
너와 나 ⇨ 너 **앤** 나 / 노랑과 흰색 ⇨ 노랑 **앤** 흰색
일을 하고 점심을 먹다 ⇨ 일을 **앤** 점심을 먹다
야채 및 과일은 몸에 좋다 ⇨ 야채 **앤** 과일은 몸에 좋다

등장인물	캐뤽뒬	카뤡튀	배역, 역, 성격, 인격, 특성	{캐릭터} character	재활용
주인공	메인 캐뤽뒬	메인 카뤡튀		{메인 캐릭터} main character	
주연	스따알	스따아	주연을 맡다, 별, 별 모양, 인기인	{스타} star	
여주인공	헤로웬	헤로윈	여걸, 여장부	{히로인} heroine	
(남자) 주인공	히어뤄우			영웅 {히어로} hero	

영화의 등장인물인 **캐뤽뒬**(캐릭터)들은 각각 독특한 특징과 성격을 가지고 있다
오디션을 통해 주인공을 뽑다 ⇨ 오디션을 통해 **메인 캐뤽뒬**(캐릭터)을 뽑다
요즘 잘 나가는 **스따알**(스타)이 영화의 주연을 맡다
액션 영화에서 **헤로웬**(히로인)인 여주인공은 당차고 매력적인 여걸로 그려진다
소설속의 주인공 ⇨ 소설속의 **히어뤄우**(히어로) / 우리 시대의 영웅 ⇨ 우리 시대의 **히어뤄우**(히어로)

부상	인쥬뤼		손상, 상해	{인저리} injury	무작정
현상	쀠나머난	쀠노머넌		{피나머난} phenomenon	
둥지	네에슽 / 네아슽	네에슽	보금자리	{네스트} nest	
노력	에뿰t	에뿰	수고	{에퍼트} effort	
장치	듸봐이스		기기, 고안	{디봐이스} device	

축구 경기에서 **인쥬뤼**(인저리) 타임이란 부상, 치료 등으로 지나간 시간만큼 종료 전 연장 시간이 주어지는 것이다
쀠나(쁀) 현상이라고 머 **난**(뭐 나는) 그렇게 생각한다 / 사회 현상 ⇨ 사회 **쀠나머난**(피나머난) / ◆ 스펠링 ph = 발음 [f]
새가 나무에 둥지를 틀다 ⇨ 새가 나무에 **네에슽**(네에스트, 네에스트, 네스트)을 틀다
노력을 하다 ⇨ **에뿰**(에뿰t, 에뿰트, 에퍼트)을 하다
안전장치 ⇨ 안전 **듸봐이스**(디봐이스)

왕초보 영단어 복합적 암기법 2회

				연상법
탄력 있는	일라스띡		융통성 있는, 신축성 있는, 고무 밴드 {일래스틱} elastic	
나누다	디봐읻		나뉘다, 분할하다, 분할 {디바이드} divide	
체육관	쥠		체육, 체조 {짐} gym	
바꾸다	어얼털	오올터	변경하다, 변하다 {올터} alter	
대안	얼터너립	올터너팁	대체 {얼터너티브} alternative	

등산 스틱을 **일라**븐(일레븐, 열한번) 가공하여 지금까지와 다른 **탄력 있는 스띡**(스틱, 지팡이)이 만들어지다
노래 대회에서 1등 상금을 받자 **디**(뒤를) **봐**주고(지원해 주고) **읻**(있는) 든든한 친언니와 상금을 **나누다** (디봐읻, 디바이드)
체육관에서 무거운 운동기구의 손잡이를 힘껏 잡아 **쥠** (쥐다) / ※ 짐볼 : 스트레칭을 위한 크고 말랑한 볼
액션 영화에 캐스팅된 남자 배우가 얼굴의 콧수염과 턱수염의 **어얼** (올, 모든) **털** (털)을 길러서 분위기를 **바꾸다**
얼 (모든) **튀너** (터널)에 **립** (입장, 진입, 들어감)할 때 안전 거리를 유지할 수 있도록 **대안**을 마련하다

				쪼개기
구하다	쎄입		{세이브} save	
살리다	쎄입		{세이브} save	★★★
절약하다	쎄입		아끼다 {세이브} save	save
저축하다	쎄입		(돈을) 모으다, 저금하다 {세이브} save	
(파일, 데이터를) 저장하다	쎄입		(스포츠에서) 점수 지키기 {세이브} save	

사람을 구하다 ⇨ 사람을 **쎄입** (쎄이v, 쎄이브, 세이브)하다 / 나라를 구하다 ⇨ 나라를 **쎄입**하다
죽어가는 나무를 살리다 ⇨ 죽어가는 나무를 **쎄입**하다
물을 절약하다 ⇨ 물을 **쎄입**하다 / 돈을 아끼다 ⇨ 돈을 **쎄입**하다
용돈의 반을 저축하다 ⇨ 용돈의 반을 **쎄입**하다 / 돈을 모으다 ⇨ 돈을 **쎄입**하다
파일을 저장하다 ⇨ 파일을 **쎄입**하다

				재활용
얇은 조각	칲		(그릇, 컵 등의) 이 빠진 자국, (전자, 화폐용) 칩 {칩} chip	
꾸며낸 이야기	픽션		지어낸 이야기, 소설, 허구 {픽션} fiction	
절	템쁠	템플	사찰, 사원, 신전, 관자놀이 {템플} temple	
술집	바알	바아	막대 (모양의 것), (발레 난간 등의) 바, 빗장 {바} bar	
(공 등이) 튀다	바운스		튀어 오르다, 뛰어오르다, 깡충깡충 뛰다 {바운스} bounce	

감자 **칲**(칩)은 둥글고 **얇은 조각**의 과자이다 / ※ chips : (둥글고 얇은) 감자칩 (미국), (막대 모양의) 감자튀김 (영국)
픽션(픽션)은 **꾸며낸 이야기**이고 논픽션은 허구의 이야기가 아닌 전기, 역사, 기행문 등을 말한다
템쁠 스테이(템플 스테이)란 **절**에 머물면서 불교문화와 사찰 생활을 체험하는 일이다
술집에서 모임을 하다 ⇨ **바알** (바)에서 모임을 하다
농구공이 튀다 ⇨ 농구공이 **바운스**하다 / + (공의) 되튐, 되튀다, 바운드, 묶인(bind의 과거 분사형) bound 바운d

				무작정
절약	쎄이빙		저축, 절약하는, 구하는 {세이빙} saving	
보다	을륶		바라보다, 쳐다보다, 찾다 {룩} look	
회전하다	스삔		회전시키다, (빙빙) 돌다, 돌리다 {스핀} spin	
의혹	써스삐션		혐의, 의심 {서스피션} suspicion	
편리한	해앤듸 / 해앤듸	하안듸	유용한, (물건, 장소가) 가까이 있는 {핸디} handy	

에너지 절약 ⇨ 에너지 **쎄이빙** (세이빙)
창밖을 보다 ⇨ 창밖을 **을륶** (룩)하다
선풍기 날개가 회전하다 ⇨ 선풍기 날개가 **스삔** (스핀)하다
비리 의혹 ⇨ 비리 **써스삐션** (서스피션)
편리한 도구 ⇨ **해앤듸** (핸디)한 도구

영어 단어에 해당하는 국어 단어 (기준으로 세운 뜻)	미국식 발음	영국식 발음	해당 국어 단어들 (다른 뜻들)	{한국식 발음} 스펠링	
요정	뻬어뤼			요정의 {페어리} fairy	연상법
이야기	테이얼	테이을		설화 {테일} tale	
동화	뻬어뤼 테이얼	뻬어뤼 테이을	꾸며낸 이야기 {페어리 테일} fairy tale		
쓸다	스윞			휩쓸다, 털다, (경기에서) 압승하다 {스윕} sweep	
사건	인써든t			일 {인시던트} incident	

외모가 **뻬**어나고(빼어나고) **어뤼**게(어리게) 보이는 그 사람에게서 **요정**이 연상되다
할머니가 아이들에게 옛날**이**야기를 되**테이얼**(디테일, 상세)하게 전해 주고 있다
뻬어뤼(요정)에 관한 **테이얼**(이야기)은 **동화**를 뜻한다
작은 스님이 절의 마당을 쓸고 **스**님이 **윞**구(입구)를 **쓸**다
인내하며 애**써** **든**(돈)을 **t**럭(트럭)에 놔두었는데 도난당하는 **사건**이 일어나다 (인써든, 인써든t, 인써든트, 인시던트)

(물건, 칭찬, 처벌 등을) **받다**	겥 / 긑		잡다, 가지다, ~시키다, ~하게 하다 {겟} get		쪼개기
얻다	겥 / 긑		(어떤 상태가) 되다, 되게 하다 {겟} get		★★★
(병에) 걸리다	겥 / 긑		(상처 등을) 입다 {겟} get		get
알아듣다	겥 / 긑		이해하다, (돈을) 벌다, 가져오다, 데려오다 {겟} get		
도착하다	겥 / 긑		구하다, 사다, (장소에) 이르다 {겟} get		

칭찬을 받다 ⇨ 칭찬을 **겥**(겟)하다 / 좋은 점수를 받다 ⇨ 좋은 점수를 **겥**(겟)하다
물건을 얻다 ⇨ 물건을 **겥**(겟)하다 / 직장을 얻다 ⇨ 직장을 **겥**(겟)하다
병에 걸리다 ⇨ 병에 **겥**(겟)하다 / 상처를 입다 ⇨ 상처를 **겥**(겟)하다
무슨 말인지 알아듣다 ⇨ 무슨 말인지 **겥**(겟)하다
집에 도착하다 ⇨ 집에 **겥**(겟)하다 / 집을 구하다 ⇨ 집을 **겥**(겟)하다 / 과일을 사다 ⇨ 과일을 **겥**(겟)하다

장려책	인쎈팁		장려금, 유인, 자극, 동기 {인센티브} incentive		재활용
훈련하다	츄뤠인		훈련시키다, 가르치다, 열차, 기차, 긴 열 {트레인} train		
나가다	게 롸읕	게 퇴읕	"나가!", 벗어나다 {겟 아웃} get out		
(종이, 유리판, 철판 등의) **한 장**	쉬잍		(얼음, 철 등의) ~판, (침대 등의) 시트 {쉬트} sheet		
사실	빠앜t / 뻬앜t	빸t	진실, 실상 {팩트} fact		

업무 성과 장려책 ⇨ 업무 성과 **인쎈팁**(인센티v, 인센티브, 인센티브)
매일 열심히 훈련하다 ⇨ 매일 열심히 **츄뤠인**(트레인)하다 / ✚ 훈련, 교육, 훈련의, 연습용의 training 츄뤠이닝 {트레이닝}
집에서 나가다 ⇨ 집에서 **게 롸읕**(겟 아웃, 겟 아웉) / "그만 떠들라 나가!" ⇨ "그만 떠들라 **게 롸읕**!"
종이 한 장 ⇨ 종이 **쉬잍**(쉬이t, 쉬이트, 쉬트) / 얼음판 ⇨ 얼음 **쉬잍**
또 다른 사실을 알게 되다 ⇨ 또 다른 **빠앜**(빠앜t, 봐앜t, 팩트)를 알게 되다

폐허	@루인		파멸, 파멸시키다, 망치다, 파괴, 붕괴, 유적 (ruins) ruin		무작정
배달하다	딜리뷜	딜리붜	전달하다 {딜리버} deliver		
사고	앜써든t / 앜써뤈t	앸써든t	자동차 사고 (미국) {액시던트} accident		
보험을 들다	인슈얼 / 인셔얼	인슈어 / 인쇼어	보험에 가입하다, 보장하다 {인슈어} insure		
계단	스뛔얼	스뛔어 / 스뛔애	{스테어} stair		

폐허 속에서 희망이 싹 뜨다 ⇨ **루인** 속에서 희망이 싹 뜨다
피자를 배달하다 ⇨ 피자를 **딜리뷜**(딜리버)하다
자동차 접촉 사고가 나다 ⇨ 자동차 접촉 **앜써든**(앜써든t, 앜써든트, 액시던트)이 나다
만약을 대비해 보험을 들다 ⇨ 만약을 대비해 **인슈얼**(인슈어)하다
계단으로 3층에 올라가다 ⇨ **스뛔얼**(스테어)로 3층에 올라가다

보장하다	어슈얼	어슈어 / 어쇼어	보증하다, 장담하다 {어슈어} assure		연상법
단조로운	뭐낱너스	뭐나튀너스	지루한, 변화 없는 {머너터너스} monotonous		
끊임없는	커언스뛴t	컨스뛴t	일정한, 지속적인 {칸스턴트} constant		
시인	퍼우웰 / 퍼우웰	퍼우웰	{포엣} {포웨트} poet		
확실히	슈얼리		분명히, 틀림없이, 반드시, 꼭 surely		

"**어~ 슈얼**(쉬워)". 자전거 배우기가 쉽냐고 물어보는 친구에게 금세 배운다고 **보장하다**
그는 시골에 **뭐**무르며(머무르며) 밭에서 **낱**질(낫질) 등의 **단조로운** 생활을 하다가 친구들이 놀러 오면 **너스**레(수다)를 떤다
단역 배우로 시작해서 **커언**(큰, 성장한) 그 **스뛴**t맨(스턴트맨)은 **끊임없는** 영화 출연으로 어느새 유명한 액션 배우가 되다
그 **시인**은 감성이 **퍼**(포, 4, 넷) 번 **우웰**(웻 wet 젖은, 젖다) 하고 나서야 감성 젖은 시 한 편을 지었다 (퍼우웰, 퍼우웰, 퍼우웨트)
물에 소금이나 **슈**가(설탕)를 넣고 **얼**리면 맹물보다는 **확실히** 늦게 언다

만들다	뭬익		{메이크} make	쪼개기
제작하다	뭬익		{메이크} make	★★★
(돈을) 벌다	뭬익		{메이크} make	
(소리를) 내다	뭬익		~을 일으키다, 생기게 하다 {메이크} make	make
~시키다	뭬익		~하게 하다 {메이크} make	

맛있는 음식을 만들다 ⇨ 맛있는 음식을 **뭬익**(웨이k, 뭬이크, 메이크)하다
영화를 제작하다 ⇨ 영화를 **뭬익**(메이크)하다
돈을 많이 벌다 ⇨ 돈을 많이 **뭬익**(메이크)하다
오래된 가야금에서 좋은 소리를 내다 ⇨ 오래된 가야금에서 좋은 소리를 **뭬익**(메이크)하다
아이에게 공부를 시키다 ⇨ 아이에게 공부를 **뭬익**(메이크)하다

매우	뭬어뤼		아주, 대단히, 굉장히, 몹시, 정말, 딱, 꼭, 바로 {베리} very	재활용
많은 (셀 수 없는 명사 앞에 씀)	뫄취 / 뭐취		훨씬, 대단히, 다량, 많음 {머취} much	
(무덤, 폐허, 야구 등의) 흙더미	뫄운d		흙 무더기, 고분, 언덕, (투수의) 마운드 {마운드} mound	
조정자 (조정하는 사람)	코올듸네이뤌	코어듸네이뤄	동격으로 하는 것 {코디네이터} coordinator	
(시간, 장소의) 간격	이뉘뭘 / 인튈뭘	인튀뭘	(공연의) 중간 휴식 시간 {인터벌} interval	

매우 유익하다 ⇨ **뭬어뤼**(베리) 유익하다
많은 물 ⇨ **뫄취**(머취)의 물 / 훨씬 좋다 ⇨ **뫄취** 좋다 / **+** 대단히, 매우, 몹시, 아주, 매우 많이 very much 붸뤼 뫄취
흙더미를 쌓다 ⇨ **뫄운**(뫄운d, 마운드, 마운드)을 쌓다
교육에 대한 여러 의견의 조정자 ⇨ 교육에 대한 여러 의견의 **코올듸네이뤌**(코디네이터)
비엔날레는 2년의 간격을 두고 행사가 열린다 ⇨ 비엔날레는 2년의 **이뉘뭘**(인터벌)을 두고 행사가 열린다

확신하는 (명사 앞에는 안 씀)	셔얼 / 슈얼	쇼어	확실한, 확실히, 반드시 ~하는, "물론" {슈어} sure	무작정
생태계	이꺼우씨스뜀	이커우씨스뜀	{에코시스템} ecosystem	
한 걸음씩	스뜁 바이 스뜁		한 걸음 한 걸음 {스텝 바이 스텝} step by step	
사회	서싸이뤼	서싸이어티	사교계, 협회, 학회 {서사이어티} society	
의도하다	인퉤엔d		~할 작정이다, 의미하다 {인텐드} intend	

그녀는 이다 확신하는 성공을(그녀는 성공을 확신하다) ⇨ 그녀는 이다 **셔얼**(슈어) 성공을
생태계를 보존하다 ⇨ **이꺼우씨스뜀**(에코시스템)을 보존하다
한 걸음씩 발전해 나가다 ⇨ **스뜁 바이 스뜁**(스텝 바이 스텝) 발전해 나가다
현대 사회의 복잡성 ⇨ 현대 **서싸이뤼**(서사이어티)의 복잡성
이 영상은 환경보호의 중요성을 **의도하다** ⇨ 이 영상은 환경보호의 중요성을 **인퉤엔**(인튀엔d, 인튀엔드, 인텐드)하다

영어 단어에 해당하는 국어 단어 (기준으로 세운 뜻)	미국식 발음	영국식 발음	해당 국어 단어들 (다른 뜻들)	{한국식 발음} 스펠링	
주소	아쥬롸스☆		연설하다(어쥬뤠스★)	{어드레스} address	연상법
허름한	섀아비	샤아비	해진, 초라한, 비천한	{쉐비} {섀비} shabby	
부패	디케이		부패하다, 쇠퇴하다, 썩다	{디케이} decay	
콧수염	머스따아쉬 / 머스따아쉬	머스따아쉬	(= moustache 영국)	{머스타쉬} mustache	
턱수염	비얼d	비얼		{비어드} beard	

라스베가스가 좋아서 **아쥬** (아주) **롸스** 베가스(라스베가스)로 이사하여 **주소**를 옮기다
쌔아비 (새아버지)는 허름한 옷을 입고 있는 아이를 위해 새 옷을 사 주다
디게 (되게) 오래된 **케이**크가 부패를 하다
남자 친구가 콧수염을 기르자 "**머스따아** (멋있다)"라고 여자 친구인 **쉬** (그녀)가 말하다 / ◆ 강세 변화
이발사가 손님의 턱수염을 깎다 실수로 턱이 **비얼d** (비어드) 그 손님은 점잖게 괜찮다고 말하다

원피스 (위아래 하나로 된 여성복)	쥬뤠스		드레스 (위아래 하나로 된 여성복)	{드레스} dress	쪼개기
예복	쥬뤠스		(남녀의) 옷, 의복, 의상, 의장, 정장	{드레스} dress	★★★
복장 (옷을 차려입은 모양새)	쥬뤠스		옷차림	{드레스} dress	
옷을 입다	쥬뤠스		옷을 입히다, 정장하다, 정장을 입히다	{드레스} dress	dress
(샐러드에) 드레싱을 치다	쥬뤠스		상처를 치료하다	{드레스} dress	

원피스를 입다 ⇨ **쥬뤠스** (드레스)를 입다 / ♣ 원피스는 드레스의 콩글리쉬
파티 예복 ⇨ 파티 **쥬뤠스** (드레스) / ◆ '쥬' 발음은 약하지만 강세 '뤠'에 속해서 같은 높이로 발음
복장 규정 ⇨ **쥬뤠스** (드레스) 규정 / + **차려입**, 특별한 복장을 하다, 옷으로 변장(분장)하다 dress up 쥬뤠써업 {쥬뤠썹}
빠르게 옷을 입다 ⇨ 빠르게 **쥬뤠스** (드레스)하다
샐러드에 드레싱을 치다 ⇨ 샐러드에 **쥬뤠스** (드레스)하다 / + **드레싱** (요리에 치는 소스), 상처 치료 (용품) dressing 쥬뤠씽

저녁 식사	디널	디늬	만찬	{디너} dinner	재활용
(배역의 화장과 옷으로) 분장	뭬이껖	뭬이컾	화장, (집합적) 화장품	{메이컵} makeup	
화장용의	커즈뭬맄	커즈뭬틱	화장품(~s)	{코스메틱} cosmetic	
생생한	븨빌		선명한, 발랄한	{비비드} vivid	
진흙	머얼	멀		진창 {머드} mud	

디뉠 (디너) 쇼는 호텔의 만찬회장에서 저녁 식사를 하면서 보는 노래와 춤 등의 무대이다
백설 공주로 분장을 하다 ⇨ 백설 공주로 **뭬이껖** (메이컵)을 하다 / ※ 옷으로 하는 분장은 dress up
화장용의 붓 ⇨ **커즈뭬맄** (코스메틱)의 붓 / + 화장품 cosmetics 커즈뭬릭스 {커즈뭬틱스} {코스메틱스}
생생한 꿈 ⇨ **븨빌** (븨빌d, 비비드, 비비드)한 꿈 / 선명한 색상 ⇨ **븨빌**한 색상
피부미용을 위해 진흙팩을 얼굴에 바르다 ⇨ 피부미용을 위해 **머얼** 팩(머드팩)을 얼굴에 바르다 (머얼, 머어드, 머어드)

추천하다	뤠커뭬엔d	뤠커뭰d	권장하다	{레커멘드} recommend	무작정
자유	을리뷔뤼 / 을리뷜티	을리붜티		{리버티} liberty	
헛된	쀼우럴 / 퓨우타이을	퓨우타이을	쓸데없는, 소용없는	{퓨타일} futile	
개척자	파이늬얼	파이어늬어	선구자	{파이오니어} pioneer	
국내의	뒤뭬스띸		내수의 (內안내需쓰일수), 가정의	{더메스틱} domestic	

음식 잘하는 식당을 추천하다 ⇨ 음식 잘하는 식당을 **뤠커뭬엔** (뤠커뭬엔d, 뤠커뭬엔드, 레커멘드)하다
자유를 누리다 ⇨ **을리뷔뤼** (리버티)를 누리다
그것은 헛된 일이다 ⇨ 그것은 **쀼우럴** (퓨타일)한 일이다
새로운 기술의 개척자 ⇨ 새로운 기술의 **파이늬얼** (파이오니어)
국내의 생산 ⇨ **뒤뭬스띸** (더메스틱)의 생산 / 내수의 시장 (내수 시장) ⇨ **뒤뭬스띸**의 시장 / ● 내수 : 국내의 수요

왕초보 영단어 폭탄적 암기펌 3회

두 마리 토끼를 잡으려면 한 마리씩!

빠른 영어 단어 암기를 위해 발음 요령과 강세는 제외하고 한글 표기 대로의 미국식 발음부터 암기합니다. (권장 사항)

단어용
영어 단어 암기용
기본 발음

VS

발음용
영어 발음 향상용
발음법

단어용	발음용
어뤄꽤아릭	어뤄꽤아릭
브래앤드	브래앤d
듸스카운트	듸스카운t☆
패앗 / 패아뜨	패θ앞 / 패아θ뜨
클로우딩	클로우ㅎ딩

VS

우와뤌 / 우워뤌	우와뤌 / 우워뤌
을라이썬스	을라이썬스
뤼코얼드	뤼코얼d★
익스쮸뢀트	익스쮸뢀t★
플랕쁨~	플랕@쁨~

△ 한글 표기대로만 발음　　▲ 발음 요령 & 강세

① d, t 등의 알파벳 표기는 드, 트 등으로 읽기
② '얇은 글자'와 '훌쭉한 글자' 그냥 읽기
③ 각종 기호, 발음 요령은 신경 쓰지 말고 발음
④ 강세를 위한 높낮이 표시 배제하고 발음
※ 한글 발음 표기에 기본 영어 발음 내재

영어 단어에 해당하는 국어 단어 (기준으로 세운 뜻)	미국식 발음	영국식 발음	해당 국어 단어들 (다른 뜻들)	{한국식 발음} 스펠링	
한정하다	컨빠인 / 큰빠인		제한하다, 가두다, 국한하다 {컨파인} confine		연상법
개정하다	뤼봐이즈		수정하다, 교정하다 {리바이즈} revise		
근처에	니얼	니어	근처, (공간, 시간) 가까운, 가까이 {니어} near		
정제하다	뤼빠인		세련되게 하다 {리파인} refine		
찾다	씨일		추구하다 {시크} seek		

부상을 당했던 선수의 **컨**디션(상태)이 **빠인**(파인, 좋은)해 질 때까지 경기 초반에만 잠깐 뛰게 하는 것으로 **한정하다**
뤼(다시) **봐**보니 교육 과정이 문제**이즈**(is 이다). 그래서 교육 과정을 **개정하다**
"**니 얼**굴 보고 싶어서 집 **근처에 왔어**" / **+ 근처에**, 가까이에, 인근에, 근처의 nearby 니얼바이 [니어바이]
파인애플을 갈아서 즙을 내고 **뤼**(다시) **빠인**(파인, 좋은, 고운, 미세한)한 쥬스를 위해 고운 체에 걸러 **정제하다**
숨바꼭질 놀이의 술래가 **씨일**(씨이k, 씨이크, 시크) 웃더니 나무 뒤에 숨은 친구를 **찾다**

좋은	빠인		멋진, 훌륭한 {파인} fine		쪼개기
괜찮은 (서술적)	빠인		잘, 우수한 {파인} fine		★★★
미세한	빠인		(다른 것을 섞지 않아서) 순수한, 순도가 높은 {파인} fine		fine
(아름답게, 알갱이 등이) 고운	빠인		(하늘, 날씨, 공기, 물 등이) 맑은 {파인} fine		
벌금	빠인		과태료 {파인} fine		

좋은 하루 ⇨ **빠인**(파인)한 하루 / 멋진 날 ⇨ **빠인**(파인)한 날 / 훌륭한 식사 ⇨ **빠인**(파인)한 식사
나는 이다 괜찮은(난 괜찮다) ⇨ 나는 이다 **빠인**(파인) / 잘 지내다 ⇨ **빠인**(파인)하게 지내다
미세한 먼지(미세 먼지) ⇨ **빠인**(파인)한 먼지 / 순수한 금(순금, 순도가 높은 금) ⇨ **빠인** 금
고운 손 ⇨ **빠인**한 손 / 고운 밀가루 ⇨ **빠인**한 밀가루
모두에게 **빠인**(파인, 좋은)하도록 만든 규칙을 어기면 벌금을 내야 한다 / 과태료를 부과하다 ⇨ **빠인**을 부과하다

소나무	파인		솔 {파인} pine		재활용
광산	마인		나의 것, 내 것, 채굴하다 {마인} mine		
최소한의	미너뭠		최저의, 최소, 최소한도, 최저(치) {미니멈} minimum		
(존중, 배례의) 예의	왜아눠	뫄뉴	예절, 예의범절, 방법, 방식, 태도 {매너} manner		
(사회적, 직업적, 형식적) 예절	에리켙 / 아리켙	에티켙 / 에티컽	예의 {에티켙} etiquette		

파인애플(pineapple 파인애플)의 파인(pine)은 소나무인데 좋은 뜻인 파인(fine)으로 알기 쉽다
광산에서 금을 캐다 ⇨ **마인**(마인)에서 금을 캐다 / 이 볼펜은 나의 것이다 ⇨ 이 볼펜은 **마인**이다
최소한의 수량을 준비하다 ⇨ **미너뭠**(미니멈)의 수량을 준비하다
상대에 대한 예의가 몸에 배다 ⇨ 상대에 대한 **왜아눠**(매너)이 몸에 배다 / ※ 매너(주관적)가 좋다, 나쁘다
공공 예절 ⇨ 공공 **에리켙**(에티켙) / ※ 에티켙(객관적, 형식)이 있다, 없다

극심한	써뷔얼	써뷔어	심각한, 심한, 가혹한 {시비어} severe		무작정
이전의	프뤼뷔어스		(시간, 순서) 앞의 {프리비어스} previous		
겉으로 보기에는	씨밍을리		겉보기에는, 언뜻 보기에 {시밀리} seemingly		
~것 같다	씨임		~처럼 보이다, ~인 것처럼 보이다 {심} seem		
~처럼 보이다	을륵 을라읻		~인 것처럼 보이다, ~인 것 같다 {룩 라이크} look like		

극심한 가뭄으로 우물을 다 **써**서 우물이 **뷔얼**(비었다) / ※ □(화살표)가 없는 문장은 연상법 적용
이전의 자료들을 참고하다 ⇨ **프뤼뷔어스**(프리비어스)의 자료들을 참고하다
겉으로 보기에는 튼튼해 보인다 ⇨ **씨밍을리**(시밍리)는 튼튼해 보인다
집은 모두에게 중요한 것 같다 ⇨ 집은 모두에게 중요한 **씨임**(심)
허수아비가 사람처럼 보이다 ⇨ 허수아비가 사람 **을륵 을라읻**(룩 라이크)이다

왕초보 영단어 복합적 암기법 3회

갈매기	거얼		{걸} gull	연상법
거의	니얼리	니을리	~가까이 nearly	
인내하며 계속하다	펄써뷔얼	퍼어쎄뷔어	인내심을 갖고 하다 {퍼서비어} persevere	
정의하다	디빠인		{디파인} define	
이웃	네이붤	네이붜	이웃의, (= neighbour 영국) {네이버} neighbor	

바닷가에서 어느 한 **거얼**(걸 girl 여자아이, 소녀)이 갈매기에게 새우깡을 주다
"**니**가(네가) 복숭아를 살짝 **얼리**면 시원하겠다고 냉동실에 넣어 놨는데 너무 얼려서 **거의** 못 먹게 되었다"
작업 중인 힘든 일 량이 어느새 **펄써**(벌써) **뷔얼**(비어) 가는 중이니 인내하며 계속하다
디게(되게) **빠인**(fine 파인, 좋은) 애플과 파인(pine 파인, 소나무) 애플은 개념이 다른 것으로 정의하다
네이붤(네이버) 블로그를 통해 이웃을 맺다

보다	씨이		{씨} see	쪼개기
구경하다	씨이		{씨} see	★★★
만나다	씨이		{씨} see	see
알다	씨이		{씨} see	
이해하다	씨이		{씨} see	

경치를 보다 ⇨ 경치를 **씨이**(씨)하다
동물원을 구경하다 ⇨ 동물원을 **씨이**(씨)하다
친구를 만나다 ⇨ 친구를 **씨이**(씨)하다
무슨 말인지 알다 ⇨ 무슨 말인지 **씨이**(씨)하다
말의 요점을 이해하다 ⇨ 말의 요점을 **씨이**(씨)하다

할증금	프뤼미엄		할증료, 고급의, 상급의, 보험료 {프리미엄} premium	재활용
여자아이	그르얼 / 그으얼	거얼	소녀, 여성, 아가씨, 딸 {걸} girl	
(소 등의) 젖을 짜다	미역 / 미얽 / 미얼k	미윽 / 미읆 / 미을k	젖, 우유 {밀크} milk	
보석	쥬우얼 / 쥬울		보석으로 만든 장신구, 보석으로 장식하다 {쥬얼} jewel	
효모	이이슽		누룩, 발효하다, 이스트 {이스트} yeast	

프뤼미엄(프리미엄)은 고급의 특정 물건을 얻기 위해 지불하는 정가 이외의 더하는 비용, 즉 할증금을 의미한다
귀여운 여자아이 ⇨ 귀여운 **그르얼**(걸) / ◆ r + l 조합의 까다로운 발음
젖소의 젖을 짜다 ⇨ 젖소의 **미역**(미얼k, 미얼크, 밀크)하다 / ◆ l 발음 : 생략 또는 약화되어 미역(?)처럼 발음
쥬우얼리샵(쥬얼리샵)에 가서 보석이 박힌 반지를 구입하다 / ◆ l 발음 : '얼'과 '어' 사이로 발음 / + 보석류 jewelry 쥬얼리
반죽에 효모를 넣어 빵을 부풀게 하다 ⇨ 반죽에 **이이슽**(이이스t, 이이스트)을 넣어 빵을 부풀게 하다

(전문적인 일에 대한) 수수료	쀠이		(가입비, 회비 등의) ~비, 사례금, 요금, 수업료 {피} fee	무작정
기쁜 (서술적) (명사 앞에는 안 씀)	글라앋	글랃	반가운, 좋은, 만족스러운 {글래드} glad	
합성의	신θ떼릭	신θ쎄틱	인조의, 종합의 {신세틱} synthetic	
거의 ~아니다	하알리	하앋을리	거의 ~없다, 거의 ~할 수가 없다 {하들리} hardly	
달성하다	어테인		이루다, (높은 곳, 수준 등에) 이르다 {어테인} attain	

법률 자문 수수료 ⇨ 법률 자문 **쀠이**(피) / 가입비를 내다 ⇨ 가입 **쀠이**(피)를 내다
나는 이다 **기쁜**(나는 기쁘다) ⇨ 나는 이다 **글라앋**(글래드) / ※ 서술적 용법 : 형용사가 보어(서술어)로 쓰일 때
합성의 물질 ⇨ **신떼릭**(신세틱)의 물질 / ※ 서술적 용법 : 형용사가 명사 아닌 주어나 목적어의 상태를 보완하는 보어로 쓰임
그녀의 노래 실력은 거의 아마추어가 아니다 ⇨ 그녀의 노래 실력은 **하알리**(하들리) 아마추어
목표를 달성하다 ⇨ 목표를 **어테인**(어테인)하다

69

영어 단어에 해당하는 국어 단어 (기준으로 세운 뜻)	미국식 발음	영국식 발음	해당 국어 단어들 (다른 뜻들)	{한국식 발음} 스펠링	
들어가다	엔털	엔터	입학하다, 입력하다, 적어 넣다, 진입하다 {엔터} enter		연상법
연예인	썰레붜리	썰레뷜티	유명인, 유명 인사 {셀레브리티} celebrity		
당황하게 하다	비우윌덜	비우윌더	어쩔 줄 모르게 하다 {비윌더} bewilder		
계산하다	뤠껀	뤠컨	세다, 여겨지다, ~라고 생각하다 {레컨} reckon		
움직이지 않는	스떼이셔네어뤼	스떼이셔뉘뤼	정지된 {스테이셔네리} stationary		

키보드의 **엔털**(엔터)키를 치고 쇼핑몰 사이트로 **들어가다**
좋아하는 **연예인**이 바로 앞에 있어서 **썰레붜리**(설레 버리다, 설레다)
"내일 **비**는 **우윌**(will ~일 것이다) **덜**(비는 덜 내릴 것이다)"이라고 일기예보를 했는데 많은 비가 내려 예보자를 **당황하게 하다**
회사의 경리가 비용을 **계산하다** 업무 **뤠 껀**(네 건, 4건)을 빠르게 **계산하다**
버스를 탔는데 고장으로 **움직이지 않는**다고 하여 **스떼이셔**(스테이션, 정거장)에 못 미쳐서 **네어뤼**(내리다)

(돈을) 쓰다	스뻰d		{스펜드} spend	쪼개기
(시간을) 보내다	스뻰d		{스펜드} spend	★★★
지내다	스뻰d		{스펜드} spend	
지출하다	스뻰d		{스펜드} spend	spend
소비하다	스뻰d		{스펜드} spend	

돈을 쓰다 ⇨ 돈을 **스뻰**(스뻰d, 스뻰드, 스펜드)하다
주말을 산에서 **보내다** ⇨ 주말을 산에서 **스뻰**(스펜드)하다
방학 때 바닷가 휴양지에서 **지내다** ⇨ 방학 때 바닷가 휴양지에서 **스뻰**(스펜드)하다
식비로 10만 원을 **지출하다** ⇨ 식비로 10만 원을 **스뻰**(스펜드)하다
많은 돈과 시간을 **소비하다** ⇨ 많은 돈과 시간을 **스뻰**(스펜드)하다

(집에서 손님을) 접대하다	엔털테인	엔터테인	대접하다, 즐겁게 하다 {엔터테인} entertain	재활용
국가	네이션		나라, 국민 nation	
국가적인	나셔널 / 내셔널	나셔널	국가의, 국민의 {내셔널} national	
연예인	엔털테이널	엔터테이너	예능인 {엔터테이너} entertainer	
근거리 왕복의	셔럴	셔틀	(버스 등의) 정기 왕복 교통수단, 우주 왕복선 {셔틀} shuttle	

손님을 **접대하다** ⇨ 손님을 **엔털테인**(엔터테인)하다 / + 연예, 오락, 접대 entertainment 엔털테인먼트 {엔터테인먼트}
아시아 **국가** ⇨ 아시아 **네이션**
국가적인 행사 ⇨ **나셔널**(내셔널)한 행사
인기 **연예인** ⇨ 인기 **엔털테이널**(엔터테이너)
셔럴버스(셔틀버스)란 근거리 왕복의 버스를 말한다

진입	엔츄뤼		들어감, 가입, 입구, 기재, 참가자 (명부) {엔트리} entry	무작정
입구	엔츄뤈스		입학, 입장, 등장, 들어가기 {엔트런스} entrance	
부여하다	그뢔안t	그뢔언t	(정식으로) 주다, 허가하다, 보조금 {그랜트} grant	
전국적인	네이션와일		전국적으로 {네이션와이드} nationwide	
저해하다	힌덜	힌더	방해하다, 훼방 놓다 {힌더} hinder	

음반 판매 10위권의 신규 **진입** ⇨ 음반 판매 10위권의 신규 **엔츄뤼**(엔트리)
맛집 가게 **입구**에 사람들이 줄을 서다 ⇨ 맛집 가게 **엔츄뤈스**(엔트런스)에 사람들이 줄을 서다
권한을 **부여하다** ⇨ 권한을 **그뢔안**(그뢔안, 그뢔안트, 그랜트)하다
전국적인 장마가 시작되다 ⇨ **네이션와일**(네이션와일d, 네이션와이드)의 장마가 시작되다
식물의 성장을 **저해하다** ⇨ 식물의 성장을 **힌덜**(힌더)하다

왕초보 영단어 복합적 암기법 **3**회

감정	이뭐우션		정서 {이모션} emotion	연상법
억양 (抑누를억揚오를양)	인튀네이션		{인토네이션} intonation	
비만	오비씨리	오비써티	{오비서티} obesity	
성공	썩쎄아스	썩쎄에스	{석세스} success	
실패하다	뻬이얼	뻬이을	실패 {페일} fail	

고양이의 **이** 활달한 **뭐우션**(모션, 운동, 동작)은 기쁜 감정을 나타낸다
인튀넷(인터넷)에 올라온 영어 동영상들이 미국, 영국, 호주, 캐나다 등 **네이션**(국가) 별로 발음과 **억양**이 다르다
"**오! 비**만이 된 이유가 있어~. 주말에 치킨을 먹으며 드라마 **씨리**즈(시리즈)를 몰아서 봤더니 어느새 복부 **비만**이 된 거야"
썩쎄아(석쇠, 그릴)에 소고기 **스**테이크를 타지 않고 맛있게 굽는데 **성공**을 하다
파란 전선을 **뻬**서(빼서) 노란 전선에 **이얼**(이어) 붙이려고 했는데 **실패하다**

놀다	플레이		놀이를 하다, 놀이 play	쪼개기
경기를 하다	플레이		(경기를) 하다 play	★★★
연주하다	플레이		play	
(음악을) 틀다	플레이		play	play
연기하다	플레이		연극, 극, 배역을 맡아하다, 역할을 하다 play	

운동장에서 **놀다** ⇨ 운동장에서 **플레이**하다 / ◆ l 발음 강세 : 'ㅍ + 을**레**이'의 구조
축구 경기를 하다 ⇨ 축구 **플레이**하다 / 야구를 하다 ⇨ 야구 **플레이**
피아노를 연주하다 ⇨ 피아노 **플레이**하다
음악을 틀다 ⇨ 음악 **플레이**하다
영화에서 코믹 액션을 **연기하다** ⇨ 영화에서 코믹 액션을 **플레이**하다 / 연극을 보다 ⇨ **플레이**를 보다

선수	플레이얼	플레이어	연주자, (녹음, 녹화) 재생기 {플레이어} player	재활용
순간	모우멘t	모우먼t	잠깐, 잠시 {모먼트} moment	
순간적인	모우먼튀어뤼	모우먼츄뤼	순간의 {모먼터리} momentary	
~계 (界지경계)	우월어d	우월~d	세계, 전 세계, 세상 {월드} world	
세계적인	우월드우와인	우월드와인	전 세계적으로 {월드와이드} worldwide	

야구 선수 ⇨ 야구 **플레이얼**(플레이어) / 트럼펫 연주자 ⇨ 트럼펫 **플레이얼** / 음악 재생기 ⇨ 음악 **플레이얼**
중요한 순간 ⇨ 중요한 **모우멘**(모우멘, 모우멘트, 모먼트)
순간적인 충동 ⇨ **모우먼튀어뤼**(모먼터리)한 충동
음악계 ⇨ 음악 **우월어**(우월어d, 우월어드, 월드) / ※ ~계 : 연예계, 패션계, 예술계, 산업계 등 / ◆ r+l 조합의 까다로운 발음
세계적인 인기를 얻다 ⇨ **우월드우와인**(우월드우와이d)한 인기를 얻다

성공하다	썩씨이d		뒤를 잇다, 계승하다 {석시드} succeed	무작정
성공한	썩쎄아스쁠	썩쎄에스쁠	성공적인 {석세스풀} successful	
우연히 듣다	오월히얼	오뷔히어	~을 엿듣다 {오버히어} overhear	
간	을리월	을리뷔	~의 생활을 하는 사람, 거주자 {리버} liver	
매달다	써스뻰d		걸다, 중단하다, 중지하다 {서스펜드} suspend	

신에너지 개발에 **성공하다** ⇨ 신에너지 개발에 **썩씨이**(썩씨이d, 썩씨이드, 석시드)하다
성공한 사업가 ⇨ **썩쎄아스쁠**(석세스풀) 사업가
두 사람 사이의 대화를 **우연히 듣다** ⇨ 두 사람 사이의 대화를 **오월히얼**(오버히어)하다
간 건강이 안 좋으면 피곤함을 느낀다 ⇨ **을리월**(리버) 건강이 안 좋으면 피곤함을 느낀다
천장에 조명을 매달다 ⇨ 천장에 조명을 **써스뻰**(써스뻰d, 써스뻰드, 서스펜드)하다

영어 단어에 해당하는 국어 단어 (기준으로 세운 뜻)	미국식 발음	영국식 발음	해당 국어 단어들 (다른 뜻들)	{한국식 발음}	스펠링	
이동하다	츄라블		(장거리를) 여행하다, 가다, 다니다, 이동, 여행 {트래블} travel			연상법
(질서, 건강 등을) 회복하다	뤼스또얼	뤼스또어	회복시키다, 복구(복원)하다 {리스토어} restore			
(짧은) 여행	츄륖		걸려 넘어지다, 헛디디다, 헛디딤 {트립} trip			
항해	보이어쥐		항해하다, (긴) 여행 {보이쥐} voyage			
덫	츄뢒 / 츄뢮	츄뢒	올가미, 함정, 가두다 {트랩} trap			

츄**리**닝 **롸 뷀**(네 벨)이 필요할 정도로 장거리를 여행하며 이동하다
뤼(다시) **스또얼**(스토어, 가게, 저장)에 사람들이 붐빌 정도로 경기가 회복하다
여행을 떠나기 위해 **츄륖**문(출입문)을 나서다
항해를 떠난 지 일주일이 지나도록 목적지인 섬이 **보이**지는 않고 **어쥐**렵다(어지럽다)
비싼 나이키 **츄**리닝 구입에 비싼 **뢉**스타(랍스타)를 자주 먹었더니 빚의 **덫**에 걸리다

똑바로	스쮸뤠잍		연속한 {스트레이트} straight			쪼개기
똑바른	스쮸뤠잍		솔직하게, 솔직한 {스트레이트} straight			★★★
곧장	스쮸뤠잍		곧은, 내리 {스트레이트} straight			
곧바로	스쮸뤠잍		바로 {스트레이트} straight			straight
일직선으로	스쮸뤠잍		일직선의 {스트레이트} straight			

똑바로 가면 은행이 나온다 ⇨ **스쮸뤠잍**(스쮸뤠it, 스쮸뤠이트, 스트레이트)으로 가면 은행이 나온다
똑바른 자세 ⇨ **스쮸뤠잍**(스트레이트)한 자세
수업을 마치고 곧장 집으로 가다 ⇨ 수업을 마치고 **스쮸뤠잍**(스트레이트) 집으로 가다
곧바로 잠자리에 들다 ⇨ **스쮸뤠잍**(스트레이트)으로 잠자리에 들다
일직선으로 뻗은 길 ⇨ **스쮸뤠잍**(스트레이트)으로 뻗은 길

임무	미션		임무를 수행하다, 사명, 사절단, 선교 {미션} mission			재활용
수수료	커미션		위원회, 위임, 위임하다 {커미션} commission			
유행	빠아션 / 빼아션	빠션	최신 유행의, 유행하는 방식, ~식, ~풍 {패션} fashion			
단계	스떼이쥐		무대 {스테이지} stage			
재활용하다	뤼싸이껄	뤼싸이클	{리사이클} recycle			

임무를 맡다 ⇨ **미션**(미션)을 맡다
일에 대한 수수료를 지불하다 ⇨ 일에 대한 **커미션**(커미션)을 지불하다
최신 유행을 따르다 ⇨ 최신 **빠아션**(패션)을 따르다
초기 단계를 건너뛰다 ⇨ 초기 **스떼이쥐**(스테이지)를 건너뛰다 / 무대에 오르다 ⇨ **스떼이쥐**에 오르다
빈병을 재활용하다 ⇨ 빈병을 **뤼싸이껄**(리사이클)하다 ⇨ **+ 재활용** recycling 뤼싸이클링

언급하다	멘션		언급 {멘션} mention			무작정
똑똑 떨어지다	쥬륖		똑똑 떨어뜨리다, (액체) 방울 {드립} drip			
정부	거뷜멘t	거뷔먼t	통치, 정치, 정치 체제 {거버먼트} government			
지방	뤼이젼		지역 {리전} region			
(육로의 긴) 여행	줘얼늬	줘어늬	여정, 여행하다 {져니} journey			

대표적인 거주형태로 아파트, 단독주택, 빌라, **멘션**(맨션, 대저택)을 언급하다
쥬륖(드립) 커피의 커피액이 필터를 거쳐 한 방울씩 똑똑 떨어지다
정부의 경제 정책 ⇨ **거뷜멘**(거뷜멘, 거뷜멘트, 거버먼트)의 경제 정책
열대 지방 ⇨ 열대 **뤼이젼**(리젼)
긴 여행을 떠나다 ⇨ 긴 **줘얼늬**(져니)를 떠나다

왕초보 영단어 복합적 암기법 **3**회

입장	앺미션	얻미션	입회, 입학, 입국, 가입 {어드미션} admission	연상법
용감한	브뤠입		용기 있는 {브레이브} brave	
끔찍한	호뤄뷜	호뤄블	소름 끼치는, 무시무시한 {호러블} horrible	
비명을 지르다	스끄뤼임		비명, 절규, 소리치다 {스크림} scream	
위원회	커미리	커미티	{커미티} committee	

"앺(엇)! 저게 뭐지?" 하며 스파이가 경비원의 시선을 따돌리고 건물에 몰래 **입장**하는 **미션**(미션, 임무)을 완수하다
브뤠이크(브레이크)가 고장 난 차량에 **입**(이브)이 치일 위험에 처하자 **용감한** 아담이 뛰어들어 구하다 (브뤠입, 브레이v)
호뤄(호러, 공포) 영화에서 주인공이 **끔찍한** 장면을 목격하고 **뷜**(벌벌) 떨다
엄마가 아이의 하얀 티셔츠에 묻은 빨간색 아이**스끄뤼임**(아이스크림)을 피로 착각하여 **비명을 지르다**
일이 더 **커**지기 전에 비상 대책 위**원회**에서 **미리**(미리) 대비책을 마련하다 / ※ 비상 대책 위원회 = 비대위 (약어)

(물체, 정도, 가치 등이) 떨어지다	쥬롸ㅂ / 쥬뤕	쥬뢉	잠깐 들르다 {드롭} drop	쪼개기
(액체가) 똑똑 떨어지다	쥬롸ㅂ / 쥬뤕	쥬뢉	한 방울, 물방울, 소량 {드롭} drop	★★★
(실수로, 의도적으로) 떨어뜨리다	쥬롸ㅂ / 쥬뤕	쥬뢉	똑똑 떨어뜨리다, 내리다, 내려놓다 {드롭} drop	drop
(물, 비, 피 등의) 방울	쥬롸ㅂ / 쥬뤕	쥬뢉	점안약(點眼약點눈안藥약약) {드롭} drop	
(정도, 가치 등의) 하락	쥬롸ㅂ / 쥬뤕	쥬뢉	저하 {드롭} drop	

밑으로 떨어지다 ⇨ 밑으로 **쥬롸ㅂ**(드롭)하다 / 온도가 떨어지다 ⇨ 온도가 **쥬롸ㅂ**(드롭)하다
동굴 천장에서 물이 똑똑 떨어지다 ⇨ 동굴 천장에서 물이 **쥬롸ㅂ**(드롭)하다
휴대폰을 바닥에 떨어뜨리다 ⇨ 휴대폰을 바닥에 **쥬롸ㅂ**(드롭)하다
물방울 ⇨ 물 **쥬롸ㅂ**(드롭) / 점안약을 한 방울 떨어뜨리다 ⇨ **쥬롸ㅂ**(드롭)을 한 방울 떨어뜨리다
물가의 하락 ⇨ 물가의 **쥬롸ㅂ**(드롭)

주기	싸이껄	싸이클	자전거, 오토바이 (영국) {사이클} cycle	재활용
자전거	바이씨껄	바이씨클	자전거를 타다 {바이시클} bicycle	
자전거	바잌		오토바이 {바이크} bike	
오토바이 (미국) ♣ 콩글리쉬)	모우뤌싸이껄	모우터싸이클	{모터사이클} motorcycle	
오토바이 (♣ 콩글리쉬)	모우뤌바잌	모우터바잌	모터 자전거 {모터바이크} motorbike	

일정한 **주기**로 자전하는 지구 ⇨ 일정한 **싸이껄**(사이클)로 자전하는 지구
자전거는 친환경적인 이동수단이다 ⇨ **바이씨껄**(바이시클)은 친환경적인 이동수단이다
산악용 **자전거** ⇨ 산악용 **바잌**(바이k, 바이크)
오토바이는 질주 본능을 자극한다 ⇨ **모우뤌싸이껄**(모터사이클)은 질주 본능을 자극한다
오토바이 배달 서비스 ⇨ **모우뤌바잌**(모우뤌바이k, 모우터바이크, 모터바이크) 배달 서비스

주부	하우스우와잎		전업주부 {하우스와이프} housewife	무작정
가정부	하우스키이뻘	하우스키이퍼	{하우스키퍼} housekeeper	
(동물원의) 사육사	쥬우키이뻘	쥬우키이퍼	동물원 관리인 {주키퍼} zookeeper	
가게 주인 (미국)	스또얼키이뻘	스또어키이퍼	{스토어키퍼} storekeeper	
가게 주인 (영국)	샤앞키이뻘	슢키이퍼	{숍키퍼} {샵키퍼} shopkeeper	

끝없는 **주부**의 일 ⇨ 끝없는 **하우스우와잎**의 일 **+ 주부** (남녀 모두) (미국) homemaker 호움메이껄 [허움메이커]
가정부가 집안일을 하다 ⇨ **하우스키이뻘**이 집안일을 하다 **+** 골 문지기, 골키퍼 goalkeeper 고울키이뻘 [고울키이퍼]
동물원의 **사육사**가 먹이를 주다 ⇨ **쥬우키이뻘**이 먹이를 주다 **+** 지키는 사람, 감시원, 사육사 keeper 키이뻘 [키이퍼]
가게 주인이 친절하다 ⇨ **스또얼키이뻘**(스토어키퍼)이 친절하다
가게 주인이 물건을 정리하다 ⇨ **샤앞키이뻘**(숍키퍼)이 물건을 정리하다

영어 단어에 해당하는 국어 단어 (기준으로 세운 뜻)	미국식 발음	영국식 발음	해당 국어 단어들 (다른 뜻들)	{한국식 발음}	스펠링	
수반하다 (隨따를수伴짝반)	인테이얼	인테이을	(비용, 노력 등을) 필요로 하다	{인테일}	entail	연상법
사소한	츄뤼비얼		하찮은	{트리비얼}	trivial	
빛나다	글로우		상기되다, 백열, 불빛	{글로}	glow	
질투하는	젤러스		시기하는, 시샘하는	{젤러스}	jealous	
소매 (小작을小賣팔매)	뤼테이얼	뤼테이을	소매의, 소매로, 소매하다	{리테일}	retail	

인생을 살다 보면 즐거울 때도 있지만 **디테이얼**(디테일, 세부, 상세)한 면을 보면 많은 어려움을 **수반하다**
작년에 쓰던 크리스마스 **츄뤼**(트리, 나무)의 장식품 하나가 **비얼**(비다, 없다). 그 **사소한** 차이로 인해 별로 티가 안 난다
뛰어난 내용의 **글로 우**수상을 여러 번 수상하여 작가 경력이 화려하며 **빛나다**
젤(젤, 제일) 잘 나가는 친구가 유머**러스**하고 건물까지 소유하자 주위에 **질투하는** 친구들이 많아지다
도매로 백개씩 가져온 상품을 **뤼**(다시) **디테이얼**(디테일 detail 세부)하게 나눠서 한 개씩 소비자에게 **소매**로 팔다

그 여자의	헐 / 허얼	허 / 허어	(she의 소유격) {허} her	쪼개기
그 여자를	헐 / 허얼	허 / 허어	(she의 목적격) {허} her	★★★
그 여자에게	헐 / 허얼	허 / 허어	(she의 목적격) {허} her	
그녀의	헐 / 허얼	허 / 허어	(she의 소유격) {허} her	her
그녀를	헐 / 허얼	허 / 허어	그녀에게, (she의 목적격) {허} her	

그 여자의 매력 ⇨ **헐**(허)의 매력
그 여자를 좋아한다 ⇨ **헐**(허)을 좋아한다
그 여자에게 반하다 ⇨ **헐**(허)에게 반하다
그녀의 요리 솜씨 ⇨ **헐**(허)의 요리 솜씨
그녀를 그리워하다 ⇨ **헐**(허)을 그리워하다 / 그녀에게 부탁하다 ⇨ **헐**(허)에게 부탁하다

세부	디테이얼	디테이을	세부 사항, 자세한 내용 {디테일} detail	재활용
상세하게	인 디테이얼	인 디테이을	자세하게 {인 디테일} in detail	
면접	이널뷰어 / 인털뷰어	인터뷰어	면접을 보다, 면담, 회견(하다), 인터뷰하다 interview	
탐험가	익스쁠로뤌	익스쁠로뤄	탐사자 {익스플로러} explorer	
경력	커뤼얼	커뤼어	진로, 직업, 생애 {커리어} career	

고급 제품은 세부가 다르다 ⇨ 고급 제품은 **디테이얼**(디테일)이 다르다
상세하게 설명하다 ⇨ **인 디테이얼**(인 디테일)하게 설명하다
신입사원 채용 면접 ⇨ 신입사원 채용 **이널뷰어**(인터뷰)
정글 탐험가 ⇨ 정글 **익스쁠로뤌**(익스플로러)
경력이 화려하다 ⇨ **커뤼얼**(커리어)이 화려하다 / 진로 상담 ⇨ **커뤼얼**(커리어) 상담

꼬리	테이얼	테이을	꼬리를 달다 {테일} tail	무작정
(힘든, 부과된, 일반적인) 일	태아스 / 태애스	탸아스	과제, 업무, 과업, 직무 {태스크} task	
증거	프루웊		증명 {프루프} proof	
지친	우위어뤼		피곤한, 실증이 난 {위어리} weary	
반점 (얼룩점) (斑얼룩반點점점)	스빠앝	스뽙	장소, 얼룩점, 점, 곳 {스팟} {스폿} spot	

사자의 꼬리 ⇨ 사자의 **테이얼**(테일) / ◆ 단어 끝 l 발음 : 얼과 어 사이로 발음
힘든 일을 맡다 ⇨ 힘든 **태아스**(태아스k, 태아스크, 태스크)을 맡다 / 과제를 수행하다 ⇨ **태아스**을 수행하다
결정적인 증거를 찾다 ⇨ 결정적인 **프루웊**(프루우프, 프루프)를 찾다
지친 몸 ⇨ **우위어뤼**(위어리)한 몸
털에 반점이 있는 표범 ⇨ 털에 **스빠앝**(스팟, 스폿)이 있는 표범 / 인기 있는 장소 ⇨ 인기 있는 **스빠앝**

왕초보 영단어 복합적 암기법 3회

지름길	쇼올컽	쇼올컽	첩경(捷徑을첩徑지름길경) {숏컷} shortcut	연상법
~할 만하다	디줘얼v	디줘업	~을 받을 만하다 {디저브} deserve	
(쓰레기 등을) 쏟아 버리다	둼p		(쓰레기를) 버리다, 싸게 대량 판매하다, 덤프차 {덤프} dump	
열대의	츄롸삐껄	츄로피클	열대 지방의, 열대성의 {트라피컬} tropical	
부족	쇼올리쥐 / 쇼올뤠쥐	쇼오티쥐 / 쇼오테쥐	~난, 결핍 {쇼티쥐} shortage	

심경의 변화가 있을 때 헤어스타일을 **쇼올컽**(숏컷)으로 하는 것은 마음을 다잡는 **지름길**이다 / ♣ 머리 스타일 숏컷은 콩글리쉬
식사량을 줄이고 **디줘**트(디저트) 먹는 걸 참아 **얼**굴에 **V**라인(V라인, 브이라인)이 생겼으니 다이어트를 **할 만하다**
둼p(덤프)트럭에 실린 한 무더기 쓰레기를 쓰레기장에 **쏟아 버리다** (둼, 둼p, 덤프, 덤프)
축구대회 우승 **츄롸삐**(트로피) **껄**러(컬러)가 황금색보다는 **열대**의 과일인 망고 색상과 비슷하다
이 개그 아이디어는 재미가 **부족**하여 개그 **쇼** 무대에 **올리쥐**(올리지) 못한다 / ※ ~난 : 식량난, 전력난, 인력난 등

짧은	쇼올t	쇼올		{숏} short	쪼개기
짧게	쇼올t	쇼올	짤막하게, 간략하게, 간단히	{숏} short	★★★
키가 작은	쇼올t	쇼올		{숏} short	
부족한 (명사 앞에는 안 씀)	쇼올t	쇼올	모자라는	{숏} short	short
단~ (短짧을단)	쇼올t	쇼올	단편	{숏} short	

짧은 시간 ⇨ **쇼올** (쇼올t, 쇼올트, 숏)한 시간
머리카락을 짧게 자르다 ⇨ 머리카락을 **쇼올** (쇼올t, 쇼올트, 숏)하게 자르다
키가 작은 아이 ⇨ **쇼올** (쇼올t, 쇼올트, 숏)한 아이
돈이 이다 부족한(돈이 부족하다) ⇨ 돈이 이다 **쇼올**(쇼올t, 쇼올트, 숏)
단거리 ⇨ **쇼올**(쇼올t, 쇼올트, 숏) 거리 / 단기간 ⇨ **쇼올** 기간 / 단편 소설 ⇨ **쇼올** 소설

반바지	쇼올ㅊ	쇼오ㅊ	(short의 복수형) {숏츠} shorts	재활용
연기	스뭐욱		담배를 피우다 {스모크} smoke	
흡연	스뭐우낑	스뭐우킹	담배 피우기, 연기 나는 {스모킹} smoking	
연무 (煙연기氣연무氣안개무)	스뭐억		스모그 {스모그} smog	
엷은 안개	미이슬	미슬	박무(薄엷을박霧안개무), (눈, 유리면의) 흐림 {미스트} mist	

여름에는 반바지를 입는다 ⇨ 여름에는 **쇼올츠**(숏츠)를 입는다
삼겹살을 굽자 **연기**가 피어나다 ⇨ 삼겹살을 굽자 **스뭐욱**(스뭐우k, 스뭐우크, 스모크)이 피어나다
흡연은 건강에 해롭다 ⇨ **스뭐우낑**(스모킹)은 건강에 해롭다
연무로 앞이 뿌옇다 ⇨ **스뭐억**(스뭐어g, 스모그)으로 앞이 뿌옇다 / ※ 스모그 : 안개처럼 혼탁한 공기. smoke + fog의 합성어
엷은 안개가 끼다 ⇨ **미이슬**(미이스t, 미이스트, 미스트)이 끼다 / + 엷은 안개 낀, 희미한 misty 미스띠 {미스티}

증명하다	프루웁		입증하다 {프루브} prove	무작정
흐린	클라우리	클라우디	구름 낀, 구름이 많은, 구름의 {클라우디} cloudy	
(하늘, 근심의) 구름	클라욷		(메뚜기 떼 등의) 구름 모양의 것 {클라우드} cloud	
안개	쀠억		{포그} fog	
능가하다	아욷듀우		~보다 뛰어나다 {아웃두} outdo	

결백을 증명하다 ⇨ 결백을 **프루웁**(프루우v, 프루우브, 프루브)하다
흐린 날씨 ⇨ **클라우리**(클라우디)한 날씨
구름이 솜사탕 같다 ⇨ **클라욷**(클라우d, 클라우드)이 솜사탕 같다
새벽에 안개가 끼다 ⇨ 새벽에 **쀠억**(쀠어g, 쀠어그, 포그)이 끼다 / + 안개 낀, 안개가 자욱한 foggy 쀠어기 / 뿨아기 [뿨기]
제자가 스승을 능가하다 ⇨ 제자가 스승을 **아욷듀우**(아웃두)하다

75

영어 단어에 해당하는 국어 단어 (기준으로 세운 뜻)	미국식 발음	영국식 발음	해당 국어 단어들 (다른 뜻들)	{한국식 발음} 스펠링	
(폭이) 넓은	브뤄얻	브로얻	광범위한	{브로드} broad	연상법
해외로	어브뤄얻	어브로얻	해외에, 외도로, 외국에	{어브로드} abroad	
진정한	어θ뗀띀	오θ쎈띀	진짜의, 믿을 만한	{오센틱} authentic	
꽉 잡다	클러취	클러취	꽉 쥐다, 움켜잡다, (자동차의) 클러치	{클러치} clutch	
지혜	위즈듬	위즈듬	슬기	{위즈덤} wisdom	

뉴욕 맨해튼의 넓은 길 **브뤄얻**웨이(브로드웨이)에는 연극 무대가 밀집해 있다 (브뤄얼, 브뤄어d, 브뤄어드, 브로드)
하늘 **어**(하나의) **브뤄얻**(넓은) 길은 항공로를 통해 비행기를 타고 **해외로** 가다
진정한 **어**른은 겉으로만 **뗀띀**(쎈틱) 하지 않고 말없이 행동으로 보여준다
자동차의 **클러취**(클러치)가 동력장치를 꽉 **잡다** / ※ 클러치 백(clutch bag) : 손잡이나 어깨끈이 없는 여성용 손가방
사자성어 **위즈**(위주)로 한자를 공부하다 보면 한자 실력은 물론 **지혜**도 **듬**(덤)으로 생긴다

높이다	뤠이즈		(기념비 등을) 세우다	{레이즈} raise	쪼개기
올리다	뤠이즈		오르다, 인상하다, 인상, 들어 올리다	{레이즈} raise	★★★
(몸, 먼지, 소동 등을) 일으키다	뤠이즈		일으켜 세우다, 불러일으키다	{레이즈} raise	raise
키우다	뤠이즈		(아이, 동물, 식물을) 기르다	{레이즈} raise	
제기하다	뤠이즈			{레이즈} raise	

수준을 높이다 ⇨ 수준을 **뤠이즈**(레이즈)하다 / 의자를 더 높이다 ⇨ 의자를 더 **뤠이즈**(레이즈)하다
팔을 올리다 ⇨ 팔을 **뤠이즈**하다 / 온도를 올리다 ⇨ 온도를 **뤠이즈**하다 / 가격이 오르다 ⇨ 가격이 **뤠이즈**하다
넘어진 아이를 일으키다 ⇨ 넘어진 아이를 **뤠이즈**하다 / 먼지를 일으키다 ⇨ 먼지를 **뤠이즈**하다
아이를 키우다 ⇨ 아이를 **뤠이즈**하다 / 토끼를 기르다 ⇨ 토끼를 **뤠이즈**하다
문제를 제기하다 ⇨ 문제를 **뤠이즈**하다 / 이의를 제기하다 ⇨ 이의를 **뤠이즈**하다

조건	컨디션		형편, 상태, 상황, 건강 상태, 컨디션	{컨디션} condition	재활용
(주사위, 낚싯줄, 표, 시선 등을) 던지다	캐애슽 / 캐애슽	카아슽	보내다, 투표하다, 배역(하다), 주조하다	{캐스트} cast	
주조 (鑄쇠부어만들주造지을조)	캐애스띵	카아스띵	주물, 배역 선정	{캐스팅} casting	
방송하다	브뤄얻캐애슽	브로얻카아슽	방영하다	{브로드캐스트} broadcast	
에어컨 ♣ 에어컨은 줄임말 콩글리쉬	에얼 컨디셔널	에어 컨디셔너	(= AC)	{에어 컨디셔너} air conditioner	

더 좋은 생활 조건 ⇨ 더 좋은 생활 **컨디션**(컨디션) / 건강 상태 ⇨ 건강 **컨디션**(컨디션)
주사위를 던지다 ⇨ 주사위를 **캐애슽**(캐애스t, 캐애스트, 캐스트)하다
쇠을 주조해서 만든 기념주화 ⇨ 쇠을 **캐애스띵**(캐스팅)해서 만든 기념주화
드라마를 방송하다 ⇨ 드라마를 **브뤄얻캐애슽**(브로드캐스트)하다
에어컨을 켜다 ⇨ **에얼 컨디셔널**을 켜다 / + 조절 장치, (모발, 섬유) 유연제(컨디셔너) conditioner 컨디셔널 컨디셔너

예보	뽀올캐애슽	뽀오카아슽	예측, 예측하다	{포캐스트} forecast	무작정
본질	에쎈스		진수, 정수, 정유(식물에서 추출한 기름)	{에센스} essence	
필수적인	이쎈셜 / 에쎈셜		필수의, 본질적인	{에센셜} essential	
~라는 말이 있다	쎄잉		속담, 격언, 말하기, 말	{세잉} saying	
진지한	씨어뤼어스	씨뤼어스	심각한	{시리어스} serious	

일기예보 ⇨ 일기 **뽀올캐애슽**(포캐스트)
인간의 본질 ⇨ 인간의 **에쎈스**(에센스) / 로즈마리 정유(오일, 기름) ⇨ 로즈마리 **에쎈스** / ※ essential oil 정유, 방향유
우리 몸에 필수적인 영양소 ⇨ 우리 몸에 **이쎈셜**(에센셜)한 영양소
지성이면 감천이라는 말이 있다 ⇨ 지성이면 감천 **쎄잉**(세잉)이 있다
진지한 자세 ⇨ **씨어뤼어스**(시리어스)한 자세 / 심각한 문제 ⇨ **씨어뤼어스**(시리어스)한 문제

날씨	웨ð뤌	웨ð뤄	일기, 기후, 기상 {웨더} weather		연상법
속담	프롸뷀b	프로뷉	격언 {프라버브} proverb		
범죄	크롸임		{크라임} crime		
범죄의	크뤼미널		형사(상), 범인, 범죄자 {크리미널} criminal		
~인지 어떤지	웨ð뤌	웨ð뤄	~인지 아닌지, ~이든 아니든 {웨더} whether		

"낚시하러 배 타고 바다에 간다면서 **웨뤌**(왜뤌, 왜 더) **날씨**를 잘 알아보지 않니?"
프롸스틱 비눗방울 장난감으로 만들어진 **뷀b**(버블, 비눗방울)가 금세 터져 사라지자 인생의 짧음을 나타내는 **속담**이 생각나다
"**크롸**운(크라운, 왕관)을 **임**금 외에 어떤 사람이라도 쓰게 되면 **범죄**를 범하게 되는 것이다
"**크뤼미**(크리미)든 나의 빵을 몰래 훔쳐 먹어서 결국 **널** 범죄의 사람으로 만들었지만 넌 죄가 없다. 맛있는 크림빵이 죄다"
"너희들 등산을 하러 간다면서 비가 오는**지 어떤지 웨뤌**(왜뤌, 왜 더) 확인하지 않니?"

(의견, 감정 등을) 말하다	쎄이		표현하다 {세이} say		쪼개기
~라고 말하다	쎄이		발언권, 결정권 {세이} say		★★★
~라고 하다	쎄이		{세이} say		
~라고 쓰여 있다	쎄이		{세이} say		say
이야기하다	쎄이		(말을 시작할 때) "저" {세이} say		

의견을 말하다 ⇨ 의견을 **쎄이**(세이)하다 / 기분이 좋다고 말하다 ⇨ 기분이 좋다고 **쎄이**하다
"네"라고 말하다 ⇨ "예" **쎄이** / + "네"라고 말하다, "그렇다"라고 말하다 say yes 쎄이 예스
일기 예보에서 비가 올 거라고 하다 ⇨ 일기 예보에서 비가 올 거라 **쎄이**하다
잔디밭에 들어가지 말라고 쓰여 있다 ⇨ 잔디밭에 들어가지 말라고 **쎄이**되어 있다
어제 본 영화에 대해 **이야기하다** ⇨ 어제 본 영화에 대해 **쎄이**하다

논술	에쎄이	에쎄이	간략한 논문, 소론, 수필 {에세이} {엣세이} essay		재활용
(기하, 사물을 보는) 각도	애앤걸	앤글 / 앙글	각 {앵글} angle		
좌석	씨잍		(앉을 수 있는) 자리 {시트} seat		
삼각형	츄롸이애앤걸	츄롸이앤글	삼각자 (미국), 삼각관계, 트라이앵글 (악기) triangle		
섬	아일런d		~도(島,섬도) {아일랜드} island		

논술 시험 ⇨ **에쎄이**(에세이, 엣세이) 시험 / ◉ 논술(論述) : 논리적이고 조리 있게 서술함
각도가 45도이다 ⇨ **애앤걸**(앵글)이 45도이다 / 시야**각** ⇨ 시야 **애앤걸**(앵글)
극장의 좌석 ⇨ 극장의 **씨잍**(씨읻, 씨이트, 시트) / ◉ 좌석(坐席을좌席자리석): 앉을 수 있게 마련된 자리
삼각형 모양 ⇨ **츄롸이애앤걸**(트라이앵글) 모양 / ※ tri(3, 세 개로 된) + angle(앵글, 각도)
뉴질랜드는 섬 나라이다 ⇨ 뉴질랜드는 **아일런**(아일런d, 아일런드, 아일랜드) 나라이다 / ※ ~도 : 무인도, 제주도 등

앉다	씰 / 씨잍		앉아 있다, 앉히다, 앉게 하다 {싯} sit		무작정
대조	컨츄롸슽☆		대비, 차이, 명암, 대조하다(컨츄롸슽★) {콘트라스트} contrast		
직사각형	뤡태앤걸	뤡태앤글	{렉탱글} rectangle		
곧	쑤운		금방, 조만간 {순} soon		
목마른	θ떠얼스띠	θ쒀어스띠	갈증 나는 {써스티} thirsty		

의자에 앉다 ⇨ 의자에 **씰**(싯)하다
두 색상은 **대조**를 보인다 ⇨ 두 색상은 **컨츄롸슽**(컨츄롸스트)을 보인다 / ◆ 같은 단어의 품사별 강세 : 대부분 명사 앞, 동사 뒤
직사각형의 넓이 ⇨ **뤡태앤걸**(렉탱글)의 넓이 / ※ rect (직, 직각) + angle (앵글, 각도)
집에 곧 도착한다 ⇨ 집에 **쑤운**(순) 도착한다
목마른 사람이 우물을 판다 ⇨ **떠얼스띠**(써스티)한 사람이 우물을 판다

영어 단어에 해당하는 국어 단어 (기준으로 세운 뜻)	미국식 발음	영국식 발음	해당 국어 단어들 (다른 뜻들)	{한국식 발음}	스펠링	
합창단	쿠와이얼	쿠와이어	성가대	{콰이어}	choir	연상법
문의하다	인쿠와이얼	인쿠와이어	묻다	{인콰이어}	inquire	
획득하다	어쿠와이얼	어쿠와이어	인수하다, 습득하다, 얻다	{어콰이어}	acquire	
필요하다	뤼쿠와이얼	뤼쿠와이어	필요로 하다	{리콰이어}	require	
조용한	쿠와이얼		고요한, 평온한, 고요, 정적	{콰이어트}	quiet	

폭포가 세차게 **쿠와**르르(콰르르) 쏟아지듯 **합창단**의 웅장한 화음이 **이얼**지다(이어지다) / ◆ 쿠와이얼 = 크와이얼
인터넷으로 **쿠와이얼**(합창단)에 입단할 수 있는지 **문의하다**
합창단원 둘이 심하게 다투고 둘 다 그만두어 어느 졸업생이 **어**부지리로 **쿠와이얼**(합창단)에 한 자리를 **획득하다**
지역사회의 문화 발전을 위하여 **뤼**(다시) **쿠와이얼**(합창단)이 **필요하다**
다이어트를 한다고 해 놓고 모두 잠든 **조용한** 한밤중에 야식을 먹으니 **쿠와**(꽝)된 다**이얼**(다이어트)

(하인, 주체적) **주인**	롸아스뛀 / 뫠아스뛀	롸아스뛰	스승, 선생	{마스터} master	쪼개기
달인	롸아스뛀 / 뫠아스뛀	롸아스뛰	명인	{마스터} master	★★☆
거장	롸아스뛀 / 뫠아스뛀	롸아스뛰	대가	{마스터} master	
완전히 익히다	롸아스뛀 / 뫠아스뛀	롸아스뛰	숙달하다, 터득하다	{마스터} master	master
(학습, 기술 등을) 정복하다	롸아스뛀 / 뫠아스뛀	롸아스뛰	(음반, 영화 등의) 원판	{마스터} master	

하인의 주인 ⇨ 하인의 **롸아스뛀**(마스터) / 어린이는 내일의 주인 ⇨ 어린이는 내일의 **롸아스뛀**
요리의 달인 ⇨ 요리의 **롸아스뛀**(마스터)
미술계의 거장 ⇨ 미술계의 **롸아스뛀**(마스터)
기술을 완전히 익히다 ⇨ 기술을 **롸아스뛀**(마스터)하다
영어를 정복하다 ⇨ 영어를 **롸아스뛀**(마스터)하다

(자른 것, 나눈 것, 깨진 것의) **조각**	피이스		작품, 한 조각, 한 부분, 일부	{피스} piece	재활용
걸작	롸아스뛀피이스	롸아스뛰피이스	명작	{마스터피스} masterpiece	
환호하다	취얼	취어	응원하다, 환호, 갈채, 응원	{취어} cheer	
"건배!"	취얼스	취어스		{취어스} cheers	
건배	퉈우슽		건배하다, 노릇하게 굽다, 토스트	{토스트} toast	

옷 감의 한 조각 ⇨ 옷 감의 한 **피이스**(피스) / 멋진 작품을 만들어 내다 ⇨ 멋진 **피이스**(피스)를 만들어 내다
걸작을 만들어 내다 ⇨ **롸아스뛀피이스**(마스터피스)를 만들어 내다
취얼리더(치어리더)들이 멋진 응원을 펼치자 관중들이 **환호하다**
"다 같이 건배!" ⇨ "다 같이 **취얼스!**"
건배하면서 승진을 축하하다 ⇨ **퉈우슽**(뭐우st, 뭐우스트, 토스트)하면서 승진을 축하하다

침묵의	싸일런t		조용한, 말을 안 하는, 과묵한	{사일런트} silent	무작정
침묵	싸일런스		정적, 고요, 적막, 묵념	{사일런스} silence	
진단하다	돠이그노우스	돠이어그노우스		{다이어그노스} diagnose	
(해마다의) 기념일	애뉴붤써뤼	아놔붜어써뤼	~주년	{애너버서리} anniversary	
신속한	프뤔t	프뢈t	즉각적인, 즉석의, 촉발(유발)하다	{프롬프트} prompt	

현충일에 **싸일런**(사이렌, 경보기, 경적)이 울리고 t럼펫(트럼펫)이 울리자 침묵의 묵념을 하다 (싸일런t, 사이런트)
침묵이 흐르다 ⇨ **싸일런스**(사일런스)가 흐르다 / 정적을 깨뜨리다 ⇨ **싸일런스**를 깨뜨리다
학생의 병이 상사병이라고 진단하다 ⇨ 학생의 병이 상사병이라고 **돠이그노우스**(다이어그노스)하다
결혼기념일에 근사한 곳에서 외식하다 ⇨ 결혼 **애뉴붤써뤼**(애너버서리)에 근사한 곳에서 외식하다
신속한 조치 ⇨ **프뤔t**(프뤔프t, 프뢈프t, 프롬프트)한 조치

왕초보 영단어 복합적 암기법 **3**회

정확한	커뤡t	크뤡t	정정하다, 고치다, 맞는, 옳은 {커렉트} correct	연상법
(감정, 물체, 꽃망울 등이) 터지다	버얼슽	버어슽	터뜨리다, 폭발하다, 파열하다, 파열 {버스트} burst	
(추위, 긴장 등으로 몸을) 떨다	쉬붤	쉬붜	전율하다, 떨림, 전율 {쉬버} shiver	
결정적인	크루셜		중대한, 중요한 crucial	
곽 (곽은 갑의 비표준어)	카알은	카아튼	(여러 상품이 든 큰) 판지 상자, 갑 {카턴} carton	

빙빙 돌리지 않고 정확한 **커**뮤니케이션(소통)을 다이**뤡t**(다이렉트, 직행으로, 직접으로)로 전하다
웃음 참기 게임에서 웃음을 참지 못하고 그녀는 웃음이 **버얼슽**(벌써) 터지다 (버얼슨, 버얼스, 버얼스트, 버스트)
"감히 나의 말을 **쉬붤**(씹어, 무시해)!" 하고 산적의 두목이 분노하자 부하들이 몸을 **떨다**
결정적인 계기로 구두쇠 스**크루**지 영감이 자신의 이름 이니**셜**을 남기고 재산의 절반을 기부하다
주방 **카알은**(커튼) 뒤 공간에 우유곽을 모아 놓다 / ◆ '카알' 발음 후 잠깐 멈추고 '은' 발음

(짐, 물건을) 싸다	패액 / 파악	팍	(짐을) 꾸리다 {팩} pack	쪼개기
포장하다 (보관, 수송, 매매 목적)	패액 / 파악	팍	갑, 한 상자 {팩} pack	★☆☆
꽉 찬	패액 / 파악	팍	꽉 채우다, 채워 넣다 {팩} pack	
챙기다	패액 / 파악	팍	짐, 보따리 {팩} pack	pack
꾸러미	패액 / 파악	팍	묶음, (동물의) 떼, 습포, (미용, 찜질, 판매용) 팩 {팩} pack	

짐을 싸다 ⇨ 짐을 **패액**(팩)하다 / ✚ (꾸러미, 짐을) **풀다**, 꺼내다, 끄르다 unpack 언팩을 {언팩}
물건을 포장하다 ⇨ 물건을 **패액**(팩)하다 / 담배 한 갑 ⇨ 담배 한 **패액**(팩)
꽉 찬 관중석 ⇨ **패액**(팩)한 관중석
카메라를 챙기다 ⇨ 카메라를 **패액**(팩)하다 / 세면도구를 챙기다 ⇨ 세면도구를 **패액**(팩)하다
열쇠 꾸러미 ⇨ 열쇠 **패액**(팩) / ♣ 우유의 팩(pack)은 카턴(카알은 carton 곽, 갑)의 콩글리쉬

배낭	배액팩 / 바악팍	박팍	등짐 {백팩} backpack	재활용
꾸러미	파아께쥐	파케쥐	일괄(적인), 포장, 소포, (포장용) 상자 {패키지} package	
자루	싸악 / 쌔액	쌕 / 쌕	부대, 마대, (비격식) 해고 (영국) {쌕} sack	
세계적인	글로우벌		세계의, 지구의 {글로벌} global	
구역	죠운		지대 {존} zone	

배낭여행을 가기 위해 **배액팩**(백팩)을 구입하다 / ◉ 배낭(背등배囊주머니): 등에 지는 주머니
꾸러미 상품 ⇨ **파아께쥐**(패키지) 상품 / 일괄 타결하다 ⇨ **파아께쥐** 타결하다 / ◉ 일괄(一한괄括묶을괄)
쌀을 자루에 담다 ⇨ 쌀을 **싸악**(쌕)에 담다 / ◉ 부대(負질부袋자루대) / ◉ 마대(麻삼마袋자루대)
마이크로소프트, 애플, 구글, 코카콜라, 맥도날드 등은 세계적인 **글로우벌**(글로벌) 기업이다
주차금지 **구역** ⇨ 주차금지 **죠운**(존) / 안전지대 ⇨ 안전 **죠운**(존)

늪	스웜p		늪에 빠지다, 일이 밀려들다 {스왐프} swamp	무작정
혼자	얼로운		홀로, 혼자서 {얼론} alone	
(의문·부정 대명사와 함께) 그 밖에	에얼스		다른, 그 밖의, 그 밖에 다른 {엘스} else	
경계	바운쥬뤼 / 바운드뤼		경계선, 영역, 국경 {바운드리} boundary	
보물	츄뤠절	츄뤠져	보배 {트레져} treasure	

늪에 빠지다 ⇨ **스웜**(스왐p, 스왐프)에 빠지다
혼자 산다 ⇨ **얼로운**(얼론) 산다 / 홀로 남다 ⇨ **얼로운**(얼론) 남다
"그 밖에 필요한 것은 뭐지?" ⇨ "**에얼스**(엘스) 필요한 것은 뭐지?" / 다른 할 말이 없다 ⇨ **에얼스** 할 말이 없다
대중음악과 클래식 음악의 **경계**를 넘나들다 ⇨ 대중음악과 클래식 음악의 **바운쥬뤼**(바운드리)를 넘나들다
보물을 발견하다 ⇨ **츄뤠절**(트레져)를 발견하다 / 어린이는 나라의 보배 ⇨ 어린이는 나라의 **츄뤠절**

79

영어 단어에 해당하는 국어 단어 (기준으로 세운 뜻)	미국식 발음	영국식 발음	해당 국어 단어들 (다른 뜻들)	{한국식 발음}	스펠링	
주의	커어션	코오션	경고, 조심, 신중, 경고하다	{코션}	caution	연상법
~할 수 있는	케이뻐블	케이퍼블	능력 있는, 가능성있는	{케이퍼블}	capable	
좌절시키다	프뤄스쮸뤠일			{프러스트레이트}	frustrate	
명상	뭬뤼테이션	뭬듸테이션	묵상	{메더테이션}	meditation	
월급날	페이뒈이		급여일, 지불일	{페이데이}	payday	

커어(코)가 션(시원) 해지는 일교차가 큰 계절에는 감기에 주의를 해야 한다
가요계에는 케이뻐블(케이팝블) 가지고 전 세계에 진출할 수 있는 실력 있는 가수들이 많이 있다
그녀가 프뤼포즈(프로포즈, 청혼하다, 제안하다)를 스쮸뤠일(스트레이트, 곧바로)로 거절해서 그를 좌절시키다
뭬뤼(멜론)를 사 가지고 집에 가는 도중에 스뛔이션(스테이션, 정류장)에서 명상을 하는 한 학생을 보다
페이(급료)를 받는 뒈이(날)는 급여일, 월급날이다

모습	삐규얼	삐거	모양, 도형	{피규어} {피겨} figure	쪼개기
수치	삐규얼	삐거	계산, 계산하다, 산수	{피규어} {피겨} figure	★★★
(0-9의 아라비아) 숫자	삐규얼	삐거	생각하다	{피규어} {피겨} figure	figure
인물	삐규얼	삐거		{피규어} {피겨} figure	
인물상	삐규얼	삐거	몸매, 체격	{피규어} {피겨} figure	

삐규얼(피겨) 스케이팅은 아름다운 모습으로 얼음 위에서 모양을 그리며 타는 스케이트이다
이 수치는 안전기준에 적합하다 ⇨ 이 삐규얼(피겨)은 안전기준에 적합하다
7의 숫자는 행운을 상징한다 ⇨ 7의 삐규얼(피겨)은 행운을 상징한다
사회를 이끌어가는 주도적인 인물 ⇨ 사회를 이끌어가는 주도적인 삐규얼(피겨)
캐릭터와 인물을 묘사한 인물상을 모으다 ⇨ 캐릭터와 인물을 묘사한 삐규얼(피규어)을 모으다

안전한	쎄잎		금고	{세이프} {세입} safe	재활용
대량의	꽤아스 / 꽤애스	뫄아스	질량, 대중의, 덩어리	{매스} mass	
(치수, 길이, 양 등의) 중간의	믜리엄	믜듸엄	(대중 전달용) 매체, 수단	{미디엄} medium	
(텔레비전 등의) 매체	믜리어	믜듸어	대중 매체, (medium의 복수형)	{미디어} media	
수준	을레뷀		수평의, 평평한, 같은 수준의, 같은 높이의	{레벨} level	

안전한 나라 ⇨ 쎄잎(쎄이f, 쎄이프, 세이프, 세입)한 나라
꽤아스(매스) 미디어란 대량의 정보를 대중에게 전달하는 매체로 텔레비전, 라디오, 영화, 신문, 잡지 등이 있다
중간의 크기 ⇨ 믜리엄(미디엄)의 크기 / ♣ 매스컴(대량 전달)은 mass communication의 줄임말 콩글리쉬
영향력이 큰 방송 매체 ⇨ 영향력이 큰 방송 믜리어(미디어) / ※ 매스 미디어(mass media) : TV, 라디오 등의 대량 전달 매체
비슷한 수준 ⇨ 비슷한 을레뷀(레벨) / 아이들 수준에 맞추다 ⇨ 아이들 을레뷀(레벨)에 맞추다

중재하다	믜리에일	믜듸에일	조정하다	{미디에이트} mediate	무작정
의존하는	디펜뒨t		의존적인, 의지하는	{디펜던트} dependent	
독립적인	인디펜뒨t		독립한, 자치의, 독자적인	{인디펜던트} independent	
빠른	롸아쁄 / 롸아삘	롸펠 / 롸필	급속한, 급류(~s)	{래피드} rapid	
즉시	이믜리엍을리	이믜듸엍을리	즉각, 곧	{이미디어틀리} immediately	

두 아이가 과자를 가지고 다툴 기미가 보이자 엄마가 믜리(미리) 에일(8, 여덟 개) 씩 나누어 주어서 중재하다
부적처럼 듸(되게) 오래된 펜뒨t(펜던트 pendant 보석 등을 달아 늘어뜨린 목걸이)에 의존하는 사람
투자자의 자본에 의지하지 않고 창작에 중점을 두는 독립적인 영화를 인디펜뒨t(인디 영화, 독립 영화)라고 한다
빠른 변화 ⇨ 롸아쁄(롸아삐d, 롸아삐드, 래피드)한 변화 / 급속한 발전 ⇨ 롸아쁄한 발전
원인을 즉시 파악하다 ⇨ 원인을 이믜리엍을리(이미디어틀리) 파악하다

왕초보 영단어 복합적 암기법 3회

상호 작용하다	이뉴롸t / 인튀롸t	인튀롹t	교류하다, 서로 작용하다 {인터렉트} interact	연상법
해적	파이럴		불법 복제 {파이럿} {파이어럿} pirate	
응시하다	게이즈		바라보다, 응시 gaze	
면역의	이뮤운		면역성의, 면역성이 있는, 면제된 {이뮨} immune	
너머에	비어언d	비언d	저편에, ~을 넘어서, ~이상으로 {비욘드} beyond	

이뉴넷(인터넷)에 올라온 다양한 의견들이 다이**롸t**(다이렉트)로 상호 **작용하다**
갑자기 **해적**이 나타나 유람선에 침입해 선실에 있던 초코**파이**를 여**럿**이서 약탈하다
"**게**장은 밥도둑 **이즈**(is 이다)"라며 식탁에 올려진 게장을 입맛 다시며 **응시하다**
요즘 독감이 유행이라 **이 뮤운**(이 문) 안쪽의 실내 공간에 바이러스 **면역**의 시스템을 만들다
비가 **어언 d**(온 뒤) 산 **너머에** 무지개가 뜨다

고르다	픽 / 피잌		고르기 {픽} pick	쪼개기
뽑다	픽 / 피잌		선택하다, 선택 {픽} pick	★★★
쑤시다	픽 / 피잌		(코, 귀 등을) 후비다, (구멍, 치아 등을) 쑤시다 {픽} pick	
(손가락, 집게 등으로) 집다	픽 / 피잌		집어 내다, (모이를) 쪼다, 곡괭이(= pickax) {픽} pick	pick
(과일, 꽃 등을) 따다	픽 / 피잌		(꽃 등을) 꺾다, 떼어 내다 {픽} pick	

물건을 고르다 ⇨ 물건을 **픽**(픽)하다
1등을 뽑다 ⇨ 1등을 **픽**(픽)하다 / 학교를 선택하다 ⇨ 학교를 **픽**(픽)하다
쓰레기를 줍다 ⇨ 쓰레기를 **픽**(픽)하다 / 귀를 후비다 ⇨ 귀를 **픽**(픽)하다
과자를 집다 ⇨ 과자를 **픽**(픽)하다
사과를 따다 ⇨ 사과를 **픽**(픽)하다

(손가락, 집게 등으로) 집다	피 껖	피 컾	가는 도중 차에 태우다 {픽 업} pick up	재활용
전부	어얼	오울	전부의, 모든, 모두, 다, 온통, 전체, 전체의 {올} all	
구체적인	컨크뤼잎	콩크뤼잎	콘크리트로 된, 콘크리트(재) {콘크리트} concrete	
첩자	스빠이		간첩, 정보원, 스파이 {스파이} spy	
격차	개앞 / 개앺	갸앞	차이, (공간적) 간격, (시간적) 공백, 틈 {갭} gap	

아기가 과자를 집다 ⇨ 아기가 과자를 **피 껖**(픽 업)하다
"전부 얼마예요?" ⇨ "**어얼**(올) 얼마예요?"
구체적인 생각 ⇨ **컨크뤼잎**(콘크리트, 콩크리트)한 생각
내부의 첩자를 찾아내다 ⇨ 내부의 **스빠이**(스파이)를 찾아내다
빈부의 격차 ⇨ 빈부의 **개앞**(갭)

(색깔이) 바래다	뻬일		희미해지다, 서서히 사라지다 {페이드} fade	무작정
어디에	우웨얼	우웨어	어디로, 어디, 어디서, 어디까지 {웨어} where	
어딘가에	썸우웨얼	썸우웨어	어딘가로, 어떤 곳 {섬웨어} somewhere	
유예	그뤠이스		유예 기간, 우아함, 품위, 은혜 {그레이스} grace	
우아한	그뤠이스쁠		품위 있는 {그레이스펄} graceful	

오래된 청바지 색깔이 **바래다** ⇨ 오래된 청바지 색깔이 **뻬일**(뻬이d, 페이드, 페이드)하다
"짐은 어디에 놓을까요?" ⇨ "짐은 **우웨얼**(웨어) 놓을까요?" / "어디로 가면 되?" ⇨ "**우웨얼** 가면 되?"
이 산 어딘가에 보물이 묻혀 있다 ⇨ 이 산 **썸우웨얼**(썸웨어) 보물이 묻혀 있다 / 어딘가로 가다 ⇨ **썸우웨얼** 가다
일 년의 유예 기간을 거쳐 법규가 시행되다 ⇨ 일 년의 **그뤠이스**(그레이스) 기간을 거쳐 법규가 시행되다
우아한 자태 ⇨ **그뤠이스쁠**(그레이스펄)한 자태

영어 단어에 해당하는 국어 단어 (기준으로 세운 뜻)	미국식 발음	영국식 발음	해당 국어 단어들 (다른 뜻들)	{한국식 발음}	스펠링	
입찰 (入찰입札뽑을찰)	비일		입찰하다, (경매) 값을 매기다(부르다)	{비드}	bid	연상법
할당하다	어싸인		부여하다, 선임하다, 배당하다	{어사인}	assign	
구성하다	컴포우즈		작곡하다	{컴포즈}	compose	
앞으로	뿔우월d	뽀우얼	앞쪽에(으로), (스포츠) 포워드	{포워드}	forward	
금지하다	뿔빋	뽀빋	금하다	{포비드}	forbid	

오래 숨겨져 있다가 **비일**(빛)을 보게 된 미술 작품에 **입찰**을 하다 / ● 입찰 : 낙찰받고 싶은 가격을 문서로 제출하여 참여함
인기 연예인의 팬사인회에서 사인을 팬 한 명 당 **어**(하나의) **싸인**만을 **할당하다**
컴퓨터 공학박사들이 다 함께 **포우즈**(포즈, 자세)를 취하여 기념사진을 찍고 프로젝트 팀을 **구성하다**
"**뿔**(for, 위하여) **우월**d(월드, 세계)!" 세계의 화합을 위하여 **앞으로** 나가다
뿔(for, 위하여) **빋**(빛, 햇빛). 태양열 에너지를 받기 위하여 태양열판 설치로 산림을 무분별하게 훼손하는 것을 **금지하다**

어려운	하알d	하알	힘든	{하드}	hard	쪼개기
열심히	하알d	하알	힘껏	{하드}	hard	★★★
세게	하알d	하알		{하드}	hard	
굳은	하알d	하알		{하드}	hard	hard
단단한	하알d	하알	딱딱한	{하드}	hard	

어려운 문제 ⇨ **하알**(하알d, 하알드, 하드)한 문제 / 힘든 하루 ⇨ **하알**(하알d, 하알드, 하드)한 하루
열심히 공부하다 ⇨ **하알**(하알d, 하알드, 하드)하게 공부하다
바람이 세게 불다 ⇨ 바람이 **하알**(하알d, 하알드, 하드)하게 불다
굳은 빵 ⇨ **하알**(하알d, 하알드, 하드)한 빵
단단한 껍질 ⇨ **하알**(하알d, 하알드, 하드)한 껍질

(영화 등의 지속적) 긴장감	써스뻰스		불안	{서스펜스}	suspense	재활용
기초	빠운뒈이션		재단, 토대, 설립, 파운데이션 (기초 화장품)		foundation	
부딪치다	범p / 버엄p		찧다, 부딪침, 쿵~, 쾅~	{범프}	bump	
어리둥절하게 하다	퍼쥘 / 퍼즐	파즐	당황하게 하다, 알아맞히기, 수수께끼, 퍼즐	{퍼즐}	puzzle	
부속물	액싸써뤼	악싸써뤼	부대용품, 부대적인, 장신구	{액세서리}	accessory	

써스뻰스(서스펜스) 영화를 보는 내내 **긴장감**을 놓을 수 없다
기초를 다지다 ⇨ **빠운뒈이션**(파운데이션)을 다지다 / 복지 재단 → 복지 **빠운뒈이션**
어깨를 **부딪치다** ⇨ 어깨를 **범**(범p, 범프)하다 / ╋ 완충기, 완충 장치, (자동차의) 범퍼 bumper 범뻘 [범퍼]
동생이 뜬금없이 웃어 나를 **어리둥절하게 하다** ⇨ 동생이 뜬금없이 웃어 나를 **퍼쥘**(퍼즐)하다
스마트폰 박스에 이어폰 등의 몇 가지 **부속물**이 있다 ⇨ 스마트폰 박스에 이어폰 등의 몇 가지 **액싸써뤼**(악세사리)가 있다

강렬한	인뗀스		극심한, 격렬한, 열렬한, 치열한	{인텐스}	intense	무작정
호기심이 강한	큐어뤼어스		궁금한, 알고 싶어 하는, 별난, 묘한	{큐리어스}	curious	
과제	어싸인먼t	어싸인먼t	숙제, 할당	{어사인먼트}	assignment	
접근	아악쌔스 / 애액쎄스	악싸스	접속, 접근 권리(방법), 접속하다	{액세스}	access	
혼동하다	컨쀼우즈		혼란시키다	{컨퓨즈}	confuse	

댄서가 객석을 향해 **인**사를 한 후 강렬한 **뗀스**(댄스, 춤)를 추기 시작하다 / 극심한 가뭄 ⇨ **인뗀스**한 가뭄
아이**큐**가 높고 **어뤼**고(어리고) 호기심이 강한 학생이 **어스**(어쓰, 지구)의 생성에 대해 공부하다
학교 과제 ⇨ 학교 **어싸인먼**(어싸인먼트, 어싸인먼트, 어사인먼트)
일반인의 **접근**을 통제하는 건물 ⇨ 일반인의 **아악싸스**(액세스)를 통제하는 건물 / 인터넷 접속 → 인터넷 **아악싸스**
꿈과 현실을 **혼동하다** ⇨ 꿈과 현실을 **컨쀼우즈**(컨퓨즈)하다

왕초보 영단어 복합적 암기법 **3**회

엄청난	츄뤄멘둬스		거대한, 대단한, 무시무시한	{트리멘더스} tremendous	연상법
태풍	톼이뿌운			{타이푼} typhoon	
(육체, 마음의) 상처	우운d		상처를 입히다	{운드} wound	
맨~ (맨발, 맨몸, 맨땅 등)	베얼	베어	벌거벗은, 나체의, 노출된, 있는 그대로의	{베어} bare	
간신히	베얼리		겨우, 가까스로, 거의 ~않다(없다)	barely	

노래와 춤을 잘 추는 가수 지망생 5명을 **츄뤄**(추리다, 가려서 뽑다) 실력이 **엄청난** 그룹을 **멘둬스**(맨들었어, 만들었어)
태풍이 강하게 불자 정장을 입은 사람들의 넥**톼이**(넥타이)가 느슨하게 **뿌운**(푼) 것처럼 흐트러져 있다
아이가 손가락에 **상처**를 입고 **우운d**(운d) (운, 우운드, 우운드, 운드)
추운 겨울에 웃통을 벗은 맨몸으로 운동을 하다 **베**(배, 복부)가 **얼**다
"기온이 낮아서 **베**(배, 과일)가 **얼리**(얼 것 같다)"라고 걱정했는데 **간신히** 평년 기온으로 돌아와 배가 잘 자라 풍년이다

묻다	애아슥 / 아아슥	아아슥		{애스크} ask	쪼개기
물어보다	애아슥 / 아아슥	아아슥		{애스크} ask	★★★
부탁하다	애아슥 / 아아슥	아아슥		{애스크} ask	ask
요청하다	애아슥 / 아아슥	아아슥	초대하다, 청하다	{애스크} ask	
요구하다	애아슥 / 아아슥	아아슥	(값을) 달라고 하다	{애스크} ask	

안부를 묻다 ⇨ 안부를 **애아슥**(애아스k, 애아스크, 애스크)하다 / 자세하게 묻다 ⇨ 자세하게 **애아슥**(애스크)하다
이름을 물어보다 ⇨ 이름을 **애아슥**(애스크)하다
정중히 부탁하다 ⇨ 정중히 **애아슥**(애스크)하다
도움을 요청하다 ⇨ 도움을 **애아슥**하다 / 저녁식사에 초대하다 ⇨ 저녁식사에 **애아슥**(애스크)하다
보상을 요구하다 ⇨ 보상을 **애아슥**(애스크)하다

아래로	돠운		아래에, (새, 유아, 과일의) 솜털	{다운} down	재활용
식품	뿌울		식량, 음식	{푸드} food	
지불하다	페이		내다, 지불, 임금, 급료	pay	
운이 좋은	울러끼	울러키	운 좋은, 행운의, 다행한	{럭키} lucky	
해산물	씨이뿌울			{씨푸드} seafood	

아래로 가다 ⇨ **돠운**(다운)으로 가다 / 아래로 뛰다 ⇨ **돠운**(다운)으로 뛰다
안전한 식품 ⇨ 안전한 **뿌울**(뿌우d, 뿌우드, 푸드) / 식량을 비축하다 ⇨ **뿌울**(푸드)을 비축하다
돈을 지불하다 ⇨ 돈을 **페이**하다
7은 운이 좋은 숫자라서 **울러끼**(럭키) 쎄븐이라고 한다 / **+** 운, 행운 luck 울럭
해산물 요리 ⇨ **씨이뿌울**(씨이뿌우d, 씨이뿌우드, 씨푸드) 요리

바람 부는	윈디		바람이 많이 부는, 바람이 센	{윈디} windy	무작정
예측하다	프뤼딕t		예견하다	{프리딕트} predict	
기여하다	컨츄뤄뷰울		공헌하다, 기부하다, 기증하다	{컨트리뷰트} contribute	
폐 (肺허파폐)	울렁		허파	{렁} lung	
집중적인	인텐씹		철저한, 집약적인	{인텐시브} intensive	

바람 부는 날씨 ⇨ **윈디**(윈디)한 날씨
10년 후를 예측하다 ⇨ 10년 후를 **프뤼딕**(프뤼딕t, 프뤼딕트, 프리딕트)하다
지역 발전에 기여하다 ⇨ 지역 발전에 **컨츄뤄뷰울**(컨트리뷰트)하다
미세먼지는 폐 건강에 해롭다 ⇨ 미세먼지는 **울렁**(렁) 건강에 해롭다
집중적인 훈련 ⇨ **인텐씹**(인텐씨v, 인텐씨브, 인텐시브)한 훈련

영어 단어에 해당하는 국어 단어 (기준으로 세운 뜻)	미국식 발음	영국식 발음	해당 국어 단어들 (다른 뜻들)	{한국식 발음} 스펠링	
의식하는	카안셔스 / 커언셔스	컨셔스	의식하고 있는, 의식이 있는 {칸셔스} conscious		연상법
뚜렷한	디스띵t		분명한, 별개의, (전혀) 다른 {디스팅트} distinct		
잠시 멈추다	퍼어즈	포오즈	(일시적인) 중지, 멈춤 {퍼즈} pause		
(액체에 푹) 담그다	써욱		적시다, 젖다, 흠뻑 적시다, 흠뻑 젖다 {쏘크} soak		
키	하일		높이, 신장, 정점 {하이트} height		

카안(칸) 영화제에 참석한 한 배우가 하얀 **셔스**(셔츠)에 얼룩이 지자 자꾸 **의식하는** 모습을 보이다
디스 띵크(이 탱크)와 저 **t**럭(트럭)은 각각 쓰임새가 **뚜렷한** 목적으로 만들어진다 (디스띵, 디스띵ㅋ, 디스띵크트)
여행객들이 멋진 관광지 앞에서 **퍼어즈**(포즈, 자세)를 취하며 사진 촬영을 위해 **잠시 멈추다**
이불 커버를 **써욱**(쏘옥) 빼서 세제 푼 물에 푹 **담그다**
키가 크다고 **하일**(화이트, 흰) 우유를 마시다

넣다	풋		집어넣다, 밀어 넣다 {풋} put		쪼개기
놓다	풋		(시련, 고통 등을) 처하게 하다, 받게 하다, ~하게 하다 {풋} put		★★★
두다	풋		대다, 갖다 대다 {풋} put		
얹다	풋		(글자를) 쓰다 {풋} put		put
붙이다	풋		달다, 부착하다, 매기다 {풋} put		

물건을 가방에 **넣다** ⇨ 물건을 가방에 **풋**(풋)하다 / 상자에 **집어넣다** ⇨ 상자에 **풋**(풋)하다
선반에 물건을 **놓다** ⇨ 선반에 물건을 **풋**(풋)하다 / 그를 난처한 입장에 **처하게 하다** ⇨ 그를 난처한 입장에 **풋**(풋)하다
책상 위에 지갑을 **두다** ⇨ 책상 위에 지갑을 **풋**(풋)하다
상자 위에 상자를 **얹다** ⇨ 상자 위에 상자를 **풋**(풋)하다
벽보를 **붙이다** ⇨ 벽보를 **풋**(풋)하다

햇볕이 잘 드는	써니		화창한, 햇빛이 가득한, 양지바른 sunny		재활용
공격하다	어태악 / 어태액	어태악	공격, 습격하다, 습격, 발작 {어택} attack		
(물건, 교육, 치료 등을) 받다	뤼씨입		받아들이다 {리시브} receive		
꽃다발	보케이	부케이	부케 (꽃다발, 프랑스어) bouquet		
동양의	오뤼엔털		동양적인, 동양인의, 동방의 {오리엔탈} oriental		

햇볕이 잘 드는 방 ⇨ **써니**한 방
적의 주둔지를 **공격하다** ⇨ 적의 주둔지를 **어태악**(어택)하다
선물을 **받다** ⇨ 선물을 **뤼씨입**(리시브)하다 / 교육을 **받다** ⇨ 교육을 **뤼씨입**(리시브)하다
기념일에 **꽃다발**을 선물하다 ⇨ 기념일에 **보케이**(부케이)를 선물하다
동양의 미술 ⇨ **오뤼엔털**(오리엔탈)의 미술 / **+** 동양 the Orient ᄒ듸 오뤼엔t {더 오리엔트}

사촌	커즌		cousin		무작정
입력	인풋		투입, 투입량 {인풋} input		
(컴퓨터, 전기, 기계 등의) 출력	아웉풋		생산량, 산출량 {아웃풋} output		
회의적인	스껩띠컬	스껩티컬	의심하는, (= sceptical 영국) {스켑티컬} skeptical		
일상적인	루우틴		판에 박힌 (일), 일상, 일과, 정해 놓은 {루틴} routine		

어렸을 때 장난치며 잘 놀던 **사촌** 형제들이 **커**가고 시**즌**이 더 할수록 가족관계에서 멀어지기도 한다
인에(안에) **풋**(넣다, 놓다) 하니 **입력**
자동차의 출력 ⇨ 자동차의 **아웉풋**(아웃풋) / 자동차의 생산량 ⇨ 자동차의 **아웉풋**(아웃풋)
회의적인 시각 ⇨ **스껩띠껄**(스켑티컬)한 시각 / ● 회의적(懷疑的)을 회의심할의심할의과녁적) : 의심을 품는 것
일상적인 활동 ⇨ **루우틴**(루틴)한 활동 / 틀에 박힌 하루 ⇨ **루우틴**(루틴)한 하루

왕초보 영단어 복합적 암기법 3회

연상법

쉽게	뤠를리	뤠들리	손쉽게, 쉽사리, 가까이 {레들리} readily
변형시키다	츄뢘스@뽐~	츄뢘스뽀음	변형, 바꾸어 놓다 {트랜스폼} transform
확장하다	익스빼앤d	엑스빠안d	확대하다, 넓히다, 팽창하다 {익스팬드} expand
멸종	익스띵션	익스띵션	소멸, 소화(消化), 소등 {익스팅션} extinction
냉장고	뤼쁘뤼져뤠이뤌	뤼쁘뤼져뤠이튀	{리프리져레이터} refrigerator

한 락가수가 고음이 많은 여러 노래들을 쉽게 **뤠를리**(뤠들리)로 부르다
의상 디자이너가 단조로운 의상을 **츄뢘스**(트랜스, 이쪽에서 저쪽으로)로 **뽐~**(폼, 모양)을 바꿔서 화려하게 **변형시키다**
팬사인회장 **익스**(바깥의)에 **빼앤d**(팬들)가 예상보다 많이 모이자 옆 공간을 터서 공간을 **확장하다**
공룡이 **멸종**해 뼈가 묻힌 자리 **익스**(바깥의)에 **띵**(땅)에 **션**(선)을 그어 사람들이 접근하지 못하게 표시하다
뤼(다시) 프레온 가스가 **쁘뤼**(프리, 없음) 해 **져**서 **뤠이뤌**(늦은) 시간까지 **냉장고**에 가스를 넣다 / **+ 냉장고** fridge 쁘뤼쥐

쪼개기 ★★★ report

보고하다	뤼포올t	뤼포올	보고 {리포트} report
보고서	뤼포올t	뤼포올	리포트 {리포트} report
보도하다	뤼포올t	뤼포올	보도 {리포트} report
신고하다	뤼포올t	뤼포올	{리포트} report
성적표 (영국)	뤼포올t	뤼포올	{리포트} report

적의 수상한 움직임을 **보고하다** ⇨ 적의 수상한 움직임을 **뤼포올**(뤼포올t, 리포트)하다
회사의 매출 **보고서** ⇨ 회사의 매출 **뤼포올**(리포트)
훈훈한 뉴스를 **보도하다** ⇨ 훈훈한 뉴스를 **뤼포올**(리포트)하다 / ◎ 보도(報알릴보道길도,길도)
수상한 사람을 **신고하다** ⇨ 수상한 사람을 **뤼포올**(리포트)하다 / 출생 **신고하다** ⇨ 출생 **뤼포올**하다
기말고사 **성적표** ⇨ 기말고사 **뤼포올**(리포트) / **+ 성적표** (미국) report card 뤼포올 카알d [뤼포올 카알] {리포트 카드}

재활용

보도 기자	뤼포오뤌	뤼포오튀	취재 기자, 보고자, 통신원 {리포터} reporter
기분	무욷		분위기 {무드} mood
목성	쥬우삐뤌	쥬우피튀	주피터(영어), 제우스(그리스어) {쥬피터} Jupiter
금성	븨이너스		비너스(영어), 아프로디테(그리스어) {비너스} Venus
시작하다	스따알t	스따알	시작되다, 출발하다, 시동을 걸다 {스타트} start

뤼포오뤌(리포터)은 직접 현장으로 찾아가서 취재한 것을 보도하는 **보도 기자**이다
지금은 말할 **기분**이 아니다 ⇨ 지금은 말할 **무욷**(무우d, 무우드, 무드)이 아니다
목성은 가장 큰 행성 이어서 신중의 신으로 불리는 제우스(그리스어)의 영어 이름인 **쥬우삐뤌**(쥬피터)이라고 부른다
금성은 태양과 달 다음으로 밝은 천체이다 ⇨ **븨이너스**(로마 신화의 여신)는 태양과 달 다음으로 밝은 천체이다
운동을 **시작하다** ⇨ 운동을 **스따알**(스따알t, 스따알트, 스타트)하다

무작정

은유 (隱숨을은喩깨우칠유)	뭬뤄뽀얼	뭬튀뽀	비유 {메타포} metaphor
타협 (妥평온할타協화합할협)	컴프뤄마이즈		타협하다, 절충, 절충하다 {컴프라마이즈} compromise
자선	쵀뤄리	챠뤄티	자선 단체, 자비심, 관대함 {채러티} charity
정직한	어네슽		솔직한 {어니스트} honest
성실한	얼~네슽	어어네슽	진지한, 착실한 {어니스트} earnest

시와 노래 가사는 **은유**를 많이 쓴다 ⇨ 시와 노래 가사는 **뭬뤄뽀얼**(메타포)을 많이 쓴다 / ◆ 스펠링 ph = 발음기호 [f]
때로는 상대편과 **타협**도 필요하다 ⇨ 때로는 상대편과 **컴프뤄마이즈**(컴프라마이즈)도 필요하다
자선을 베풀다 ⇨ **쵀뤄리**(채러티)를 베풀다 / 자선 단체의 모금 활동 ⇨ **쵀뤄리**의 모금 활동
정직한 사람 ⇨ **어네슽**(어네스t, 어네스트, 어니스트)한 사람 / 솔직한 의견 ⇨ **어네슽**한 의견
성실한 일꾼 ⇨ **얼~네슽**(얼~네스트, 얼~네스트, 어니스트)한 일꾼

영어 단어에 해당하는 국어 단어 (기준으로 세운 뜻)	미국식 발음	영국식 발음	해당 국어 단어들 (다른 뜻들)	{한국식 발음} 스펠링	
청춘	유θ윺 / 유우θ뜨	유θ윻 / 유우θ쓰	젊음, 청년, 젊은 시절 {유스} youth		연상법
풀	그롸아스		풀밭, 잔디, 잔디밭 {그래스} grass		
시금치	스삐네취	스삐니취	{스피니취} spinach		
음료	베붜뤼쥐		마실 것 {베버리쥐} beverage		
분리하다	쎄뻐뤠일 ★		떼어놓다, 분리된 (쎄쁘럴☆), 별개의 {세퍼레이트} separate		

동네 어르신들이 **청춘** 시절을 이야기하며 **유윻**(윺) 놀이를 하다 (유우th, 유우θ, 유우뜨, 유윺) / ◆ '유웃' = '유우뜨'로 발음
그롸아스(glass 글라스, 잔, 컵에 담긴 물을 한 잔 마시고 마당의 풀을 베다
"육식을 먹고 **스뻬드**(스피드, 속도)하게 근육을 키우는 것은 **네 취**향이 아니라며 너는 야채와 **시금치**만 먹는구나"
"오래되어 물러진 **베**(배, 과일)를 **뷔뤼쥐**(버리지) 말고 믹서로 갈아 **음료**로 마시자"
훈련받은 **쎄뻐**(세퍼트) 열 마리 중에 빠른 세퍼트와 **뤠일**(late 늦은)인 세퍼트를 다섯 마리씩 **분리하다**

(~의 뒤를, 길을) 따라가다	뺄로우	뽈로우	뒤어어 나오다 {팔로} follow		쪼개기
따라오다	뺄로우	뽈로우	~ 뒤에 ~을 하다 {팔로} follow		★★★
(지도자, 가르침, 충고 등을) 따르다	뺄로우	뽈로우	(시간, 순서상) 뒤를 잇다 {팔로} follow		
(결과가) 뒤따르다	뺄로우	뽈로우	결과가 나오다, ~의 다음에 오다 {팔로} follow		follow
추종하다	뺄로우	뽈로우	좇다 {팔로} follow		

앞사람을 따라가다 ⇨ 앞사람을 **뺄로우**(팔로)하다 / 큰길을 따라가다 ⇨ 큰길을 **뺄로우**(팔로)하다
고양이가 따라오다 ⇨ 고양이가 **뺄로우**(팔로)하다
이순신 장군을 따르다 ⇨ 이순신 장군을 **뺄로우**(팔로)하다
열심히 노력하니 좋은 성적이 **뒤따르다** ⇨ 열심히 노력하니 좋은 성적이 **뺄로우**(팔로)하다
서양의 문화를 **추종하다** ⇨ 서양의 문화를 **뺄로우**(팔로)하다 / 행복을 **좇다** ⇨ 행복을 **뺄로우**(팔로)하다

평균	애붜뤼쥐	아붜뤼쥐	평균의, 보통의 {애버리쥐} average		재활용
빛나다	샤인		반짝이다 shine		
빛나는	샤이니		반짝이는 shiny		
일자리	좌압	줘업	직장, 직업, 일, 직무 {잡} job		
아르바이트 (독일어)	파알 타임 좌압	파알 타임 줘업	시간제 근무 {파트타임 잡} part-time job		

성적이 **평균**보다 못하다고 애를 너무 다그치면 **애**(아이) 자존감 **뷔뤼쥐**(버리지)
밤하늘에 별이 **빛나다** ⇨ 밤하늘에 별이 **샤인**하다
빛나는 황금 ⇨ **샤이니**한 황금 / + 빛나는, 반짝이는 shining 샤이닝
일자리를 구하다 ⇨ **좌압**(잡)을 구하다 / 직장에서 일하다 ⇨ **좌압**에서 일하다 / + "잘했어", "잘한 일이야" good job
편의점 아르바이트 ⇨ 편의점 **파알 타임 좌압**(파트타임 잡) / ※ 아르바이트는 일, 노동을 뜻하는 독일어

어색한	아아꾸월d	오오쿠월	다루기 어려운, 서투른, 서툰 {오쿼드} awkward		무작정
부착하다	어톼취 / 어태애취	어퇘취	붙이다, 첨부하다, 달다, 소속시키다 {어태취} attach		
결함	듸뻭t		하자, 결점, 장애 {디펙트} defect		
(의문문, 부정문에서) 아직	예앝 / 옐		아직까지는, 그래도, 그렇지만 {옛} yet		
잔디밭	을러언	을로온	잔디 {론} lawn		

어색한 분위기 ⇨ **아아꾸월**(아아꾸월d, 아아꾸월드, 오쿼드)한 분위기 / ※ 서투르다 = 서툴다(서투르다의 준말)
상품에 택을 **부착하다** ⇨ 상품에 택을 **어톼아취**(어태취)하다 / 벽에 붙이다 ⇨ 벽에 **어톼아취**(어태취)하다
기계 결함 ⇨ 기계 **듸뻭t**(듸뻭t, 디펙트, 디펙트)
"아직 멀었어?" ⇨ "**예앝**(옛) 멀었어?" / 아직 도착하지 않았다 ⇨ **예앝**(옛) 도착하지 않았다
잔디밭에서 어린이들이 뛰놀다 ⇨ **을러언**(론)에서 어린이들이 뛰놀다

왕초보 영단어 복합적 암기법 **3**회

연상법

터무니없는	아울풰이져스	아우트풰이져스	충격적인 {아웃레져스} outrageous
용기	커풰쥐		{커리지} courage
격려하다	인커풰쥐		장려하다, 권장하다 {인커리지} encourage
낙담시키다	디스커풰쥐		좌절시키다, 못하게 말리다 {디스커리지} discourage
압도하다	오뷜우왐	어우붜우왐	휩싸다, 제압하다 {오버웰름} overwhelm

대기권 **아울**에다(밖에다) **풰이져**(레이저)를 쏘아서 **스**타(별)를 딴다는 것은 **터무니없는** 일이다
음식 솜씨가 서툰 연인에게 "이것은 세상에서 제일 맛있는 **커풰쥐**~(카레지)"하며 **용기**를 주다
"이것은 **인**도 음식점에서 먹던 맛과 똑같은 **커풰쥐**~(카레지)"하며 아내가 남편의 음식 솜씨를 **격려하다**
애인이 만든 카레를 **디스**(반대, 비방)하고 "이것은 맛없는 **커풰쥐**~(카레지)"라고 하여 애인을 **낙담시키다** / ※ dis : 반대, 부정
마술사가 1초 단위로 의상 **오뷜**(다섯벌)을 연거푸 바꿔 입어 관중들이 "**우왐**!(우와!)"하고 탄성을 지를 정도로 무대를 **압도하다**

쪼개기 ★★☆

몸부림치다	스츄뤄글		허우적거리다 {스트러글} struggle
발버둥치다	스츄뤄글		버둥거리다 {스트러글} struggle
투쟁하다	스츄뤄글		투쟁, 싸우다 {스트러글} struggle
애쓰다	스츄뤄글		노력 {스트러글} struggle
분투하다	스츄뤄글		고군분투 {스트러글} struggle

struggle

사슴이 올가미에서 벗어나려고 **몸부림치다** ⇨ 사슴이 올가미에서 벗어나려고 **스츄뤄글**(스트러글)하다
가난에서 벗어나려고 **발버둥치다** ⇨ 가난에서 벗어나려고 **스츄뤄글**(스트러글)하다
독립을 위해 **투쟁하다** ⇨ 독립을 위해 **스츄뤄글**(스트러글)하다
먹고살기 위해 **애쓰다** ⇨ 먹고살기 위해 **스츄뤄글**(스트러글)하다
시험 합격을 위해 **분투하다** ⇨ 시험 합격을 위해 **스츄뤄글**(스트러글)하다

재활용

걱정하다	우워뤼		걱정시키다, 우려하다, 걱정, 염려 {워리} worry
자막	썹타이럴	썹타이틀	부제(副題) {서브타이틀} subtitle
선수권 (우승 자격, 우승 지위)	챔피언쉽	참피언쉽	우승, 선수권 대회 {챔피언쉽} championship
머리기사	헫을라인		기사 제목, 헤드라인 {헤드라인} {헫라인} headline
제목	탸이럴	탸이틀	직함, 명칭, (스포츠) 선수권 {타이틀} title

"돈 **우워뤼**(Don't worry 걱정하지마)"라고 말했으나 친구는 그 일에 대해 **걱정하다**
외국영화의 한글 **자막** ⇨ 외국영화의 한글 **썹타이럴**(서브타이틀)
세계 수영 **선수권** 대회 ⇨ 세계 수영 **챔피언쉽** 대회 / ● 선수권(選가릴선手손수權권세권): 우승한 선수나 팀에게 주는 자격
톱스타 커플의 결혼 소식이 **머리기사**에 실리다 ⇨ 톱스타 커플의 결혼 소식이 **헫을라인**(헤드라인, 헫라인)에 실리다
책 **제목**은 토끼와 거북이이다 ⇨ 책 **탸이럴**(타이틀)은 토끼와 거북이이다 / 회사에서의 **직함** ⇨ 회사에서의 **탸이럴**

무작정

반사하다	뤼쁠뤸t		반영하다 {리플렉트} reflect
식료 잡화점	그로우슈뤼		식료품 및 잡화 (groceries) {그로서리} grocery
걱정스러운	우워륃		걱정되는, 걱정하는, (worry의 과거분사) {워리드} worried
(강한) 반대	아뻐지션	어퍼지션	야당 {아퍼지션} {오퍼지션} opposition
격노 (激격할격怒성낼노)	뤠이쥐		격노하다, 분노, 노발대발 {레이지} rage

햇빛을 **반사하다** ⇨ 햇빛을 **뤼쁠뤸**(뤼쁠뤸t, 뤼쁠뤸트, 리플렉트)하다 / 시대상을 반영하다 ⇨ 시대상을 **뤼쁠뤸**하다
식료 잡화점에서 먹거리를 사다 ⇨ **그로우슈뤼**(그로서리)에서 먹거리를 사다
걱정스러운 표정 ⇨ **우워륃**(우워리d, 우워뤼드, 워리드)한 표정
상대 의견에 대한 **반대** ⇨ 상대 의견에 대한 **아뻐지션** (아퍼지션)
격노하여 쓰레기통을 발로 차다 ⇨ **뤠이쥐**하여 쓰레기통을 발로 차다 / + 격노, 격분, 난폭, 폭행 outrage 아울뤠이쥐

영어 단어에 해당하는 국어 단어 (기준으로 세운 뜻)	미국식 발음	영국식 발음	해당 국어 단어들 (다른 뜻들)	{한국식 발음} 스펠링	
신부	브롸읻			{브라이드} bride	연상법
신랑	브롸읻그루움			(= groom) {브라이드그룸} bridegroom	
(털, 옷차림 등을) 손질하다	그루움		(옷차림을) 가다듬다, 신랑 {그룸} groom		
비슷한	씨뮐뤌	씨뮐러	유사한, 닮은 {시멀러} {시밀러} similar		
큰 걸음	스쮸롸읻		활보, 큰 걸음으로 걷다, 성큼성큼 걷다 {스트라이드} stride		

신부의 얼굴과 드레스가 **브롸읻**(브라이트, 브롸읻 bright 밝은, 눈부신)하다
신랑이 사랑하는 **브롸읻**(신부)을 맞이 하는 기분은 **그루움**(구름) 위를 걷는 기분이다
그루움(구름) 같은 하얀 털을 가진 흰색 고양이가 털을 손질하다 / + (동물의) 털 손질, 몸단장 grooming 그루밍
할머니가 상추**씨**를 화단에 심고 흙에 영양분인지 **뮐 뮐**서(뭘 넣어서) 상추들이 **비슷**한 크기로 잘 자란다
투수가 큰 걸음을 내딛고 온 힘을 다해 공을 던지니 **스쮸롸**이크(스트라이크)**읻**다(있다, 되다)

일하다	우월k	우월	{워크} work		쪼개기
근무하다	우월k	우월	근무 {워크} work	★★★	
작업하다	우월k	우월	작업 {워크} work		
작동하다	우월k	우월	{워크} work		work
작품 (집합적)	우월k	우월	제작물 {워크} work		

아르바이트로 일하다 ⇨ 아르바이트로 **우월**k(우월크, 워크)하다
하루 8시간씩 근무하다 ⇨ 하루 8시간씩 **우월**(우월k, 우월크, 워크)하다
밤늦게 까지 작업하다 ⇨ 밤늦게 까지 **우월**하다 / 오랜 작업을 마치다 ⇨ 오랜 **우월**을 마치다
기계가 잘 작동하다 ⇨ 기계가 잘 **우월**하다
예술 작품 ⇨ 예술 **우월** / 문학 작품 ⇨ 문학 **우월**

(말, 오토바이, 자전거 등을) 타는 사람	롸이뤌	롸이더	승객, 기수 {라이더} rider		재활용
가죽	을레ð뤌	을레ð더	피혁(皮가죽피革가죽혁) {레더} leather		
한 시간	아우월	아우워	1시간, 시간, 시각 {아워} hour		
(동물, 악마 등의) 뿔	@혼~	호온	뿔의, 뿔 모양의, 경적, 뿔 나팔 (악기) {혼} horn		
높게	하이		높이, 높은, 고도의 high		

말이나 오토바이 타는 사람을 **롸이뤌**(라이더)이라고 한다
가죽 자켓 ⇨ **을레뤌**(레더) 자켓 / ※ 레더(가죽) 자켓을 입은 오토바이 라이더(타는 사람)
도착하는데 한 시간 걸리다 ⇨ 도착하는데 **아우월**(아워) 걸리다
혼~(혼)을 담아 소의 **뿔**로 나팔을 만들다 / ◆ @혼~ : 혀를 말고 혼(홀과 혼이 섞인 소리)을 길게 발음
높게 평가하다 ⇨ **하이**하게 평가하다 / 높이 날다 ⇨ **하이**하게 날다 / 높은 비용 ⇨ **하이**한 비용

밀	우윝		소맥 (小작을소麥보리맥) {위트} {윗} wheat		무작정
승객	패아슨졀	파슨져	탑승객, 여객 {패신져} passenger		
상인의	뭘~쳔t	뭐어쳔t	상인, 무역상(인) {머천트} merchant		
해결하다	뤼줘업		결심하다, 결의하다, 분해하다 {리절브} {리잘브} resolve		
(말, 자전거, 오토바이, 탈것 등에) 타다	롸읻		(말, 자전거, 오토바이, 탈것 등을) 타고 가다 {라이드} ride		

밀을 빻아 밀가루를 만들다 ⇨ **우윝**(우윝t, 우위트, 위트)을 빻아 밀가루를 만들다
승객이 택시에서 내리다 ⇨ **패아슨졀**(패신져)이 택시에서 내리다
상인의 장사 비법 ⇨ **뭘~쳔**(뭘~쳔t, 뭘~쳔트, 머쳔트)의 장사 비법
문제를 해결하다 ⇨ 문제를 **뤼줘업**(뤼줘v, 뤼줘어브, 리절브)하다 / ◆ l 발음은 생략
말을 타다 ⇨ 말을 **롸읻**(롸읻d, 라읻드, 라이드)하다 / 자전거를 타고 가다 ⇨ 자전거를 **롸읻**하다

왕초보 영단어 복합적 암기법 **3**회

비정상적인	앱노얼뭘	압노어뭘	이상한 {앱노멀} {어브노멀} abnormal	연상법
(눈물, 피 등을) 흘리다	쉐엔		헛간, 광 {쉐드} shed	
바보 같은	씨을리		어리석은, 유치한 {실리} silly	
멀리	빠알	빠아	먼, 멀리 떨어져, 훨씬 {파} far	
먼	빠뤄우웨이		멀리 떨어진, 아득한, 먼 {파러웨이} faraway	

스마트폰 **앱**(애플리케이션)이 **노얼뭘**(보통의)해서 프로그램 코드를 변형했더니 비정상적인 작동을 한다 / ※ ab : 이탈, 분리
"하나, 둘, **쉐엔**(셋)!" 하고 큐 싸인이 떨어지자 주연 배우가 슬픈 연기를 하며 눈물을 **흘리다** {쉐엔, 쉐에, 쉐에드, 쉐드}
비즈니스 세계에서의 거래는 **씨을리**(실리, 실제의 이익)을 얻지 못하면 **바보 같은** 일이 된다
수확한 곡식을 **빠알**(빵아) 껍질과 쭉정이를 **멀리** 날려 보내고 알곡만 남기다
우물파기 자원봉사자들이 식수로 어려움을 겪는 아프리카 오지마을에 우물을 **빠뤄**(파러) **먼 우웨이**(길)를 떠나다

(거리, 공간, 시간) 더 멀리	쀠얼ㅎ뒬	쀠어ㅎ둬	더 먼, (far의 비교급) {퍼더} further	쪼개기
한층 더	쀠얼ㅎ뒬	쀠어ㅎ둬	{퍼더} further	★★☆
더 나아가	쀠얼ㅎ뒬	쀠어ㅎ둬	{퍼더} further	
(과거로) 더 거슬러 올라가	쀠얼ㅎ뒬	쀠어ㅎ둬	{퍼더} further	further
게다가	쀠얼ㅎ뒬	쀠어ㅎ둬	뿐만 아니라 {퍼더} further	

더 멀리 내다보다 ⇨ **쀠얼뒬**(퍼더) 내다보다 / 더 먼 거리 ⇨ **쀠얼뒬**(퍼더) 거리
한층 더 발전하다 ⇨ **쀠얼뒬**(퍼더) 발전하다
K-Pop이 아시아에서 더 나아가 세계시장을 두드리다 ⇨ K-Pop이 아시아에서 **쀠얼뒬**(퍼더) 세계시장을 두드리다
더 거슬러 올라가 삼국시대부터 전해온 이야기 ⇨ **쀠얼뒬**(퍼더) 삼국시대부터 전해온 이야기
이 요리는 맛이 좋다. 게다가 보기에도 좋다 ⇨ 이 요리는 맛이 좋다. **쀠얼뒬**(퍼더) 보기에도 좋다

정상적인	노얼뭘	노어뭘	일반적인, 보통의, 평범한, 보통, 정상 {노멀} normal	재활용
기침	커엎		기침하다, 헛기침, "콜록" {코프} cough	
더 (정도, 수량)	모얼	모어	보다 더, 보다 많이, 더 많은, 더 많이 {모어} more	
(부정문, 의문문) 더 이상 (~않다)	에니모얼	에니모어	이제는 (~않다) {에니모어} anymore	
(후보자로) 지명하다	놔뭐네잍	노머네잍	(후보자로) 추천하다 {노미네이트} nominate	

정상적인 작동 ⇨ **노얼뭘**(노멀)한 작동
아이가 **기침**이 있어 **커엎**(커어프, 코프) 시럽을 먹이다
자신보다 아내를 **더** 사랑하다 ⇨ 자신보다 아내를 **모얼**(모어) 사랑하다
더 이상 필요하지 않다 ⇨ **에니모얼**(에니모어) 필요하지 않다
세명을 연기대상 후보자로 **지명하다** ⇨ 세명을 연기대상 후보자로 **놔뭐네잍**(놔뭐네이t, 놔뭐네이트, 노미네이트)하다

운동하다	우월 까울	우워 까울	(일이) 잘 풀리다 {워크 아웃} work out	무작정
항구	포얼t	포얼	항만, 포트 (컴퓨터 접속 단자) {포트} port	
공항	에어포얼t	에어포얼	{에어포트} airport	
여권	패아스포얼t	파아스포얼	{패스포트} passport	
게다가	쀨ㅎ뒬모얼	쀠ㅎ둬모어	뿐만 아니라 {퍼더모어} furthermore	

규칙적으로 **운동하다** ⇨ 규칙적으로 **우월 까울**(우월k 아울, 워크 아웃)하다
배 한 척이 **항구**로 들어오다 ⇨ 배 한 척이 **포얼**(포올t, 포얼트, 포트)로 들어오다
비행기가 **공항**에 도착하다 ⇨ 비행기가 **에어포얼**(에어포올t, 에어포얼트, 에어포트)에 도착하다
여권을 신청하다 ⇨ **패아스포얼**(패아스포올, 패아스포얼트, 패스포트)을 신청하다
그 가수는 노래를 잘한다. 게다가 연기도 잘한다 ⇨ 그 가수는 노래를 잘한다. **쀨뒬모얼**(퍼더모어) 연기도 잘한다

영어 단어에 해당하는 국어 단어 (기준으로 세운 뜻)	미국식 발음	영국식 발음	해당 국어 단어들 (다른 뜻들)	{한국식 발음} 스펠링	
화학	케메스쮸뤼	케미스쮸뤼	화학적 성질, 공감대 {케미스트리} chemistry		연상법
화학의	케메컬	케미컬	화학적인 {케미컬} chemical		
체포하다	어뤠슡		체포, (진행을) 막다, 정지시키다, 정지 {어레스트} arrest		
처벌하다	퍼네쉬	파네쉬	벌을 주다, 벌하다 {퍼니쉬} punish		
침착한	카암 / 커엄		차분한, 고요한, 진정시키다, 가라앉히다 {캄} calm		

땅속의 어떤 화학 작용으로 인해 땅속에 있던 **케메**(개미) 떼들이 **스쮸뤼**트(스트리트, 거리)로 기어 나오다
여러 가지 화학의 작용으로 **케메**(개미)의 몸춘이 무지개 **컬**으로 변하다
어단가에 숨어서 **뤠슡**(rest 휴식)하고 있던 범인을 찾아서 **체포하다**
장난 삼아 수족관의 물을 **퍼네**(퍼내다) 금붕어들을 놀라게 한 **쉬**(그녀)를 따끔하게 **처벌하다**
그는 갑자기 정전이 되어 멈춘 **카암**캄한(캄캄한) 엘리베이터 안에서 **침착**한 행동으로 동승자들을 안심시키고 구조를 요청하다

가입하다	죠인		참여하다, 참가하다 {조인} join		쪼개기
(힘 등을) 합치다	죠인		(길, 강물 등이) 합쳐지다 {조인} join		★★★
(회사에) 입사하다	죠인		입단하다, 들어가다, 입학하다, 입대하다 {조인} join		
합류하다	죠인		{조인} join		join
연결하다	죠인		연결시키다, 잇다 {조인} join		

사진 동아리에 **가입하다** ⇨ 사진 동아리에 **죠인**하다 / 대회에 **참여하다** ⇨ 대회에 **죠인**하다
힘을 **합치다** ⇨ 힘을 **죠인**하다
회사에 **입사하다** ⇨ 회사에 **죠인**하다 / 축구단에 **입단하다** ⇨ 축구단에 **죠인**하다
그룹사운드에 드러머로 **합류하다** ⇨ 그룹사운드에 드러머로 **죠인**하다
양쪽 끝을 **연결하다** ⇨ 양쪽 끝을 **죠인**하다

공동의	죠인t		관절, 합동의, 접합 (부분), 연결 부위, 이음매 {조인트} joint		재활용
우승한	위닝		이긴, 승리한 winning		
더 나은	베뤌	베뤄	더 좋은, 더 좋게, 보다 좋은, (good의 비교급) {베터} better		
세포	쎄얼	쎄을	전지, 작은 방, 독방, 감방 {셀} cell		
험담	가아슢 / 가아쉡	곳쉪	뜬소문, 소문, 잡담, 잡담하다, 가십 기사 {가십} gossip		

공동의 작품(공동 작품) ⇨ **죠인**(죠인t, 죠인트, 조인트) 작품 / 무릎 관절이 아프다 ⇨ 무릎 **죠인**(죠인t)이 아프다
우승한 선수 ⇨ **위닝**한 선수
더 나은 미래 ⇨ **베뤌**(베터)한 미래 / 더 좋은 조건 ⇨ **베뤌**한 조건
세포가 분열하다 ⇨ **쎄얼**(셀)이 분열하다 / 태양 전지 ⇨ 태양 **쎄얼**(셀) / ※ 건전지 : battery, dry cell (battery)
험담은 누구나 하는 경향이 있다 ⇨ **가아슢**(가십)은 누구나 하는 경향이 있다

자산	아아쎌	아쎌	재산 {애셋} asset		무작정
발생하다	어커얼	어커	(일이) 일어나다, 생기다 {어커} occur		
애매한	붸익		모호한, 어렴풋한 {베이그} vague		
뒤엎다	엎쎌		뒤집어엎다, 속상하게 만들다, 뒤흔들다, 전복 {업셋} upset		
정밀한	프뤼싸이스		정확한 {프리사이스} precise		

자산을 관리하다 ⇨ **아아쎌**(애셋)을 관리하다
사건이 발생하다 ⇨ 사건이 **어커얼**(어케)하다
애매한 말 ⇨ **붸익**(붸이g, 붸이그, 베이그)한 말 / 모호한 답변 ⇨ **붸익**한 답변
식탁을 뒤엎다 ⇨ 식탁을 **엎쎌**(업셋)하다
정밀한 지도 ⇨ **프뤼싸이스**(프리사이스)한 지도

왕초보 영단어 복합적 암기법 3회

한국어	발음1	발음2	의미	분류
잘못된	뤄엉	뤙	그릇된, 나쁜, 틀린 {렁} {롱} wrong	연상법
정착하다	쎄를	쎄틀	해결하다 {쎄틀} settle	
위험	뒈인절	뒈인져	위협, 위험물 {데인저} danger	
개입하다	인뤌뷔인 / 이눨뷔인	인터뷔인	간섭하다, 끼어들다, 중재하다 {인터빈} intervene	
결정하다	디싸일		하기로 하다, 결심하다 {디사이드} decide	

잘못된 식습관을 개선하는데 **뤄엉**(long 롱, 긴)한 시간이 걸리다
새들이 **쎄 를**(새 틀, 새로운 둥지)에 **정착하다**
"모닥불에 **뒈인**다(덴다)" **위험**이 있으니 아이들은 **절**(저리로) 멀리 떨어져 앉아라 **+ 위험한** dangerous 뒈인져뤄스
신인 선수의 **인뤌뷔인**(인터뷰)에 고참 선수가 **개입하다**
동전의 앞면이 나오면 우리팀이 먼저, **디**(뒷) **싸일**(사이드, 면)이 나오면 상대팀이 먼저 공격하는 것으로 **결정하다**

한국어	발음1	발음2	의미	분류
(밥상, 식탁 등을) 차리다	쎌 / 쎄엘		무대 장치, (연극) 공연장, 촬영장 {셋} {세트} set	쪼개기 ★★★ set
세우다	쎌 / 쎄엘		배치하다, (해, 달 등이) 지다, 일몰 {셋} {세트} set	
설정하다	쎌 / 쎄엘		(시간, 기기 등을) 맞추다, 되게 하다, 두다, 놓다 {셋} {세트} set	
정하다	쎌 / 쎄엘		정해진, 결정된, 고정된 {셋} {세트} set	
한 벌	쎌 / 쎄엘		한 조, 전집, (한 벌, 무대 장치, 경기 등의) 세트 {셋} {세트} set	

밥상을 **차리다** ⇨ 밥상을 **쎌**(셋)하다 / **+ 설정**, (밥상) 차리기, (식탁) 세팅, (연극, 소설의) 배경 setting 쎄링 {쎄팅} {셋팅}
신기록을 **세우다** ⇨ 신기록을 **쎌**(셋)하다 / 해가 **지다** ⇨ 해가 **쎌**(셋)하다
휴대폰을 진동으로 **설정하다** ⇨ 휴대폰을 진동으로 **쎌**(셋)하다 / 타이머를 **맞추다** ⇨ 타이머를 **쎌**(셋)하다
날짜를 **정하다** ⇨ 날짜를 **쎌**(셋)하다 / 목표를 **정하다** ⇨ 목표를 **쎌**(셋)하다 / 정해진 길 ⇨ **쎌**(셋)의 길
그릇 **한 벌** ⇨ 그릇 **쎌**(세트)

한국어	발음1	발음2	의미	분류
은밀한	씨이끄뤌	씨이크뤌	비밀, 비밀의 {시크릿} secret	재활용
진영	캐앰p / 캐암p	캬암p	야영지, 야영, 야영하다, 수용소 {캠프} camp	
(대학의) 교정 (校學校敎庭뜰정)	캐앰뻐스	캄퍼스	대학의 구내, 대학의 분교 {캠퍼스} campus	
(사회적, 정치적) 운동	캐앰페인	캄페인	선거 운동, 캠페인 {캠페인} campaign	
(올이 굵은) 삼베 (삼으로 짠 천)	캐앤붜스	캰붜스	무명베, (유화, 텐트 등의) 캔버스 (천) {캔버스} canvas	

은밀한 장소 ⇨ **씨이끄뤌**(시크릿)한 장소 / 우리 둘만의 비밀 ⇨ 우리 둘만의 **씨이끄뤌**
상대 **진영**을 공격하다 ⇨ 상대 **캐앰**(캠프, 캠프, 캠프)을 공격하다 / ● 진영(陣營) : 대립하는 세력의 한쪽. 군대가 진을 치는 곳
캐앰뻐스(캠퍼스)는 대학 구내(건물이나 구역의 안)의 **교정**(학교의 뜰이나 운동장)과 건물을 통틀어 말한다
교통안전 **운동** ⇨ 교통안전 **캐앰페인**(캠페인)
캐앤붜스(캔버스)는 올이 굵은 삼베 재질의 천으로 돛, 천막, 유화 그리는 천, 캔버스 신발, 가방 등의 천으로 쓰인다

한국어	발음1	발음2	의미	분류
능력	어빌러티	어빌러티	할 수 있음 {어빌러티} ability	무작정
무능	이너빌러티	이너빌러티	불능, 무력 {이너빌러티} inability	
(신체적, 정신적) 장애	듸써빌러티	듸써빌러티	{디서빌러티} disability	
분명한 (보통 명사 앞에는 안 씀)	어패어뤈t	어파뤈t	명백한, ~인 것처럼 보이는 {어패런트} apparent	
쪼개다	스쁠릿		분열시키다, 분열되다, 가르다, 쪼개짐, 분할 {스플릿} split	

능력을 발휘하다 ⇨ **어빌러티**(어빌러티)를 발휘하다
무능이 드통나다 ⇨ **이너빌러티**(이너빌러티)가 드통나다
신체적 **장애**를 극복하다 ⇨ 신체적 **듸써빌러티**(디서빌러티)를 극복하다
서로 좋아하는 것이 하다 **분명한**(분명하다) ⇨ 서로 좋아하는 것이 하다 **어패어뤈**(어패어뤈t, 어패어뤈트, 어패런트)
통나무를 **쪼개다** ⇨ 통나무를 **스쁠릿**(스플릿)하다

영어 단어에 해당하는 국어 단어 (기준으로 세운 뜻)	미국식 발음	영국식 발음	해당 국어 단어들 (다른 뜻들)	{한국식 발음} 스펠링	
참고	뤠뻐뤈스	뤠풔뤈스	참조, 기준, 언급 {레퍼런스} reference		연상법
광고하다	애ㄷ붤타이즈	아ㄷ붜타이즈	{애드버타이즈} advertise		
지루한	보어링		따분한 {보링} boring		
(경기의) 심판	뤠뻐뤼이	뤠풔뤼이	중재인, 중재하다, 심판하다 {레퍼리} referee		
박수	클뢒		손뼉치다, (손바닥으로) 가볍게 치다 {클랩} clap		

그 **뤠뻐**(래퍼)는 작사, 작곡을 할 때 **뤈**(런, 달리다) 하면서 **스**치는 악상을 **참고**한다
애ㄷ(광고)를 내서 돈을 **붤**려고(벌려고) 인터넷 쇼핑몰 메인 페이지에 **타이즈**(타이즈, 쫄바지)를 **광고하다**
지루한 일요일 오후에 친구들과 **보어링**(볼링)을 하다
뤠뻐(래퍼, 랩 가수) **뤼이**(리, 이 Lee 성씨)가 연예인 친목 축구 대회의 **심판**을 보다
오디션장에 참가한 한 래퍼에게 "음악시장에서 분명히 **클**(크다, 성공하다) **뢒**(랩)이다"라고 심사위원들이 호평하며 **박수**를 치다

규칙	@루우얼	@루울	원칙, 법칙 {룰} rule		쪼개기
규정	@루우얼	@루울	{룰} rule		★★★
통치하다	@루우얼	@루울	통치 {룰} rule		rule
다스리다	@루우얼	@루울	{룰} rule		
지배하다	@루우얼	@루울	지배 {룰} rule		

경기 규칙 ⇨ 경기 **루우얼**(룰) / ◆ @루 : 혀를 말고 굴려서 발음 / ◆ 단어 끝 l 발음 : 얼과 어 사이로 발음
한글 맞춤법 규정 ⇨ 한글 맞춤법 **루우얼**(룰)
나라를 통치하다 ⇨ 나라를 **루우얼**(룰)하다
백성을 다스리다 ⇨ 백성을 **루우얼**(룰)하다
세계를 지배하다 ⇨ 세계를 **루우얼**(룰)하다

역할	@로울		배역, 역 {롤} role		재활용
안내하다	가이ㄷ		안내인, 안내서, 지침 {가이드} guide		
전환하다	스위취		전환, 바꾸다, 개폐기, 회초리, 스위치를 넣다, 스위치 switch		
벽돌	브뤽		벽돌의, 벽돌로 지은 {브릭} brick		
혼돈	케이아스	케이어스	혼란, 무질서, 카오스 {케이아스} chaos		

학생의 역할 ⇨ 학생의 **로울**(롤) / 비타민의 역할 ⇨ 비타민의 **로울**(롤) / ◆ @로 : 혀를 말고 굴려서 발음
길을 안내하다 ⇨ 길을 **가이ㄷ**(가이d, 가이드)하다
아날로그에서 디지털 방식으로 전환하다 ⇨ 아날로그에서 디지털 방식으로 **스위취**하다
벽돌을 쌓아 집을 짓다 ⇨ **브뤽**(브릭)을 쌓아 집을 짓다
혼돈의 시대 ⇨ **케이아스**(카오스)의 시대

자	@루울럴	@루울러	통치자, 지배자 {룰러} ruler		무작정
조수 (潮밀물조水물수) (밀물과 썰물)	타이ㄷ		흐름, 경향 {타이드} tide		
보름달	뿌 무운	푸 무운	만월 {풀 문} full moon		
참고하다	뤼뻐얼	뤼풔어	참조하다, 언급하다, 말하다 {리퍼} refer		
선호하다	프뤼뻐얼	프뤼풔어	~을 더 좋아하다 {프리퍼} prefer		

자를 꽉 **루울럴**(눌러) 대고 낚시로 잡는 물고기의 길이를 재다
조수 간만의 차로 인해 바닷길이 열리다 ⇨ **타이**(타이d, 타이드, 타이드) 간만의 차로 인해 바닷길이 열리다
밤하늘에 보름달이 뜨다 ⇨ 밤하늘에 **뿌 무운**(풀 문)이 뜨다
최근 자료를 참고하다 ⇨ 최근 자료를 **뤼뻐얼**(리퍼)하다 + 언급하다, 표현하다, 말하다 refer to
작은차 보다 큰 자동차를 선호하다 ⇨ 작은차 보다 큰 자동차를 **프뤼뻐얼**(프리퍼)하다

왕초보 영단어 무작정 암기뽀 4회

두 마리 토끼를 잡으려면 한 마리씩!

빠른 영어 단어 암기를 위해 발음 요령과 강세는 제외하고 한글 표기 대로의 미국식 발음부터 암기합니다. (권장 사항)

단어용
영어 단어 암기용
기본 발음

VS

발음용
영어 발음 향상용
발음법

단어용	발음용
어뤄꽤아릴	어뤄꽤아릴
브뢔앤드	브뢔앤d
듸스카운트	듸스카운t☆
패앗 / 패아뜨	패θ앝 / 패아θ뜨
클로우딩	클로우ð딩

VS

단어용	발음용
우와뤌 / 우워뤌	우와뤌 / 우워뤌
을라이썬스	을라이썬s
뤼코얼드	뤼코얼d★
익스쮜퐐트	익스쮜퐐t★
플랕뽐~	플랕@뽐~

△ 한글 표기대로만 발음   ▲ 발음 요령 & 강세

① d, t 등의 알파벳 표기는 드, 트 등으로 읽기
② '얇은 글자'와 '홀쭉한 글자' 그냥 읽기
③ 각종 기호, 발음 요령은 신경 쓰지 말고 발음
④ 강세를 위한 높낮이 표시 배제하고 발음
※ 한글 발음 표기에 기본 영어 발음 내재

영어 단어에 해당하는 국어 단어 (기준으로 세운 뜻)	미국식 발음	영국식 발음	해당 국어 단어들 (다른 뜻들)	{한국식 발음} 스펠링	
(약자를) 괴롭히다	부울리		따돌리다, 따돌림, (약자를) 괴롭히는 사람 {불리} bully		연상법
양배추	캐아베쥐	캬베쥐	(속어) 지폐 (미국) {캐비쥐} cabbage		
붙잡다	그래아슾	그롸아슾	꽉 잡다, 움켜잡다, 이해하다 {그래슾} grasp		
꽉 잡음	그륖		움켜쥠, 손잡이, 꽉 잡다, 잡는 방식, 장악, 통제, 이해 {그립} grip		
(고통, 슬픔, 손해 등을) 겪다	써뻴	써뻐ㅓ	고통을 받다 {서퍼} suffer		

시합에서 운동 실력으로 선배가 **부울리**해(불리해) 지자 심판 몰래 반칙을 써서 상대인 후배 선수를 괴롭**히**다
"**양배추**는 섬유소가 많아 건강에 **캐아베쥐**(캐비지, 최고지)"
'**그래**(그래)**아**직도 사랑하는 그녀의 뒷모**슾**(뒷모습)만을 바라볼 수 없어'하며 결국 떠나려는 그녀를 붙잡**다**
'이별한 연인이 **그륖**다(그립다)'하며 그가 남긴 편지를 꽉 잡**음**
써뻴(서퍼 surfer 서핑하는 사람)이 높은 파도에 고꾸라져 보드와 부딪히는 바람에 타박상의 아픔을 겪다

(손, 손에 든 것으로) 치다	히잍		(안타, 홈런 등을) 치다, 강타, 타격, 안타 {히트} {힛트} hit		쪼개기
때리다	히잍		{히트} {힛트} hit		★★★
흥행하다	히잍		인기를 끌다, 히트하다, 히트곡 {히트} {힛트} hit		h i t
부딪치다	히잍		충돌하다, 들이받다 {히트} {힛트} hit		
명중하다	히잍		맞다, 맞히다, 명중, 적중 {히트} {힛트} hit		

벽을 치다 ⇨ 벽을 **히잍**(히이t, 히이트, 히트)하다 / 안타를 치다 ⇨ 안타를 **히잍**하다
격투 선수가 상대 선수의 머리를 때리다 ⇨ 격투 선수가 상대 선수의 머리를 **히잍**하다
영화가 흥행하다 ⇨ 영화가 **히잍**하다 / 음반이 인기를 끌다 ⇨ 음반이 **히잍**하다
천장에 머리를 부딪치다 ⇨ 천장에 머리를 **히잍**하다
화살이 과녁에 명중하다 ⇨ 화살이 과녁에 **히잍**하다 / 팔에 축구공을 맞다 ⇨ 팔에 축구공을 **히잍**하다

뺑소니의	힡 은 뤄언	히 튼 뤄언	(전투, 경기) 치고 달리기(빠져나오기) hit-and-run		재활용
땅바닥	그롸운d		땅, 지면 {그라운드} ground		
(그림, 집안, 사회 등의) 배경	백그롸운d	박그롸운d	{백그라운드} background		
지하의	언둴그롸운d	언둬그롸운d	지하에 {언더그라운드} underground		
(학교의) 운동장	플레이그롸운d		(공원의) 놀이터 {플레이그라운드} playground		

뺑소니의 사고를 목격하다 ⇨ **힡 은 뤄언**(히트 앤 런) 사고를 목격하다
땅바닥에 앉다 ⇨ **그롸운**(그라운d, 그라운드, 그라운드)에 앉다
사진 배경 ⇨ 사진 **백그롸운**(백그라운d, 백그라운드, 백그라운드) / 역사적 배경 ⇨ 역사적 **백그롸운**
지하의 자원(지하자원) ⇨ **언둴그롸운**(언둴그라운d, 언둴그라운드, 언더그라운드)의 자원
학교 운동장 ⇨ 학교 **플레이그롸운**(플레이그라운d, 플레이그라운드, 플레이그라운드)

도둑	θ띄잎	θ씌잎	절도, 절도범 {띠프} {씨프} thief		무작정
(차량 운반, 정신적인) 짐	을로운		하중, 무게, 부담, (짐을) 싣다, (프로그램을) 로드하다 {로드} load		
(액체, 기체, 비밀 등이) 새다	을리잌		누출, 유출, 새는 곳, 누설하다 {리크} leak		
물건	스뚜엎	스뚶	재료, 물질, ~것, 원료 {스터프} stuff		
운명	데스뚜니		숙명 {데스터니} destiny		

얼굴이 잘 **띄**지 않게 도둑이 마스크로 **잎**(입)을 가리고 물건을 훔치다 (θ띄잎, θ띄이f, θ띄이프)
짐을 화물차에 싣다 ⇨ **을로운**(을로우d, 을로우드, 로드)을 화물차에 싣다
물병에서 물이 **새다** ⇨ 물병에서 물이 **을리잌**(을리이k, 을리이크, 리크)하다
물건을 잘 보관하다 ⇨ **스뚜엎**(스터프)을 잘 보관하다 / 건축 재료 ⇨ 건축 **스뚜엎**(스터프)
운명을 개척하다 ⇨ **데스뚜니**(데스터니)를 개척하다

왕초보 영단어 복합적 암기법 **4**회

움켜잡다	그뢉/그래압	그뢉	꽉 잡다, 붙잡다, 거머쥐다, 잡아채기 {그랩} grab	연상법
수분	모이스쳘	모이스쩌	습기 {모이스쳐} moisture	
겸손한	험블		겸허한, 초라한, 천한 {험블} humble	
견디다	엔듀얼	엔듀어	참다 {엔듀어} endure	
논의하다	디스까스		상의하다, 토론하다, 논하다 {디스커스} discuss	

잔치국수 1인분을 만들기 위해 면 100**그뢉**(그램 gram, g)을 움켜잡다
더위에 목이 마른 닭장 속의 닭들이 **모이**통을 **스쳘**(스쳐) 지나 물통에서 수분부터 채우다
그 톱스타는 한 명의 팬도 **험블**(함부로) 하지 않는 늘 겸손한 마음을 가지고 있다
지난번에 체중 조절하려다 일주일 만에 포기했지만 이번 **엔 듀얼** 달간(두어 달간) **견디다**
우리 팀을 **디스**(dis 반대, 경멸하다)하고 **까스**(까서) 화나게 하는 상대편을 어떻게 비꼬고 공격할지 **논의하다**

열	히잍		뜨거움, 온도 {히트} heat	쪼개기
열기	히잍		흥분시키다, 흥분하다 {히트} heat	★★★
더위	히잍		더운 기운 {히트} heat	
데우다	히잍		{히트} heat	heat
가열하다	히잍		뜨겁게 하다 {히트} heat	

엔진의 열 ⇨ 엔진의 **히잍**(히잍t, 히이트, 히트) / 열을 반사하는 하얀색 ⇨ **히잍**을 반사하는 하얀색
한여름 태양이 열기를 뿜어내다 ⇨ 한여름 태양이 **히잍**을 뿜어내다
더위를 이겨내다 ⇨ **히잍**을 이겨내다
물을 데우다 ⇨ 물을 **히잍**하다 / ◆ hit과 heat 발음 차이 : hit는 입술의 긴장 없이 발음. heat는 입술을 좌우로 늘리며 발음
프라이팬을 가열하다 ⇨ 프라이팬을 **히잍**하다 / ◆ i와 ea, ee의 스펠링 형태 발음 모두 해당 (chip & cheap / ship & sheep 등)

(문, 창문 등을 똑똑) 두드리다	놔악	노옥	때리다, 부딪치다, 노크하다, 노크 {낙} {나크} knock	재활용
(경기, 시험의) 점수	스꼬얼	스꼬어	득점, 득점하다, 악보 {스코어} score	
(작은) 배	보울		(모든 종류의) 배, 보트 {보트} boat	
(큰) 배	쉬잎	쉾	선박(船舶선船舶박), 함(艦싸움배함), 함선 {쉽} ship	
수다를 떨다	채앝	차앝	잡담하다, 수다, 잡담, (인터넷) 채팅하다 {챗} {챗} chat	

문을 똑똑 두드리다 ⇨ 문을 **놔악**(놔아k, 놔아크, 낙, 나크, 노크)하다
점수가 3점으로 벌어지다 ⇨ **스꼬얼**(스코어)이 3점으로 벌어지다 / 득점을 올리다 ⇨ **스꼬얼**(스코어)을 올리다
배로 강을 건너다 ⇨ **보울**(보우트, 보우트, 보트)으로 강을 건너다
배에 컨테이너를 싣다 ⇨ **쉬잎**(쉽)에 컨테이너를 싣다
채앝(채팅) 앱으로 친구들과 수다를 떨다 (채앝, 채아트, 채아트, 챗, 챗)

결석한	애앞쎈t / 아압쎈t	앞쎈t	결근한, 부재의, 없는, 결여된 {앱선트} absent	무작정
대답하다	뤼플라이		답장하다, 대답, 답장 {리플라이} reply	
목적지	뒈스뛰네이션		도착지 {데스티네이션} destination	
학자	스까알뤌	스껄뤄	장학생 {스칼러} scholar	
장학금	스까알뤌쉾	스껄뤄쉾	{스칼러쉽} scholarship	

학교에 결석한 학생 ⇨ 학교에 **애앞쎈**(애앞쎈t, 애앞쎈트, 앱선트)한 학생 / 결근한 직원 ⇨ **애앞쎈**한 직원
질문에 대답하다 ⇨ 질문에 **리플라이**하다 / ㅣ 발음 : **뤼**ㅍ**라이**의 구조
목적지에 도착하다 ⇨ **뒈스뛰네이션**(데스티네이션)에 도착하다 / ◆ 강세 2개 : 네(제1강세), 뒈(제2강세)
사물을 분석하는 학자 ⇨ 사물을 분석하는 **스까알뤌**(스칼러)
4년 내내 장학금을 받다 ⇨ 4년 내내 **스까알뤌쉾**(스칼러쉽)을 받다

영어 단어에 해당하는 국어 단어 (기준으로 세운 뜻)	미국식 발음	영국식 발음	해당 국어 단어들 (다른 뜻들)	{한국식 발음} 스펠링	
체중을 재다	우웨이		무게를 재다, 무게를 달다, 무게가 ~이다 {웨이} weigh		연상법
무게	우웨잍		체중, 중량 {웨이트} weight		
과체중	오우붤우웨잍	오우붜우웨잍	중량 초과의 {오버웨이트} overweight		
성가신	츄뤄블썸		골치 아픈 {트러블섬} troublesome		
(미래의, 과거의) 언젠가	썸타임		조만간, 한때, 어떤 때, 이전에 {섬타임} sometime		

운동으로 매일 **우웨이**(웨이 way 길)을 1시간씩 걷고 나서 **체중을 재다**
우웨잍(웨이트) 트레이닝은 웨이트 머신, 덤벨, 바벨 등의 **무게**가 있는 기구로 근육을 증가시키는 훈련이다
몸무게가 **오우붤**(오버)하여 **우웨잍**(체중, 무게)이 늘어나 **과체중**이 되다
같은 팀 동료인 그는 나와 **츄뤄블**(트러블, 문제)이 (어떤, 약간의, 일부) 있어서 **성가신** 관계이다
썸타임(섬타임)은 어떤 시간을 나타내므로 **언젠가**라는 뜻이다

움직이다	무웁		{무브} move		쪼개기
이동하다	무웁		이동시키다 {무브} move		★★★
이사하다	무웁		{무브} move		
감동시키다	무웁		(감정을) 일으키다 {무브} move		move
옮기다	무웁		~의 위치를 바꾸다 {무브} move		

몸을 움직이다 ⇨ 몸을 **무웁**(무우v, 무우브, 무브)하다
바다로 이동하다 ⇨ 바다로 **무웁**(무브)하다
옆 동네로 이사하다 ⇨ 옆 동네로 **무웁**(무브)하다
영화가 마음을 감동시키다 ⇨ 영화가 마음을 **무웁**(무브)하다
책상을 옮기다 ⇨ 책상을 **무웁**(무브)하다

(사회적, 특정한) 운동	무우브먼t		움직임, 이동 {무브먼트} movement		재활용
"도대체"	헤얼	헤을	"제기랄", "빌어먹을", 지옥 {헬} hell		
곳	플레이스		장소, 놓다 place		
견본	쌔앰쁠 / 쌔앰쁠	싸암플	견본의, 표본, 샘플 {샘플} sample		
소형의	컴패앀t / 컴패앀t	컴팍t	꽉 찬, 조밀한, 빽빽한, (공간이) 작은 {콤팩트} compact		

반대 운동 ⇨ 반대 **무우브먼**(무우브먼) / 사물의 운동 ⇨ 사물의 **무우브먼** / 공의 움직임 ⇨ 공의 **무우브먼**
"도대체 뭐가 문제야?" ⇨ **헤얼**(헬) 뭐가 문제야? / + "도대체 뭐야" what the hell 왙 ð어 헤얼 [월 ð어 헬]
요즘 유명한 곳 ⇨ 요즘 유명한 **플레이스** / 약속 장소 ⇨ 약속 **플레이스**
견본 주택 ⇨ **쌔앰쁠**(샘플) 주택
소형의 카메라 ⇨ **컴패앀**(컴패앀, 컴패앀t, 콤팩트)의 카메라

가끔	썸타임즈		가끔씩, 때로는, 때때로 {섬타임즈} sometimes		무작정
제거하다	뤼무웁		없애다, 치우다, 옮기다 {리무브} remove		
(체력, 바람 등이) 강한	스쮸뤄엉	스쮸뤙	힘센, 센, 튼튼한 {스트롱} strong		
힘	스쮸뤵θ뜨	스쮸뤵θ쓰	강함, 세기, 체력 {스트렝쓰} strength		
인용하다	쿠워욷		인용문, (말을) 전하다 {쿼트} quote		

가끔 뒷산에 올라간다 ⇨ **썸타임즈**(섬타임즈) 뒷산에 올라간다
얼룩을 제거하다 ⇨ 얼룩을 **뤼무웁**(뤼무우v, 뤼무우브, 리무브)하다
강한 사람 ⇨ **스쮸뤄엉**(스트롱)한 사람
힘을 내서 짐을 나르다 ⇨ **스쮸뤵뜨**(스쮸뤵th, 스쮸뤵θ)를 내서 짐을 나르다
책의 내용을 인용하다 ⇨ 책의 내용을 **쿠워욷**(쿠워우t, 쿠워우트, 쿼우트)하다 / ◎ 인용(引당길引用쓸용)

왕초보 영단어 복합적 암기법 **4**회

대체하다	뤼플레이스		교체하다, 대신하다, 바꾸다 {리플레이스} replace	연상법
감사하다	어프뤼쉬에잍		진가를 인정하다, 감상하다 {어프리쉬에이트} appreciate	
잘게 자르다	챠앞	츂	잘게 썰다, (도끼로) 잘게 패다 {찹} chop	
젓가락	챠앞스띡	츂스띡	{찹스틱} chopstick	
재료	뭐티어뤼얼		물질의, 물질적인, 천, 옷감, 직물 {머티리얼} material	

체육대회날 비가 오자 **뤼**(다시) **플레이스**(장소)를 실내 체육관으로 대체하다
어부인 삼촌이 고등**어**를 **프뤼쉬**(프레쉬, 신선한)것으로 **에잍**(8, 여덟) 마리를 주셔서 감사하다
저녁 메뉴로 **챠앞** 스테이크(찹 스테이크)를 요리하기 위해 소고기를 잘게 자르다
젓가락은 나무를 **챠앞**(잘게 자르다)하여 만든 **스띡**(스틱, 막대)이다 / ※ '찹(chap 트다) 스틱'은 '튼 입술 연고'의 브랜드명
음식 재료 중에 **뭐**가 굉장히 **티어**(튀어, 띄어) 맛이 **뤼얼**(진짜의, 정말로) 독특하다

걸다	행 / 해앵	항 / 하앙	{행} hang	쪼개기
걸리다	행 / 해앵	항 / 하앙	{행} hang	★★★
매달다	행 / 해앵	항 / 하앙	달다, 달아매다 {행} hang	
매달리다	행 / 해앵	항 / 하앙	{행} hang	hang
교수형에 처하다	행 / 해앵	항 / 하앙	목을 매달다, 목을 매다 {행} hang	

옷걸이에 옷을 걸다 ⇨ 옷걸이에 옷을 **행**하다 / ♣ 행거(hanger 옷걸이)는 행거 락(rack ~걸이, 선반)의 콩글리쉬
나뭇가지에 풍선이 걸리다 ⇨ 나뭇가지에 풍선이 **행**하다
조명을 천장에 매달다 ⇨ 조명을 천장에 **행**하다
철봉에 매달리다 ⇨ 철봉에 **행**하다
범죄자를 교수형에 처하다 ⇨ 범죄자를 **행**하다 / ◎ 교수형(絞목맬교首머리수刑형벌형)

모으다	컬렉t / 클렉t		수집하다 {컬렉트} collect	재활용
수집품	컬렉션 / 클렉션		수집, 수집물, 모음집, (의상의) 신상품들 {컬렉션} collection	
공포	호어뤌	호뤄	전율, 공포물, 무서움, 끔찍함 {호러} horror	
영화 (미국)	무우비		{무비} movie	
얇은 막	쁴엄 / 쁴음		얇은 막, 피막, 영화 (영국), 촬영하다, 필름 {필름} film	

동전을 모으다 ⇨ 동전을 **컬렉**(컬렉트, 컬렉트, 컬렉트)하다
동전수집품 ⇨ 동전 **컬렉션**(컬렉션) / ※ 컬렉션 (행사) : 새로 디자인한 의상을 모아서 보여주는 신상품 발표회
공포 영화 ⇨ **호어뤌**(호러) 영화
헐리우드 영화 ⇨ 헐리우드 **무우비**(무비)
우유를 끓이면 얇은 막이 생긴다 ⇨ 우유를 끓이면 **쁴엄**(필름)이 생긴다 / ● 피막(皮껍질피膜꺼풀막): 껍질 같은 얇은 막

(신문, 인터넷 등의) 기사	알~리끌	아이티클	물품, 품목, 조항 {아티클} article	무작정
액체	을리꾸잍 / 을리꾸엘	을리쿠잍 / 을리쿠엘	액체의, 유동성의 {리퀴드} liquid	
환경	인봐뤄멘t	인봐이뤄먼t	{인바이런먼트} environment	
화합물	컴파운d		혼합물, 혼합하다, 복합의 {컴파운드} compound	
미묘한	써를	써틀	교묘한 {서틀} subtle	

경제에 대한 기사 ⇨ 경제에 대한 **알~리끌**(아티클)
액체를 기체화 시키다 ⇨ **을리꾸잍**(리퀴드)를 기체화 시키다 / 액체의 세제(액체 세제) ⇨ **을리꾸잍**의 세제
주변 환경 ⇨ 주변 **인봐뤄멘**(인바이런먼트, 인바이런먼트) / 가정 환경 ⇨ 가정 **인봐뤄멘**
유기 화합물 ⇨ 유기 **컴파운**(컴파운드, 컴파운드)
미묘한 차이 ⇨ **써를**(서틀)한 차이

97

영어 단어에 해당하는 국어 단어 (기준으로 세운 뜻)	미국식 발음	영국식 발음	해당 국어 단어들 (다른 뜻들)	{한국식 발음}	스펠링	
호화로운	을럭져뤼어스		고급의, (사물이) 사치스러운	{럭져리어스}	luxurious	연상법
뺨	취익		볼	{치크}	cheek	
믿을 수 있는	크뤠뤼벌	크뤠듸벌	신뢰할 수 있는	{크레더블}	credible	
믿어지지 않는	인크뤠뤼벌	인크뤠듸벌	엄청난, 굉장한	{인크레더블}	incredible	
분배하다	디스츄뤼뷰울		유통하다, 배포하다	{디스트리뷰트}	distribute	

세계적으로 알려진 그 감부는 **을럭**(운, 행운)이 **져뤼**(저리) 좋아 **어스**(지구)에서 가장 **호화로운** 생활을 한다
콜라캔을 따주 **취익**~(취익~)- 소리 내면서 콜라의 탄산 거품이 **뺨**에 튀다 (취익, 취ick, 취익크, 치크)
그는 **크뤠**딧(크레딧, 신용)을 **뤼벌**(더블, 이중의)로 가지고 있어 믿을 수 있는 사람이다
인간성 좋고 **크뤠뤼벌**(믿을 수 있는)한 사람이 회사의 공금을 횡령하다니 믿어지지 않는 일이다
디스(이, 이것) 상품들을 **츄뤼**서(추려서) **뷰울**(뷰티) 매장에 각각 **분배하다** / ※ dis (거꾸로 하다, 분리, 반대)

돌다	@튄~	튀언		{턴}	turn	쪼개기
돌리다	@튄~	튀언	방향 전환	{턴}	turn	★★★
(나이, 상태로) 되다	@튄~	튀언	차례	{턴}	turn	
변하다	@튄~	튀언	바뀌다, 바꾸다	{턴}	turn	turn
(옷을) 뒤집다	@튄~	튀언		{턴}	turn	

모퉁이를 돌다 ⇨ 모퉁이를 **튄**~(턴)하다 / ◆ @튄~ : 혀를 말고 튄(튈과 튄이 섞인 소리)을 길게 발음
핸들을 돌리다 ⇨ 핸들을 **튄**~하다 / 고개를 돌리다 ⇨ 고개를 **튄**~하다 / 발길을 돌리다 ⇨ 발길을 **튄**~하다
아이가 어느새 8살이 되다 ⇨ 아이가 어느새 8살이 **튄**~하다 / 우유가 치즈가 되다 ⇨ 우유가 치즈가 **튄**~하다
노란색으로 변하다 ⇨ 노란색으로 **튄**~하다
빨래를 하기 위해 옷을 뒤집다 ⇨ 빨래를 하기 위해 옷을 **튄**~하다

동등한	이꾸얼	이쿠얼	동일한, 평등한, 같은, 동등한 사람(것)	{이퀄}	equal	재활용
학점	크뤠뤨	크뤠듿	외상, 신용, 신용 거래	{크레딧}	{크레디트} credit	
양털	우얼	우울	양모, 모직(毛織모직짤직)	{울}	wool	
(전원, 기기, 수도, 가스 등을) 켜다	@튄~ 언	튀어 논	틀다, 켜지다	{턴 온}	turn on	
(전원, 기기, 수도, 가스 등을) 끄다	@튄~ 엎	튀어 높	잠그다	{턴 오프} {턴 옵} turn off		

동등한 권리 ⇨ **이꾸얼**(이퀄)한 권리 / **+ 동등하게**, 동일하게, 평등하게, 똑같이 equally 이꾸얼리 (이쿠얼리) [이퀄리]
학점을 따다 ⇨ **크뤠뤨**(크레딧)을 따다 / 외상 거래 ⇨ **크뤠뤨**(크레딧) 거래 / 신용 카드 ⇨ **크뤠뤨**(크레딧) 카드
양털 재질의 옷 ⇨ **우얼**(울) 재질의 옷 / ◆ l 발음 : 얼과 어 사이로 발음
컴퓨터를 켜다 ⇨ 컴퓨터를 **튄**~ 언(턴 온)하다 / 수돗물을 틀다 ⇨ 수돗물을 **튄**~ 언(턴 온)하다
TV를 끄다 ⇨ TV를 **튄**~ 엎(턴 오프)하다 / 수도꼭지를 잠그다 ⇨ 수도꼭지를 **튄**~ 엎(턴 오프)하다

(물건, 생각, 소식 등을) 전달하다	컨붸이 / 크붸이		전하다, 나르다	{컨베이}	convey	무작정
낙농업 (酪쇠젖낙農농사농業업업)	뒈어뤼		낙농업의, 낙농장, 유제품 회사, 유제품	{데어리}	dairy	
궁극적인	얼튀멜	얼튀멀	최종적인	{얼터멋}	ultimate	
평등	이쿠월러리	이쿠월러티	대등, 균등, 같음	{이퀄러티}	equality	
먹을 수 있는	에르벌	에드벌	식용의	{에더블}	edible	

공장에서 생산한 제품들을 **컨붸이**어(컨베이어) 벨트 위에 올려 트럭에 **전달하다**
어린이들이 **뒈**게(되게) **어뤼**(어린) 송아지와 젖소가 있는 **낙농업** 목장을 견학하다 / ◆ 낙농 : 우유나 유제품을 만드는 농업
얼굴에 신경 쓰고 집 앞 놀이**튀**(놀이터)인데도 한참 **멜**(멋)을 내고 나가는 **궁극적인** 이유는 애인이 기다리고 있기 때문이다
기회의 평등 ⇨ 기회의 **이쿠월러리**(이쿠워러리, 이퀄러티)
먹을 수 있는 과일 ⇨ **에르벌**(에더블)한 과일 / 식용의 꽃잎(식용 꽃잎) ⇨ **에르벌**의 꽃잎

왕초보 영단어 복합적 암기법 **4**회

추측하다	게에스 / 게아스	게스	짐작하다, ~인 것 같다, 추측 {게스} guess	연상법
닦다	우와잎		닦기, (얼룩, 기억 등을) 지우다, 문지르다 {와이프} wipe	
예의 바른	펄라잍		공손한, 정중한 {펄라이트} polite	
(맛이) 신	싸우얼	싸우어	시큼한, 시큼둥한 {사우어} sour	
천재	쥐니어스		천재성 {쥐녀스} genius	

탐사 팀이 어디에서 **게에스**(개스, 가스)가 나올지 추측하다
식사 후 남편이 설거지를 하고 **우와잎**(와이프 wife 아내)은 식탁을 닦다 / + 닦는 천, (자동차의) 와이퍼 wiper **우와이뻘** [우와이퍼]
펄**펄** 기운 차고 성격이 브라**잍**(브라이트, 밝은)한 예의 바른 아이는 모두의 사랑을 받고 있다
예능 프로에서 닭싸움으로 **싸우얼**(싸워) 진 팀이 벌칙으로 **신** 레몬을 먹다
그 **천재** 아이는 천재성과 노력 두 가지를 모두 **쥐니어스**(지녔어)

돌아오다	뤼@튄~	뤼튀언	복귀하다 {리턴} return	쪼개기
(원래의 위치, 상태로) 돌아가다	뤼@튄~	뤼튀언	되돌아가다 {리턴} return	★★★
돌려주다	뤼@튄~	뤼튀언	되돌려주다, 돌려보내다 {리턴} return	
반납하다	뤼@튄~	뤼튀언	반납 {리턴} return	
반송하다	뤼@튄~	뤼튀언	반송, 반환, 반환하다 {리턴} return	return

집으로 돌아오다 ⇨ 집으로 **뤼튄~**(리턴)하다 / ◆ @튄~: 혀를 말고 튄(뤌과 튄이 섞인 소리)을 길게 발음
고향으로 돌아가다 ⇨ 고향으로 **뤼튄~**(리턴)하다 / 돌고래가 바다로 되돌아가다 ⇨ 돌고래가 바다로 **뤼튄~**하다
빌린 옷을 돌려주다 ⇨ 빌린 옷을 **뤼튄~**(리턴)하다
도서실에서 대여한 책을 반납하다 ⇨ 도서실에서 대여한 책을 **뤼튄~**(리턴)하다
택배를 반송하다 ⇨ 택배를 **뤼튄~**(리턴)하다

벌레	버억	벅	(작은) 곤충, 도청기, 도청하다, 버그 (컴퓨터 오류) {버그} bug	재활용
(꿈틀꿈틀 기어 다니는) 벌레	우@웜	우웜	애벌레, 유충 {웜} worm	
등	바악 / 배악	박	뒤, 뒷면, 뒤로, 안쪽, 등뼈 {백} back	
매일의	데일리		일상의, 일상적인, 매일, 날마다 {데일리} daily	
애벌레	캐륄필뤌 / 캬륄필뤌	캬튀필뤄	무한궤도 장치 {캐터필러} caterpillar	

컴퓨터 프로그램 시스템의 오류인 **버억**(버어g, 버어그, 버그)은 벌레를 뜻한다
벌레가 기어가다 ⇨ **우웜**(웜)이 기어가다 / ● 애벌레: 알에서 나온 어린 곤충 (애+벌레) = ◎ 유충(幼어릴유蟲벌레충)
등이 가렵다 ⇨ **바악**(백)이 가렵다 / ◆ b 발음: 위아래 입술을 모았다가 입안의 공기를 팍 내보내는 발음
매일의 삶 ⇨ **데일리**(데일리)의 삶
탱크와 포크레인의 **캐륄필뤌**(캐터필러, 무한궤도 장치)은 애벌레가 꿈틀거리며 기어가는 것 같다

차례로	인 @튄~	인 튀언	차례차례, 결국 {인 턴} in turn	무작정
무례한	@루욷		버릇없는, 예의 없는 {루드} rude	
친절한	카인d		종류, 다양한 {카인드} kind	
충분한	이넢		충분히, 필요한 만큼의 {이너프} enough	
따뜻한	우@웜	우옴	따스한, 훈훈한 {웜} warm	

차례로 입장하다 ⇨ **인 튄~**(인 턴) 입장하다
무례한 말 ⇨ **루운**(루우d, 루우드, 루드)한 말 / ◆ @루: 혀를 말고 루를 굴려서 발음
친절한 사람 ⇨ **카인**(카인d, 카인드)한 사람 / 다양한 종류의 버섯 ⇨ 다양한 **카인**의 버섯
케이크를 만들기에 충분한 생크림 ⇨ 케이크를 만들기에 **이넢**(이너프, 이너프)한 생크림
따뜻한 실내 ⇨ **우웜**(웜)의 실내 / ◆ @웜: 혀를 말고 웜(웜과 웜이 섞인 소리)을 발음

영어 단어에 해당하는 국어 단어 (기준으로 세운 뜻)	미국식 발음	영국식 발음	해당 국어 단어들 (다른 뜻들)	{한국식 발음} 스펠링	
낭비하다	우웨이슽		낭비, 쓰레기, 폐기물	{웨이스트} waste	연상법
쓰레기 (미국)	가알베쥐	가아베쥐	음식물 쓰레기 (미국)	{가비쥐} garbage	
쓰레기 (영국)	뤄베쉬 / 롸베쉬	뤄베쉬	잡동사니, 쓸데없는	{러비쉬} rubbish	
쓰레기	줘엉k		폐품, 고물, 쓸모없는 물건	{정크} junk	
쓰레기	율리뤌	율리퉈	어질러진 상태, 어지르다	{리터} litter	

우웨이(길) 마다 멀쩡한 보도블록을 새로 깔아 **슽**한(숱한, 아주 많은) 예산을 **낭비하다** (우웨이슽, 웨이스트, 우웨이스트)
"이것은 조리된 지 보름이 지난 **가알베쥐**(갈비쥐)". 오래되어 못 먹게 된 갈비가 음식물 **쓰레기**가 되다
뤄베(루비, 보석) 반지를 **쉬**(그녀)가 실수로 **쓰레기**와 함께 버리다
줘엉k 푸드(정크 푸드, 쓰레기 식품)란 고칼로리에 영양가가 없는 **쓰레기** 같은 인스턴트식품을 말한다
20 **율리뤌**(리터 liter 용량의 단위 ℓ) 쓰레기봉투에 **쓰레기**를 담아 버리다

말하다	스뻬잌			{스피크} speak	쪼개기
이야기하다	스뻬잌			{스피크} speak	★★★
연설하다	스뻬잌			{스피크} speak	
(언어를) 쓰다	스뻬잌			{스피크} speak	speak
(특정한 언어를) 할 줄 알다	스뻬잌		(특정한 언어를) 구사하다	{스피크} speak	

천천히 말하다 ⇨ 천천히 **스뻬잌**(스피크)하다 / 어렵게 **말하다** ⇨ 어렵게 **스뻬잌**(스피크)하다
그들만의 언어로 **이야기하다** ⇨ 그들만의 언어로 **스뻬잌**(스피크, 스페이크, 스피크)하다
대중 앞에서 **연설하다** ⇨ 대중 앞에서 **스뻬잌**(스피크)하다
무분별하게 영어를 **쓰다** ⇨ 무분별하게 영어를 **스뻬잌**(스피크)하다
스페인어를 할 줄 알다 ⇨ 스페인어를 **스뻬잌**(스피크)하다 / 영어를 **구사하다** ⇨ 영어를 **스뻬잌**하다

자료	데이뤄 / 댜아뤄	데이퉈	데이터	{데이터} data	재활용
줄거리	플라앝	플롵	음모, 계략, 플롯	{플롯} plot	
(나무, 돌 등의) 사각형 덩어리	블럼	블롬	(완구, 건축용) 블록, (도시의) 한 구획, 막다	{블록} block	
어울리다	왜애취 / 왜아취	왁아취	경기 (영국), 시합 (영국), 성냥	{매치} match	
성능	펄뽀얼멘스	퍼포어먼스	공연, 성과, 연주	{포퍼먼스} performance	

자료를 수집하다 ⇨ **데이뤄**(데이터)를 수집하다
책의 줄거리 ⇨ 책의 **플라앝**(플롯)
사각형 덩어리인 **블럼**(블록)으로 집을 만들고 있다
옷과 신발의 색상이 잘 **왜애취**(매치)되어 어울리다 / 테니스 경기 ⇨ 테니스 **왜애취**(매치)
성능이 좋은 제품 ⇨ **펄뽀얼멘스**(포퍼먼스)가 좋은 제품 / 멋진 공연 ⇨ 멋진 **펄뽀얼멘스**(포퍼먼스)

쓰다듬다	퍁 / 팥	팥	토닥이다, 가볍게 두드리다	{팻} pat	무작정
확보하다	씨큐얼	씨큐어	안전한	{시큐어} secure	
방대한	왜아슽 / 와아슽	붜어슽	광활한, 막대한	{배스트} vast	
쓰레기 (미국)	츄롸아쉬	츄롸쉬	잡동사니, 폐기물	{트래쉬} trash	
(종이) 휴지통 (미국)	우웨이슽바아스껱			{웨이스트바스켓} wastebasket	

팥(펫, 애완동물) 숍에서 새끼 고양이를 보자 아이들이 귀엽다고 **쓰다듬다**
농약을 안 쓴 안전한 땅에 법씨와 옥수수 **씨**를 심어서 **큐얼**(키위) 유기농 곡물을 **확보하다**
방대한 자료 ⇨ **왜아슽**(왜아스트, 배스트, 배스트)한 자료 / 광활한 토지 ⇨ **왜아슽**한 토지
쓰레기를 버리다 ⇨ **츄롸아쉬**(트래쉬)를 버리다 / + 쓰레기통 (미국) trash can 츄롸쉬 [츄롸쉬 캔]
휴지통에 휴지를 버리다 ⇨ **우웨이슽바아스껱**(웨이스트바스켓)에 휴지를 버리다 / ※ = wastepaper basket (영국)

왕초보 영단어 복합적 암기법 **4**회

연상법

임명하다	어포인t		지명하다 {어포인트} appoint
실망시키다	듸서포인t		{디서포인트} disappoint
~이지만	ð둬우		~이긴 하지만, 비록 ~일지라도, ~에도 불구하고 {도우} though
피해자	븩뜀	븩팀	희생자 {빅팀} victim
변호사 (미국)	어튈~니	어뤄어니	(법률문제 등의) 대리인 {어터니} attorney

그 직무에 가장 중요시되는 **어**(하나)의 **포인t**(포인트)에 초점을 맞추어 그에 적합한 사람을 **임명하다**
맛집의 **듸**(되게) 긴 줄을 **서**서 카드의 적립된 **포인t**(포인트)를 사용하려고 했는데 포인트 사용이 되지 않아 **실망시키다**
처음 만들어 보는 피자 **둬우**(도우, 반죽)라서 피자 모양이 엉망**이지만** 맛은 좋다
븩(빅, 큰) **뜀**(댐)에서 많은 물이 쏟아져 나와 주변 마을에 **피해자**가 생기다
"**변호사**에게 자문을 받아보는 게 **어튈~니**(어떠니)?"

쪼개기

(손가락 등으로) 가리키다	포인t		지적하다 (~ out) {포인트} point
(특정한) 지점	포인t		(위치 표시의) 점 {포인트} point
(성적, 평가, 경기 등의) ~점	포인t		(뾰족한, 날카로운) ~끝 {포인트} point
요점	포인t		{포인트} point
시점	포인t		{포인트} point

★★★ point

밤하늘의 보름달을 **가리키다** ⇨ 밤하늘의 보름달을 **포인**(포인t, 포인트)하다 / 문제를 **지적하다** ⇨ 문제를 **포인**하다
강물이 바닷물을 만나는 **지점** ⇨ 강물이 바닷물을 만나는 **포인**(포인t, 포인트)
30000**점**을 적립하다 ⇨ 30000**포인**(포인t, 포인트)을 적립하다 / 칼**끝** ⇨ 칼 **포인**(포인t, 포인트)
"**요점**만 말해라" ⇨ "**포인**(포인t, 포인트)만 말해라"
지금 이 **시점**에서는 최선의 방법이다 ⇨ 지금 이 **포인**(포인t, 포인트)에서는 최선의 방법이다

재활용

(안 좋은 것에) 의지하다	뤼조올t	뤼조올	의존하다, 의지, 휴양지 {리조트} resort
(자물쇠로) 잠그다	을라악	을록	자물쇠, 잠금장치 {락} {록} lock
(자물쇠가 달린) 사물함	을라아컬	을로커	(자물쇠가 달린) 물품 보관함 {락커} locker
기체	갸아스 / 걔애스	갸아스	(연료용) 가스, 휘발유 (gasoline), 방귀 (미국) {가스} gas
주유소 (미국)	갸~ 스떼이션		{가스 스테이션} gas station

술에 **의지하다** ⇨ 술에 **뤼조올**(뤼조올t, 뤼조올트, 리조트)하다
자물쇠로 **잠그다** ⇨ 자물쇠로 **을라악**(락)하다
개인 **사물함** ⇨ 개인 **을라아컬**(락커)
물을 끓이면 **기체**가 된다 ⇨ 물을 끓이면 **갸아스**(가스)가 된다 / **+** 휘발유 (미국), 가솔린 gasoline 갸솔리인
주유소에서 기름을 넣다 ⇨ **갸~ 스떼이션**에서 기름을 넣다 / ※ gas station의 gas는 연료용 가스가 아닌 gasoline의 비격식

무작정

변호사	을로이열	을로이여	법률가 {로여} lawyer
(만남, 시간의) 약속	어포읻멘t	어포인트먼t	예약, 임명 {어포인트먼트} appointment
비록 ~이지만	어얼ð둬우	오올ð둬우	비록 ~일지라도 {올도우} although
폭행자	어쎄일런t		공격자, 가해자 {어세일런트} assailant
보안	씨큐어뤼리	씨큐어뤼티	안보, 안전, 경비, 안심 {시큐리티} security

변호사를 선임하다 ⇨ **을로이열**(로여)을 선임하다
약속 시간 ⇨ **어포읻멘**(어포읻멘t) 시간 / **+** (다짐을) **약속하다**, (다짐의) 약속 promise 프뤄메스 {프뤼메스} {프라미스}
비록 날씨는 춥지만 마음만은 따듯하다 ⇨ **어얼둬우**(올도우) 날씨는 춥지만 마음만은 따듯하다
폭행자를 처벌하다 ⇨ **어쎄일런**(어쎄일런t, 어쎄일런트, 어세일런트)을 처벌하다
정보 **보안** ⇨ 정보 **씨큐어뤼리**(시큐리티) / 국가 **안보** ⇨ 국가 **씨큐어뤼리**(시큐리티)

영어 단어에 해당하는 국어 단어 (기준으로 세운 뜻)	미국식 발음	영국식 발음	해당 국어 단어들 (다른 뜻들)	{한국식 발음} 스펠링	
사나운	삐얼스	삐어스	치열한, 험악한, 격렬한	{피어스} fierce	연상법
뚫다	피얼스	피어스	관통하다, 뚫고 들어가다, 간파하다	{피어스} pierce	
흉내내다	미밐		흉내를 잘 내는, 모방의, 가짜의, 흉내쟁이	{미믹} mimic	
은퇴하다	뤼타이얼	뤼타이어	퇴직하다, 은퇴시키다	{리타이어} retire	
절정	피잌		(수요 등이) 최대인, 최고점, 산꼭대기, 뾰족한 끝	{피크} peak	

사나운 여우에게서 도망치다 다리를 **삐얼스**(삐었어)
귀에 구멍을 뚫는 것을 피어싱이라 하고 **피얼스**는 **뚫다** 라는 뜻이다
피카소와 샤갈의 **믹**(미술) 작품을 잘 **밐**(믹스, 섞다)하여 그들의 화풍을 **흉내내다**
자동차 타이어(tire 지치다, 타이어)가 오래되어 마모되면 **뤼**(다시) 새로운 **타이얼**(타이어)로 갈아 끼우듯 일에 지쳐서 **은퇴하다**
피잌(피크) 타임이란 서비스 수요와 이용이 **절정**에 달한 시간을 말한다 (피잌, 피이k, 피이크, 피크)

쪽	싸읻		가, 가장자리	{사이드} side	쪼개기
편	싸읻		곁	{사이드} side	★★★
옆의	싸읻		옆, 옆면	{사이드} side	side
면	싸읻		측, 측면	{사이드} side	
옆구리	싸읻			{사이드} side	

우리 쪽이 승리하다 ⇨ 우리 **싸읻**(싸이d, 싸이드, 사이드)이 승리하다
우리 편 ⇨ 우리 **싸읻**
자동차 옆의 거울 ⇨ 자동차 **싸읻**의 거울 ♣ 사이드 미러(콩글리쉬) = 사이드 뷰 미러 / ♣ 백 미러(콩글리쉬) = 리어 뷰 미러
벽 한 면에 액자를 걸다 ⇨ 벽 한 **싸읻**에 액자를 걸다
옆구리를 간지럽히다 ⇨ **싸읻**을 간지럽히다

풍자적인 개작	패뤄리	파뤄디	풍자적으로 개작하다, 패러디(하다)	{패러디} parody	재활용
나란히	싸읻 바이 싸읻		나란히 있는	{사이드 바이 사이드} side by side	
입장	퍼지션		위치, 지위, 처지	{포지션} position	
밖에	아울싸읻		밖의, 밖으로, 바깥쪽, 외부의, 외부	{아웃사이드} outside	
(특정 조직에 속하지 않는) 외부인	아울싸이뤌	아울싸이둬	제3자, 이단아, 문외한	{아웃사이더} outsider	

예능 프로그램에서 영화의 한 장면을 풍자적인 개작인 **패뤄리**(패러디)를 하다
나란히 걸어가다 ⇨ **싸읻 바이 싸읻**(사이드 바이 사이드) 걸어가다
입장이 난처하다 ⇨ **퍼지션**(포지션)이 난처하다 / 달의 위치 ⇨ 달의 **퍼지션**(포지션)
밖에 비가 오다 ⇨ **아울사읻**(아웃사이드)에 비가 오다
외부인 출입금지 ⇨ **아울싸이뤌**(아웃사이더) 출입금지

매혹하다	빠서네잍		마음을 빼앗다, 사로잡다	{패서네이트} fascinate	무작정
위험	뤼슼		위태롭게 하다, 위험을 무릅쓰다	{리스크} risk	
논리	올라아쥨	을로쥨	논리학	{로직} logic	
홍수	플러읻		넘치게 하다, 범람	{플러드} flood	
줄무늬	스쮸롸잎		줄무늬 천, 줄무늬를 넣다	{스트라이프} stripe	

이국적인 풍경이 여행객들을 매혹하다 ⇨ 이국적인 풍경이 여행객들을 **빠서네잍**(패서네이트)하다
투자 위험을 분산하다 ⇨ 투자 **뤼슼**(뤼스k, 뤼스크, 리스크)을 분산하다
논리보다 감정이 앞서다 ⇨ **올라아쥨**(로직)보다 감정이 앞서다
비가 많이 올 것 같아서 홍수를 대비하다 ⇨ 비가 많이 올 것 같아서 **플러읻**(플러d, 플러드, 플러드)을 대비하다
연두색 줄무늬 ⇨ 연두색 **스쮸롸잎**(스쮸롸잎p, 스쮸롸잎, 스트라이프)

왕초보 영단어 복합적 암기법 4회

연상법

제자	디싸이쁠	디싸이플	문하생(門문문下아래하生) {디사이플} disciple
풍자	쌔타이얼	싸타이어	비꼼 {새타이어} satire
앵무새	패어륄 / 패어륄	파뤌 / 파뤨	{패럿} parrot
(나쁜 상황의) 긍정적인 면	엎싸잍		(나쁜 상황의) 좋은 면, 위쪽, 윗면 {업사이드} upside
(시간, 글, 말, 옷 등이) 짧은	브뤼잎		잠시의, (말, 글 등이) 간결한, 간단한, 개요 {브리프} brief

딖게(되게) 친한 **싸이**(사이)인 제자에게 땀을 **뻘**뻘 흘리며 스승이 공예를 가르치다 / ● 문하생 : 스승 밑에서 배우는 제자
"**쌔**(새) 타이어가 새 신발보다 싸다!" 하며 **타이얼**(타이어) 광고를 풍자적으로 재미있게 하다
앵무새는 사람이 하는 말을 따라 하는데 마치 **패어륄**(패러디) 하는 것 같다
축구경기에서 **엎싸잍**(offside 오프사이드, 업사이드) 판정을 받았지만 공격을 펼쳤다는 긍정적인 면이 있다
병아리가 짧은 시간 안에 짧은 **브뤼**(부리)로 배춧잎을 모두 쪼아 먹다 (브뤼잎, 브뤼if, 브뤼프, 브리프)

쪼개기 ★★★ trouble

문제	츄뤄벌		문제점 {트러블} trouble
말썽	츄뤄벌		{트러블} trouble
곤경	츄뤄벌		곤란, 어려움 {트러블} trouble
폐 (弊폐단폐)	츄뤄벌		{트러블} trouble
고민	츄뤄벌		{트러블} trouble

문제를 일으키다 ⇨ **츄뤄벌**(트러블)을 일으키다 / 문제점을 개선하다 ⇨ **츄뤄벌**(트러블)을 개선하다
자동차가 또 말썽을 부리다 ⇨ 자동차가 또 **츄뤄벌**(트러블)을 부리다
곤경에 처한 사람 ⇨ **츄뤄벌**(트러블)에 처한 사람
폐를 끼치다 ⇨ **츄뤄벌**(트러블)을 끼치다
고민을 한 번에 해결하다 ⇨ **츄뤄벌**(트러블)을 한번에 해결하다

재활용

순한	똬이얼d		온화한, 포근한, 상냥한 {마일드} mild
여전히	스띄을		가만히, 아직도, 정지해 있는, 조용한, 그래도 {스틸} still
폭풍	스@똠~	스또옴	폭풍우 {스톰} storm
성 (城성성)	캐아설	카아설	대저택, 성곽, 성을 쌓다 {캐슬} castle
품목	아이튐	아이튐	물품, 항목 {아이템} item

순한 맛 ⇨ **똬이얼**(똬이얼d, 똬이얼드, 마일드)한 맛
여전히 바쁘다 ⇨ **스띄을**(스틸) 바쁘다 / "정신없으니 가만히 있어라" ⇨ "정신없으니 **스띄을**(스틸) 있어라"
한 차례 폭풍이 몰아치다 ⇨ 한 차례 **스똠~**(스톰)이 몰아치다 / ◆ @뜸~ : 혀를 말로 똠(똘과 똠이 섞인 소리)을 길게 발음
성을 지키는 병사들 ⇨ **캐아설**(캐슬)을 지키는 병사들
쇼핑몰의 인기 있는 품목은 금세 품절이 된다 ⇨ 쇼핑몰의 인기 있는 **아이튐**(아이템)은 금세 품절이 된다

무작정

격식을 차린	뽀얼멀	뽀어멀	공식적인, 정식의, 형식적인 {포멀} formal
비공식적인	인뽀얼멀	인뽀어멀	비공식의, 격식을 차리지 않은 {이포멀} informal
정식으로	뽀얼멀리	뽀어멀리	공식적으로 {포멀리} formally
일시적인	템프뤠어뤼	템프뤄뤼	임시의, 비정규직 {템퍼러리} temporary
동시대의 (같은 시대의)	컨템프뤠어뤼	컨템프뤄뤼	당대의, 현대의 {컨템퍼러리} contemporary

격식을 차린 옷차림 ⇨ **뽀얼멀**(포멀)의 옷차림
비공식적인 기록 ⇨ **인뽀얼멀**(인포멀)한 기록 / 비공식의 모임(비공식 모임) ⇨ **인뽀얼멀**한 모임
정식으로 요리를 배우다 ⇨ **뽀얼멀리**(포멀리)로 요리를 배우다
일시적인 현상 ⇨ **템프뤠어뤼**(템퍼러리)한 현상
동시대의 인물 ⇨ **컨템프뤠어뤼**의 인물 / 당대의 평가 ⇨ **컨템프뤠어뤼**의 평가 / ● 당대: 일이 있는 바로 그 시대

영어 단어에 해당하는 국어 단어 (기준으로 세운 뜻)	미국식 발음	영국식 발음	해당 국어 단어들 (다른 뜻들)	{한국식 발음} 스펠링	
언급	커어멘t	코멘t	논평, 발언, 말, 논평하다, 언급하다	{코멘트} comment	연상법
고통	토올멘t	토오멘t	고뇌, 몹시 괴롭히다, 고통을 주다	{토멘트} torment	
살다 (문어체, 말 아닌 글에서 쓰임)	두웨얼	두웨을	거주하다, (마음에) 남아있다	{드웰} dwell	
토론	디베잍		토론하다	{디베이트} debate	
~하지 않는 한	언을레ㅆ		~이 아닌 한, 만약 ~이 아니라면	{언레쓰} unless	

'멘트를 하다' 할 때의 멘트는 언급, 논평, 발언 등의 뜻이고 **커어멘t**(코멘트)의 콩글리쉬이다 / ※ announcement 발표, 공고
강도 높은 훈련으로 선수들이 **토**가 **올**라오는데도 감독은 한마디 코**멘t**(언급, 말, 발언) 없이 고통스러운 훈련을 계속시키다
두 사람이 청정한 산에서 **웨얼**빙(well-being 잘 있는, 안녕, 행복)한 생활을 하며 유유자적하게 살다
바다의 환경문제에 대해 **토론**을 하기 위해 각국의 환경 단체들이 **디**(되게) 큰 **베**(배)에 모여 **잍**다(있다)
흥미를 잃지 않는 한 **언**니의 피아노 **을레**ㅆ(레슨 lesson 수업)는 계속될 것이다

나이	에이쥐		나이를 먹다	{에이지} age	쪼개기
연령	에이쥐			{에이지} age	★★★
시대	에이쥐			{에이지} age	age
노인들	에이쥐		늙다	{에이지} age	
~년 (인생의 한 시기)	에이쥐		시기	{에이지} age	

나이가 궁금하다 ⇨ **에이쥐**가 궁금하다 / 나이 차이 ⇨ **에이쥐** 차이
연령 제한 ⇨ **에이쥐** 제한
석기 시대 ⇨ 석기 **에이쥐** / 요즘 시대 ⇨ 요즘 **에이쥐** / 새로운 시대 ⇨ 새로운 **에이쥐**
노인들에게 공손하다 ⇨ **에이쥐**에게 공손하다
성년 ⇨ 성 **에이쥐** / 중년 ⇨ 중 **에이쥐** / 노년 ⇨ 노 **에이쥐**

손수레	카알t	카앝	수레, (쇼핑) 카트 (미국)	{카트} cart	재활용
대리석	롸알벌	롸아벌	대리석으로 된, 대리석 무늬의	{마블} marble	
젊은	영			어린 young	
역사적인	히스또뤼껄	히스또뤼컬	역사의	{히스토리컬} historical	
다루다	디이얼	디이을	거래, 대처하다, (카드를) 돌리다	{딜} deal	

손수레를 끌다 ⇨ **카알**(카알t, 카알트, 카트)을 끌다
바닥을 대리석으로 깔다 ⇨ 바닥을 **롸알벌**(마블)로 깔다 / ※ 마블링 : 대리석 무늬 (넣기), 기름진 소고기(차돌박이)
젊은 사람들 ⇨ **영**한 사람들
역사적인 배경 ⇨ **히스또뤼껄**(히스토리컬)한 배경 / **+** 역사적인, 역사에 남을 만한 historic 히스또뤨 {히스토리}
어려운 문제를 다루다 ⇨ 어려운 문제를 **디이얼**(딜)하다 / 큰 거래 ⇨ 큰 **디이얼**

외국의	뽀오뤤 / 뽀오뤈	뽀뤈 / 뽀뤈	대외적인, 외국산의, 타국의	{포린} foreign	무작정
외국인	뽀오뤼너ㄹ	뽀뤼너		{포리너} foreigner	
얇은	θ띤	θ씬	가늘게, 가는, 마른, 홀쭉한	{씬} thin	
긍정적인	파쥐맆	퍼쥐팁	명백한, 명확한	{포지티브} positive	
긍정적인 (격식)	어쀌뭐맆	어쀠어뭐팁	찬성하는, 긍정	{어퍼머티브} affirmative	

외국의 교육제도 ⇨ **뽀오뤤**(포린)의 교육제도
외국인과 영어로 대화를 하다 ⇨ **뽀오뤼너ㄹ**(포리너)과 영어로 대화를 하다
얇은 옷 ⇨ **띤**(씬)한 옷 / 가늘게 만들다 ⇨ **띤**하게 만들다
긍정적인 생각 ⇨ **파쥐맆**(파쥐리v, 파쥐리브, 포지티브)한 생각 / 긍정적인 반응 ⇨ **파쥐맆**한 반응
긍정적인 입장을 표명하다 ⇨ **어쀌뭐맆**(어쀌뭐리v, 어쀌뭐리브, 어퍼머티브)한 입장을 표명하다

왕초보 영단어 복합적 암기법 **4**회

연상법

(손바닥을 보이며 어깨를) 으쓱하다	쉬뤅		어깨를 으쓱하기 {쉬러그} shrug
내던지다	플링		내팽개치다, (욕 등을) 퍼붓다, 뛰쳐나가다 fling
이점	애드봬앤티쥐	애드붼티쥐	장점, 유리한 점 {어드밴티쥐} advantage
수줍어하는	샤이		수줍은, 수줍음이 많은, 부끄러워하는 shy
위협	θ뜨렡	θ쓰렡	협박 {쓰렛} {쓰레트} threat

"피자가 **쉬뤅**(싫어)?" 피자를 싫어하는 어린 조카를 보며 이모는 어깨를 **으쓱하다** (쉬룩, 쉬뤄g, 쉬뤄그)
바람피운 애인과 싸우고 나서 바닥에 커**플링**(반지)을 **내던지다**
스포츠에서 홈 **애드봬앤티쥐**(어드밴티쥐)는 익숙한 경기장과 홈팀의 응원 관중이 많은 등의 몇몇 **이점**을 가지게 된다
둘은 아직 어색해서 **수줍어하는 샤이**(샤이)이다
뒷 **뜨렡**(뜰에) 멧돼지가 나타나 **위협**을 주다 / ◆ 모음 없이 무성음 자음 θ(ㄸ, ㅆ)가 단독으로 작게 내는 발음

쪼개기

찾다	빠인d		{파인드} find	★★★
찾아내다	빠인d		{파인드} find	
발견하다	빠인d		{파인드} find	find
알아내다	빠인d		{파인드} find	
(경험 등으로) 알다	빠인d		깨닫다 {파인드} find	

양말을 찾다 ⇨ 양말을 **빠인**(빠인d, 빠인드, 파인드)하다
답을 찾아내다 ⇨ 답을 **빠인**(빠인d, 빠인드, 파인드)하다 / + **찾아내다**, 발견하다 find out 빠인 닿울 / 빠인드 아울
보물을 발견하다 ⇨ 보물을 **빠인**(빠인d, 빠인드, 파인드)하다
지도의 비밀을 알아내다 ⇨ 지도의 비밀을 **빠인**(빠인d, 빠인드, 파인드)하다
그의 성실함을 알다 ⇨ 그의 성실함을 **빠인**(빠인d, 빠인드, 파인드)하다

재활용

사업가	비즈너스봬안	비즈너스뭰	기업인, 회사원 {비지니스맨} businessman
제빵사	베이껄	베이커	빵 굽는 사람, 제빵업자 {베이커} baker
제과점	베이커뤼		빵집 {베이커리} bakery
(빵, 과자, 벽돌, 도자기 등을) 굽다	베잌		구워지다 {베이크} bake
언어	을랭구웨쥐	을랑구웨쥐	말, ~어, (어떤 한 나라의) 국어 {랭귀지} language

성공한 사업가 ⇨ 성공한 **비즈너스봬안**(비지니스맨)
제빵사 자격증 시험 ⇨ **베이껄**(베이커) 자격증 시험
제과점에서 식빵을 사다 ⇨ **베이커뤼**(베이커리)에서 식빵을 사다
빵을 굽다 ⇨ 빵을 **베잌**(베이k, 베이크)하다
몸짓으로 하는 언어 ⇨ 몸짓으로 하는 **을랭구웨쥐**(랭귀지)

무작정

외국어	뽀오렌 을랭구웨쥐	뽀륀 을랑구웨쥐	{포린 랭귀지} foreign language
피난처	뤠퓨우쥬	뤠퓨우쥬	피난, 피신, 도피, 도피처, 은신처 {레퓨지} refuge
난민	뤠퓨쥐이	뤠퓨쥐이	피난민 {레퓨지} refugee
초대하다	인봐잍		초청하다, 초빙하다 {인바이트} invite
초대	인붜테이션		초청, 초빙, 초대장 {인비테이션} invitation

외국어를 배우다 ⇨ **뽀륀 을랭구웨쥐**(포린 랭귀지)를 배우다 / ◆ 쥐(dʒ): 모음 없이 자음으로만 발음. 속삭이듯 '쥐' 발음
피난처를 찾다 ⇨ **뤠퓨우쥬**(레퓨지)를 찾다 / ◆ 쥬(dʒ): 모음 없이 자음으로만 발음. 속삭이듯 '쥬' 발음
난민을 돕다 ⇨ **뤠퓨쥐이**(레퓨지)를 돕다 / ◆ 쥐(dʒi): 자음(dʒ)과 모음(i)으로 소리나는 보통의 '쥐' 발음
집으로 초대하다 ⇨ 집으로 **인봐잍**(인봐lt, 인바이트, 인바이트)하다
초대 손님 ⇨ **인붜테이션**(인비테이션) 손님

영어 단어에 해당하는 국어 단어 (기준으로 세운 뜻)	미국식 발음	영국식 발음	해당 국어 단어들 (다른 뜻들)	{한국식 발음} 스펠링	연상법
영수증	뤼씨잍		영수, 수령, 인수, 받기	{리시트} receipt	
열의	즤이얼	즤이을	열정, 열성	{질} zeal	
식욕	애퍼타잍	아퍼타잍	욕구, 욕망	{애퍼타이트} appetite	
결합하다	컴바인		결합되다, 결합시키다, 겸비하다	{컴바인} combine	
(짐승의) 떼	허얼d	허얼	(경멸적) 무리, 사람들, 군중	{허드} herd	

음식을 추가로 주문하니 **뤼**(다시) **씨잍**(씨이트, 시트 sheet 종이 한 장)에 주문 사항이 새로 적힌 **영수증**을 주다 / ◆ p는 묵음
한 유명인이 식사 나눔 봉사에 와서 배식 외에도 직접 밥을 **즤이얼**(지을) 정성과 **열의**를 보이다
"**식욕**을 억제했더니 **애달퍼**" 그래도 날씬해 지기 위해 다이어트로 **퇴잍**(타이트, 꼭 끼는, 엄격한)하게 하다
컴퓨터와 냉장고를 **바인**더(바인더, 묶는 것, 끈) 끈으로 모둗 하나의 기기로 **결합하다**
육상선수들이 **허얼d**(허들, 장애물)을 넘듯이 말 **떼**들이 목장의 울타리를 넘다

(가로질러) 건너다	크롸아스	크뤄스		{크로스} cross	쪼개기
넘다	크롸아스	크뤄스		{크로스} cross	★★★
교차시키다	크롸아스	크뤄스	(다리를) 꼬다, (팔짱을) 끼다	{크로스} cross	
가로지르다	크롸아스	크뤄스	횡단하다	{크로스} cross	cross
십자가	크롸아스	크뤄스	십자, 십자형, +기호(십자 기호), ×표	{크로스} cross	

횡단보도를 건너다 ⇨ 횡단보도를 **크롸아스**(크로스)하다 / 강을 건너다 ⇨ 강을 **크롸아스**하다
담을 넘다 ⇨ 담을 **크롸아스**(크로스)하다 / 선을 넘다 ⇨ 선을 **크롸아스**하다
십자 모양으로 교차시키다 ⇨ 십자 모양으로 **크롸아스**(크로스)하다 / 다리를 꼬다 ⇨ 다리를 **크롸아스**하다
대륙을 가로지르다 ⇨ 대륙을 **크롸아스**(크로스)하다
십자가 목걸이 ⇨ **크롸아스**(크로스) 목걸이 / 십자 형광등 ⇨ **크롸아스** 형광등

화물차 (미국)	츄롹 / 츄뤽		소형 화물차 (영국)	{트럭} truck	재활용
승합차	봬앤 / 봬안	봐안	(승합차 형) 소형 화물차	{밴} van	
조합	컴버네이션		결합	{콤비네이션} combination	
횡단보도 (미국)	크뤄스워억	크뤄스우옥		{크로스워크} crosswalk	
격언	봬악썸 / 뫄악썸	쐑씸	금언	{맥심} maxim	

화물차에 짐을 싣다 ⇨ **츄롹**(트럭)에 짐을 싣다 / ✚ (대형) **화물차** (영국), 로리 lorry 홀로뤼 {로리}
15인승 **승합차** ⇨ 15인승 **봬앤**(밴)
컴버네이션(콤비네이션) 피자는 고기와 버섯, 피망 등 여러 가지 재료의 **조합**으로 맛있게 만들어진다
횡단보도를 건너다 ⇨ **크로스워억**(크로스워크)를 건너다
'시간은 금이다'라는 **격언** ⇨ '시간은 금이다'라는 **봬악썸**(맥심) / ※ 맥심(maxim) 커피

(명부에) 등록하다	뤠쥐스뜰	뤠쥐스뜌	기재하다, 신고하다	{레지스터} register	무작정
(물리적인) 힘	뽀올스	뽀오스	~력, 물리력, 폭력, 강요하다	{포스} force	
경고하다	우@원	우원	주의시키다	{원} warn	
오염	펄루우션		공해	{펄루션} pollution	
농사	@빢~밍	빠아밍	농업	{파밍} farming	

후보로 등록하다 ⇨ 후보로 **뤠쥐스뜰**(레지스터)하다
힘으로 밀어붙이다 ⇨ **뽀올스**(포스)로 밀어붙이다 / 자연의 힘 ⇨ 자연의 **뽀올스** / ※ ~력: 의지력, 중력, 무력, 폭력 등
한차례 경고하다 ⇨ 한차례 **우원**(원)하다 / ◆ @원 : 혀를 말고 원(월과 원이 섞인 소리)을 발음
수질 오염 ⇨ 수질 **펄루우션**(펄루션)
농사를 짓다 ⇨ **빢~밍**(파밍)을 짓다 / ◆ @빢 : 혀를 말고 빢(빨과 빢이 섞인 소리)을 길게 발음

왕초보 영단어 복합적 암기법 4회

농장	@뺨~ / @뺌~	빠암 / 뿨엄	양식장 {팜} farm	연상법
농부	@뺨~뭘 / @뺌~뭘	뽜아워 / 풔아워	농민 {파머} farmer	
혹독한	하알쉬	하아쉬	가혹한, 호된, 심한, 엄한, 거친 {하쉬} harsh	
쾅 (하는 소리)	배앵	바앙	쿵 (하는 소리), 쿵하고 치다, 쾅하고 닫다 {뱅} bang	
원상태로 돌리다	언두우		원래대로 하다, 풀다, 열다, 끄르다 {언두} undo	

농장에서 일하는 일꾼들의 **뺨~**(뺌)에 땀이 맺히다 / ◆ @뺨~ : 혀를 말고 **뺨**(빨과 뺨이 섞인 소리)을 길게 발음
뺨~(뺌)에 땀을 흘리며 농부가 밭에 **뭘**(뭐를, 무엇을) 심다
강도 높은 **혹독한** 훈련으로 선수들이 **하알**하알(하악하악) 하며 숨도 제대로 못 **쉬**다
친구들 몇 명이서 코끼리 코를 하고 **배앵**(뱅, 뱅뱅) 돌다가 친구와 머리가 쾅하고 부딪히다
하던 일을 **언**(un 반대, 제거) **두우**(do 하다)하여 원상태로 돌리다

(통제, 육체, 정신의) 힘	파우얼	파우어	능력 {파워} power	쪼개기
권력	파우얼	파우어	~력, 권한 {파워} power	★★★
정권	파우얼	파우어	{파워} power	
세력	파우얼	파우어	{파워} power	power
전력 (electric power)	파우얼	파우어	전력의 {파워} power	

세계를 움직이는 힘을 가진 사람 ⇨ 세계를 움직이는 **파우얼**(파워)을 가진 사람 / 글의 힘 ⇨ 글의 **파우얼**(파워)
국가의 권력 ⇨ 국가의 **파우얼**(파워) / 소비력 ⇨ 소비 **파우얼**(파워)
정권을 잡은 정당 ⇨ **파우얼**(파워)을 잡은 정당
세력을 확장하다 ⇨ **파우얼**(파워)을 확장하다
안정적인 전력 ⇨ 안정적인 **파우얼**(파워) / 전력의 공급 장치(전력 공급 장치) ⇨ **파우얼**(파워) 공급 장치

상사	버아스	버스	~장, 사장, 상관, 두목, 우두머리 {보스} boss	재활용
어디에나 있는	유비꾸워뤄스	유비쿠튀스	도처에 있는, 편재하는 {유비쿼터스} ubiquitous	
후원자	스뻐언쒈	스뻔써	후원 업체, 후원하다 {스폰서} sponsor	
둑	배앵k	바앙k / 방k	제방, (은행과) 거래하다, 은행 {뱅크} bank	
최대 (양, 수, 값, 액, 치)	왜액써뭠	왝써뭠	최대의, 최고, 최고의 {맥시멈} maximum	

직장에서 좋은 **상사**를 만나다 ⇨ 직장에서 좋은 **버아스**(보스)를 만나다
어디에나 있는 통신시스템 ⇨ **유비꾸워뤄스**(유비쿼터스) 통신시스템 / ◉ 편재(遍在두루편在있을재) : 두루 퍼져 있음
후원자의 지원을 받다 ⇨ **스뻐언쒈**(스폰서)의 지원을 받다
비가 많이 내려 둑이 무너지다 ⇨ 비가 많이 내려 **배앵**k(배앵k, 뱅크)이 무너지다 / 가까운 은행 ⇨ 가까운 **배앵**k
현금의 최대량을 확보하다 ⇨ 현금의 **왜액써뭠**(맥시멈) 양을 확보하다

참석하다	어퉤엔d		다니다, 나가다, 출석하다 {어텐드} attend	무작정
덩어리	을러엄p	을럼p	덩어리의, 묶어서 다루다, 각설탕 (한 개) {럼프} lump	
침략하다	인붸이d		침입하다, 쳐들어가다 {인베이드} invade	
지원	에잍		원조, 도움, 돕다 {에이드} aid	
머리를 숙이다	바우★		활(버우☆), 나비매듭(버우☆), 절(하다), 인사(하다) {바우} bow	

회의에 참석하다 ⇨ 회의에 **어퉤엔**(어퉤엔d, 어퉤엔드, 어텐드)하다 / 학원에 다니다 ⇨ 학원에 **어퉤엔**하다
밀가루 덩어리 ⇨ 밀가루 **을러엄**(을러엄p, 을러엄프, 럼프) / 기름 덩어리 ⇨ 기름 **을러엄**(을러엄p)
다른 나라를 침략하다 ⇨ 다른 나라를 **인붸이**(인붸이d, 인붸이드, 인베이드)하다 / **+ 침략** invasion 인붸이젼
경제적 지원 ⇨ 경제적 **에잍**(에잍d, 에이드)
왕에게 머리를 숙이다 ⇨ 왕에게 **바우**하다 / 활을 당겨 화살을 쏘다 ⇨ **버우**를 당겨 화살을 쏘다

영어 단어에 해당하는 국어 단어 (기준으로 세운 뜻)	미국식 발음	영국식 발음	해당 국어 단어들 (다른 뜻들)	{한국식 발음} 스펠링	
정교한	일라버륄☆		공들인, 정성을 들인, 공들여 만들다(★)	{일래버러트} elaborate	연상법
추구하다	펄슈우	퍼슈우	추적하다, 뒤쫓다	{퍼슈} pursue	
빈	붸이켄t	붸이컨t	(방, 자리 등이) 비어 있는	{베이컨트} vacant	
호환되는	컴패어러벌	컴파튀블	양립할 수 있는	{컴패터블} compatible	
외계인	에얼리언	에일리언	외국인의, 이국의, 이질적인	{에이리언} alien	

정성 들여 만든 **정교한** 건축모형을 망가뜨려 **일라 버륄**다(일이 나 버렸다) / ◆ 동사 일 때 발음 : 일라버뤠일★
그 붕어빵 장수는 **펄**(팥) 보다는 **슈우**크림(슈크림)이 들어간 붕어빵을 **추구하**다
창고에 있던 **붸이켄**(베이컨)을 **t**럭(트럭)에 가득 실었더니 어느새 그 창고는 **빈** 창고가 되었다
컴퓨터와 호환되는 주변기기를 **패어러**(팔어, 팔아서) 돈을 꾸준히 **벌**다
에얼리언은 굉장히 무섭고 이질적인 **외계인**이 등장하는 영화이다

(계속해서) 치다	비잍		연달아 치다, (계속해서) 두드리다	{비트} beat	쪼개기
박자	비잍		(계속 쳐서 내는) 리듬, 비트	{비트} beat	★★☆
물리치다	비잍		(가슴이) 뛰다	{비트} beat	
(경기, 게임에서) 이기다	비잍		(사람, 동물 등을) 때리다	{비트} beat	beat
(계란, 크림 등을) 휘젓다	비잍		(금속을) 두들겨 변형시키다(펴다)	{비트} beat	

드럼을 치다 ⇨ 드럼을 **비잍**(비oㅌ, 비이트, 비ㅌ)하다
박자에 맞춰 춤을 추다 ⇨ **비잍**(비oㅌ, 비이트, 비ㅌ)에 맞춰 춤을 추다
경쟁자를 물리치다 ⇨ 경쟁자를 **비잍**(비oㅌ, 비이트, 비ㅌ) / 더위를 물리치다 ⇨ 더위를 **비잍**하다
축구경기에서 상대편을 이기다 ⇨ 축구경기에서 상대편을 **비잍**(비oㅌ, 비이트, 비ㅌ)하다
계란을 휘젓다 ⇨ 계란을 **비잍**(비oㅌ, 비이트, 비ㅌ)하다

가정용의	허움		집에(으로), 자택, 주택, 가정, (가족과 함께 사는) 집	{홈} home	재활용
주택	하우징			주택 공급 {하우징} housing	
고향	허움타운			{홈타운} hometown	
가구(家口가口입구)	하우스허울d			세대 {하우스홀드} household	
집안일	하우스워일k	하우스워얼	가사	{하우스워크} housework	

가정용의 난방기(가정용 난방기) ⇨ **허움**(홈) 난방기 / ※ house는 물리적인 형태 / ● 자택(自스스로자宅집택) : 자신의 집
주택 시장이 호황이다 ⇨ **하우징**(하우징) 시장이 호황이다 / ● 주택(住살주宅집택) : 사람이 들어가 살 수 있게 지은 집
마음의 고향 ⇨ 마음의 **허움타운**(홈타운)
이 빌라에 열 가구가 산다 ⇨ 이 빌라에 열 **하우스허울**(하우스허울d)이 산다 / ● 가구 : 주거와 생계를 같이하는 사람의 집단
집안일은 해도 해도 끝이 없다 ⇨ **하우스워월**(하우스워월k)은 해도 해도 끝이 없다

공룡	다이너쏘얼	다이너쏘어		{다이너소어} dinosaur	무작정
편안한	컴퍼뤄벌 / 컴퍼튀벌	컴퍼튀벌	편한, 안락한, 쾌적한	{컴퍼터블} comfortable	
피하다	어보읻 / 아보읻		회피하다, 방지하다, 막다	{어보이드} avoid	
가파른	스띄잎		비탈진	{스팁} steep	
초	캐앤들	캰들	양초	{캔들} candle	

공룡의 뼈가 발견되다 ⇨ **다이너쏘얼**(다이너소어)의 뼈가 발견되다
편안한 자세 ⇨ **컴퍼뤄벌**(컴퍼터블)한 자세
어려운 일을 피하다 ⇨ 어려운 일을 **어보읻**(어보이d, 어보이드)하다 / 자전거를 피하다 ⇨ 자전거를 **어보읻**하다
가파른 언덕 ⇨ **스띄잎**(스띄이p, 스띄이프, 스팁)한 언덕
분위기를 위해 초를 켜다 ⇨ 분위기를 위해 **캐앤들**(캔들)을 켜다

왕초보 영단어 복합적 암기법 **4**회

역경	애드뷜쓰리	어드붜써티	{애드버서티} adversity	연상법
자살	수어싸일		(비유) 자살 행위 {수어사이드} suicide	
소외	에얼리언에이션	에일리언에이션	양도 {에일리어네이션} alienation	
기준	크라이티어뤼언		{크라이티어리언} criterion	
아픈 (미국)	씩 / 씨익		병든, 병난, (서술형) 토할 것 같은, 메스꺼운 {식} sick	

사업 실패의 **역경**을 딛고 성공한 가정의 **애드**(애들)가 **뷜**써(벌써) 고등학교 **쓰리**학년(쓰리학년, 3학년)과 1학년이 되다
다리에 미리 구조대가 **수어**(숨어) 있다가 자살 시도자 **싸인**(사이드, 옆면)으로 몰래 다가가 **자살**을 방지하다
에일리언(외계인) 같은 **에이**급 실력의 축구팀들과 경기를 하니 우리 팀 실력은 **션**찮아 **소외**를 느끼다
크라이(소리치다, 울다)하고 극장을 **티어**(튀어) 나갈 정도의 공포감 주는 영화의 **기준**은 에일**뤼언**(에일리언) 영화이다
아픈 몸을 **씩**씩하게(씩씩하게) 털어내다 / + **아픈** (영국) (명사 앞에는 안 씀), 병든 ill 이을 {일}

진실	츄루우θ뜨 / 츄루θ읏	츄루우θ쓰 / 츄루θ웃	{트루쓰} truth	쪼개기
사실	츄루우θ뜨 / 츄루θ읏	츄루우θ쓰 / 츄루θ웃	사실성 {트루쓰} truth	★★☆
진실성	츄루우θ뜨 / 츄루θ읏	츄루우θ쓰 / 츄루θ웃	{트루쓰} truth	
진리	츄루우θ뜨 / 츄루θ읏	츄루우θ쓰 / 츄루θ웃	{트루쓰} truth	truth
진상 (眞참진相불상)	츄루우θ뜨 / 츄루θ읏	츄루우θ쓰 / 츄루θ웃	진위(眞참진僞거짓위) {트루쓰} truth	

진실을 숨기다 ⇨ **츄루우뜨**(츄루우th, 츄루우θ, 츄루웃, 트루쓰)를 숨기다 / ◆ '츄루우뜨' = '츄루웃'으로 발음
사실을 알게 되다 ⇨ **츄루우뜨**를 알게 되다
그 사람의 **진실성**을 의심하다 ⇨ 그 사람의 **츄루우뜨**를 의심하다
보편적 **진리** ⇨ 보편적 **츄루우뜨**
소문의 **진상**을 밝히다 ⇨ 소문의 **츄루우뜨**를 밝히다 / **진위**를 확인하다 ⇨ **츄루우뜨**를 확인하다

농담	죠욱		익살, 농담하다, 장난 {조크} joke	재활용
마음	하알t	하알	가슴, 심장 {하트} heart	
베개	필로우	필러우	베개를 베다 pillow	
군사의	밀러퉤어뤼	밀러츄뤼 / 밀리츄뤼	군의, 군대의, 군대 {밀리터리} military	
복잡한	컴플렉스☆		복합의, 복합체(컴플렉스☆), 강박관념 {콤플렉스} complex	

재미있는 **농담** ⇨ 재미있는 **죠욱**(죠우k, 죠우크, 조크)
가벼운 **마음**으로 여행을 떠나다 ⇨ 가벼운 **하알**(하알t, 하알트, 하트)로 여행을 떠나다
베개가 푹신하다 ⇨ **필로우**가 푹신하다
군사의 작전 ⇨ **밀러퉤어뤼** 작전 / 군의 역할 ⇨ **밀러퉤어뤼**의 역할 / ● 군사(軍군사군事일사) : 군에 관한 일
사람들은 각자의 **컴플렉스**(콤플렉스)로 인해 마음이 **복잡한** 상태이다

중요한	임폴은t / 임폴튼t	임포오튄t	{임포턴트} important	무작정
(문제 등을) 풀다	써업		해결하다 {솔브} solve	
실험실	을라버뤄토어뤼	을래버뤄츄뤼	연구실 {래버러토리} laboratory	
~을 제외하고는	익쎄엪t / 엑쎄엪t	익쎄t	~외에는, ~을 빼고는, 제외하다 {엑셉트} except	
예외적인	익쎞셔널	익쎞셔널	이례적인, 유난히, 특별히 {엑셉셔널} exceptional	

중요한 약속 ⇨ **임폴은**(임폴은t, 임폴은트, 임포턴트)한 약속
어려운 문제를 풀다 ⇨ 어려운 문제를 **써업**(써어v, 써어브, 솔브)하다 ◆ l 발음은 하지 않음
과학 **실험실** ⇨ 과학 **올라버뤄토어뤼**(래버러토리) / + **연구실** (비격식), 실험실 lab 올라읍 {랩}
공포물을 **제외하고는** 모든 장르의 영화를 즐겨 본다 ⇨ 공포물을 **익쎄엪**(익쎄엪t)하고는 모든 장르의 영화를 즐겨 본다
예외적인 경우 ⇨ **엑쎞셔널**(엑셉셔널)한 경우 / + **예외적으로** exceptionally 익쎞셔널리 [익쎞셔널리] {엑셉셔널리}

109

영어 단어에 해당하는 국어 단어 (기준으로 세운 뜻)	미국식 발음	영국식 발음	해당 국어 단어들 (다른 뜻들)	{한국식 발음} 스펠링	
재정적인	빠이낸셜	빠이난셜	재정의, 금융의	{파이낸셜} financial	연상법
유효한	봬알럳	봐알렏	근거 있는, 타당한	{밸리드} valid	
~에도 불구하고	디스빠잍		모욕, 무례	{디스파이트} despite	
지팡이	케인		(대나무, 사탕수수 등의) 줄기, 회초리	cane	
제출하다	썹밑			{서브밋} submit	

재정적인 문제로 이곳을 **빠이**(바이)하고 **낸**(나는) **셜**(서울)로 가서 돈을 벌겠다 / **+ 재정**, 금융 finance **빠이낸스** [빠이난스]
여러 장르의 음악 중 댄스곡이 유행이지만 **봬알렌**(발라드, 감상적인 노래) 음악은 대중성이 꾸준히 **유효한** 장르이다
한일 간 친선 축구경기임에도 불구하고 **디스**(this 이) 경기는 **빠잍**(파이트, 싸움, 전투)과 다름없다
허리**케인**이 강하게 불자 몇몇 사람들이 지팡이를 짚고 걸어가다 / **+ 사탕수수** sugar cane 슈걸 케인 [슈거 케인]
마감일이 다 되어 눈**썹**이 휘날리게 달려온 **밑**의 부하 직원이 부장에게 결재서류를 **제출하다**

(시간, 공간, 사이 등이) 가까운	클로우스☆		가까이, 가까이에, 밀집한	{클로스} close	쪼개기 ★★★
친한	클로우스☆		바짝, 긴밀한, 정밀한	{클로스} close	
(문, 사물, 마음 등을) 닫다	클로우즈★		닫히다, (상점 등의) 문을 닫다	{클로즈} close	close
(눈을) 감다	클로우즈★		폐업하다, 폐쇄하다	{클로즈} close	
(우산을) 접다	클로우즈★		끝나다, 끝내다	{클로즈} close	

가까운 거리 ⇨ **클로우스**(클로스)한 거리 / 가까이 다가가다 ⇨ **클로우스**하게 다가가다
친한 친구 ⇨ **클로우스**한 친구 / 책상을 벽에 바짝 붙이다 ⇨ 책상을 벽에 **클로우스**하게 붙이다
문을 닫다 ⇨ 문을 **클로우즈**(클로즈)하다 / 마음을 닫다 ⇨ 마음을 **클로우즈**하다
눈을 감다 ⇨ 눈을 **클로우즈**하다 / 가게를 폐업하다 ⇨ 가게를 **클로우즈**하다
우산을 접다 ⇨ 우산을 **클로우즈**하다

약초	어ㄹb / 허ㄹb	허업	향초(香香기향草풀초), 허브	{허브} herb	재활용
가장자리	에쥐		모서리, 끝, 경계, (칼날 등의) 날, 날카로움	{엣지} edge	
핵심적인	키이		열쇠, (키보드, 피아노 등의) 키	{키} key	
작은 주머니	파우취		(캥거루 등의) 새끼 주머니, 우편낭, 파우치	{파우치} pouch	
물질	뫠아뤌	뫄퉈	문제	{매터} matter	

향이 좋은 약초 ⇨ 향이 좋은 **어ㄹ**(어럴b, 어럴브, 허브) /**+ 약초의**, 약초로 만든 herbal 어럴벌 / 허얼벌 [허어벌] [허벌]
가장자리 부분 ⇨ **에쥐**(엣지) 부분 / 둥근 모서리 ⇨ 둥근 **에쥐**(엣지)
회사의 핵심적인 인물 ⇨ 회사의 **키이**(키)인 인물
여행용 작은 주머니 ⇨ 여행용 **파우취**(파우치)
자연의 물질 ⇨ 자연의 **뫠아뤌**(매터) / 사소한 문제 ⇨ 사소한 **뫠아뤌**(매터)

그럼에도 불구하고	네붤ð둬울라ㅅ	네붜ð둬울레ㅅ	그렇지만	{네버더레스} nevertheless	무작정
기이한	우위얼d	우위얼	기묘한, 기괴한	{위어드} weird	
날~	뤄어	@로어	생~, 날것의, 익히지 않은, 가공되지 않은	{로} raw	
맞먹는	이쿠어뷜런t		상당하는, 해당하는, 동등한	{이퀴벌런트} equivalent	
포유동물	뫠어뭘 / 뫠아뭘	뫄뭘	포유류	{매멀} mammal	

이 제품은 비싸다. 그럼에도 불구하고 잘 팔린다 ⇨ 이 제품은 비싸다. **네붤둬울라ㅅ**(네버더레스) 잘 팔린다
지구의 기이한 현상들 ⇨ 지구의 **우위얼**(우위얼d, 우위얼드, 위어드)한 현상들
날계란 ⇨ **뤄어**(로) 계란 / 생야채 ⇨ **뤄어**(로) 야채
집 한 채와 맞먹는 자동차 가격 ⇨ 집 한 채와 **이쿠어뷜런**(이쿠어뷜런t, 이쿠어뷜런트)하는 자동차 가격
고래는 포유동물이다 ⇨ 고래는 **뫠어뭘**(매멀)이다 / ◆ 단어 끝 ㄹ 발음 : 뭘과 워 사이로 우리말 ㄹ받침 같으면서도 다른 발음

지식	날레쥐	놀레쥐	아는 것 {날리쥐} knowledge		연상법
(노력, 시간, 돈을) 바치다	디붜웉		헌신하다, 전념하다 {디보우트} devote		
인구	파뿔레이션	퍼퓰레이션	{파퓰레이션} population		
결코 ~않는다	네붤	네붜	절대로 ~아니다, 한 번도 ~않다 {네버} never		
몹시 ~하고 싶어 하는	이이걸	이이거	열망하는, 간절히 바라는 {이거} eager		

공학 지식이 많은 기술자들이 하늘을 나는 자동차를 만들어 날레쥐(날리지, 날리다)
성능 좋고 디자인(디자인)이 날렵한 붜웉(보트, 배)을 제작하기 위해 열정을 바치다 (디붜웉, 디붜우트, 디붜우트)
파와 뿔(풀)등의 야채식이 건강에 좋다고 알려지자 요리마다 야채로 데커레이션(장식) 하는 인구가 늘다
"락 네뷜(네버) 다이! 락(록음악)은 결코 죽지 않는다!"
최신 스마트폰이 출시되자마자 이이걸(이걸, 이것을) 몹시 갖고 싶어 하는 사람들이 판매 첫날부터 매장 앞에 줄을 서다

연구	스뛔리 / 스똬리	스똬디 / 스뛔디	조사 {스터디} study		쪼개기
연구하다	스뛔리 / 스똬리	스똬디 / 스뛔디	조사하다 {스터디} study		★★★
공부	스뛔리 / 스똬리	스똬디 / 스뛔디	학습, 학문 {스터디} study		study
공부하다	스뛔리 / 스똬리	스똬디 / 스뛔디	배우다 {스터디} study		
검토하다	스뛔리 / 스똬리	스똬디 / 스뛔디	검토, 자세히 살피다 {스터디} study		

새로운 연구를 시작하다 ⇨ 새로운 스뛔리(스터디)를 시작하다
연구실에서 연구하다 ⇨ 연구실에서 스뛔리(스터디)하다
공부를 열심히 하다 ⇨ 스뛔리(스터디)를 열심히 하다
시험 공부하다 ⇨ 시험 스뛔리(스터디)하다
다각적으로 검토하다 ⇨ 다각적으로 스뛔리(스터디)하다

철자를 말하다	스뻬얼 / 스뻬을		철자를 쓰다, 맞춤법에 맞게 쓰다, 주문, 마법 {스펠} spell		재활용
고기	믜잍		육류 {미트} meat		
소고기	비잎		쇠고기, 고기, (비격식) 불평(하다) {비프} beef		
돼지고기	포올k	포옥	{포크} pork		
두툼하게 자른 고기	스뛔잌		두툼하게 베낸 생선, (특히) 소고기 스테이크 {스테이크} steak		

이름의 철자를 말하다 ⇨ 이름의 스뻬얼(스펠)하다 / + 철자, 철자법, 스펠링 spelling 스뻴링 {스펠링}
고기 요리 ⇨ 믜잍(미이t, 미이트, 미트) 요리
비잎(비이f, 비이프, 비프) 스테이크 ⇨ 소고기 스테이크 / ※ 소고기(소+고기)와 쇠고기(소의 고기)는 둘 다 바른말
돼지고기 요리 ⇨ 포올(포올k, 포올크, 포크) 요리 / + 포크 (식사용, 농업용), 갈퀴, 쇠스랑 fork 뽀울k [뽀올] {포크}
스뛔잌(스뛔이k, 스뛔이크, 스테이크)은 두툼하게 자른 고기를 말하는데 특히 소고기 스테이크를 말한다

인기 있는	파뿔뤌	포퓰러	대중적인, 대중의, 민중의 {파퓰러} popular		무작정
반복하다	뤼피잍		한 번 더 말하다, 되풀이하다 {리피트} repeat		
인정하다	애크날레쥐	아크놀레쥐	{애크날리쥐} acknowledge		
동봉하다	인클로우즈		(담, 벽 등으로) 둘러싸다, 에워싸다 {인클로즈} enclose		
닫힌	클로우즏		문을 닫은, 폐점의, 폐쇄된, 휴업의, 마감된 폐쇄적인 closed		

인기 있는 상품 ⇨ 파뿔뤌(파퓰러)한 상품 / + 인기 popularity 파뿔래뤄리 [포퓰라뤄티]
연습을 반복하다 ⇨ 연습을 뤼피잍(뤼피이t, 뤼피이트, 리피트)하다
맞을 인정하다 ⇨ 맞을 애크날레쥐(애크날리쥐)하다
편지와 함께 상품권을 동봉하다 ⇨ 편지와 함께 상품권을 인클로우즈(인클로즈)하다
닫힌 문 ⇨ 클로우즏(클로우즈d, 클로우즈드)한 문 / ※ close의 과거분사형 (동사의 형용사적 변화)

영어 단어에 해당하는 국어 단어 (기준으로 세운 뜻)	미국식 발음	영국식 발음	해당 국어 단어들 (다른 뜻들)	{한국식 발음} 스펠링	
지역	에어뤼어 / 에어뤼아		구역 {에어리어} area		연상법
축적	어큐뮬레이션		누적 accumulation		
깨닫다	뤼얼라이즈		알아차리다, 인식하다, (= realise 영국) {리얼라이즈} realize		
무모한	뤠끌러스	뤠클러스	무분별한, 개의치 않는 {레클러스} reckless		
잔인한	브루럴	브루털	잔혹한, 무자비한, 짐승 같은 {브루털} brutal		

에어(공기)가 좋은 지역의 땅을 구입해 **뤼어** 카(리어카)에 실어온 묘목을 심다
그동안 **축적**해 놓은 기술로 **어**려운 **큐**브 맞추는 로봇 동작을 시**뮬레이션**(모의시험)하다
애인이 떠나고 **뤼얼**(진짜로, 정말로)로 **라 이즈**(나 잊어, 나를 잊다) 했음을 **깨닫**다
무모한 사람이 판도라 상자의 **뤠**(락, 자물쇠)를 **끌러스**(끄르다, 펼쳐지게 풀다) / ※ reck 개의하다, 마음을 쓰다 + less ~이 없는
잔인한 장면을 목격하고 몸을 **브루럴**(부르르) 떨다

차가운	커울d		찬, 싸늘해진 {콜드} cold		쪼개기
냉정한	커울d		냉담한, 쌀쌀한 {콜드} cold		★★★
추운	커울d		추위, 냉기 {콜드} cold		cold
감기	커울d		{콜드} cold		
식은	커울d		차가워진 {콜드} cold		

차가운 밤공기 ⇨ **커울**(커울d, 커울드, 콜드)한 밤공기 / 차가운 표정 ⇨ **커울**한 표정 / 찬물 ⇨ **커울**한 물
냉정한 현실 ⇨ **커울**한 현실 / 냉담한 반응 ⇨ **커울**한 반응
추운 겨울 ⇨ **커울**한 겨울 / 추위를 타다 ⇨ **커울**을 타다
감기에 걸리다 ⇨ **커울**에 걸리다
식은 음식 ⇨ **커울**한 음식

진짜의	뤼이얼	뤼얼	현실의, 실제의, 현실적인, 진정한 {리얼} real		재활용
모형의	뫄아럴	모들	모범, 모형, 모범적인, 본보기, 견본, 모델 {모델} model		
절반	해앞 / 하앞	하앞	반, 반 시간, 반쯤, 전반, 후반 {하프} half		
장대	포울	퍼울	(자석, 지구의) 극, 막대기, 기둥 {폴} pole		
정말	뤼얼리		정말로, 진짜로, 실제로 {리얼리} really		

진짜의 다이아몬드 ⇨ **뤼이얼**(리얼) 다이아몬드 / 현실의 세계 ⇨ **뤼이얼** 세계 / 실제의 상황 ⇨ **뤼이얼** 상황
모형의 자동차 ⇨ **뫄아럴**(모델) 자동차 / 사회의 모범 ⇨ 사회의 **뫄아럴**(모델)
절반으로 나누다 ⇨ **해앞**(해앞, 해아프, 하프)으로 나누다
장대 높이 뛰기 ⇨ **포울**(폴) 높이 뛰기 / 남극의 날씨 ⇨ 남 **포울**(폴)의 날씨
"정말 맛있다" ⇨ "**뤼얼리**(리얼리) 맛있다"

현실	뤼알러리	뤼알러티	{리얼리티} reality		무작정
현실적인	뤼얼리스띡		사실적인 {리얼리스틱} realistic		
또래	피얼	피어	동료, 자세히 보다, 응시하다 {피어} peer		
휴식	뤠슷		안식, 휴식하다, 쉬다, 나머지 {레스트} rest		
흥미	인튀뤠슷 / 인츄뤠슷		이자, 관심 {인터레스트} interest		

현실을 반영한 **뤼알러리**(리얼리티) 프로그램 / 현실을 직시하라 ⇨ **뤼알러리**(리얼리티)를 직시하라
현실적인 목표 ⇨ **뤼얼리스띡**(리얼리스틱)한 목표
또래와 어울리다 ⇨ **피얼**(피어)과 어울리다
휴식을 취하다 ⇨ **뤠슷**(뤠스t, 뤠스트, 레스트)을 취하다
흥미를 끌다 ⇨ **인튀뤠슷**(인튀뤠스t, 인튀뤠스트, 인터레스트)을 끌다 / 은행 이자 ⇨ 은행 **인튀뤠슷**

왕초보 영단어 복합적 암기법 4회

공급하다	써플라이		공급, 공급량, 보급품, 용품 {서플라이} supply	연상법
특성	츄뤠잍		특징, 특색 {트레이트} trait	
측정하다	뭬줠	뭬줘	재다, 대책 {메져} measure	
법정	코얼t	코얼	법원, 뜰, (테니스, 농구 등의) 코트 {코트} court	
꾸짖다	스꺼울	스커울	야단치다 {스콜드} scold	

태양열 글라이더가 써(서쪽)으로 지구 한 바퀴를 플라이(날다)하는데 태양열이 에너지를 공급하다
정교하게 만든 다비드 형상의 츄뤠(틀에) 석고를 넣고 잍(이틀간) 굳혔더니 원작의 특성이 나타나다
뭬줠(매주) 집안 공기의 오염도를 측정하다
변호사와 증인은 단정한 코얼t(코트)를 입고 법정에 나왔다
식사 중에 메스꺼운(메스꺼운) 바퀴벌레 장난감으로 장난을 치는 아이를 꾸짖다 (스꺼운, 스꺼우d, 스꺼우드, 스콜드)

시원한	쿠울 / 쿠우얼	쿠울	서늘한, 침착한, 차분한 {쿨} cool	쪼개기
냉담한	쿠울 / 쿠우얼	쿠울	냉정한, 쌀쌀맞은 {쿨} cool	★★★
멋진	쿠울 / 쿠우얼	쿠울	시원시원한, 끝내 주는, 근사한, 훌륭한 {쿨} cool	cool
식다	쿠울 / 쿠우얼	쿠울	차가워지다, 서늘해지다 {쿨} cool	
식히다	쿠울 / 쿠우얼	쿠울	차게 하다 {쿨} cool	

시원한 바람이 분다 ⇨ 쿠울(쿨)한 바람이 분다 / 서늘한 곳에 보관하세요 ⇨ 쿠울(쿨)한 곳에 보관하세요
냉담한 반응 ⇨ 쿠울(쿨)한 반응 / ◆ 단어 끝 l 발음 : 울과 우 사이로 발음
멋진 남자 ⇨ 쿠울(쿨)한 남자 / 시원시원한 성격 ⇨ 쿠울(쿨)한 성격
커피가 식다 ⇨ 커피가 쿠울(쿨)하다 / 밤공기가 차가워지다 ⇨ 밤공기가 쿠울(쿨)해지다
녹차를 식히다 ⇨ 녹차를 쿠울(쿨)하다 / 우유를 차게 하다 ⇨ 우유를 쿠울(쿨)하게 하다

(사람, 도로, 강 등이) 만나다	미잍		합류하다 {미트} meet	재활용
회의	미이링	미이팅	모임, 만남, 회합 {미팅} meeting	
원주민의	네이맆	네이팁	토박이의, 토착의, 태생의 {네이티브} native	
품질	쿠왈러리	쿠왈러티	질, 양질, 고급, 특성 {퀄리티} quality	
(특정한) 방식	뭐욷		양식, 모드 (기계의 특정한 작동 방식) {모드} mode	

애인을 만나다 ⇨ 애인을 미잍(미잍, 미이트, 미트)하다 / 강물이 바다와 만나다 ⇨ 강물이 바다와 미잍하다
회의를 시작하다 ⇨ 미이링(미팅)을 시작하다 / 모임에 참석하다 ⇨ 미이링에 참석하다
그녀의 영어 발음은 미국 원주민의 발음이다 ⇨ 그녀의 영어 발음은 미국 네이맆(네이맆v, 네이리브, 네이티브) 발음이다
품질이 좋은 고기 ⇨ 쿠왈러리(퀄리티)가 좋은 고기
행동 방식 ⇨ 행동 뭐욷(뭐욷d, 뭐우드, 모드) / 핸드폰의 진동 방식 ⇨ 핸드폰의 진동 뭐욷(모우d, 모드)

존경하다	뤼스뻭t		존경, 존중, 존중하다, 측면, 면, 점 {리스펙트} respect	무작정
존중하는	뤼스뻭쁠	뤼스뻭트플	경의를 표하는, 공손한 {리스펙트펄} respectful	
안도	륄리잎		(통증 등의) 완화, 안심 {릴리프} relief	
증거	에뷔뒨스	에비뒨스	증언, 흔적 {에비던스} evidence	
(규칙, 관습, 법 등에) 따르다	컨@뽐~	컨뽀움	순응하다, 맞추다, 일치시키다 {컨폼} conform	

세종대왕을 존경하다 ⇨ 세종대왕을 뤼스뻭(뤼스뻭t, 뤼스뻭트, 리스펙트)하다
존중하는 자세 ⇨ 뤼스뻭쁠(리스펙트펄)하는 자세 / 경의를 표하는 마음 ⇨ 뤼스뻭쁠하는 마음
안도의 한숨 ⇨ 륄리잎(륄리잎f, 륄리이프, 릴리프)의 한숨 / 통증의 완화 ⇨ 통증의 륄리잎
결정적인 증거를 찾다 ⇨ 결정적인 에뷔뒨스(에비던스)를 찾다
사회 관습을 따르다 ⇨ 사회 관습을 컨뽐~(컨폼)하다 / ◆ @뽐~ : 혀를 말고 뽐과 뽐이 섞인 소리를 길게 발음

영어 단어에 해당하는 국어 단어 (기준으로 세운 뜻)	미국식 발음	영국식 발음	해당 국어 단어들 (다른 뜻들)	{한국식 발음}	스펠링	
싼	취잎		값이 싼, 저렴한, 싸구려의 {칩} {취프}	cheap		연상법
관여하다	엔게이쥐		약혼시키다, 종사시키다, 약속시키다	engage		
수많은	누뭐뤄스	뉴뭐뤄스	다양한 {누머러스}	numerous		
문지르다	뤕		비비다 {럽}	rub		
번창하다	쁠러뤠쉬	플라뤠쉬	번영하다, 번성하다 {플러러쉬}	flourish		

햄버거 가게에서 감자 **취잎**(칩 chip 조각)은 싼 가격에 판다 (취잎, 취이프, 취이프)
그 회사가 이번 **엔 게이쥐**(계량기, 측정하다) 사업에 **관여하다** / ● 관여(關關係관關與참여할여) : 관계하여 참여함
누뭐뤄스(유머러스)한 개그맨이 **수많은** 관객과 시청자를 즐겁게 하다
더 **뤕** 혀진(더럽혀진) 창문을 걸레로 **문지르다**
사업 성장에 **쁠러스**(플러스)가 될 만한 곳에 **뤠쉬**(러쉬, 돌진, 서두르다) 하자 사업이 **번창하다**

오직 ~만	오운리	어운리	불과, 오직 {온리} only		쪼개기
뿐이다	오운리	어운리	오직 ~뿐이다 {온리} only		★★★
유일한	오운리	어운리	유일하게 {온리} only		
단지 ~만	오운리	어운리	단지 {온리} only		only
~만	오운리	어운리	{온리} only		

오직 너만을 사랑해 ⇒ **오운리**(온리) 너를 사랑해 / 불과 5분 밖에 안 남았다 ⇒ **오운리** 5분 밖에 안 남았다
이 세상에서 사랑하는 이는 너뿐이다 ⇒ 이 세상에서 사랑하는 이는 너 **오운리**
유일한 방법 ⇒ **오운리**한 방법 / 유일하게 좋아하는 스포츠 ⇒ **오운리**하게 좋아하는 스포츠
단지 생각만 하다 ⇒ **오운리** 생각하다 / 단지 물만 먹다 ⇒ **오운리** 물 먹다
다이어트를 위해 야채만 먹다 ⇒ 다이어트를 위해 야채 **오운리** 먹다

(공간의) 우주	스뻬이스		공간 {스페이스}	space		재활용
(질서와 조화의) 우주	카즈뭐스	커즈뭐스	코스모스 (식물) {카즈머스}	cosmos		
(천문학적, 전체를 포함하는) 우주	유너붬~스	유니붸어스	전 세계, 전 인류 {유니버스}	universe		
보편적인	유너붬~썰	유니붸썰	전 세계의, 만국의 {유니버설}	universal		
대학	유너붬~씨리	유니붸써티	(종합) 대학교 {유니버시티}	university		

광활한 우주 ⇒ 광활한 **스뻬이스**(스페이스)
질서 정연한 우주 ⇒ 질서 정연한 **카즈뭐스**(코스모스)
미스 **유너붬~스**(미스 유니버스)는 우주, 전 세계에서 가장 아름다운 여성이다
보편적인 생각 ⇒ **유너붬~썰**(유니버설)한 생각
대학을 졸업하다 ⇒ **유너붬~씨리**(유니버시티)를 졸업하다

끔찍한	아아뻘	오오쀨	무서운, 지독한 {오퓰}	awful		무작정
대학	칼레쥐	컬레쥐	단과 대학 {칼리쥐}	college		
대부분의	모우슽		가장, 가장 많은, (many, much의 최상급) {모스트}	most		
거의	어얼모우슽	오올모우슽	대부분 {올모스트}	almost		
사색하다	스뻭큘레일	스뻬큘레일	추측하다, 짐작하다 {스페큘레이트}	speculate		

망치질을 하다 손가락을 찧는 끔찍한 일을 당해 눈물 나게 **아아뻘**(아퍼, 아프다)
대학을 졸업하다 ⇒ **칼레쥐**(칼리쥐)를 졸업하다
대부분의 사람들은 고기 요리를 좋아한다 ⇒ **모우슽**(모우스트, 모스트) 사람들은 고기 요리를 좋아한다
집에 거의 다 왔다 ⇒ 집에 **어얼모우슽**(어얼모우스트, 어얼모우스트, 올모스트) 다 왔다
삶의 진정한 의미에 대해서 **사색하다** ⇒ 삶의 진정한 의미에 대해서 **스뻭큘레일**(스페큘레이트)하다

왕초보 영단어 복합적 암기법 **4**회

낙하산	패뤄슈울	파롸슈울	낙하산을 타고 뛰어내리다 {패러슈트} parachute	연상법
귀찮게 하다	바아훨	버훠	괴롭히다, 성가시게 하다, 신경 쓰다 {바더} bother	
현명한	우와이즈		지혜로운 wise	
승무원 (전원)	크루우		선원 {크루} crew	
(만약) 그렇지 않으면	어훨우와이즈	어훠우와이즈	그 외에는 {어더와이즈} otherwise	

슈울글라이딩(패러글라이딩) **슈울**(슈트)을 입고 낙하산을 타다
동생이 놀아 달라고 장난치며 머리로 **바아훨**(받아) 나를 귀찮게 하다
현명한 사람이 일 년에 오백 권씩의 책을 읽어 지식까지 많으니 놀라워서 **우와**(감탄)~ **이즈**(is 이다)
크루우즈(크루즈, 순항, 유람선 여행) 여행 중에 큰 해일이 일자 승무원이 선실 안에서 나오지 말라고 안내하다
가난한 시절에는 이웃에게 음식을 **어훨우와**(얻어와)야 했다. 그렇지 않으면 배고픔 **이즈**(is 이다)

다른	아훨	아훠	{어더} other	쪼개기
그 밖의	아훨	아훠	{어더} other	★★★
기타의	아훨	아훠	{어더} other	
다른 사람	아훨	아훠	{어더} other	other
타인	아훨	아훠	남 {어더} other	

다른 방법을 찾다 ⇨ **아훨**(어더) 방법을 찾다
그 밖의 이야기들 ⇨ **아훨**(어더) 이야기들
기타의 제품 ⇨ **아훨**(어더) 제품
다른 사람을 배려하다 ⇨ **아훨**(어더)를 배려하다
타인을 이해하다 ⇨ **아훨**(어더)을 이해하다

자본	캐아뻐럴	카피틀 / 캐피틀	(나라의) 수도, 대문자 {캐피탈} capital	재활용
글자	을레륄	을레뤄	문자, 편지 {레터} letter	
미용사	헤얼쥬뤠쒤	헤어쥬뤠써	헤어디자이너 {헤어드레서} hairdresser	
(전자파, 한파 등의) ~파 (波動결파)	우웨입		물결, 파도, 흔들다, 물결치다, (머리카락의) 웨이브 {웨이브} wave	
가짜의	뻬익		위조의, 위조하다, (스포츠) 속이는 동작을 하다 {페이크} fake	

자본과 기술 ⇨ **캐아뻐럴**(캐피탈)과 기술 / 독일의 수도는 베를린이다 ⇨ 독일의 **캐아뻐럴**은 베를린이다
글자를 읽고 쓰다 ⇨ **을레륄**(레터)를 읽고 쓰다
유명한 미용사가 되다 ⇨ 유명한 **헤얼쥬뤠쒤**(헤어드레서)이 되다 / ♣ 헤어디자이너는 헤어드레서의 콩글리쉬
전자파 ⇨ 전자 **우웨입**(우웨이v, 우웨이브, 웨이브) / ※ ~파 : 전자파, 음파, 지진파, 한파, 초음파 등 / ✚ 한파 cold wave 커울 우웨입
가짜의 돈 ⇨ **뻬익**(페이크)의 돈 / 위조의 여권(위조 여권) ⇨ **뻬익**의 여권

괜찮은	듸이쓴t	듸쓴t	제대로 된, 예의 바른, 점잖은 {디센트} decent	무작정
또	어놔훨	어놔훠	다른, 더, 딴 것 {어나더} another	
후보자	캔뒤뤠잎 / 캔뒤뤨	칸뒤뤨 / 칸뒤뤠잎	지원자 {캔디데이트} candidate	
잔인한	크루얼	크루울	잔혹한 cruel	
평행의	패뤌라을	파뤌라을	유사한, 평행한, 병행의, 병렬의 {패럴렐} parallel	

괜찮은 한 끼 식사 ⇨ **듸이쓴**(듸이쓴트, 듸이쓴트, 디센트)한 한 끼 식사
"또 주세요." ⇨ "**어놔훨**(어나더) 주세요" / 다른 마을을 방문하다 ⇨ **어놔훨** 마을을 방문하다
능력 있는 후보자 ⇨ 능력 있는 **캔뒤뤠잎**(캔디데이트)
잔인한 짓을 하다 ⇨ **크루얼**(크루얼)한 짓을 하다
평행의 선(평행선) ⇨ **패뤌라을**(패럴렐) 선 / 유사한 제품 ⇨ **패뤌라을** 제품

영어 단어에 해당하는 국어 단어 (기준으로 세운 뜻)	미국식 발음	영국식 발음	해당 국어 단어들 (다른 뜻들)	{한국식 발음} 스펠링	
양념	스빠이스		향신료, 양념류 {스파이스} spice		연상법
영감을 주다	인스빠이얼	인스빠이어	고무하다, 고취시키다 {인스파이어} inspire		
예상하다	앤틱스페일	안틱스페일	기대하다 {앤티서페이트} anticipate		
가려움	이이취	이취	가렵다 {이취} itch		
(바느질, 주사, 계기 등의) 바늘	니이들 / 니이럴	니이들	{니들} needle		

유명한 라면 맛집 식당에 직원으로 위장한 **스빠이**(스파이, 첩자)가 **스프**(수프)의 양념 비법을 몰래 알아내다
인스턴트 라면에 **빠이얼**(파이어, 불) 맛을 더해보니 맛있어서 새로운 짬뽕 라면을 개발하는데 **영감을 주다**
앤틱(안티) 감기 바이러스가 **스**스로 환자의 **페**(폐)에 들어가 **잍**(이틀) 후면 치료될 것으로 **예상하다**
아토피로 **가려움**이 생기면 식단과 환경을 개선하는 것이 **이이취**(이치)에 맞다
"**니이들**(니들, 너희들) 바느질할 때 **바늘**에 찔리지 않게 조심해라"

(음식을 상에) 차려 주다	쒈얼ᵥ	쒈업	(상품, 서비스를) 제공하다 {서브} serve		쪼개기
(점원이 손님을) 응대하다	쒈얼ᵥ	쒈업	(식당 등에서 손님을) 시중들다 {서브} serve		★★★
봉사하다	쒈얼	쒈업	~을 위해 일하다 {서브} serve		serve
섬기다	쒈얼ᵥ	쒈업	모시다, (테니스, 배구 등의) 서브(하다) {서브} serve		
복무하다	쒈얼ᵥ	쒈업	근무하다, 복역하다 {서브} serve		

음식을 상에 **차려 주다** ⇨ 음식을 상에 **쒈얼**(쒈얼v, 쒈얼브, 서브)하다 / ✚ 음식 시중, 봉사하다, 1인분 serving **쒈~빙** [쒀어빙]
점원이 손님을 **응대하다** ⇨ 점원이 손님을 **쒈얼**(서브)하다
사회에 **봉사하다** ⇨ 사회에 **쒈얼**(서브)하다
왕을 **섬기다** ⇨ 왕을 **쒈얼**(서브)하다
군대에 **복무하다** ⇨ 군대에 **쒈얼**(서브)하다

용역 (用쓸용役부릴역)	쒈~붸스	쒀어붸스	봉사, 복무, 공공사업, 서비스업 {서비스} service		재활용
(케이스를 포함한) 도구 한 벌	키일	킬	(교재, 조립용 부품 등의) 한 세트, 키트 {키트} {킷} kit		
도구	투울		연장, 공구 {툴} tool		
국민	피이뻘	피이플	국민들, 사람들 {피플} people		
반구형 지붕	돠움		반구형 천장, 반구형 모양의 것 {돔} dome		

용역과 재화 **쒈~붸스**(서비스)와 재화 / 청소 봉사 ⇨ 청소 **쒈~붸스**(서비스) / ◎ 봉사(奉받들봉仕섬길사)
지진 등의 재해를 대비한 비상 **도구 한 벌** ⇨ 지진 등의 재해를 대비한 비상 **키일**(킷, 키트)
도구를 이용해 통조림 뚜껑을 따다 ⇨ **투울**(툴)을 이용해 통조림 뚜껑을 따다
국민이 살기 좋은 나라 ⇨ **피이뻘**(피플)이 살기 좋은 나라 / ※ people은 개개의 사람이 아닌 '사람들'을 의미
반구형 지붕 야구장 ⇨ **돠움**(돔) 야구장

거주하다	뤼좌일		체류하다, 살다 {리자이드} reside		무작정
무관심한	인디쁘륀t		{인디퍼런트} indifferent		
중도의	와뤄뤨☆	모뒤뤨☆ 온건한, 알맞은, 알맞게 되다(★)	{마더러트} moderate		
다른	디쀄륀t / 디쁘륀t		여러 가지의 {디퍼런트} different		
삼키다	스왈로우	스왈로우	제비 {스왈로} swallow		

서울에 **거주하다** ⇨ 서울에 **뤼좌일**(뤼좌id, 뤼좌이드, 리자이드)하다
공부에 **무관심한** 아이 ⇨ 공부에 **인디쁘륀**(인디쁘뤈t, 인디쁘륀트, 인디퍼런트)한 아이
그 문제에 대해 **중도의** 입장이다 ⇨ 그 문제에 대해 **와뤄뤨**이 입장이다 / ◆ 동사일 때 발음 : 와뤄뤠일☆ [모뒤롸일☆]
다른 문화 ⇨ **디쀄륀**(디쀄륀t, 디쀄륀트, 디퍼런트)한 문화 / ✚ **다르다** differ 디쀄 [디퍼] {디퍼}
알약을 **삼키다** ⇨ 알약을 **스왈로우**(스왈로)하다 / 제비가 둥지를 틀다 ⇨ **스왈로우**가 둥지를 틀다

4회 왕초보 영단어 복합적 암기법

미끼	베잍		미끼를 놓다 {베이트} bait	연상법
거주자	뤠줘륀t		거주하는, 주민, 레지던트 (수련의) {레지던트} resident	
이유	뤼이즌 / 뤼이쥔		까닭 {리즌} reason	
(피부, 마음 등의) 상처	스까알	스까아	흉터 {스카} scar	
구걸하다	베엑		빌다, 애원하다, 간청하다 {베그} beg	

베(배)에 낚시 도구와 미끼가 잍다(있다) (베일, 베이트, 베이트)
그 뤠줘륀t(레지던트, 특정 진료과목 수련의)는 이 병원 기숙사의 거주자이다
일주일 전에 했던 일을 금세 뤼(다시) 이즌(잊은) 이유가 사람은 망각의 동물이기 때문이다
날카로운 것에 손등이 스윽 까알져(까져) 상처가 생기다
허름한 옷차림에 낡은 베엑(백 bag 가방)을 멘 사람이 구걸하다

찾다	써얼취	써어취	찾기 {서취} search	쪼개기
뒤지다	써얼취	써어취	{서취} search	★★☆
수색하다	써얼취	써어취	탐색하다, 탐구하다, 연구하다 {서취} search	
수색	써얼취	써어취	탐색, 탐구 {서취} search	search
검색하다	써얼취	써어취	검색, 조사하다, 조사 {서취} search	

서랍에서 양말을 찾다 ⇨ 서랍에서 양말을 써얼취(서취)하다
집안을 뒤지다 ⇨ 집안을 써얼취하다 / 가방을 뒤지다 ⇨ 가방을 써얼취하다 / 몸을 뒤지다 ⇨ 몸을 써얼취하다
산 주변을 수색하다 ⇨ 산 주변을 써얼취(서취)하다
비가 내려 수색의 어려움이 있다 ⇨ 비가 내려 써얼취(서취)의 어려움이 있다 / ◎ 수색(搜찾을수索찾을색)
인터넷을 검색하다 ⇨ 인터넷을 써얼취(서취)하다 / ◎ 검색(檢검사할검索찾을색)

악취가 나는	빠울		반칙, 반칙인, 반칙으로, 더러운 냄새가 나는 {파울} foul	재활용
(책, 영상 등의) 편집자	에르륄 / 에르륄	에디뤌	(신문, 잡지 등의) 편집장 {에디터} editor	
감독관	수펄봐이줠	슈퍼봐이줘	관리자 {수퍼바이저} supervisor	
~지만	벝		~이나, ~이 아니고, ~을 제외하고, 하지만, 그러나 {벗} but	
휘파람을 불다	우위설 / 우위슬		호루라기, 호각, 휘파람 {휘슬} whistle	

악취가 나는 쓰레기통 ⇨ 빠울(파울)한 쓰레기통 / 고의적인 반칙 ⇨ 고의적인 빠울(파울)
편집자가 책을 편집하다 ⇨ 에르륄(에디터)이 책을 편집하다
프랜차이즈 본사의 감독관 ⇨ 프랜차이즈 본사의 수펄봐이줠(수퍼바이저)
그 사람은 노래를 잘하지만 가수가 될 정도는 아니다 ⇨ 그 사람은 노래를 잘하벝(벗) 가수가 될 정도는 아니다
기분이 좋아 휘파람을 불다 ⇨ 기분이 좋아 우위설(휘슬)하다 / 호신용 호루라기 ⇨ 호신용 우위설(휘슬)

수입하다	임포올t★	임포올★	수입 (임포올t [임포올]☆) {임포트} import	무작정
수출하다	익스포얼t★	익스포올★	수출 (엑스뽀얼t [엑스포올]☆) {익스포트} export	
확실한	뒈쀠넽	뒈쀠널	명확한, 확고한, 분명한 {데퍼니트} definite	
거지	베걸	베거	거지로 만들다 {베거} beggar	
희귀한	뤠얼	뤠어 / 뤠애	보기 드문, 드문, (공기 등이) 희박한 {레어} rare	

바나나를 수입하다 ⇨ 바나나를 임포올(임포올t, 임포올트, 임포트)하다 / ◆ 품사별 강세 변화 : 명사 앞, 동사 뒤
자동차를 수출하다 ⇨ 자동차를 익스포얼(익스포얼t, 익스포얼트, 익스포트)하다 / ◆ 품사별 강세 변화 : 명사 앞, 동사 뒤
확실한 이유 ⇨ 뒈쀠넽(데퍼니트)한 이유 / 명확한 태도 ⇨ 뒈쀠넽(데퍼니트)한 태도
거지에게 도움을 주다 ⇨ 베걸(베거)에게 도움을 주다
오래된 희귀한 책 ⇨ 오래된 뤠얼(레어)한 책 / 보기 드문 장면 ⇨ 뤠얼(레어)한 장면

영어 단어에 해당하는 국어 단어 (기준으로 세운 뜻)	미국식 발음	영국식 발음	해당 국어 단어들 (다른 뜻들)	{한국식 발음}	스펠링	
신경의	뉘얼붜스 / 뉘얼붸스	뉘어붜스	신경성의, 신경질적인, 긴장한	{너버스}	nervous	연상법
착각	일루우젼		환상, 환각	{일루젼}	illusion	
분수	빠운튼 / 빠운은	빠운튼	샘, 원천	{파운틴}	fountain	
세균	@점~	져엄	미생물, 근원	{젬}	germ	
(영화, 출판, 보도 등의) 검열하다	쎈쒈	쎈써	(출판, 영화, 통신 등의) 검열관, 검열	{센서}	censor	

"신경의 질환(신경 질환)을 완화하기 위하여 마실 물에 약초를 **뉘얼 뷔스**(넣어 봤어)"
타자가 안타로 **착각**하여 **일루우**(1루)를 향해 **젼**속력(전속력)으로 뛰었는데 파울이다
분수가 높고 **빠**르게(빠르게) 마**운튼**(mountain 산)처럼 솟아오르다 / ◆ **빠운은** : '빠운' 발음 후 잠시 멈추고 '은' 발음
날씨가 더워지니 세균이 **점~**점(점점) 번식하다 / ◆ @점~ : 혀를 말고 졈(젼과 졈이 섞인 소리)을 길게 발음
영화의 관람 등급을 위해 심의 위원회에서 **쎈쒈**(센서 sensor 감지기)로 검열하다

공기	에얼	에어 / 에애		{에어}	air	쪼개기
대기	에얼	에어 / 에애		{에어}	air	★★★
공중	에얼	에어 / 에애	허공	{에어}	air	air
비행기의	에얼	에어 / 에애	항공의	{에어}	air	
방송	에얼	에어 / 에애	방송하다 (미국)	{에어}	air	

자연의 맑은 공기 ⇨ 자연의 맑은 **에얼**(에어)
대기 오염 ⇨ **에얼** 오염
공중에 떠 있는 물체 ⇨ **에얼**에 떠 있는 물체 / 허공에 외치다 ⇨ **에얼**에 외치다 / ◆ 허공(虛空빌허空빌공) : 텅 빈 공중
비행기의 여행 ⇨ **에얼**의 여행 / 항공의 택배 ⇨ **에얼**의 택배 / ◉ 항공(航건널항空빌공) : 비행기로 공중을 날아다님
방송 중이다 ⇨ **에얼** 중이다

감지기	쎈쒈	쎈써	감지 장치, 센서	{센서}	sensor	재활용
인구 조사	쎈써스		국세 조사	{센서스}	census	
휴게실	을라운쥐		사교실, 대합실 (기다리는 곳)	{라운지}	lounge	
주최하다	허우슽		주최측, 개최하다, 진행자, (손님을 접대하는) 주인	{호스트}	host	
(새, 물고기, 곤충 등의) **알**	에엑 / 엑		계란, 달걀	{에그}	egg	

화재 감지기 ⇨ 화재 **쎈쒈**(센서)
인구 조사를 실시하다 ⇨ **쎈써스**를 실시하다
학생 휴게실 ⇨ 학생 **을라운쥐**(라운지)
행사를 주최하다 ⇨ 행사를 **허우슽**(호스트)하다 / ◉ 주최(主주인主催재촉할최) : 행사 등을 주도적으로 기획하여 엶
여왕개미가 알을 낳다 ⇨ 여왕개미가 **에엑**(에에g, 에에그, 에그)을 낳다

권위	어θ또뤄리	오θ쏘뤄티	권한, 당국	{어쏘러티}	authority	무작정
신화	미이θ뜨 / 미θ읻	미이θ쓰 / 미θ잇		{미쓰}	myth	
광범위한	익스뗀씹		대규모의, 광대한, 넓은	{익스텐시브}	extensive	
설득하다	펄수웨일	퍼수웨일	설득하여 ~하게 하다	{퍼스웨이드}	persuade	
복권	올라뤄뤼	올로뤄뤼	제비뽑기, 추첨	{로터리}	lottery	

왕의 권위 ⇨ 왕의 **어또뤄리**(어쏘러티) / 나에게 권위가 있다 ⇨ 나에게 **어또뤄리**가 있다
단군 신화 ⇨ 단군 **미이뜨**(미쓰) / ◆ θ뜨 : 혀 끝을 앞니에 살짝 물었다 당기면서 그 사이로 발음 / ◆ '미이뜨' = '미잇'으로 발음
광범위한 자료 ⇨ **익스뗀씹**(익스텐시브)한 자료
반대하는 사람들을 설득하다 ⇨ 반대하는 사람들을 **펄수웨일**(펄수웨이d)하다 / ◆ 펄수웨일 = 펄스웨이드
복권 1등에 당첨되다 ⇨ **올라뤄뤼**(로터리) 1등에 당첨되다 / ✚ 로또(복권 상품명), 로또(숫자 카드 게임) Lotto 올라뤄우 {올로튀우}

왕초보 영단어 복습차 암기편 5화

두 마리 토끼를 잡으려면 한 마리씩!

빠른 영어 단어 암기를 위해 발음 요령과 강세는 제외하고 한글 표기 대로의 미국식 발음부터 암기합니다. (권장 사항)

 **단어용**
영어 단어 암기용 기본 발음

VS

 **발음용**
영어 발음 향상용 발음법

어뤄꽤아릴
브래앤드
디스카운트
패앗 / 패아뜨
클로우딩

우와뤌 / 우워뤌
올라이썬스
뤼코얼드
익스쮸롹트
플랕쁨~

VS

어뤄꽤아릴
브래앤d
듸스카운t☆
패θ앞/ 패아θ뜨
클로우ð딩

우와뤌 / 우워뤌
올라이썬ㅅ
뤼코얼d★
익스쮸롹t★
플랕@쁨~

△ 한글 표기대로만 발음   ▲ 발음 요령 & 강세

① d, t 등의 알파벳 표기는 드, 트 등으로 읽기
② '얇은 글자'와 '홀쭉한 글자' 그냥 읽기
③ 각종 기호, 발음 요령은 신경 쓰지 말고 발음
④ 강세를 위한 높낮이 표시 배제하고 발음
※ 한글 발음 표기에 기본 영어 발음 내재

영어 단어에 해당하는 국어 단어 (기준으로 세운 뜻)	미국식 발음	영국식 발음	해당 국어 단어들 (다른 뜻들)	{한국식 발음}	스펠링	
완화시키다	륄리입		덜어주다, 덜다, 안심시키다, 안심하다	{륄리브}	relieve	연상법
피로	뿨티익		피곤	{퍼티그}	fatigue	
확인하다	컨@쀰~	컨쀰엄	확실하게 하다, 확인해 주다	{컨펌}	confirm	
불법의	일리이걸		불법적인	{일리걸}	illegal	
시도하다	어퉤앰t		시도	{어탬프트} {어탬트}	attempt	

륄리(릴리 lily 백합)의 **입**(잎)에서 나는 향기가 피로를 **완화시키다**
피로로 인해 **뿨티익**(버티기) 힘들다
정말로 **컨**츄리(시골풍의) **쀰~**(펌, 파마)를 원하는지 헤어디자이너가 젊은 고객에게 재차 **확인하다** / ◆ @쀰 : 쀰+쀰
방어 차원의 공격은 정당방위라는 게 **일리**가 있지만 너무 과도할 때에는 **이걸**(이것을) **불법**의 행위로 보기도 한다
예능 프로에서 3인용 **어**(하나의) **퉤앰t**(텐트)에 30명이 포개 들어가서 지퍼 잠그기를 **시도하다** (어퉤앰, 어퉤앰t)

작은	을리를	을리틀		{리틀} little	쪼개기
어린	을리를	을리틀	어린애 같은	{리틀} little	★★★
(셀 수 없는 명사) 조금의	을리를	을리틀	조금, 좀	{리틀} little	
(셀 수 없는 명사) 약간의	을리를	을리틀	약간	{리틀} little	little
(셀 수 없는 명사) 거의 없는	을리를	을리틀	거의 ~않다	{리틀} little	

작은 아이 ⇨ **을리를**(리틀)한 아이 / ※ small은 실제 작은 크기를 나타내고 little은 작은 크기와 느낌, 감정도 포함
어린 왕자 ⇨ **을리를**(리틀) 왕자
조금의 물 ⇨ **을리를**(리틀)의 물 / 조금 다르다 ⇨ **을리를**(리틀) 다르다
약간의 우유 ⇨ **을리를**(리틀)의 우유 / 약간 짠맛이 난다 ⇨ **을리를**(리틀) 짠맛이 난다
상대편에 대해 거의 없는 정보 ⇨ 상대편에 대해 **을리를**(리틀)한 정보

소규모의	스뭐얼	스모올	작은, 적은, 작게, 어린, 소형의	{스몰} small	재활용
진주 (眞참진주구슬주)	펄뤌	퍼얼	진주 같은 것, 진주색	{펄} pearl	
(정신적) 충격	쎠악 / 쌰악	쏔	충격을 주다, 쇼크	{쇼크} shock	
충격적인	쎠아낑	쑈낑		{쇼킹} shocking	
(강한) 영향	임패t☆	임파악t☆	충돌, 충격, 영향을 주다(임패악t★)	{임팩트} impact	

소규모의 공장 ⇨ **스뭐얼**(스몰)한 공장 / 작은 옷 ⇨ **스뭐얼**(스몰)한 옷
진주는 조개에서 얻는다 ⇨ **펄뤌**(펄)은 조개에서 얻는다
정신적 충격으로 **쎠악**(쎠아k, 쎠아크, 쇼크)이 오다
충격적인 소식을 듣다 ⇨ **쎠아낑**(쇼킹)한 소식을 듣다
가정환경이 아이에게 큰 **영향**을 준다 ⇨ 가정환경이 아이에게 큰 **임패앸**(임파앸)을 준다 / ◆ 강세변화 : 명전동후

남성의	뭬이얼	뭬이을	남자의, 수컷의, 남성, 남자, 수컷	{메일} male	무작정
여성의	쁴뭬이얼	쁴뭬이을	여자의, 암컷의, 여성, 여자, 암컷	{피메일} female	
왜곡하다	디스또올t	디스또올	일그러뜨리다, 비틀다	{디스토트} distort	
빗자루	브루움	브룸	비	{브룸} broom	
법적인	을리이걸		합법의, 합법적인, 법률의, 법률에 관한	{리걸} legal	

그 남성의 업무 스타일은 이 **뭬이얼**(이메일 mail)로 업무사항을 주고받는 것이다
그 여성의 업무 스타일은 이메일을 **쁴**하고(피하고) 이 **뭬이얼**(이메일)보다는 SNS로 업무사항을 주고받는 것이다
사실을 왜곡하다 ⇨ 사실을 **디스또올**(디스또올, 디스또올t, 디스토트)하다
빗자루로 바닥을 쓸다 ⇨ **브루움**(브룸)으로 바닥을 쓸다
법적인 권리 ⇨ **을리이걸**(리걸)한 권리

왕초보 영단어 복합적 암기법 5회

구입하다	펄~쳐스	퍼어쳐스 구매하다, 사다, 구입, 구매, 매입 {퍼쳐스} purchase	연상법
우수한	수피어뤼얼	수피어뤼어 우세한, 상급의 {수피어리어} superior	
적대적인	하스뜰 / 하스따이을	허스따이을 적의 {하스타일} hostile	
완고한	스따@번	스따번 고집 센, 완강한 {스터번} stubborn	
부피가 큼	버억	버윽 큰 규모(양), 육중한 것, 배의 짐, 대부분 (the ~) {벌크} bulk	

상품을 보기 좋게 **펄~쳐스**(펼쳐서) 디스플레이하다. 그랬더니 소비자들이 상품을 잘 **구입하다**
우수한 학생에게 우**수**한 성적이 **피어**나는 이유는 **뤼얼**(진짜의, 정말로) 타고남과 열심히 공부해서이다
고수에게 무술로는 실력이 안되자 **적대적인** 감정을 품은 **하스**(하수)**뜰**에 있던 돌멩이와 타일 조각을 마구 집어던지다
무명 배우가 **스따**(스타)가 되어 **번** 돈으로 아내에게 명품백을 선물하려 했으나 **완고한** 아내가 극구 사양하다 / ◆ @번 : 벌+번
버억업(벌크업)하여 근육의 **부피가 큼** / ※ 벌크 제품 : 개별 포장되지 않고 큰 부피의 상자에 무더기로 담긴 제품

훌륭한	그뤠잍	아주 좋은 {그레잇} {그레이트} great	쪼개기
거대한	그뤠잍	(크기, 양이) 큰 {그레잇} {그레이트} great	★★★
엄청난	그뤠잍	(크기, 양이) 많은 {그레잇} {그레이트} great	great
위대한	그뤠잍	{그레잇} {그레이트} great	
대단한	그뤠잍	굉장한 {그레잇} {그레이트} great	

훌륭한 사람 ⇨ **그뤠잍**(그레잇, 그레이트, 그레잇, 그레이트)한 사람
거대한 자연 ⇨ **그뤠잍**(그레잇, 그레이트)한 자연
엄청난 크기의 돈가스 ⇨ **그뤠잍**(그레잇, 그레이트)한 크기의 돈가스
위대한 업적 ⇨ **그뤠잍**(그레잇, 그레이트)한 업적
대단한 규모 ⇨ **그뤠잍**한 규모 / 굉장한 일 ⇨ **그뤠잍**(그레잇, 그레이트)한 일

의뢰인	클라이언t		고객 {클라이언트} client	재활용
결혼 생활	뭬어뤠쥐	왜뤠쥐	결혼, 혼인 {매리쥐} marriage	
결혼하다	뭬어뤼	왜뤼	결혼시키다 {매리} marry	
경매	아악션	오옥션	경매하다 {옥션} auction	
부피	뷔얼류움	볼류움	음량, 용량, 양, (연속물 책의) 권 {볼륨} volume	

건축 디자이너가 **의뢰인**의 요구를 충족시키다 ⇨ 건축 디자이너가 **클라이언**(클라이언트)의 요구를 충족시키다
그녀의 **결혼 생활**은 행복하다 ⇨ 그녀의 **뭬어뤠쥐**(매리쥐)는 행복하다
여자 친구와 사귄 지 3년 만에 **결혼하다** ⇨ 여자 친구와 사귄 지 3년 만에 **뭬어뤼**(매리)하다
그림을 경매로 구입하다 ⇨ 그림을 **아악션**(옥션)으로 구입하다 / ※ 옥션은 경매 사이트로 시작한 인터넷 쇼핑몰
운송비는 **부피**와 무게로 계산한다 ⇨ 운송비는 **뷔얼류움**(볼륨)과 무게로 계산한다

12	투와을v	투웨을v	십이, 열둘, 12명(의), 12개(의) {트웰브} twelve	무작정
13	θ뚸얼틴인	θ쒀어틴인	십삼, 열셋, 13명(의), 13개(의) {서어틴} thirteen	
14	뽀올틴인	뽀오틴인	십사, 열넷, 14명(의), 14개(의) {포틴} fourteen	
15	쁴쁘틴인	쁴쁘띤인	십오, 열다섯, 15명(의), 15개(의) {피프틴} fifteen	
16	씩스틴인	씩스띤인	십육, 열여섯, 16명(의), 16개(의) {식스틴} sixteen	

12 ⇨ **투와을**(트우와을v, 투와을v, 투와을브, 트웰브) / + 11, 십일, 열하나, 11명(의), 11개(의) eleven 일레븐
13 ⇨ **뛰얼틴인**(서어틴)
14 ⇨ **뽀올틴인**(포틴)
15 ⇨ **쁴쁘틴인**(피프틴)
16 ⇨ **씩스틴인**(식스틴)

영어 단어에 해당하는 국어 단어 (기준으로 세운 뜻)	미국식 발음	영국식 발음	해당 국어 단어들 (다른 뜻들)	{한국식 발음}	스펠링	
편집하다	컴파이얼	컴파이을	편찬하다, 엮다	{컴파일}	compile	연상법
연금	펜션		생활 보조금, (유럽, 프랑스 등의) 하숙식 작은 호텔		pension	
도덕의	모어뤌		도덕적인, 도의적인	{모럴}	moral	
위험	해애줠d / 하아쥘d	하아쥘	위험 요소, 해이	{해저드}	hazard	
유망한	프라뭐씽	프뤄뭐씽	장래성 있는, 촉망되는	{프로미씽}	promising	

컴퓨터 워드로 작성해 놓은 다섯 개의 자료 **파이**(파일 file)을 정리해 하나의 파일로 편집하다
정년퇴직하여 **펜션**(숙박시설)을 운영하며 나오는 수익과 연금으로 노후를 보내다 / ※ 하숙집 의미의 펜션은 프랑스어
아이들이 도덕의 규범을 잘 **모어뤌**(모를) 경우에는 부모가 잘 가르쳐야 한다
위험을 느낀 그 사람의 얼굴이 **해애쥘d**(하얘졌다)
유망한 신인 **프롸**(프로) 선수가 방송국 인터뷰를 하며 런닝 **뭐씽**(러닝머신, 기계)을 달리는 모습 등을 촬영하다

단일의	씽글			{씽글}	single	쪼개기
단 하나의	씽글		하나의	{씽글}	single	★★☆
독신의	씽글		독신인	{씽글}	single	
미혼의	씽글		혼자의, 혼자 있는	{씽글}	single	single
1인용의	씽글		1인실, 싱글 (한 곡 음반)	{씽글}	single	

단일의 민족(단일 민족) ⇨ **씽글**(씽글)의 민족
단 하나의 예외 ⇨ **씽글**(씽글)의 예외
갈수록 독신의 남녀가 늘어나다 ⇨ 갈수록 **씽글**(씽글) 남녀가 늘어나다
미혼의 남녀(미혼 남녀) ⇨ **씽글**(씽글) 남녀 / ● 미혼(未아닐미 婚혼인할혼) : 아직 결혼을 하지 않음
1인용의 침대 ⇨ **씽글**(씽글) 침대

정오	누운		낮 12시, 한낮, 정오의	{눈}	noon	재활용
어리석은	스뚜우삗 / 스뚜우뼫	스쮸우뼫	바보 같은	{스튜핏}	stupid	
재미	뿨언 / 뻔		재미있는, 즐거운, 즐거움, 장난	{펀}	fun	
재미있는	뿨니		웃기는, 우스운	{퍼니}	funny	
마지막의	빠이널		최종적인, 최종의, 결승전	{파이널}	final	

친구가 "굿 애프터 **누운**(애프터눈 afternoon 오후)"하며 정오에 인사를 하다 / ● 정오(正바를정午낮오) : 낮 열두 시
어리석은 짓 ⇨ **스뚜우삗**(스튜핏)한 짓 / 바보 같은 행동 ⇨ **스뚜우삗**(스튜핏)한 행동
재미를 추구하다 ⇨ **뿨언**(펀)을 추구하다
재미있는 이야기 ⇨ **뿨니**(퍼니)한 이야기
마지막의 경기 ⇨ **빠이널**(파이널) 경기

날카로운	키인		예리한, 간절히 ~하고 싶은, 열렬한	{킨}	keen	무작정
저수지	뤠줠부왈	뤠줘부와	저장소, 저수조	{레저브와}	reservoir	
익사하다	쥬롸운		물에 빠져 죽다, 물에 빠뜨리다	{드라운}	drown	
유아	인뻰t	인뻰t	유아의, 유아용의, 아기	{인펀트}	infant	
우울한	글루우미		음침한, 어두운, 어두컴컴한	{글루미}	gloomy	

키인(킨)사이다 캔 뚜껑을 딸 때에는 날카로운 부분을 조심해야 한다
스포츠용품 회사의 **뤠줠부왈**(레저부와) 기획부 사원들이 저수지에서 수상스키를 즐기다
음습하고 죽음이 **쥬롸운**(드라운) 연못에 여러 사람이 **익사하다**
유아들은 안락한 공간 **인**(안에)에서 놀거나 숨는걸 **뻔**(펀, 즐거움)하게 느껴서 유아용 텐**t**(텐트)가 인기이다
먹 **글루우미**(구름이) 하늘을 덮어 우울한 날씨를 만들다

만연하다	프뤼붸이얼	프뤼붸이을	팽배하다, 널리 퍼져있다 {프리베일} prevail	연상법
방해하다	인터뤕t		끼어들다, 가로막다, 중단시키다 {인터럽트} interrupt	
성스러운	허울리		신성한, 거룩한 {홀리} holy	
묵살하다	디스미스		해고하다, 일축하다, 해산시키다 {디스미스} dismiss	
찾아내다	디텤엘t		감지하다, 탐지하다, 발견하다 {디텍트} detect	

양보가 미덕인 예전과 달리 요즘엔 **프뤼**(pre 미리, free 자유롭게) **붸이얼**(베일 veil 면사포)을 벗은 이기주의가 **만연하다**
친구가 **인터뤗**(인터넷) 블로그에 애인의 **뤕**(럽, 러브, 사랑)스러운 사진을 올리자 질투가 나서 괜히 **t**집(트집)을 잡고 **방해하다**
성스러운 음성이 **허**공에서 **울리**다
남의 의견을 매번 **디스**(반대)하고 이야기의 주제를 **미스**(놓치다)하는 사람의 의견을 **묵살하다**
마술사의 카드 마술을 보다가 **디텤엘**(뒤태에, 뒤 어딘가에) 숨겨논 트릭용(눈속임용) **t**럼프(트럼프) 카드를 **찾아내다**

지난	을라아슽		최근의, 최신의 {라스트} {래스트} last	쪼개기
최후의	을라아슽		최후에, 최후의 사람(것) {라스트} {래스트} last	★★☆
마지막의	을라아슽		{라스트} {래스트} last	
마지막으로	을라아슽		최종의 {라스트} {래스트} last	last
지속되다	을라아슽		(시간적으로) 계속되다 {라스트} {래스트} last	

지난겨울 ⇨ **을라아슽**(을라아스t, 을라아스트, 라스트) 겨울 / 지난주 ⇨ **을라아슽** 주
최후의 심판 ⇨ **을라아슽** 심판
마지막의 인사(마지막 인사) ⇨ **을라아슽** 인사 / 마지막의 버스(마지막 버스) ⇨ **을라아슽** 버스
마지막으로 점검하다 ⇨ **을라아슽**으로 점검하다
행복이 지속되다 ⇨ 행복이 **을라아슽**되다 / 공연이 3일간 계속되다 ⇨ 공연이 3일간 **을라아슽**되다

(어떤 기분이) 들다	쀠얼	쀠을	느끼다, 감촉 {필} feel	재활용
느낌	쀠얼링	쀠을링	감정, 기분 {필링} feeling	
기분이 좋다	쀠얼 그읃	쀠을 그읃	좋은 기분, 기분이 좋은 {필 굳} feel good	
마침내	앹 을라아슽		드디어 {앳 라스트} at last	
마침내	빠이널리		드디어, 마지막으로, 최종적으로 {파이널리} finally	

행복한 기분이 들다 ⇨ 행복한 기분이 **쀠얼**(필)하다 / 좋은 감정을 **느끼다** ⇨ 좋은 감정을 **쀠얼**(필)하다
상쾌한 느낌 ⇨ 상쾌한 **쀠얼링**(필링)
새 옷을 입으니 기분이 좋다 ⇨ 새 옷을 입으니 **쀠얼 그읃**(필 굳)이다
마침내 소원이 이루어지다 ⇨ **앹 을라아슽**(앳 라스트) 소원이 이루어지다
마침내 그는 성공하다 ⇨ **빠이널리**(파이널리) 그는 성공하다

17	쎄뷘틴인		십칠, 열일곱, 17명(의), 17개(의) {세븐틴} seventeen	무작정
18	에이틴인		십팔, 열여덟, 18명(의), 18개(의) {에이틴} eighteen	
19	나인틴인		십구, 열아홉, 19명(의), 19개(의) {나인틴} nineteen	
20	투와늬 / 투웬띠		이십, 스물, 20명(의), 20개(의) {트웬티} twenty	
21	투웬티 원		이십일, 스물 하나 {트웬티 원} twenty-one	

17 ⇨ **쎄뷘틴인**(세븐틴)
18 ⇨ **에이틴인**(에이틴)
19 ⇨ **나인틴인**(나인틴)
20 ⇨ **투와늬**(트웬티) / ◆ 투와늬 = 트우와늬
21 ⇨ **투와늬 원**(트웬티 원)

영어 단어에 해당하는 국어 단어 (기준으로 세운 뜻)	미국식 발음	영국식 발음	해당 국어 단어들 (다른 뜻들)	{한국식 발음} 스펠링	
지루한	뒤얼	뒤을	따분한, 둔한, 둔해지다 {덜} dull		연상법
골목	애알리	아알리	골목길, 뒷골목, 좁은 길 {앨리} alley		
치료하다	큐얼	큐어	낫게 하다, 고치다, 치료, 치유 {큐어} cure		
반항하다	듸빠이		저항하다, 거역하다, 무시하다, 도전하다 {디파이} defy		
시들다	우위ㅎ될	우위ㅎ둬	말라죽다, 시들게 하다 {위더} wither		

매일 반복되는 지루한 일상에서 사람들은 **뒤얼**(덜) 지루한 방법으로 대부분 스마트폰을 이용한다
골목에서 울고 있는 옆집 **애**(아이)를 발견하고 애 엄마에게 **알리**다
손톱이 갈라져서 치료용 매니**큐얼**(매니큐어을 발라 **치료하다** / ♣ 매니큐어(손톱 손질)는 네일 에나멜, 네일 폴리쉬의 콩글리쉬
엄마가 밥 먹기 전에는 **듸**게(되게) 맛있는 초코**빠이**(초코파이)를 못 먹게 하자 아이가 **반항하다**
화분의 꽃이 아래는 많이 시들고 **우위**(위)ㅎ**될**(위) 시들다

(팔, 다리 등을) 뻗다	스뜨뤠취		쭉 뻗다, 뻗기, 뻗어 있다 {스트레취} stretch		쪼개기
(팽팽하게) 펴다	스뜨뤠취		쭉 펴다, 펴기 {스트레취} stretch		★★☆
늘어나다	스뜨뤠취		신축성이 있다, 신축성이 있는, 신축성 {스트레취} stretch		stretch
늘이다	스뜨뤠취		잡아 늘이다, 늘이다 {스트레취} stretch		
기지개를 켜다	스뜨뤠취		기지개 {스트레취} stretch		

몸을 뻗다 ⇨ 몸을 **스뜨뤠취**(스트레취)하다 / 발을 쭉 뻗다 ⇨ 발을 **스뜨뤠취**(스트레취)하다
허리를 펴다 ⇨ 허리를 **스뜨뤠취**하다
청바지 천이 잘 늘어나다 ⇨ 청바지 천이 잘 **스뜨뤠취**하다 / 치즈가 늘어나다 ⇨ 치즈가 **스뜨뤠취**하다
고무줄을 늘이다 ⇨ 고무줄을 **스뜨뤠취**하다 / 반죽을 잡아 늘이다 ⇨ 반죽을 **스뜨뤠취**하다
아침에 눈을 뜨면서 기지개를 켜다 ⇨ 아침에 눈을 뜨면서 **스뜨뤠취**하다

신혼여행	허니무운		밀월(蜜꿀밀月달월), 신혼의 첫 달 {허니문} honeymoon		재활용
극도의	익스쮸뤼임	엑스쮸뤼임	극단적인, 극심한, 과격한 {익스트림} extreme		
광물	미눠뤌		(영양소의) 무기질, 미네랄 {미너럴} {미네랄} mineral		
단백질	프뤄우티인		단백질의 {프로틴} protein		
대행사	에이쥔씨		대리점 {에이전시} agency		

일주일간 신혼여행을 가다 ⇨ 일주일간 **허니무운**(허니문)을 가다
익스쮸뤼임(익스트림) 스포츠는 위험을 무릅쓰고 극도의 짜릿함을 즐기는 스포츠이다
광물을 함유한 흙 ⇨ **미눠뤌**(미네랄)을 함유한 흙 / ✚ 광천수, 미네랄워터, 청량음료 (영국) mineral water 미눠뤌 우와륄 {우오털}
단백질이 풍부한 계란 ⇨ **프뤄우티인**(프로틴)이 풍부한 계란
광고 대행사 ⇨ 광고 **에이쥔씨**(에이전시) / 전자 제품 대리점 ⇨ 전자 제품 **에이쥔씨**

지루한	보얼d	보올	따분한 {보드} bored		무작정
재개하다	뤼쥬움		다시 시작하다, 이력서 (미국) {리쥼} resume	1	
이력서 (미국)	뤠쥬뤠이 / 뤠쥬뤠		요약, 개요, (프랑스어) {레쥬메} résumé	2	
맥박	퍼얼스		맥, 고동 {펄스} pulse		
조각하다	카알v	카압	(나무, 돌 등에) 새기다, 깎다, 쪼다 {카브} carve		

지루한 시간을 보내기 위해 친구들과 **보얼d**게임(보드게임)을 하다
점심 식사를 마치고 **뤼**(다시) **쥬움**(줌 zoom) 버튼을 눌러 포토그래퍼(사진사, 사진작가)가 사진 촬영을 재개하다
회사에 이력서를 제출하다 ⇨ 회사에 **뤠쥬뤠이**(레쥬메)를 제출하다 / ※ résumé = resume 이력서
운동 후 맥박이 빨라지다 ⇨ 운동 후 **퍼얼스**(펄스)가 빨라지다 / 맥을 짚다 ⇨ **퍼얼스**(펄스)를 짚다
통나무로 호랑이를 조각하다 ⇨ 통나무로 호랑이를 **카알**(카알v, 카알브, 카브)하다

왕초보 영단어 복합적 암기법 5회

				연상법
영원한	이퉈얼널	이퉈어널	끝없는 {이터널} eternal	
중얼거리다	뭐얼뭐	뭐어뭐	중얼거림, 속삭이다 {머머} murmur	
상황	시쮸에이션	시쮸에이션	사태, 처지, 위치, 환경 {시츄에이션} situation	
구부리다	베엔d	베엔d	구부러지다, 휘다, 굽히다, 숙이다 {벤드} bend	
되살리다	뤼봐입	뤼봐입	되살아나다, 소생하다, 부활시키다 {리바이브} revive	

공상 영화에서는 **이 퉈널**(이 터널)을 지나면 영원한 환상의 세계로 통한다
아이가 장난감을 사달라고 조르는데 가격을 듣고는 "**뭐! 얼뭐**(얼마)?"하며 너무 비싸다고 중얼거리다
시쮸(시추, 조사차 땅을 뚫음)를 해서 **에이 션**(A가 세 개) 등급으로 나왔는데 석유가 안 나오는 상황이다
존경하는 선배 **벤엔d**(밴드 band 악단) 멤버들이 지나가자 후배 밴드 멤버들이 인사하기 위해 허리를 구부리다
갑자기 쓰러진 사람의 상태를 **뤼**(다시) 확인해 **봐서 입**으로 인공호흡을 하여 되살리다

				쪼개기
(가려워서, 날카로운 것으로) 긁다	스끄롸아취	스끄롸취	긁기 {스크래취} scratch	★☆☆
할퀴다	스끄롸아취	스끄롸취	할퀴기 {스크래취} scratch	
긁힌 상처	스끄롸아취	스끄롸취	생채기 {스크래취} scratch	scratch
긁힌 자국	스끄롸아취	스끄롸취	{스크래취} scratch	
흠집	스끄롸아취	스끄롸취	스크래치 {스크래취} scratch	

팔이 가려워서 **긁다** ⇨ 팔이 가려워서 **스끄롸아취**(스크래취)하다
산에 오르는 중에 나뭇가지에 **할퀴다** ⇨ 산에 오르는 중에 나뭇가지에 **스끄롸아취**하다
무릎에 **긁힌 상처**가 있다 ⇨ 무릎에 **스끄롸아취**가 있다
자동차 문의 **긁힌 자국**을 복구하다 ⇨ 자동차 문의 **스끄롸아취**를 복구하다
핸드폰에 **흠집**이 생기다 ⇨ 핸드폰에 **스끄롸아취**가 생기다

				재활용
강세	아악썬t / 애악썬t	악썬t	억양, 말투, 말씨, 악센트 부호 {액센트} accent	
띠	배앤d / 배안d	반d	음악대, 악단, 밴드, (주파수) 대역 {밴드} band	
일부분	파알t	파알	부분, 일부, 부품, ~부, ~권, 갈라지다, 벌리다 {파트} part	
뛰어나다	엑쎄얼	익쎄을	탁월하다, 능가하다 {엑셀} excel	
훌륭한	엑썰런t	엑썰런t	탁월한, 뛰어난, 우수한 {엑설런트} excellent	

영어 발음의 강세 ⇨ 영어 발음의 **아악썬**(아악썬t, 아악썬트, 액센트) / 표준 억양 ⇨ 표준 **아악썬**
손가락에 상처가 나서 대일 **배앤**(배앤d, 배앤드, 밴드)으로 띠를 두르다
일의 일부분을 담당하다 ⇨ 일의 **파알**(파알t, 파알트, 파트)을 담당하다 / 끝 부분 ⇨ 끝 **파알**
마이크로소프트사의 **엑쎄얼**(엑셀) 프로그램은 회계관리에 매우 뛰어나다 ⇨ ◆l 발음 : 얼과 어 사이로 발음
훌륭한 식사 ⇨ **엑썰런**(엑썰런t, 엑썰런트, 엑설런트)한 식사 / 탁월한 선택 ⇨ **엑썰런**한 선택

				무작정
30	θ뛰어리	θ쒀어티	삼십, 서른, 30명(의), 30개(의) {서티} thirty	
40	뽀오리	뽀오티	사십, 마흔, 40명(의), 40개(의) {포티} forty	
50	쀁띠 / 쀁쀁띠		오십, 쉰, 쉬흔, 50명(의), 50개(의) {핍티} {피프티} fifty	
60	씩스디		육십, 예순, 60명(의), 60개(의) {식스티} sixty	
70	쎄뷘디	쎄뷘티	칠십, 일흔, 70명(의), 70개(의) {세븐티} seventy	

30 ⇨ **뛰어리**(서티)
40 ⇨ **뽀오리**(포티)
50 ⇨ **쀁띠**(피프티)
60 ⇨ **씩스디**(식스티) / ◆영국식 발음도 씩스딕로 발음
70 ⇨ **쎄뷘디**(세븐티)

영어 단어에 해당하는 국어 단어 (기준으로 세운 뜻)	미국식 발음	영국식 발음	해당 국어 단어들 (다른 뜻들)	{한국식 발음} 스펠링	
결의	뤠절루우션		결의안, 결의문, 해상도	{레절루션} resolution	연상법
수요	디맨d	디뭔d	요구, 요구하다, 필요로 하다	{디멘드} demand	
기울다	틸얼t	틸을t	기울이다, 기울기, 경사, (뒤로) 젖히다	{틸트} tilt	
출발	디파알철	디파아쳐	떠남, 이탈	{디파쳐} departure	
눈에 띄는	스쮸롸이킹		두드러진, 현저한, 파업 중인	{스트라이킹} striking	

뤠(다시) 쥘루우(절로)들어가서 조용히 생각을 정리한 후에 결의를 션(시원)하게 다지다
수요가 디게(되게) 많아지자 제조사는 제품을 뫠안d(만드는데) 총력을 다하고 있다
공장에서 제조된 티셔츠를 얼마나 많이 t럭(트럭)에 실었는지 트럭이 한쪽으로 기울다 (틸뜰, 틸얼트, 틸얼트)
기병대가 말의 옆구리를 디게(되게) 파알철(쳐서) 적진으로 출발을 하다
신인 투수가 눈에 띄는 실력으로 강속구 스트라이크를 잘 던져서 스쮸롸이(스트라이크) 킹(왕)이란 별명이 붙다

선임의	씨이니얼	씨이니어	선임자, 연상의, 손윗사람, 손위의	{시니어} senior	쪼개기
선배의	씨이니얼	씨이니어	선배, (최) 상급생, 최고 학년의	{시니어} senior	★★☆
고위의	씨이니얼	씨이니어	상급자, 상급의	{시니어} senior	
원로	씨이니얼	씨이니어	장로	{시니어} senior	senior
시니어	씨이니얼	씨이니어	고령자, 연장자	{시니어} senior	

선임의 연구원(선임 연구원) ⇨ 씨이니얼(시니어) 연구원 / 선임자의 지시를 따르다 ⇨ 씨이니얼의 지시를 따르다
선배의 조언 ⇨ 씨이니얼(시니어)의 조언
고위의 경영진 ⇨ 씨이니얼(시니어) 경영진
영화계의 원로 ⇨ 영화계의 씨이니얼(시니어) / ● 원로(元으뜸원老늙을로): 한 분야에 오래 있어 경험과 공로가 많은 사람
시니어(스포츠 상급 수준의 성인) 대회 ⇨ 씨이니얼(시니어) 대회 / ※ 아브라함 링컨 시니어(아들과 같은 이름의 1세)

후배	쥬우니얼	쥬우니어	연소자, 연소한, 연하의, 하급의	{쥬니어} junior	재활용
지적인	인텔러젼t	인탈러젼t	지능적인, 이지적인	{인텔리전트} intelligent	
지능	인텔러젼스	인탈라젼스	정보, 첩보	{인텔리전스} intelligence	
파업하다	스쮸롸익		파업, 치다, 때리다, 공격하다, (야구, 볼링) 스트라이크	strike	
해결책	썰루우션		해법, 해답, 용해(溶녹을용解풀어질해)	{솔루션} solution	

후배의 진로 상담 ⇨ 쥬우니얼의 진로 상담 / ※ 주니어(청소년) 수영대회 / ※ 아브라함 링컨 주니어(아버지와 같은 이름의 2세)
지적인 사람 ⇨ 인텔러젼(인텔러젼트, 인텔리젼트, 인텔리전트)한 사람
지능이 높다 ⇨ 인텔러젼스가 높다 / ✚ 인공지능, AI (약어), artificial intelligence 아뤼쀡셜 인텔러젼스 [아튀쁵셜 인텔러젼스]
밀린 월급을 달라며 파업하다 ⇨ 밀린 월급을 달라며 스쮸롸익(스쮸롸이k, 스쮸롸이크, 스트라이크)하다
문제의 해결책 ⇨ 문제의 썰루우션(솔루션)

(신문 등을) 구독하다	썹스끄롸입		가입하다, 기부하다, 서명하다	{섭스크라이브} subscribe	무작정
반응	뤼액션 / 뤼앸션	뤼앸션	반작용, 반발	{리액션} reaction	
전형적인	티피컬		대표적인	{티피컬} typical	
급파하다 (급히 파견하다)	디스빼애취	디스빠아취	파견, 파병, 급파, 급송	{디스패치} dispatch	
사교적인	쏘우셔블		붙임성 있는	{소셔블} sociable	

눈썹을 스끄린(스크린)에 고정하고 관심 있는 유튜브 롸입(라이브) 영상을 구독하다 / ● 구독(購살구讀읽을독): 사서 읽음
예능 프로그램에 출연하면 상대방의 말이나 행동에 대한 반응, 즉 뤼액션(리액션)이 좋아야 한다
전형적인 멜로 드라마 ⇨ 티피컬(티피컬)한 멜로 드라마
분쟁지역에 병력을 급파하다 ⇨ 분쟁지역에 병력을 디스빼애취(디스패치)하다 / ※ (= despatch 영국)
사교적인 사람 ⇨ 쏘우셔블(소셔블)한 사람

왕초보 영단어 복합적 암기법 5회

진짜의	쮀뉴웬		진품의, 진정한, 진실한 {제뉴인} genuine	연상법
유죄 판결	컨빅션		확신, 신념 {컨빅션} conviction	
내부의	인튀얼널	인튀어널	체내의 {인터널} internal	
1,000	θ따우줜d	θ싸우줜d	천(의), 천 명(개) (의) {싸우전드} (one) thousand	
10,000	텐 θ따우줜d	텐 θ싸우줜d	만 {텐 싸우전드} ten thousand	

쮀대로(제대로) 된 진짜의 뉴욕 햄버거 맛집은 저 건물에서 웬쪽(왼쪽)으로 돌아가면 나온다
컨(큰) 죄와 빅(빅, 큰)한 악행을 저지른 사람에게 션하게(시원하게) 유죄 판결을 내리다
인 튀얼널(인 터널, 터널 안) 내부의 조명과 환풍시설을 점검하다
따우는(싸우는) 줜d(전투) 게임에서 1,000(천) 명의 적을 무찌르다 / ※ = one thousand 일천
텐(텐, 10, 십) 번의 따우줜d(1000, 천)는 10,000(만)이다 / ※ 일 백 × 천 = one hundred thousand 십만 100,000

표지판	싸인		표지 {사인} sign	쪼개기
간판	싸인		{사인} sign	★★★
징조	싸인		징후, 조짐, 기미, 기색 {사인} sign	s i g n
서명하다	싸인		사인하다, 사인하여 계약하다 {사인} sign	
기호	싸인		부호, 신호, 표시 {사인} sign	

경고 표지판을 세우다 ⇨ 경고 싸인(사인)을 세우다
가게에 간판을 달다 ⇨ 가게에 싸인을 달다 / ✚ 간판 signboard 싸인보d {사인보올} {사인보드}
비가 올 징조 ⇨ 비가 올 싸인
계약서에 서명하다 ⇨ 계약서에 싸인하다 / ♣ 서명(명사)을 뜻하는 싸인(동사, 서명하다)은 씨그너춰(명사, 서명)의 콩글리쉬
플러스 기호 ⇨ 플러스 싸인

서명 (이름을 써넣음)	씨그너철	씨그너춰	사인, 특징, (프로의) 주제 음악 {시그니처} signature	재활용
신호	씨그널		신호를 보내다 {시그널} signal	
잘	우웨얼 / 우와얼	우웨을	"글쎄", 우물, 샘, "그래", 제대로, 건강한 {웰} well	
처음의	이니셜		초기의, (성명, 명칭의) 머리글자, 이니셜 initial	
박살내다	스쀄아쉬 / 스쀄애쉬	스와쉬	박살나다, 때려 부수다, 부서지다 {스매쉬} smash	

서명이 위조로 판명되다 ⇨ 씨그너철(시그니처)이 위조로 판명되다 / ♣ 싸인(서명하다)은 씨그너춰(서명)의 품사 콩글리쉬
출하니 배에서 꼬르륵 신호를 보내다 ⇨ 출하니 배에서 꼬르륵 씨그널(시그널)을 보내다
잘 숙성되다 ⇨ 우웨얼(웰) 숙성되다 / "글쎄, 모르겠어" ⇨ "우웨얼(웰), 모르겠어" / 우물을 파다 ⇨ 우웨얼(웰)을 파다
처음의 계획 ⇨ 이니셜의 계획 / 초기의 증상 ⇨ 이니셜의 증상 / 이름의 머리글자 ⇨ 이름의 이니셜
접시를 박살내다 ⇨ 접시를 스쀄아쉬(스매쉬)하다 / ※ (배구, 테니스, 탁구 등의) 스매싱 : 강하게 내리치기

80	에이리	에이티	팔십, 여든, 80명(의), 80개(의) {에이티} eighty	무작정
90	나인디 / 나이니	나인티	구십, 아흔, 90명(의), 90개(의) {나인티} ninety	
100	헌쥬뤧		백(의), 백 명(의), 백 개(의) {헌드레드} (one) hundred	
101	원 헌쥬뤧 원		백일 {원 헌드레드 원} one hundred one	
200	튜우 헌쥬뤧		이백 {투 헌드레드} two hundred	

80 ⇨ 에이리(에이티)
90 ⇨ 나인디(나인티)
100 ⇨ 헌쥬뤧(헌드레드) / ※ = one hundred 일백
101 ⇨ 원 헌쥬뤧 원(원 헌드레드 원)
200 ⇨ 튜우 헌쥬뤧(투 헌드레드)

영어 단어에 해당하는 국어 단어 (기준으로 세운 뜻)	미국식 발음	영국식 발음	해당 국어 단어들 (다른 뜻들)	{한국식 발음} 스펠링	
의심하다	돠울		의심 {다우트} doubt		연상법
추정하다	에스뛰메일★		견적(에스떠멜☆), 견적을 내다, 추산 {에스터메이트} estimate		
방아쇠	츄뤼걸	츄뤼거	유발하다, ~을 일으키다 {트리거} trigger		
(식물, 물체, 사상 등을) 심다	플래앤t / 플래안t	플러언t	식물, 공장, 시설, 설비 {플랜트} plant		
모양	쉐잎		형태, 형체, 형상, 형 {쉐이프} shape		

방귀 소리에 모두 **돠**(다) **울**는데(웃는데) 한 사람만 웃지 않아서 그 사람을 **의심하다**
에스자 모양의 고대 유물을 땅에서 잘 **뛰**내서(떠내서) 워크**메일**(워크메이트, 직장 동료)과 그것의 생성 연대를 **추정하다**
츄뤼(트리, 나무)들 사이에서 타이거(호랑이)가 어슬렁 어슬렁 **걸**어 나오자 사냥꾼이 **방아쇠**를 당기다
장기적인 **플래앤**(플랜, 계획)으로 청정한 공기를 위해 **t**(트리, 나무)를 **심다**
네잎클로버의 꽃말은 행운이고 **쉐잎**(쉐잎) **모양**의 클로버는 행복이다

말하다	퉈억	토옥	{토크} {톡} talk		쪼개기
이야기하다	퉈억	토옥	이야기 {토크} {톡} talk		★★★
대화하다	퉈억	토옥	대화 {토크} {톡} talk		
담화하다	퉈억	토옥	담화 {토크} {톡} talk		talk
회담 (~s)	퉈억	토옥	{토크} {톡} talk		

어제 일에 대해 **말하다** ⇨ 어제 일에 대해 **퉈억**(퉈억k, 퉈어크, 토크, 톡)하다
식사를 하며 **이야기하다** ⇨ 식사를 하며 **퉈억**하다
가족과 **대화하다** ⇨ 가족과 **퉈억**하다
차 한잔하며 **담화하다** ⇨ 차 한잔하며 **퉈억**하다 / ● 담화(談말씀담話말할화) : 서로 말을 주고받음. 공식적으로 밝히는 말
비공개 회담을 하다 ⇨ 비공개 **퉈억**을 하다 / **+** 회담 talks 퉈억스 {토옥스} / ● 회담 : 어떤 문제에 대하여 모여서 대화를 함

(호텔, 식당 등의 남자) 종업원	우웨이뤌	우웨이퉈	기다리는 사람, 웨이터 {웨이터} waiter		재활용
(호텔, 식당 등의) 여종업원	우웨이츄뤼스		웨이트리스 {웨이트리스} waitress		
기다리다	우웨잍		지켜보다, 대기하다 {웨이트} wait		
대기실	우웨이링 루움	우웨이팅 루움	(역 등의) 대합실 (기다리는 곳) waiting room		
교활한	커닝		간사한, 교묘한 {커닝} cunning		

식당 종업원 ⇨ 식당 **우웨이뤌**(웨이터)
레스토랑의 여종업원 ⇨ 레스토랑의 **우웨이츄뤼스**(웨이트리스)
한참을 기다리다 ⇨ 한참을 **우웨잍**(우웨이t, 우웨이트, 웨이트)하다
무대에 오르기 전에 가수들이 대기실에서 대기하다 ⇨ 무대에 오르기 전에 가수들이 **우웨이링 루움**(웨이팅 룸)에서 대기하다
교활한 수법 ⇨ **커닝**한 수법 / ♣ 시험의 부정행위를 뜻하는 컨닝은 취팅(cheating 부정행위)의 콩글리쉬

서두르다	허뤼 / 허얼뤼	허뤼	서둘러 가다, 서두름, 빨리 ~하다 {허리} hurry		무작정
호박	펌낀 / 펌껜	펌킨 / 펌프킨	{펌프킨} pumpkin		
순서	씨이쿠원스		연속, 연속하여 일어남, 연속적인 사건들 {시퀀스} sequence		
결과	컨스쿠원스		결론, 중요성 {칸시퀀스} consequence		
의회	쾽그뤠스	콩그뤠스	국회, 회의 {콩그레스} {컨그레스} congress		

기술자들이 **허뤼**(허리)에 장비를 차고 작업을 **서두르다**
호박을 넣고 된장찌개를 끓이다 ⇨ **펌낀**(펌프킨)을 넣고 된장찌개를 끓이다
회의 순서 ⇨ 회의 **씨이쿠원스**(시퀀스) / ※ 신 < 시퀀스 < 에피소드 < 영화
행동에 따른 결과 ⇨ 행동에 따른 **컨스쿠원스**(칸시퀀스)
미국의 의회 ⇨ 미국의 **쾽그뤠스**(콩그레스)

왕초보 영단어 복합적 암기법 **5**회

서술	디스끄륖션	디스끄륖션	기술, 묘사, 설명 {디스크립션} description	연상법
암시하다	임플라이		넌지시 나타내다, 시사하다, 함축하다, 뜻하다 imply	
부지런한	딜러젼t		근면한 {딜러전트} diligent	
천장	씨얼링	씨일링	최고 한도, 최대의 (비격식) {실링} ceiling	
휘젓다	스뛰얼	스뛰어	젓다, 뒤섞다, 불러일으키다, 휘젓기 {스터} stir	

디게(되게) **스끄륖**(시끄러웠)던 사건 현장의 상황을 **션**(시원)하게 서술을 하다
새로 개발한 비행기를 타고 **임**시로 **플라이**(비행하기)한다는 것은 상당한 위험을 암시하다
부지런한 **딜러**(딜러, 상인, 판매업자)가 **젼t**(전투)하듯이 소비자들에게 신제품 홍보를 하다
아이들을 위해 천장에 **씨얼**(실)과 **링**(고리)을 이용해 모빌(움직이는 조각)을 만들다
시리얼을 **스**푼으로 **뛰얼**(때) 먹기 전에 우유와 휘젓다

(물건, 생각 등을) 공유하다	쉐얼	쉐애	분담하다 {쉐어} share	쪼개기
~을 함께 쓰다	쉐얼	쉐애	{쉐어} share ★★☆	
~을 함께 나누다	쉐얼	쉐애	~을 나눠 갖다 {쉐어} share	share
점유율	쉐얼	쉐애	{쉐어} share	
몫	쉐얼	쉐애	주식 (영국) {쉐어} share	

생각을 공유하다 ⇨ 생각을 **쉐얼**(쉐어)하다 / 비용을 분담하다 ⇨ 비용을 **쉐얼**(쉐어)하다
집을 함께 쓰다 ⇨ 집을 **쉐얼**하다 / 장난감을 나눠 갖다 ⇨ 장난감을 **쉐얼**하다
기쁨을 함께 나누다 ⇨ 기쁨을 **쉐얼**하다 / 돈을 나눠 갖다 ⇨ 돈을 **쉐얼**하다
시장 점유율 ⇨ 시장 **쉐얼**
자신의 몫을 챙기다 ⇨ 자신의 **쉐얼**을 챙기다

기쁨	죠오이		즐거움 {조이} joy	재활용
누리다	인죠이 / 엔죠이		즐기다, 즐거워하다 {엔죠이} enjoy	
정보	인풸이션	인풔이션	{인포메이션} information	
찰흙	클레이		점토(粘불을점,끈끈할점土흙토) clay	
다루다	해앤될 / 해안될	하얀들	처리하다, 만지다, 손잡이 {핸들} handle	

기쁨이 가득한 가정 ⇨ **죠오이**(조이)가 가득한 가정
행복을 누리다 ⇨ 행복을 **인죠이**(엔죠이)하다 / 컴퓨터 게임을 즐기다 ⇨ 컴퓨터 게임을 **인죠이**하다
새로운 정보를 얻다 ⇨ 새로운 **인풸이션**(인포메이션)을 얻다
찰흙으로 도자기를 만들다 ⇨ **클레이**로 도자기를 만들다
노련한 기술자가 장비를 잘 다루다 ⇨ 노련한 기술자가 장비를 잘 **해앤될**(핸들)하다

알리다	인@뽐~	인뽀옴	통지하다, 통보하다 {인폼} inform	무작정
보내다	쎄엔d	쎈d	전하다, 부치다, 발송하다 {센드} send	
환불하다	뤼풴언d★		환불(뤼풴언d☆), 환급하다, 반환하다, 반환 {리펀드} refund	
함축	임플러케이션	임플리케이션	함의, 포함, 암시, 영향 implication	
(시험 등에서) 부정행위를 하다	취잍		사기 치다, 속이다, 속임수, 사기꾼 {취트} cheat	

환경 오염의 심각성을 알리다 ⇨ 환경 오염의 심각성을 **인뽐~**(인폼)하다 / ◆ @뽐 : 혀를 말고 뽐을(뿔이 섞이게) 발음
택배를 보내다 ⇨ 택배를 **쎄엔**(쎄엔d, 쎄엔드, 센드)하다
티켓값을 환불하다 ⇨ 티켓값을 **뤼풴언**(뤼풴언d, 뤼풴언드, 리펀드)하다 / ◆ 강세 변화 : 명사 앞, 동사 뒤
마무리를 잘 하자는 함축이 담긴 고사성어 ⇨ 마무리를 잘 하자는 **임플러케이션**(임플리케이션)이 담긴 고사성어
시험에서 부정행위를 하다 ⇨ 시험에서 **취잍**(취t, 취트)하다 / + (시험에서의) 부정행위 cheating 취이링 {취이팅} {취팅}

영어 단어에 해당하는 국어 단어 (기준으로 세운 뜻)	미국식 발음	영국식 발음	해당 국어 단어들 (다른 뜻들)	{한국식 발음}	스펠링	
위 (몸속 장기)	스뚜멬 / 스따멬	스뚜먹	배, 복부	{스터먹}	stomach	연상법
복통	스뚜머께잌	스뚜머케잌	위통	{스터먹케이크}	stomachache	
합병하다	뭐얼쥐	뭐어쥐	통합하다, 합치다	{머쥐}	merge	
나오다	이뭐얼쥐	이뭐어쥐	떠오르다, 나타나다, 부각되다	{이머쥐}	emerge	
꽃병	붸이스	봐아즈	단지, 항아리	{베이스}	vase	

스푼으로 **뚜**(때) **멬**는(먹는) 요구르트의 유산균이 **위**까지 살아서 가다
스푼으로 **뚜**(때) **머**는(먹는) 아이스**께잌**(아이스케이크, 아이스크림)을 너무 많이 먹어서 **복통**을 일으키다
두 회사가 **뭐얼쥐**앉아(머지않아) 하나로 **합병하다**
이거 **뭐얼쥐**(뭐지) 하고 나무 틈을 건드리자 다람쥐가 **나오다**
빈병을 **붸이스**(베이스 base 기본, 토대, 기반)로 **꽃병**을 만들다

연습하다	프뢕띠스	프뢕티스	연습, 실습	{프랙티스} practice	쪼개기
실천하다	프뢕띠스	프뢕티스	실천	{프랙티스} practice	★★★
실행	프뢕띠스	프뢕티스	실행하다, 실시하다	{프랙티스} practice	
관습	프뢕띠스	프뢕티스	관행, 관례, 풍습	{프랙티스} practice	
습관	프뢕띠스	프뢕티스	습관적으로 하다	{프랙티스} practice	practice

하루 종일 노래 **연습하다** ⇨ 하루 종일 노래 **프뢕띠스**(프랙티스)하다
나눔을 **실천하다** ⇨ 나눔을 **프뢕띠스**(프랙티스)하다
생각을 **실행**에 옮기다 ⇨ 생각을 **프뢕띠스**(프랙티스)에 옮기다
오랜 **관습** ⇨ 오랜 **프뢕띠스**(프랙티스)
일찍 자는 **습관** ⇨ 일찍 자는 **프뢕띠스**(프랙티스)

소유주	오우눠ㄹ	오우눠	주인, 소유자, 오너	{오너} owner	재활용
도전	촤앨런쥐	촬린쥐	도전하다, 도전을 북돋우다	{챌린지} challenge	
도전적인	촤앨런쥥	촬린쥥		{챌린징} challenging	
감사하다	θ때앵k	θ쌔앵k	고맙다, 고마워하다, 감사(~s)	{땡크} {쌩크} thank	
감사하는	θ때앵쁄	θ쌔앵쁄	고맙게 생각하는	{땡크펄} thankful	

건물 소유주 ⇨ 건물 **오우눠ㄹ**(오너) / 집주인 ⇨ 집 **오우눠ㄹ**(오너)
도전을 즐기다 ⇨ **촤앨런쥐**(챌린지)를 즐기다 / + **도전자** challenger 촤앨런쥐 (챌린쥐) {챌린저}
도전적인 자세 ⇨ **촤앨런쥥**(챌린징)한 자세
모든 일에 **감사하다** ⇨ 모든 일에 **때앵**(때앵k)하다 / ※ thank you 고마워, 고맙습니다, 감사합니다
감사하는 마음 ⇨ **때앵쁄**(땡크펄)하는 마음

비상	이뭘젼씨	이뭐젼씨	응급, 비상사태, 긴급	{이머전시} emergency	무작정
(맛이) 쓴	비뤌	비뤄	쓰라린, 씁쓸한, 지독한, 격렬한	{비터} bitter	
여배우	액츄뤼스 / 액츄뤼스	악츄뤼스		{액트레스} {액트리스} actress	
속하다	빌러엉		소속하다, ~의 것이다	{빌롱} belong	
약점	우위끄너스	우위크너스	약함, 나약함, 허약	{위크니스} weakness	

비상 상황 ⇨ **이뭘젼씨**(이머전시) 상황 / 응급실 ⇨ **이뭘젼씨** 실 / ● 응급(應急할응急급할급) : 급한 대로 우선 처리함
쓴 약초 ⇨ **비뤌**(비터)한 약초
그 여배우는 연기뿐만 아니라 노래도 잘한다 ⇨ 그 **악츄뤼스**(액트레스)는 연기뿐만 아니라 노래도 잘한다
사과는 과일에 **속하다** ⇨ 사과는 과일에 **빌러엉**(빌롱)하다
상대의 **약점**을 잡다 ⇨ 상대의 **우위끄너스**(위크니스)를 잡다

~제품	우웨얼	우웨애	~용품, ~류, 도자기류 {웨어} ware	연상법
창고	우웨얼하우스	우웨애하우스	{웨어하우스} warehouse	
연장하다	프륄러엉	프륄렁	연장시키다 {프롤롱} prolong	
정도	디그뤼이		(각도, 온도의) ~도, 등급, 학위 {디그리} degree	
소유하다	어운		자신의, 자기 자신의, 직접 ~한, 고유의 {오운} own	

소프트**우웨얼**(소프트웨어 software), hardware 철물, glassware 유리제품, kitchenware 주방용품, ceramic ware 도자기류
30대의 컴퓨터 하드**우웨얼**(하드웨어)을 **하우스**(집)에 보관했더니 집이 **창고**처럼 보인다
프뤌(푸른) 야채를 **러엉**(롱, 오래)하게 먹었더니 건강한 삶을 **연장하다**
의상 **디**자인(디자인)을 **그뤼이**(그리, 그렇게) 잘 뽑아야 회사가 목표로 한 **정도**의 돈을 벌 수 있다
어(하나의) **운**이 좋아 자신의 건물을 **소유하다**

(길이, 거리, 시간이) 긴	을러엉	을렁	{롱} long	쪼개기
길게	을러엉	을렁	{롱} long	★★★
길쭉한	을러엉	을렁	{롱} long	
오래	을러엉	을렁	{롱} long	long
오랜	을러엉	을렁	{롱} long	

긴 의자 ⇨ **을러엉**(롱) 의자 / 긴 휴가 ⇨ **을러엉**(롱) 휴가
길게 자르다 ⇨ **을러엉**(롱) 자르다
길쭉한 다리 ⇨ **을러엉**(롱) 다리
오래 간직하다 ⇨ **을러엉**(롱) 간직하다
오랜 세월 ⇨ **을러엉**(롱) 세월

(남자) 배우	아액뤌 / 애액뤌	악퉈	{액터} actor	재활용
연결	크넥션		관련성, 접속, 관계, 연줄, 밀매인 {커넥션} connection	
(나무의) 줄기	츄륑k		몸통, (자동차, 큰 가방, 팬츠 등의) 트렁크 {트렁크} trunk	
(힘껏) 던지다	피이취	피취	투구하다, 정도, 노 젓는 횟수, 음의 높낮이 {피치} pitch	
물주전자	피쩔	피쩌	항아리, 투수 {피처} pitcher	

인기 드라마에 출연한 배우 ⇨ 인기 드라마에 출연한 **아악뤌**(액터)
케이블선 연결 ⇨ 케이블선 **크넥션**(커넥션) / ※ 우리말 커넥션은 은밀한 목적을 가진 사람들로 맺어진 연결 관계를 뜻함
폭풍에 은행나무 **줄기**가 꺾여서 자동차 **츄륑k**(츄륑k, 츄륑크, 트렁크) 부분을 덮치다
투구 훈련에 **피이취**(피치)를 올려 공을 힘껏 **던지다**
생맥주나 콜라를 **피쩔**(피처)로 주문하면 **물주전자**에 많은 양으로 담아져 나온다

소지품	빌렁잉즈		소유물, (belonging의 복수) {빌롱잉스} belongings	무작정
인사하다	그뤼잍		맞이하다 {그리트} greet	
인사	그뤼이팅 / 그뤼이링	그뤼이팅	인사말 {그리팅} greeting	
(힘, 의지, 소리, 신호 등이) 약한	우윌		힘이 없는, 허약한, 나약한 {위크} weak	
약하게 하다	우위끈 / 우위껜	우위큰	약화시키다, 약해지다 {위컨} weaken	

소지품을 잘 챙기다 ⇨ **빌렁잉즈**(빌롱잉스)를 잘 챙기다
서로 **인사하다** ⇨ 서로 **그뤼잍**(그뤼it, 그뤼이트, 그리트)하다
인사를 나누다 ⇨ **그뤼이팅**(그리팅)을 나누다 / 신년 인사말 ⇨ 신년 **그뤼이팅**
몸이 **약한** 사람 ⇨ 몸이 **우윌**(우윌k, 우위크, 위크)한 사람
과식이 몸의 건강을 **약하게 하다** ⇨ 과식이 몸의 건강을 **우위끈**(위컨)하다

영어 단어에 해당하는 국어 단어 (기준으로 세운 뜻)	미국식 발음	영국식 발음	해당 국어 단어들 (다른 뜻들)	{한국식 발음}	스펠링	
정당화하다	쥐스뛰빠이		옳다고 하다	{져스터파이}	justify	연상법
(강력히) **주장하다**	컨퉤엔d	큰퉤엔d	다투다, (곤란, 불행 등과) 싸우다	{컨텐드}	contend	
불평하다	컴플레인		호소하다	{컴플레인}	complain	
빌려주다	을렌d		(돈을) 꿔 주다	{렌드}	lend	
(돈, 물건 등을) **빌리다**	바뤄우	버뤄우	대여하다, (돈을) 꾸다	{바로}	borrow	

오빠가 동생의 초코파이를 먹은 후 "**쥐스뛰**(져스트, 단지) 배가 고파서 초코**빠이**(초코파이)를 먹었다"고 정당화하다
A조와 D조가 서로 **컨**(큰) **퉤엔d**(텐트)를 써야 한다고 강력히 **주장하다**
누군가 **컴**퓨터 키보드에 **플레인** 요거트를 쏟아서 **불평하다** / ＋ 불만, 불평 complaint 컴플레인t
돈을 받고 **올렌d**(랜드 land 땅)를 **빌려주다**
내일 **바로우**(바로) 갚을 것을 약속하고 형에게 돈을 **빌리다**

방금	쥐슷		막, 바로, 딱, 꼭	{져스트}	just	쪼개기
정당한	쥐슷		올바른	{져스트}	just	★★★
정의로운	쥐슷		공정한	{져스트}	just	just
그냥	쥐슷		단지	{져스트}	just	
그저	쥐슷		~만, 그저 ~만	{져스트}	just	

방금 도착했다 ⇨ **쥐슷**(쥐슷t, 쥐스트, 져스트) 도착했다 / 막 출발했다 ⇨ **쥐슷** 출발했다
정당한 요구 ⇨ **쥐슷**한 요구
정의로운 사회 ⇨ **쥐슷**한 사회
그냥 좋다 ⇨ **쥐슷** 좋다 / 그것은 단지 생각일 뿐이다 ⇨ 그것은 **쥐슷** 생각일 뿐이다
그저 할 일을 했을 뿐이다 ⇨ **쥐슷** 할 일을 했을 뿐이다 / "이거 하나만 기억해라" ⇨ "이거 하나 **쥐슷** 기억해라"

~해도 된다	캔 / 캐안 / 컨	캔 / 캬안 / 큰	통조림통, 깡통, ~할 수 있다	{캔}	can	재활용
(땅, 차 등을) **빌리다**	뤠엔t	뤤t	임대하다, 세놓다, 집세, 방세, 임대료	{렌트}	rent	
임대의	뤠엔틸	뤤틀	임대, 임대료, 임대 물건	{렌탈}	rental	
임대차	을리이스		임대차 계약, (땅, 집을) 임대(임차)하다	{리스}	lease	
분명한	플레인		명백한, 평원, 무늬가 없는, 평범한, 순수한		plain	

"그 참치로 요리를 해도 된다" ⇨ "그 참치로 요리를 **캔**(캔) 된다" / 통조림통을 따다 ⇨ **캐안**(캔)을 따다
자동차를 빌리다 ⇨ 자동차를 **뤠엔**(뤠엔, 뤠엔트, 렌트)하다
임대의 정수기 ⇨ **뤠엔틸**(렌탈) 정수기 / ● 임대(賃貸삯임貸빌릴대) : 돈을 주거나 받고 빌려주거나 빌리는 일
임대차 계약 ⇨ **을리이스**(리스) 계약 / ● 임대차(借빌릴차) : 물품 등을 빌려주거나 받고 임대료를 지불하거나 받는 일
플레인 요거트를 선택하는 소비자는 아무것도 안 넣은 순수한 맛과 건강을 생각하는 **분명한** 이유가 있다

설명하다	익스쁠레인	익스플레인		{익스플레인}	explain	무작정
설명	엑스쁠러네이션	엑스플러네이션	해명	{익스플러네이션}	explanation	
대나무	뱀부우	밤부		{뱀부}	bamboo	
분류하다	쏘올t	쏘올	종류	{소트}	sort	
정의	쥐스뛔스 / 쥐스띄스		정당(성), 공정(성), 공평(성), 사법, 재판	{져스티스}	justice	

냉장고 **익스**(바깥의)에 **쁠레인**(플레인) 요거트를 둔 이유를 **설명하다**
상자를 못 여는 아이에게 **엑스**자(엑스자, 십자)로 묶인 끈을 **쁠러**(풀러) 콤비**네이션** 피자 상자를 열라고 **설명**을 하다
대나무 숲 ⇨ **뱀부우**(뱀부) 숲
택배를 **분류하다** ⇨ 택배를 **쏘올**(쏘올t, 쏘올트, 소트)하다
사회 정의를 바로 세우다 ⇨ 사회 **쥐스뛔스**(져스티스)를 바로 세우다

왕초보 영단어 복합적 암기법 5회

					연상법
박수를 치다	어플러얼	아플로올	박수치다, 박수갈채하다	{어플로드} applaud	
맞추다	어줘슡		적응하다, 조절하다, 조정하다	{어져스트} adjust	
우려	큰@썬~	큰써언	걱정하다, 염려하다, 관련되다	{컨선} concern	
수용력	커패아쓰릐	커파쓰티	용량, 역량, 능력	{커패서티} capacity	
비행기	플레인		평면, 면, 평평한	plane	

지나가는 **어**른이 병뚜껑을 **플러**(풀러, 열어) 줘서 병 안의 사탕을 **얼**게 된 아이들이 **박수를 치다** (어플러얼, 어플러워드)
어른이 되면 먹고살기 위해 **줘슡**(져스트, 그저, 단지) 만만치 않은 세상살이에 자신을 **맞추다**
가뭄이 지속되는 가운데 **큰 썬~**(큰 태양)의 햇볕이 강하게 내리쬐니 농작물이 말라죽을까 **우려**를 하다 / ◆ @썬 : 썰 + 썬
이 커피포트의 물 수용력으로 **커패아**(커피)를 **쓰릐**(3, 셋) 잔 탈 수 있다
비행기 안에서 식사 중에 **플레인** 요거트가 후식으로 나오다

					쪼개기
직업의	프뤄풰셔널		직업적인, 직업적으로 하는	{프로페셔널} professional	★★☆
프로의	프뤄풰셔널		직업 선수의, 프로 선수, 프로	{프로페셔널} professional	
전문적인	프뤄풰셔널		전문가의, 전문가	{프로페셔널} professional	
전문직의	프뤄풰셔널			{프로페셔널} professional	
전문의	프뤄풰셔널			{프로페셔널} professional	

직업의 정신(직업 정신) ⇨ **프뤄풰셔널** 정신 / **+** 직업 선수의, 프로의, 프로 (선수) pro 프뤄우 (= professional의 비격식)
프로의 세계는 냉혹하다 ⇨ **프뤄풰셔널**(프로페셔널, 프로)의 세계는 냉혹하다
전문적인 지식 ⇨ **프뤄풰셔널** 지식 / 전문가의 조언 ⇨ **프뤄풰셔널**의 조언
전문직의 자격증(전문직 자격증) ⇨ **프뤄풰셔널** 자격증
전문의 요리사(전문 요리사) ⇨ **프뤄풰셔널** 요리사

professional

					재활용
비전문가의	애뭐츄얼 / 애뭐튈	아뭐튀 / 아와츄어	비직업적인, 비전문가, 아마추어	amateur	
(책, TV, 경기 등) **연속물**	씨어뤼이즈		연속, 연쇄, 일련	{시리즈} series	
(사업상의) **모험**	벤춸	벤춰	모험적 사업, 투기적 사업	{벤처} venture	
모험	애드벤춸	어드벤춰	모험심	{어드벤처} adventure	
현대의	롸아뤈	모던	현대적인, 근대의, 근대적인	{모던} modern	

비전문가의 선수 ⇨ **애뭐츄얼**(아마추어) 선수 / ♣ 아마(ama)는 아마추어(amateur)의 줄임말 콩글리쉬
드라마 연속물의 최종 편 ⇨ 드라마 **씨어뤼이즈**(시리즈)의 최종 편
모험 기업에 투자하다 ⇨ **벤춸**(벤처) 기업에 투자하다
꿈과 환상을 심어주는 모험 영화 ⇨ 꿈과 환상을 심어주는 **애드벤춸**(어드벤처) 영화
현대의 사회 ⇨ **롸아뤈**(모던) 사회 / 현대적인 건축물 ⇨ **롸아뤈**(모던) 건축물

					무작정
행성	플래넽	플라넽		{플래닛} planet	
여러분의	유얼	유어	너희들의, 당신들의, 당신의, 너의	{유어} your	
젖은	우웹		(페인트 등이) 마르지 않은, 비가 오는	{웻} {웨트} wet	
길이	을렝θ뜨	을렝θ쓰		기간 {렝쓰} length	
교수	프뤄풰쐴	프뤄풰써		{프로페서} professor	

수성, 금성, 목성, 지구, 화성 등의 **행성** ⇨ 수성, 금성, 목성, 지구, 화성 등의 **플래넬**(플래닛)
여러분의 성원에 감사드립니다 ⇨ **유얼**(유어)의 성원에 감사드립니다 / 너희들의 행운을 빈다 ⇨ **유얼**의 행운을 빈다
비에 젖은 옷 ⇨ 비에 **우웹**(우웨t, 우웨트, 웻, 웨트)한 옷
길이를 재다 ⇨ **을렝뜨**(을렝th, 을렝θ)를 재다 / ◆ '뜨'는 아주 작게 묻히듯 발음
교수의 강의 ⇨ **프뤄풰쐴**(프로페서)의 강의

영어 단어에 해당하는 국어 단어 (기준으로 세운 뜻)	미국식 발음	영국식 발음	해당 국어 단어들 (다른 뜻들)	{한국식 발음} 스펠링	
민족의	에θ뜨닉	에θ쓰닉	민족적인	{에쓰닉} ethnic	연상법
경멸하다 (輕깔불경蔑업신여길멸)	디스빠이즈		멸시하다, 깔보다, 몹시 싫어하다	{디스파이즈} despise	
도랑	디취		(밭 등의) 수로, 배수로	{디취} ditch	
(좌석, 상점 진열대 등의) 통로	아이얼	아이을		{아일} aisle	
온도	템플철	템플쳐	기온, 체온	{템퍼러쳐} temperature	

전통적으로 내려오는 우리 **민족**의 고유 활을 만들기에 **에뜨닉**(에쓰닉) 장인의 명성이 뒤따르다
"**디스**(이) 호박**빠이**(호박파이)는 요**즈**음 사람들 입맛에 맞지 않는구나"며 한 요리사가 동료 요리사의 안목을 **경멸하다**
술을 많이 마셔서 **디**게(되게) **취**하다 보면 중심을 잃어 **도랑**에 빠질 수 있다
숨바꼭질하는 아이들 중에 좁은 **통로**에 숨어 있는 한 **아이**의 **얼**굴이 보이다
온도가 올라 날이 따스해 지자 **템플**(템포, 속도)이 빠른 춤을 **철**(춰서) 활기찬 봄기운을 맞이하다

논평 (논하여 평가함)	뤼뷰우		평론 (평가하여 논함), 평가, 논평(평론)하다	{리뷰} review	쪼개기
복습 (미국)	뤼뷰우		복습하다 (미국)	{리뷰} review	★☆☆
재검토하다	뤼뷰우		재조사하다, 되새기다	{리뷰} review	
재검토	뤼뷰우		재조사, 검토, 다시 보다	{리뷰} review	review
후기	뤼뷰우		리뷰	{리뷰} review	

영화 논평 ⇨ 영화 **뤼뷰우**(리뷰) / 문화 평론 ⇨ 문화 **뤼뷰우**(리뷰)
연습과 복습을 반복하다 ⇨ 연습과 **뤼뷰우**(리뷰)를 반복하다
전면 재검토하다 ⇨ 전면 **뤼뷰우**(리뷰)하다
재검토를 요구하다 ⇨ **뤼뷰우**(리뷰)를 요구하다
제품 사용 후기를 올리다 ⇨ 제품 사용 **뤼뷰우**(리뷰)를 올리다

시사회	프뤼뷰우		예고편, 미리 보기	{프리뷰} preview	재활용
(책, 논문의) 장	챠앞퇼	챠앞퉈	(역사, 인생의 중요한) 한 장	{챕터} chapter	
윤	글러어스	글러스	광택, 광택제, 광, 광을 내다	{글로스} gloss	
점퍼 (잠바, 짧은 겉옷 상의)	챠아껠	챠켈	양복 상의, 음반의 표지, (옷, 표지 등의) 쟈켓	{쟈켓} jacket	
하객 (축하하러 온 손님)	게에슽	게슽	(초대받은) 손님, 내빈 (초대 손님)	{게스트} guest	

영화 시사회 ⇨ 영화 **프뤼뷰우**(프리뷰)
그 책은 총 7장으로 나눠져 있다 ⇨ 그 책은 총 7**챠앞퇼**(챕터)로 나눠져 있다
립**글러어스**(글로스, 광택제)를 발라 입술을 촉촉하고 **윤**이 나게 하다 / ♣ **윤**이나는, 광택이 나는, 반들반들한 **glossy** 글로씨
겉에 입는 앞 여밈의 **점퍼**를 **챠아껠**(쟈켓)이라고 한다 / ♣ 점퍼(스웨터, 작업복 상의는 쟈켓의 콩글리쉬
결혼 **하객** ⇨ 결혼 **게에슽**(게에스t, 게에스트) / ♣ **하객**들, 손님들 guests 게스츠}

마주치다	엔캬운퉈 / 인캬운퉈	인캬운퉈	(곤란 등에) 부딪치다, 우연히 만나다	encounter	무작정
모방하다	이미테잍 / 이뮈테잍		흉내 내다, 따라 하다, 본받다	{이미테이트} imitate	
유지하다	뤼퉤인		보유하다	{리테인} retain	
급진적인	롸아뤠껄 / 래애뤠컬	롸디컬	급격한, 과격한, 근본적인	{래디컬} radical	
(대규모의) 사유지 (개인 소유의 땅)	에스뛔잍		넓은 토지, 땅, 재산	{에스테이트} estate	

마주치기 껄끄러운 사람을 식당에 들어올 때 입구에서 한 번 마주쳤는데 이번 **엔 캬운퉐**(카운터, 계산대)에서 **마주치다**
소꿉장난을 하는 어린이들은 누가 가르쳐 주지 않아도 **이미**(이미) 어른들의 **퉤잍**(데이트)과 결혼 생활을 **모방하다**
지위를 유지하다 ⇨ 지위를 **뤼퉤인**(리테인)하다
사회의 급진적인 변화 ⇨ 사회의 **롸아뤠껄**(래디컬)한 변화
그 부자의 사유지 안에는 골프장이 있다 ⇨ 그 부자의 **에스뛔잍**(에스테이트) 안에는 골프장이 있다

지하실	베이스먼t		지하층 {베이스먼트} basement	연상법
염색하다	돠이		염색제, 염료, 물들이다 {다이} dye	
명령하다	커메엔d	커머언d	명령, (컴퓨터) 명령어 {커멘드} command	
(사물, 의견 등이) 충돌하다	클라읻		부딪치다, (의견 등이) 일치하지 않다 {컬라이드} collide	
고발하다	어큐우즈		고소하다, 비난하다 {어큐즈} accuse	

베이스(기초)가 부족한 연습생들이 엔터테인먼t(엔터테인먼트) 회사의 지하실에서 노래와 안무 연습을 열심히 하다
주변 날파리이 돠이(죽다) 할 정도의 강한 염색제로 소가죽을 염색하다
장군이 부하에게 커피를 메엔d러(만들어) 오라고 명령하다
두 사람은 자기 만의 클라(컬러, 색깔, 특색, 개성)가 읻(있어서) 서로 의견이 충돌하다
어릴 때부터 알아온 사이라서 익스큐우즈 미(실례합니다)하지만 금전적 손해를 끼쳐서 어쩔 수 없이 그 사람을 고발하다

죄 없는	이너썬t		무죄의, 무죄인 {이노센트} innocent	쪼개기
무고한 (無고함無辜허물고)	이너썬t		아무 잘못이 없는, 악의 없는 {이노센트} innocent	★☆☆
결백한	이너썬t		결백한 사람 {이노센트} innocent	
순진한	이너썬t		순결한 {이노센트} innocent	innocent
천진난만한	이너썬t		청순한 {이노센트} innocent	

죄 없는 사람 ⇨ 이너썬(이너썬t, 이너썬트, 이노센트)한 사람
전쟁은 무고한 민간인을 희생시킨다 ⇨ 전쟁은 이너썬한 민간인을 희생시킨다 / ● 무고하다 : 아무런 잘못이나 허물이 없다
결백한 사람 ⇨ 이너썬한 사람
순진한 아이 ⇨ 이너썬한 아이
천진난만한 미소 ⇨ 이너썬한 미소

기반	베이스		기초, 토대, 맨 아래 부분, (군사) 기지, (야구의) 베이스 base	재활용
근거	베이써스	베이씨스	기초, 이유, 기준 {베이시스} basis	
기본적으로	베이씨끌리	베이씨클리	근본적으로 {베이직클리} basically	
(신문 등의) 정기 기고란	카알럼	커얼럼	둥근기둥 (원주), (인쇄) 세로단, 칼럼 {칼럼} column	
단체	그루웊		집단, 무리, 떼, 모임, (기업, 연주팀 등의) 그룹 {그룹} group	

제조업을 기반으로 성장한 기업 ⇨ 제조업을 베이스로 성장한 기업 / ✚ 최저음, 베이스(악기), 저음부, 저음 가수 bass 베이스
근거를 제시하다 ⇨ 베이써스(베이시스)를 제시하다
음식은 기본적으로 맛이 중요하다 ⇨ 음식은 베이씨끌리 맛이 중요하다
정기 기고란에 경제 전망 카알럼(칼럼)을 싣다 / ● 칼럼 : 문제나 관심거리 등을 평한 짧은 기사
단체 여행 ⇨ 그루웊(그룹) 여행 / 집단 이기주의 ⇨ 그루웊 이기주의

감히 ~하다	뒈얼	뒈애	과감하게 ~하다, ~할 용기가 있다 {데어} dare	무작정
(만들거나 밟아서 생긴 작은) 길	패θ앞/ 패아θ뜨	파θ았 / 파아θ쓰	좁은 길, 오솔길, 진로, 경로 {패쓰} path	
어부	쀠셜맨	쀠셔먼	어민, 낚시꾼 {피셔맨} fisherman	
어업	쀠싱		낚시 {피싱} fishing	
(셋 이상) ~사이에	어뭥		~중에, ~에 둘러싸인 {어멍} among	

감히 도전하다 ⇨ 뒈얼(데어) 도전
산길을 걷다 ⇨ 산 패앞(패아th, 패아θ, 패아뜨, 패앗, 패쓰)을 걷다 / ◆ '패앗' = '패아뜨'로 발음
어부가 물고기를 잡다 ⇨ 쀠셜맨(피셔맨)이 물고기를 잡다
어업에 종사하다 ⇨ 쀠싱(피싱)에 종사하다 / ※ (보이스) 피싱(phishing) : private data(개인정보)와 fishing(낚시)의 조합어
사람들 사이에 싸움이 일어나다 ⇨ 사람들 어뭥(어멍)에 싸움이 일어나다

영어 단어에 해당하는 국어 단어 (기준으로 세운 뜻)	미국식 발음	영국식 발음	해당 국어 단어들 (다른 뜻들)	{한국식 발음} 스펠링	
혁명	뤠뷜루우션		대변혁, 회전	{레벌루션} revolution	연상법
진화	에뷜루우션	이뷜루우션	전개, 발전	{에벌루션} evolution	
숭배	우월슆	우워슆	경배, 예배, 숭배하다, 예배하다	{워십} worship	
(사람, 동물의) 살	쁠레쉬		고기, 과육	{플레쉬} flesh	
재	애아쉬	아쉬	잿더미, 화산재, (화장한) 유골, 유해	{애쉬} ash	

무명의 패션 디자이너가 시험적으로 만든 옷 **뤠뷜루우**(네 벌로) 시작하여 패**션**에 혁명을 이루다 / 초록색 **에뷜루우**(애벌레)가 번데기를 벗고 화려한 패**션**을 자랑하듯 나비로 진화하다 / **우월**(달월, 달)을 보며 전쟁에서 **슆**게(쉽게) 이길 수 있게 해 달라고 장군이 달의 신께 숭배를 하다 / 좀비 영화에서 목덜미 살을 깨무는 좀비에게 **쁠레쉬**(flash 플래쉬, 번쩍임)를 비추면 도망을 간다 / ※ flashlight 후레쉬, 손전등 / 아이들이 불장난을 하다 나무 울타리가 타서 **재**가 되자 잘못을 숨기느라 **애아**(애들)**쉬**하다

착한	그읔 / 긐		선량한	{굿} good	쪼개기
잘	그읔 / 긐		잘하는, 잘 된	{굿} good	★★★
좋은	그읔 / 긐		뛰어난, 질이 좋은, 진짜의	{굿} good	good
훌륭한	그읔 / 긐		"좋아, 잘 됐군"	{굿} good	
선 (善착할선)	그읔 / 긐		즐거운	{굿} good	

착한 사람 ⇨ **그읔**(굿)한 사람 / 아기를 잘 돌보다 ⇨ 아기를 **그읔**(굿) 돌보다 / 노래를 잘하는 가수 ⇨ 노래를 **그읔**(굿)하는 가수 / 좋은 일이 생기다 ⇨ **그읔**(굿)한 일이 생기다 / 훌륭한 생각 ⇨ **그읔**(굿)한 생각 / 선과 악 ⇨ **그읔**(굿)과 악 / 즐거운 시간을 보내다 ⇨ **그읔**(굿)한 시간을 보내다

상품	그읔즈 / 긐즈		물품, 물건, 재산, (good의 복수형)	{굿즈} goods	재활용
궁금하다	우원덜	우원둬	의아하게 여기다, 놀라움, 경탄, 경이	{원더} wonder	
비둘기	피젼			pigeon	
(기계, 프린터 등에) 걸림	좨앰 / 좨암	좌암	막힘, 혼잡, 교통 체증, (딸기잼 등의) 잼	{잼} {쨈} jam	
논문	페이뻘	페이퍼	~지(紙종이지), 신문, 종이	{페이퍼} paper	

상품을 포장하다 ⇨ **그읔즈**(굿즈)를 포장하다 / 결과가 궁금하다 ⇨ 결과가 **우원덜**(원더)하다 / 그것을 의아하게 여기다 ⇨ 그것을 **우원덜**하다 / 세제류 상표명 **피젼**(피죤)은 비둘기를 뜻한다 / 프린트할 종이에 딸기**좨앰**(잼, 쨈)이 묻어 프린터기에 **걸림** / ※ paper jam : 프린터, 복사기 등에 종이 걸림 / 논문을 표절하다 ⇨ **페이뻘**을 표절하다 / ◉ 논문 : 학술적인 연구 결과를 적은 글 / ※ ~지 : 학습지, 신문지, 원고지, 방안지 등

뻣뻣한	스띄잎		뻑뻑한, 뻣뻣한, 뻐근한, 뻣뻣하게, 굳은	{스티프} stiff	무작정
아래에	비니θ잎	비니θ잇	아래쪽에, 밑에, ~보다 낮은	{비니쓰} beneath	
습한	휴밑 / 휴멜		습기 찬, 습기 있는	{휴미드} humid	
요인	빠앜덜 / 빼액덜	빡털	요소, 원인, 인수 (수학)	{팩터} factor	
아프다	에잌		통증, 아픔, ~하고 싶어 못 견디다	{에이크} ache	

장시간의 공부로 뻣뻣한 목 ⇨ 장시간의 공부로 **스띄잎**(스띄이f, 스뜨이프, 스티프)한 목 / 땅 아래에 있는 광물질 ⇨ 땅 **비니잎**(비니θth, 비니θ, 비니θ뜨)에 있는 광물질 / ◆ '비니잇'과 '비니θ'로 발음 / 습한 날씨 ⇨ **휴밑**(휴미드, 휴미드)한 날씨 / 공부를 방해하는 요인 ⇨ 공부를 방해하는 **빠앜덜**(팩터) / 다리가 아프다 ⇨ 다리가 **에잌**(에이k, 에이크)하다

136

왕초보 영단어 복합적 암기법 **5**회

					연상법
가능하게 하다	이네이벌	이네이블	할 수 있게 하다 {에네이블} enable		
있음 직한	프라버블	프로버블	있을 것 같은 {프라버블} probable		
~할 수 있는	에이블		능력 있는, 유능한 able		
~할 수 없는	어네이블		~하지 못하는 {언에이블} unable		
민주주의	디뫄끌씨	디뭐클씨	민주주의 국가 {디마크러시} democracy		

이불이 매우 커서 **이**(이쪽) **네** 명의 사람들이 한 **이벌**(이불)로 덮고 자는 게 **가능하게 하다**
그 고가의 제품은 가격의 90**프라**(프로, %)가 **버블**(거품)이 있음 직한 느낌이다
에(애) 혼자서도 **이블**(이불)을 걸 수 있는 나이이다
어(언 un 부정, 반대) **네이블**(에이블, ~할 수 있는)은 ~할 수 없는 (어네이블, 언에이블)
국민들이 **디뫄**(데모)를 하여 절대 권력을 **끌**어내고 국민이 권력을 가지는 민주주의 **씨**앗을 심다

			쪼개기
(공, 차바퀴, 통 등이) **구르다**	뤄울	굴리다, 뒹굴다, 구르기 {롤} roll	★★☆
(차가 천천히, 사물이) **굴러가다**	뤄울	{롤} roll	
(소매 등을) **말아 올리다**	뤄울	걷어 올리다, 말다 {롤} roll	roll
(종이 등을 둥글게 말아 놓은) **롤**	뤄울	롤 빵(작은 크기의 둥근 빵) {롤} roll	
두루마리	뤄울	공문서, 명부, 명단, 말아서 만든 것 {롤} roll	

공이 구르다 ⇨ 공이 **뤄울**(롤)하다 / 주사위를 굴리다 ⇨ 주사위를 **뤄울**(롤)하다
차가 천천히 굴러가다 ⇨ 차가 천천히 **뤄울**(롤)하다 / 눈덩이가 굴러가다 ⇨ 눈덩이가 **뤄울**(롤)하다
소매를 말아 올리다 ⇨ 소매를 **뤄울**(롤)하다 / 바지를 걷어 올리다 ⇨ 바지를 **뤄울**(롤)하다
벽지 한 롤 ⇨ 벽지 한 **뤄울**(롤)
두루마리 화장지 ⇨ **뤄울**(롤) 화장지

				재활용
두루마리	스끄뤄울		족자, (컴퓨터) 스크롤 {스크롤} scroll	
호황	부움		대유행, 급격한 증가, 쿵 울리다 {붐} boom	
도움	헤엎 / 헤엎		돕다, 도와주다, 거들다 {헬프} help	
도움이 되는	헤엎쁠 / 헤엎쁠		유용한 {헬프펄} helpful	
폭탄	바암	버엄	폭격하다, 폭발하다 {밤} {붐} bomb	

스끄뤄울(스크롤)은 컴퓨터 모니터상의 긴 화면을 상하로 움직여 **두루마리**를 펼쳐 보듯이 보는 것을 말한다
경기가 호황이다 ⇨ 경기가 **부움**(붐)이다
도움을 요청하다 ⇨ **헤엎**(헬프)를 요청하다 / ◆l 발음 : 생략 또는 약하게 발음
연애에 **도움이 되는** 조언 ⇨ 연애에 **헤엎쁠**(헬프펄)한 조언
밤에 폭탄이 **바암**(밤)하고 터지다

				무작정
독재 국가	딕테이뤌쉽	딕테이튀쉽	독재 정부(정권) {딕테이터쉽} dictatorship	
아마	프라버블리	프로블리	아마도 {프라버블리} probably	
(한가롭게) **거닐다**	스쮸뤄울		산책하다, 산책, 방랑하다 {스트롤} stroll	
등록하다	인뤄울		명단에 기재하다 {엔롤} enroll	
평화로운	피이스쁠		평화적인, 평온한 {피스펄} peaceful	

독재 국가는 개인의 자유를 억압하다 ⇨ **딕테이뤌쉽**(딕테이터쉽)은 개인의 자유를 억압하다
아마 눈이 올 것이다 ⇨ **프롸버블리** 눈이 올 것이다
공원을 거닐다 ⇨ 공원을 **스쮸뤄울**(스트롤)하다
학원에 등록하다 ⇨ 학원에 **인뤄울**(엔롤)하다
평화로운 동네 ⇨ **피이스쁠**한 동네 / 평화적인 방법 ⇨ **피이스쁠**한 방법 / **+** 평화 peace 피이스 {피스}

영어 단어에 해당하는 국어 단어 (기준으로 세운 뜻)	미국식 발음	영국식 발음	해당 국어 단어들 (다른 뜻들)	{한국식 발음} 스펠링	
살금살금 하는 사람	스니껄	스니커	비열한 사람, 몰래 하는 사람	{스니커} sneaker	연상법
(고무창) **운동화** (미국)	스니껄즈	스니커즈	스니커즈 (운동화), (sneaker의 복수형)	sneakers	
대칭	씨미츄뤼 / 씨뭬츄뤼	씨뭐츄뤼		{시머트리} symmetry	
정도	익스뙌t	익스뙌t	규모, 한도, 범위	{익스텐트} extent	
정치	팔러티익스 / 팔러테엑스	폴러틱스 / 폴러텤스		{팔러틱스} politics	

발소리가 안나는 **스**이껄(스니커즈) 운동화를 신고 복도의 형광등 교체 작업을 살금살금 하는 사람
살금살금 걷는 사람에서 유래한 **스**니껄즈(스니커즈) 운동화 / ※ Snickers 스니커즈 (초코바 상표명, 창업주의 애마 이름을 땀)
공원 입구에 열 **씨**미(열심히) **츄**뤼(트리, 나무)를 좌우 **대**칭으로 심다
익스(바깥에) 있는 **뙌**t(텐트의 지지대를 고정시키자 어느 **정**도 팽팽해져서 텐트 모양새가 갖춰지다
정치 이야기로 서로 언쟁과 삿대질을 하다가 상대가 **팔**러(팔로) **틱**(틱)~ **스**니 결국에는 멱살잡이를 하다

제어하다	컨츄로울 / 큰츄로울			{컨트롤} control	쪼개기
제어	컨츄로울 / 큰츄로울			{컨트롤} control	★★☆
통제하다	컨츄로울 / 큰츄로울		통제	{컨트롤} control	
조절하다	컨츄로울 / 큰츄로울			{컨트롤} control	control
지배하다	컨츄로울 / 큰츄로울		지배	{컨트롤} control	

실내 온도를 제어하다 ⇨ 실내 온도를 **컨츄로울**(컨트롤)하다
제어 장치 ⇨ **컨츄로울**(컨트롤) 장치
위험한 등산로를 통제하다 ⇨ 위험한 등산로를 **컨츄로울**(컨트롤)하다
식사량을 조절하다 ⇨ 식사량을 **컨츄로울**(컨트롤)하다
세계를 지배하다 ⇨ 세계를 **컨츄로울**(컨트롤)하다

내용물	커언텐스	컨텐스	(책) 목차, 컨텐츠, (content의 복수)	{컨텐츠} contents	재활용
휴가 (미국)	붸케이션		방학 (미국), 대학의 방학 (영국)	{붸케이션} vacation	
휴일	헐러뒈이	홀러뒈이	공휴일, 방학 (영국), 휴가 (영국)	{홀리데이} holiday	
계획하다	플래안	플라안	계획을 세우다, 계획	{플랜} plan	
천막	뙌t			텐트 {텐트} tent	

내용물이 알차다 ⇨ **커언텐스**(컨텐츠)가 알차다 / **+** 내용 content 커언텐t {컨텐트} {컨텐트}
바닷가에서 휴가를 보내다 ⇨ 바닷가에서 **붸케이션**(베케이션)을 보내다 / 여름 방학 ⇨ 여름 **붸케이션**(베케이션)
휴일에 공원을 가다 ⇨ **헐러뒈이**(홀리데이)에 공원을 가다
유럽 여행을 계획하다 ⇨ 유럽 여행을 **플래안**(플랜)하다
천막을 치다 ⇨ **뙌**(뙌트, 뙌엔트, 텐트)을 치다

순수한	쉬얼	쉬어	순전히, 완전히, 완전한, 섞은 것이 없는	{쉬어} sheer	무작정
(재산, 조상, 과거의) **유산**	을레거씨			{레거시} legacy	
망치다	스뽀이얼		망쳐놓다, 버려 놓다, (음식이) 상하다	{스포일} spoil	
대화	컨붤쎄이션	컨붜쎄이션	회화, 담화	{컨버세이션} conversation	
출판하다	퍼블래쉬 / 퍼블리쉬	파블래쉬 / 파블리쉬	발행하다, 게재하다	{퍼블리쉬} publish	

방부제 없이 **순**수한 자연 재료로 만든 음식은 빨리 **쉬얼**(쉬어, 쉰다)
유산을 물려주다 ⇨ **올레거씨**(레거시)를 물려주다
계획을 망치다 ⇨ 계획을 **스뽀이얼**(스포일)하다
즐거운 대화를 나누다 ⇨ 즐거운 **컨붤쎄이션**(컨버세이션)을 나누다 / 영어 회화 ⇨ 영어 **컨붤쎄이션**
소설책을 출판하다 ⇨ 소설책을 **퍼블래쉬**(퍼블리쉬)하다 / 잡지를 발행하다 ⇨ 잡지를 **퍼블래쉬**하다

시민의	씨뷜		민간인의, 민사의 {시빌} civil	연상법
하인	쒤~붠t / 쒈~붼t	써어붠t	종, 봉사자, 공무원 {서번트} servant	
공무원	씨뷜 쒈~붠t	씨뷜 써어붠t	{시빌 서번트} civil servant	
개인의	프롸이붿 / 프롸이뷥		개인적인, 민간의, 사립의, 사적인, 사유의 {프라이빗} private	
킁킁거리며 냄새를 맡다	스닢		코를 킁킁거리다, 코를 훌쩍이다 {스니프} sniff	

시민의 질서를 지키지 않고 쓰레기를 무단 투기하면 **씨**(시)에서 **뷜**(벌금)을 부과한다
마님의 지시에 하인들이 "옛 **쒈~**(알았습니다)" 하고는 **붠t**(번트) 자세로 집을 지키다 (쒈~번, 쒈~반, 쒈~번트)
씨뷜(시민의) **쒈~붠t**(봉사자, 공무원)는 공무원을 뜻한다
프라이버시는 사생활을 뜻하는 말로 **프롸이붿**(프라이빗)은 개인의, 개인적인 이라는 뜻이다
스님이 산에서 약초 **닢**(잎)을 캐우자 강아지들이 다가와 킁킁거리며 냄새를 맡다 (스닢, 스니프, 스니프)

공공의	퍼블렉 / 퍼블릭		공중의 {퍼블릭} public	쪼개기
공립의	퍼블렉 / 퍼블릭		공영의, 공설의 {퍼블릭} public	★★★
공적인	퍼블렉 / 퍼블릭		공적, 공개적인, 공개의, 공공연한, 공무의 {퍼블릭} public	
일반인의	퍼블렉 / 퍼블릭		일반 사람들 {퍼블릭} public	public
대중의	퍼블렉 / 퍼블릭		국민 (the public), 국민의, 대중, 민중 {퍼블릭} public	

공공의 복지(공공복지) ⇨ **퍼블렉**(퍼블릭) 복지 / 공중의 보건(공중 보건) ⇨ **퍼블렉** 보건 / ● 공중 : 일반 사람들
공립의 학교(공립 학교) ⇨ **퍼블렉** 학교
공적인 일 ⇨ **퍼블렉**한 일 / 공적 자금 ⇨ **퍼블렉** 자금 / 공개적인 사과 ⇨ **퍼블렉**한 사과
일반인의 생각 ⇨ **퍼블렉**의 생각
대중의 관심을 끌다 ⇨ **퍼블렉**의 관심을 끌다 / 일반 국민 ⇨ 일반 **퍼블렉** / ◎ 대중(大衆대衆무리중)

탄산음료 (콜라, 스프라이트 등)	쏘우롸	쏘우돠	탄산수, 소다수, 소다 (나트륨 화합물) {소다} soda	재활용
사과 주스 (미국)	싸이뤌	싸이돠	(사과즙 발효) 사과주 (영국) {사이다} cider	
가면	왜아슥	와아슥	복면, 탈, 마스크 {마스크} mask	
밀어붙이다	프어쉬 / 프우쉬		밀다, 추진하다, 밀고 나가다 {푸쉬} push	
당기다	프을		끌다, 끌어당기다, 잡아당기다, 뽑다, 빼다 {풀} pull	

톡 쏘는 탄산음료 ⇨ 톡 쏘는 **쏘우롸**(소다) / ♣ 투명한 탄산음료를 뜻하는 사이다는 상표명 콩글리쉬
사과 주스를 마시다 ⇨ **싸이뤌**을 마시다 / ※ 투명한 탄산음료 = (칠성, 킨) 사이다(상품명), 스프라이트(상표명), 세븐업(상품명)
호랑이 가면 ⇨ 호랑이 **왜아슥**(왜아스크, 왜아스크, 마스크)
계획을 밀어붙이다 ⇨ 계획을 **프어쉬**(푸쉬)하다 / 문을 밀다 ⇨ 문을 **프어쉬**하다
문을 당기다 ⇨ 문을 **프을**(풀)하다 / 손수레를 끌다 ⇨ 손수레를 **프을**(풀)하다

장교	오쀠쉘 / 아쀠쉘	오쀠써	공무원, 관리 {오피서} officer	무작정
공무원	퍼블렉 오쀠쉘	퍼블렉 오쀠써	{퍼블릭 오피서} public officer	
공립 학교 (미국)	퍼블렉 스꾸우어	퍼블렉 스꾸울	사립학교 (영국) {퍼블릭 스쿨} public school	
사립 학교 (미국)	프롸이붿 스꾸우어	프롸이붿 스꾸울	{프라이빗 스쿨} private school	
주립 학교 (미국)	스뗴읕 스꾸우어	스떼읕 스꾸울	공립 학교 (영국) {스테이트 스쿨} state school	

장교와 사병 ⇨ **오쀠쉘**(오피서)과 사병
공무원은 안정적인 직업으로 인기가 높다 ⇨ **퍼블렉 오쀠쉘**(퍼블릭 오피서)은 안정적인 직업으로 인기가 높다
미국 공립 학교의 입학조건 ⇨ 미국 **퍼블렉 스꾸우어**의 입학조건 / ✚ 학교 school 스꾸우어 / 스꾸울 [스꾸울] {스쿨}
미국의 명문 사립 학교 ⇨ 미국의 명문 **프롸이붿 스꾸우어**(프라이빗 스쿨)
뉴욕의 주립 학교 ⇨ 뉴욕의 **스뗴읕 스꾸우어**(스테이트 스쿨)

영어 단어에 해당하는 국어 단어 (기준으로 세운 뜻)	미국식 발음	영국식 발음	해당 국어 단어들 (다른 뜻들)	{한국식 발음} 스펠링	
노력하다	스쮸**롸입**		애쓰다, 힘쓰다, 분투하다 {스트라이브} strive		연상법
임금 (賃品삯임金쇠금)	**우웨이쥐**		급여, 급료 {웨이쥐} wage		
얕은	**샬로우**		얄팍한, 피상적인, 천박한 {섈로우} shallow		
양 (동물)	**쉬잎**		{십} sheep		
박물관	**뮤우직엄**		미술관 {뮤지엄} museum		

무명 가수가 **스쮸**리트(스트리트, 거리)에서 **롸입**(라이브) 공연을 하며 실력 쌓기에 노력하다
"해마다 물가는 계속 오르는데 우리 서민들의 임금이 제자리인 것은 **우웨 이쥐**(왜 이지)?"
얕은 계곡에 들어가 서서 작**샬로우**(작살로) 지나가는 물고기를 잡다
물에 빠진 양을 구해 **쉬잎**(쉽 ship 배)에 태우다
그 박물관은 **뮤우직**(무지) **엄**격하게 전시품들을 관리한다

부탁	**뻬이붤**	**뻬이붜**	(= favour 영국) {페이버} favor	쪼개기
호의	**뻬이붤**	**뻬이붜**	친절, 친절한 행위 {페이버} favor	★★★
은혜	**뻬이붤**	**뻬이붜**	은혜를 베풀다 {페이버} favor	
유리하다	**뻬이붤**	**뻬이붜**	쉽게 하다, 선호하다 {페이버} favor	favor
편애하다	**뻬이붤**	**뻬이붜**	총애하다, 편들다, 편애, 총애 {페이버} favor	

"부탁 하나 들어줘" ⇨ "**뻬이붤**(페이버) 하나 들어줘"
호의를 베풀다 ⇨ **뻬이붤**(페이버)를 베풀다
은혜를 갚다 ⇨ **뻬이붤**(페이버)을 갚다
조건이 우리에게 유리하다 ⇨ 조건이 우리에게 **뻬이붤**(페이버)하다
동생을 편애하다 ⇨ 동생을 **뻬이붤**(페이버)하다

주차하다	**파알**k	**파악**	주차장 (영국), 경기장, 공원 {파크} park	재활용
주차공간	**파알낑 스뻬이스**	**파아킹 스뻬이스**	{파킹 스페이스} parking space	
도로	**@로운**		길 {로드} road	
극장	**θ띄어뤌**	**θ씌어튀**	영화관, 연극, (= theatre 영국) {시어터} theater	
교통	**츄롸쁰**		교통량, 통행, 통화량, (전산 정보의) 소통량 {트래픽} traffic	

파알(파알k, 파알크, 파크, 공원)에 가서 차를 주차하다 / ✚ 주차 parking **파알낑**(파아킹) {파킹}
주차공간이 넉넉하다 ⇨ **파알낑 스뻬이스**(파킹 스페이스)가 넉넉하다
도로를 달리는 자동차 / ● 로운(로드)를 달리는 자동차 / ◉ 도로(道길도路길로) : 사람이나 차 등이 다닐 수 있도록 만든 길
홈 **띄어뤌**(시어터) 시스템을 구축하여 집에서도 극장처럼 큰 화면과 웅장한 음질을 즐길 수 있다
교통이 혼잡하다 ⇨ **츄롸쁰**(트래픽)이 혼잡하다

교차로	**이뉠쎅션 / 인튈쎅션**	**인튈쎅션**	교차점 {인터섹션} intersection	무작정
(포장된) **인도** (미국)	**싸이드워억**	**싸이드우옥**	보도 (步걸을보道길도) {사이드워크} sidewalk	
신호등	**츄롸쁰 을라잍**		{트래픽 라이트} traffic light	
주차장 (미국)	**파알낑 을랏**	**파아킹 을롵**	{파킹 랏} parking lot	
포장도로 (미국)	**페이브먼t**	**페이브먼t**	(포장된) 인도 (영국) {페이브먼트} pavement	

이뉠(인터 inter ~사이의, 상호 간의) **쎅션**(섹션, 부분, 구역)은 상호 간의 구역, 두 구역의 길이 만나는 **교차로**를 뜻한다
도로 옆 양쪽 **싸이드**에 **워억**(워어k, 워어크, 걷기) 할 수 있는 **인도** / ◎ 인도(人사람인道길도)
츄롸쁰(트래픽, 교통) **을라잍**(라이트, 등)은 신호등을 뜻한다
주차장은 **파알낑**(주차)한 차들이 **을랏**(lot, 많은)인 곳이다 / ✚ 주차 (영국) car park 카알 파알k {카아 파알} {카 파크}
포장도로를 만들다 ⇨ **페이브먼**(페이브먼트, 페이브먼트)을 만들다

왕초보 영단어 복합적 암기법 5회

평가하다	이밸류에읻		{이밸류에이트} evaluate	연상법
엎지르다	스삐얼	스삐을	유출, 흘리다, 쏟다, 쏟아져 나오다 {스필} spill	
상추	을레뤄스	을레튜스	양상추, (속어) 지폐 (미국) {레터스} lettuce	
만족	쌔뤄스빽션	쌔튜스빡션	{새티스팩션} satisfaction	
가뭄	쥬롸웉		{드라우트} drought	

산에서 발견한 이 황금 덩어리의 **뷀류**(밸류, 가치)를 **에읻**억 원(8억 원) 정도로 평가하다
스삐얼(수필)을 쓰려다 책상 위에 올려놓은 잉크를 실수로 엎지르다
을레뤄스(레터스, 을레튈즈 letters 편지들)에는 **상추**씨가 동봉되어 있다
그녀는 **쌔뤄**(새로) 꾸민 **스**타일의 **빽션**(패션, 유행)에 만족을 한다
"**가뭄**으로 땅이 말랐으니 물 좀 **쥬롸**(줘라)" 하고 **웉**(윗) 마을 동생에게 도움을 청하다

오래된	오울d	어울d	오랜, 태어난 지 ~된 {올드} old	쪼개기
낡은	오울d	어울d	묵은 {올드} old	★★★
헌	오울d	어울d	노련한 {올드} old	
나이 든	오울d	어울d	나이 많은, 나이 먹은 {올드} old	
늙은	오울d	어울d	고령의, 노인들 (the old) {올드} old	

오래된 이야기 ⇨ **오울**(오울d, 오울드, 올드)한 이야기 / 오랜 친구 ⇨ **오울**한 친구
낡은 건물 ⇨ **오울**한 건물 / 묵은 김치 ⇨ **오울**한 김치
헌옷을 정리하다 ⇨ **오울**한 옷을 정리하다
나이든 사람 ⇨ **오울**한 사람
늙은 여우 ⇨ **오울**한 여우

부분	쎅션 / 쌕션	쎅션	부문, 구획 {섹션} section	재활용
부문	쎅뤌 / 쌕뤌	쎅튜	분야, 부채꼴 {섹터} sector	
이동식의	모우벌	뮤우바이을	휴대폰, 모빌 (움직이는 조각) {모바일} mobile	
핸드폰 (영국)	모우벌 쀼운	뮤우바이을 쀼운	휴대폰, (= mobile) mobile phone	
핸드폰 (미국)	쎄얼 쀼운		휴대폰, 휴대 전화, (= cellular phone) {셀폰} cell phone	

사회 부분, 스포츠 부분, 연예 부분 ⇨ 사회 쎅션, 스포츠 쎅션, 연예 **쎅션**(섹션)
자동차 사업 부문 ⇨ 자동차 사업 **쎅뤌**(섹터) / 공공 분야 ⇨ 공공 **쎅뤌**(섹터)
이동식의 주택 ⇨ **모우벌**(모바일) 주택
핸드폰 케이스 ⇨ **모우벌 쀼운**(모바일 폰) 케이스 / ♣ 휴대 전화를 뜻하는 핸드폰(hand phone)은 콩글리시
핸드폰 충전기 ⇨ **쎄얼 쀼운**(셀폰) 충전기 / ◆ 스펠링 ph = 발음기호 [f]

활용하다	유럴라이즈	유털라이즈	이용하다 {유틸라이즈} utilize	무작정
어려운	딕삐컬t		힘든, 힘겨운, 곤란한 {디피컬트} difficult	
어려움	딕삐컬티		곤란, 곤경 {디피컬티} difficulty	
회기 (국회 기간, 회의 기간)	쎄션		(특정 활동) 기간, 학기 (미국), 회의, 개회 {세션} session	
학기 (미국)	씨뭬스뚤	씨뭬스뜌	{시메스터} semester	

남은 재료를 활용하다 ⇨ 남은 재료를 **유럴라이즈**(유틸라이즈)하다
어려운 문제 ⇨ **딕삐컬**(딕삐컬t, 딕삐컬트, 디피컬트)한 문제
어려움을 이겨내다 ⇨ **딕삐컬티**(디피컬티)를 이겨내다
이번 회기 내에 법안들을 처리하다 ⇨ 이번 **쎄션** 내에 법안들을 처리하다
1학기가 끝나다 ⇨ 1 **씨뭬스뚤**(스메스터)가 끝나다

141

영어 단어에 해당하는 국어 단어 (기준으로 세운 뜻)	미국식 발음	영국식 발음	해당 국어 단어들 (다른 뜻들)	{한국식 발음} 스펠링	
교도소	프뤼즌		감옥, 징역, 수감	{프리즌} prison	연상법
감옥	쮀이얼		교도소	{쮀일} jail	
조사하다	인붸스더게일		수사하다	{인베스터게이트} investigate	
얼다	쁘뤼이즈	프뤼즈	얼리다, 얼어붙다	{프리즈} freeze	
곤충	인쎄엑t	인쎅t	곤충의, 곤충용의	{인섹트} insect	

억울한 누명을 쓴 **교도소** 수감자가 **프뤼**(자유로운)한 바깥세상을 그리며 첫 번째 시**즌**(계절)을 보낸다
죄를 지은 사람들 중에서도 **쮀이얼**(제일) 나쁜 짓을 한 사람은 감옥에 간다
건물 **인**(안)에 **베스더**(베스트)한 **게일**(게이트, 문)이 몇 개인지 **조사하다** / **+ 조사**, 수사 investigation 인붸스더게이션
삼각형 얼음틀에 물을 넣고 냉동실에 얼려두자 **쁘뤼이즈**(프리즘) 모양으로 **얼다**
개미와 베짱이 우화를 요즘에는 개미가 베짱이에게 **인쎄엑**한(인색한) **곤충**인 앤**t**(앤트, 개미)로 각색된다

선택하다	츄우즈		택하다	{츄즈} choose	쪼개기
고르다	츄우즈			{츄즈} choose	★★★
뽑다	츄우즈		선출하다	{츄즈} choose	
채택하다	츄우즈			{츄즈} choose	choose
선정하다	츄우즈		정하다	{츄즈} choose	

직업을 **선택하다** ⇨ 직업을 **츄우즈**(츄즈)하다 / **+ 선택**, 선택권 choice 쵸이스
옷을 **고르다** ⇨ 옷을 **츄우즈**(츄즈)하다
회장으로 **뽑다** ⇨ 회장으로 **츄우즈**(츄즈)하다
제품명을 순우리말에서 **채택하다** ⇨ 제품명을 순우리말에서 **츄우즈**(츄즈)하다
우승 후보작으로 5편을 **선정하다** ⇨ 우승 후보작으로 5편을 **츄우즈**(츄즈)하다

목소리	보이스		음성, 발언권	voice	재활용
~식	스따이얼		양식, ~풍, 형식, 방식, 스타일	{스타일} style	
평평한	쁠랱		플랱 납작한, 반음 낮은 음(♭), 아파트 (영국), 플랫 슈즈	{플랫} flat	
부부	카쁠		카플 남녀 한 쌍, 두 사람, 두 쌍, 두 개, 커플	{커플} couple	
(과일, 야채, 고기 등의) 즙	쥬우스		(체내의) 액, 즙을 내다	{주스} juice	

그 가수는 **목소리**가 매력적이다 ⇨ 그 가수는 **보이스**가 매력적이다
미국식 ⇨ 미국 **스따이얼**(스타일) / 전통적인 양식 ⇨ 전통적인 **스따이얼**(스타일)
쁠랱(플랫) 슈즈는 굽이 낮고 바닥이 **평평한** 신발이다 / 납작한 호떡 ⇨ **쁠랱**한 호떡
주말 **부부** ⇨ 주말 **카쁠**(커플)
과일즙이 신선하다 ⇨ 과일 **쥬우스**가 신선하다 / 소화액 ⇨ 소화 **쥬우스**

재앙	디좨스떨 / 디좌스떨	디좌스뗘	재해, 재난, 참사	{디재스터} disaster	무작정
질서	오오뤌	오오뒈	주문하다, 명령하다, 순서	{오더} order	
무질서	디쏘오뤌	디쏘오뒈	장애, 혼란, 난잡	{디스오더} {디소더} disorder	
절약	θ뜨륖t	θ쓰륖t		검약 {쓰리프트} thrift	
지시하다	인스쮸뤌t		가르치다	{인스트럭트} instruct	

메뚜기 떼 **재앙** ⇨ 메뚜기 떼 **디좨스떨**(디재스터) / 자연재해 ⇨ 자연 **디좨스떨**
질서를 지키다 ⇨ **오오뤌**(오더)을 지키다
무질서로 혼잡하다 ⇨ **디쏘오뤌**로 혼잡하다 / 불안 장애 ⇨ 불안 **디쏘오뤌** ※ dis(반대) + order(질서)
근면과 **절약** ⇨ 근면과 **뜨륖**(뜨륖t, 뜨륖트, 뜨뤼프, 뜨뤼프트, 쓰리프트)
직원들에게 업무를 **지시하다** ⇨ 직원들에게 업무를 **인스쮸뤌t**(인스쮸뤜t, 인스쮸뤜트, 인스트럭트)하다

왕초보 **영단어** 복합적 암기법 **5**회

조종하다	스띠얼 / 스띠을	스띠어	몰다, 키를 잡다 {스티어} steer	연상법
어지러운	디지		현기증이 나는, 아찔한, 어지럽게 하다 {디지} dizzy	
낙타	캐애뭘	캬뭘	{캐멀} camel	
(다른 것, 근원에서) 이끌어 내다	드롸입	듸롸입	이끌어내다, ~에서 나오다, 유래하다 {디라이브} derive	
피	블러얻		혈액, 혈통 {블러드} blood	

보트 조종석 옆에 붙어 있는 조작 안내 **스띠**커(스티커)를 보며 **얼**른 배와 보트를 조종하다
형형색색의 화려한 **디지**털(디지털) 영상을 오랫동안 봤더니 어지러운 상태이다
낙타가 땅에서 무언가 **캐애**서(캐서) **뭘** 먹는다
나무가 드리워진 도로를 **드롸입**(드라이브)해서 상쾌한 기분을 이끌어 내다 (드라입, 드라이v, 드라이브, 디라이브)
지나는 길에 피를 많이 흘린 사람을 보고 구급차를 **블러**(블러) 피를 **얻**다 (블러얻, 블러어d, 블러어드, 블러드)

~형 (形모양형,형상형)	타잎		타입 {타입} {타이프} type	쪼개기
유형	타잎		{타입} {타이프} type	★★☆
종류	타잎		{타입} {타이프} type	type
활자	타잎		{타입} {타이프} type	
타자를 치다	타잎		타이핑하다 {타입} {타이프} type	

나의 이상형 ⇨ 나의 이상 **타잎**(타입) / 혈액형 ⇨ 혈액 **타잎**(타입) / **+** 혈액형 blood type 블러얻 {블러드 타입}
세 가지 유형 ⇨ 세 가지 **타잎**(타입)
여러 종류의 옷 ⇨ 여러 **타잎**(타입)의 옷
금속 활자 ⇨ 금속 **타잎**(타이프)
문서 작성을 위해 타자를 치다 ⇨ 문서 작성을 위해 **타잎**(타이프)하다

언덕	히얼	히을	동산 {힐} hill	재활용
뒤꿈치	히이얼	히이을	(신발의) 굽, 발뒤꿈치, 양말의 뒤축, 하이힐 {힐} heel	
웅덩이	푸울		수영장 (= swimming pool) {풀} pool	
은하계	갤럭씨	갈럭씨	은하, 기라성, 화려한 집단 {갤럭시} galaxy	
딸칵 소리를 내다	클릭		딸칵, (남녀가 순간) 좋아하게 되다, (마우스를) 클릭하다 click	

언덕에 올라 마을을 내려다보다 ⇨ **히얼**(힐)에 올라 마을을 내려다보다
뒤꿈치가 까지다 ⇨ **히이얼**(힐)이 까지다 / 높은 굽 ⇨ 높은 **히이얼**(힐)
웅덩이의 물이 튀다 ⇨ **푸울**(풀)의 물이 튀다
광활한 은하계 ⇨ 광활한 **갤럭씨**(갤럭시) / ※ 스마트폰 브랜드 갤럭시(은하계)
문이 닫히면서 딸칵 소리를 내다 ⇨ 문이 닫히면서 **클릭**(클릭)하다

기도하다	프뤠이		기원하다, 빌다 {프레이} pray	무작정
(육식 동물의) 먹이	프뤠이		잡아먹다, 희생, 희생물, 희생물로 하다 {프레이} prey	
~보다는	롸아ð뤌	롸아ð뤄	오히려, 차라리, 약간, 꽤, 상당히 {라더} rather	
질문	쿠와s쪈	쿠웨s쪈	물음, 질문하다, 의문, 문제 {퀘스천} question	
훔치다	스띠얼	스띠을	도둑질하다, 절도, 몰래 가다, (야구) 도루하다 {스틸} steal	

간절히 기도하다 ⇨ 간절히 **프뤠이**(프레이)하다 / 달을 보며 기원하다 ⇨ 달을 보며 **프뤠이**하다
호랑이의 먹이 ⇨ 호랑이의 **프뤠이**(프레이)
시원하기보다는 춥기까지 하다 ⇨ 시원하기 **롸아뤌**(라더) 춥기까지 하다 / **+** ~보다는 rather than 롸아ð뤌 ðǎ {롸아ð뤌 ðǎ}
다양한 질문 ⇨ 다양한 **쿠와s쪈**(퀘스천) / 물음에 답하다 ⇨ **쿠와s쪈**(퀘스천)에 답하다 / ◆ 퀘스천 = 크우와s쪈
남의 물건을 훔치다 ⇨ 남의 물건을 **스띠얼**(스틸)하다

143

영어 단어에 해당하는 국어 단어 (기준으로 세운 뜻)	미국식 발음	영국식 발음	해당 국어 단어들 (다른 뜻들)	{한국식 발음} 스펠링	
(인물, 사건을 식으로) **기념하다**	커메뭐뤠잍			{커메머레이트} commemorate	연상법
(돈을 일하여) **벌다**	@언~	어언	받다, 얻다	{언} earn	
참새	스빼뤄우	스빠뤄우		{스패로} sparrow	
~도 아니고 ~도 아니다	나이ㆆ뤌 / 니이ㆆ뤌	나이ㆆ돠 / 니이ㆆ돠	(둘 중) 어느 것도 ~아니다	{니더} neither	
취미	하아비	호비		{호비} hobby	

커다란 **뭐뭐**지(메모지)에 한글날 행사나 **뤠잍**(late, 늦게, 늦은)까지 한글의 우수함을 받아 적으며 한글날을 **기념하다**
추운 겨울 **언~**(언) 손을 녹이며 붕어빵을 팔아 돈을 **벌다** / ◆ @언~ : 혀를 말고 언(언과 언이 섞인 소리)을 길게 발음
스빼(숲에) 있던 **참새**가 공원으로 와서 **뤄우**(low 로우, 낮게, 낮은)로 날아다닙니다
회사 동료 일 뿐 그는 나보다 **나이**를 **뤌**(덜) 먹었다고 동생도 **아니고** 후배도 **아니다**
그 부부는 **취미**가 너무 달라서 각자의 취미 생활을 존중해 주기로 **하아비**(합의)를 보다

(등급, 순위에) **오르다**	뢔앵k			{랭크} rank	쪼개기
(등급, 순위를) **차지하다**	뢔앵k			{랭크} rank	★★☆
(등급, 순위를) **매기다**	뢔앵k		순위를 정하다, 순위를 매기다	{랭크} rank	rank
반열(班쇼나눌반列벌일열)	뢔앵k			{랭크} rank	
(군대, 사회 등의) **계급**	뢔앵k			{랭크} rank	

세계 3위에 **오르다** ⇨ 세계 3위에 **뢔앵**(뢔앵k, 뢔앵크, 랭크)되다
신곡을 발표하자마자 1위를 **차지하다** ⇨ 신곡을 발표하자마자 1위를 **뢔앵**(랭크)하다
1등급으로 **매기다** ⇨ 1등급으로 **뢔앵**(랭크)하다 / 가창력 **순위를 정하다** ⇨ 가창력 **뢔앵**(랭크)하다
고수의 **반열**에 오르다 ⇨ 고수의 **뢔앵**(랭크)에 오르다
병장 **계급** ⇨ 병장 **뢔앵**(랭크)

곡물	씨어뤼얼		곡류, 시리얼 (식사용 가공 곡물)	{시리얼} cereal	재활용
물가 (물품의 값)	프롸이스		가격, 값	{프라이스} price	
신용 카드 (비격식)	플라스띡	플라스띡	신용카드의, 비닐, 플라스틱(의)	{플라스틱} plastic	
비닐봉지	플라스띡 배액	플라스띡 바악	비닐봉투	{플라스틱 백} plastic bag	
봉지	배액	바악	봉투, 가방, 손가방, 핸드백	{백} bag	

곡물을 재배하다 ⇨ **씨어뤼얼**(시리얼)을 재배하다
내년에 전반적으로 **물가**가 오를 전망이다 ⇨ 내년에 전반적으로 **프롸이스**(프라이스)가 오를 전망이다
신용 카드로 지불하다 ⇨ **플라스띡**으로 지불하다 / + 신용 카드 plastic money 플라스띡 머니 [플라스띡 머니]
비닐봉지에 사과를 담다 ⇨ **플라스띡 배액**(플라스틱 백)에 사과를 담다 / ♣ 비닐봉지(비닐백)는 플라스틱 백의 콩글리쉬
비닐봉지 ⇨ 비닐 **배액**

기념하다	쎌러브뤠잍		축하하다	{셀러브레이트} celebrate	무작정
축하	쎌러브뤠이션		축하 행사, 기념, 기념 행사	{셀러브레이션} celebration	
산만하게 하다	디스쮸뢔악t	디스쮸뢕t	집중이 안 되게 하다	{디스트랙트} distract	
실시하다	컨돠악t★		행동하다, 처신하다, 행동(컨돠악t★), 지휘	{컨덕트} conduct	
제품	프뢔롹t / 프뢰돡t	프뤄돡t	상품, 생산물, 작품, 결과물	{프로덕트} product	

생일날 팬들의 **쎌**(셀) 수 없는 **러브**(사랑)을 받은 그 연예인은 **뤠잍**(late 늦게, 늦은)까지 남아 팬들과 생일을 **기념하다**
남자친구의 **쎌**(셀) 수 없는 **러브**(사랑)와 데커**뤠이션**(데커레이션, 장식) 케이크 앞에서 여자친구가 **축하**를 받다
큰 음악소리에 대화하는데 **산만하게 하다** ⇨ 큰 음악소리에 대화하는데 **디스쮸뢔악**(디스쮸락악, 디스트랙트)하다
설문조사를 **실시하다** ⇨ 설문조사를 **컨돠악**(컨돠악, 컨돠악트, 컨덕트)하다 / ◆ 강세 변화 : 명사 앞☆, 동사 뒤★ (명전동후)
플라스틱 **제품** ⇨ 플라스틱 **프롸롹**(프롸롹트, 프롸롹트, 프로덕트)

144

두 마리 토끼를 잡으려면 한 마리씩!

빠른 영어 단어 암기를 위해 발음 요령과 강세는 제외하고 한글 표기 대로의 미국식 발음부터 암기합니다. (권장 사항)

단어용		발음용
영어 단어 암기용 기본 발음	VS	영어 발음 향상용 발음법
어뤄꽤아릴		어뤄꽤아릴
브뢔앤드		브뢔앤d
듸스카운트		듸스카운t☆
패앗 / 패아뜨		패θ앝 / 패아θ뜨
클로우딩	VS	클로우ð딩
우와뤌 / 우워뤌		우와뤌 / 우워뤌
을라이쎈스		을라이쎈스
뤼코얼드		뤼코얼d★
익스쮸롹트		익스쮸롹t★
플랕쁨~		플랕@쁨~
△ 한글 표기대로만 발음		▲ 발음 요령 & 강세

① d, t 등의 알파벳 표기는 드, 트 등으로 읽기
② '얇은 글자'와 '홀쭉한 글자' 그냥 읽기
③ 각종 기호, 발음 요령은 신경 쓰지 말고 발음
④ 강세를 위한 높낮이 표시 배제하고 발음
※ 한글 발음 표기에 기본 영어 발음 내재

영어 단어에 해당하는 국어 단어 (기준으로 세운 뜻)	미국식 발음	영국식 발음	해당 국어 단어들 (다른 뜻들)	{한국식 발음} 스펠링	
박탈하다	디프롸입		(물건, 목숨, 권리 등을) 빼앗다	{디프라이브} deprive	연상법
방해하다	디스뚸얼b	디스뚸업	어지럽히다, 흐트러뜨리다	{디스터브} disturb	
(알갱이, 올 등이) **굵은**	코올스	코오스	(천, 피부, 태도, 말씨 등이) 거친, 조잡한	{코스} coarse	
과부	우위뤄우	우위둬우	미망인	{위도우} widow	
헛된	붸인		소용없는, 허영심이 많은	{베인} vain	

디(되게) 중요한 작전이 **프라**(프로) 선수의 **입**에서 새어 나와 그 선수의 출전 자격을 박탈하다 (디프라이v, 디프라이브)
새로운 법을 만들려고 하자 반대편에서 **디스**(dis 반대)하고 **뚸얼b**(터브, 금지시키는 일)시키며 **방해하다**
이 식당의 **코올스**(코스) 요리는 **굵은** 후추가루를 써서 풍미가 강하다
과부가 슬픔에 잠기자 친구들이 곁에서 **우위뤄우**(위로)를 하다 / ◎ 과부(寡홀어미과婦아내부) / ◎ 미망인(未아닐미亡죽을망人)
헛된 성공만을 쫓다가 사랑하는 사람을 잃고 나서야 칼에 **붸인**(베인) 듯한 아픔을 느끼다

강좌	코올스	코오스	수업, 강의	{코스} course	쪼개기
(교육, 교과의) **과정**	코올스	코오스	교육 과정, 교과 과정	{코스} course	★★☆
진로 (이동 경로)	코올스	코오스	진행, 방향, 방침	{코스} course	
(배, 비행기의) **항로**	코올스	코오스	운항로, 행로	{코스} course	course
(요리, 경주, 경기 등의) **코스**	코올스	코오스	주행로	{코스} course	

수공예 강좌 ⇨ 수공예 **코올스**(코스) / 독일어 수업 ⇨ 독일어 **코올스**
중급 과정 ⇨ 중급 **코올스**(코스) / ◎ 과정(課공부할과,程과정정限한도정,길정) / ◎ 과정(科과목과程한도정,길정)
태풍이 진로를 변경하다 ⇨ 태풍이 **코올스**(코스)를 변경하다 / 자동차가 진로를 변경하다 ⇨ 자동차가 **코올스**를 변경하다
비행기의 항로 ⇨ 비행기의 **코올스**(코스) / ◎ 항로(航건널항路,배항路,길로)
10가지 코스 요리 / 10가지 **코올스**(코스) 요리

표시하다	뫄알k	뫄악	기념하다, 표시, 기호, 점수 (영국), 마크	{마크} mark	재활용
발언	뤼뫄알k	뤼뫄악	발언하다, 주목하다	{리마크} remark	
주목할 만한	뤼뫄알꺼벌	뤼뫄아커벌	놀라운, 놀랄 만한	{리마커블} remarkable	
밑줄을 치다	언덜라인		밑줄, 강조하다	{언더라인} underline	
밑에 있는	언덜라잉		밑에 깔린, 근본적인, 기저에 있는	{언덜라잉} underlying	

책에 **표시하다** ⇨ 책에 **뫄알**(뫄알k, 뫄알크, 마크)하다 / ◆ 알파벳 발음 표기 k: 뒤에 오는 단어에 따라서 생략되거나 발음
그 **발언**에 주목하다 ⇨ 그 **뤼뫄알**(뤼뫄알k, 뤼뫄악, 리마크)에 주목하다
주목할 만한 기술 ⇨ **뤼뫄알꺼벌**(리마커블)한 기술
중요한 내용에 **밑줄을 치다** ⇨ 중요한 내용에 **언덜라인**(언더라인)하다
밑에 있는(근본적인) 원인 ⇨ **언덜라잉**한 원인 / 밑에 깔린 편견 ⇨ **언덜라잉**한 편견

(위치, 양, 수준 등) **~보다 아래에**	빌로우		~이하의, 아래로, ~보다 밑에, 밑으로	{빌로} below	무작정
깃털	쀄ㆆ뒬	쀄ㆆ둬		{페더} feather	
제안	써줴스쪈		제의, 시사, 암시, 기미	{서제스천} suggestion	
응답	뤼스뻐언스	뤼스뻔스	반응, 대답, 대응	{리스폰스} response	
용서하다	파아른 / 파알은	파아든	용서, 사면, 사면하다	{파든} pardon	

평균 **보다 아래에** 있는 수치 ⇨ 평균 **빌로우** 있는 수치
새의 **깃털** ⇨ 새의 **쀄뒬**(페더)
귀가 솔깃한 **제안** ⇨ 귀가 솔깃한 **써줴스쪈**(서제스천) / ◆ 천이 아닌 '쪈'으로 발음
빠른 **응답** ⇨ 빠른 **뤼스뻐언스**(리스폰스) / 좋은 반응 ⇨ 좋은 **뤼스뻐언스**
실수를 **용서하다** ⇨ 실수를 **파아른**(파든)하다

6회 왕초보 영단어 복합적 암기법

뜻	발음1	발음2	설명	분류
(이익, 결과, 작물 등을) 내다	이~얼d	이~을d	낳다, 산출하다, 양보하다, 넘겨주다 {일드} yield	연상법
과수원	올~철d	오오쳐d	{오쳐드} orchard	
굴욕감을 주다	휴밀리에잍		창피를 주다 {휴밀리에이트} humiliate	
사용	유우쎄쥐 / 유우씨쥐		활용, 사용법, 취급법, (언어의) 관용법, 어법 {유시지} usage	
식사를 하다	돠인		정찬을 먹다 {다인} dine	

평범한 **이~얼**글로 **d**디어(드디어) 주연 배우가 되는 성과를 내다
철없던 아이들이 **올~**(올, 모두) **철**(철)이 **d**어(들어) 부모님 과수원에서 일을 돕다
바닥의 **휴**지를 밟아 미끄러지고 **밀리**어서 **에잍**(8, 여덟) 걸음을 휘청거리게 해서 굴욕감을 주다
"**유우**(너)에게 **쎄쥐**(소시지) 만드는 기계의 사용 방법을 알려줄게"
돠인용(다인용, 여러 사람용) 식탁에서 대가족이 모여 식사를 하다

뜻	발음1	발음2	설명	분류
과거 (the ~)	패아슽 / 파아슽	파아슽	{패스트} past	쪼개기 ★★★
과거의	패아슽 / 파아슽	파아슽	{패스트} past	
(과거) 지나간	패아슽 / 파아슽	파아슽	{패스트} past	
(방금, 얼마 전에) 지난	패아슽 / 파아슽	파아슽	예전의 {패스트} past	
(위치, 시간 등을) 지나서	패아슽 / 파아슽	파아슽	지나쳐서, 넘어서 {패스트} past	

past

과거를 잊고 새 출발하다 ⇨ **패아슽**(패아스t, 패아스트, 패스트)을 잊고 새 출발하다
과거의 경험 ⇨ **패아슽** 경험
지나간 추억 ⇨ **패아슽** 추억 / 지나간 세월 ⇨ **패아슽** 세월
지난 몇 일간의 일들 ⇨ **패아슽** 몇 일간의 일들 / 예전의 영광을 되찾다 ⇨ **패아슽** 영광을 되찾다
아이들이 우리 앞을 지나서 가다 ⇨ 아이들이 우리 앞을 **패아슽**해서 가다

뜻	발음1	발음2	설명	분류
(실례, 도해 등으로) 설명하다	일러스쮸뤠잍		삽화를 넣다 {일러스트레이트} illustrate	재활용
삽화 (이해를 돕는 그림)	일러스쮸뤠이션		도해, (설명을 위한) 실례 {일러스트레이션} illustration	
두루미	크뤠인		학(鶴)학, 기중기, 크레인 {크레인} crane	
동시에 일어나다	씽크러나이즈	씽크나이즈	영상과 음성을 일치시키다 synchronize	
기계 장치	뭬커네즴		기제, 기계 작용, 구조, 기구, 메커니즘 mechanism	

예를 들어 설명하다 ⇨ 예를 들어 **일러스쮸뤠잍**(일러스트레이트)하다
작동 원리를 설명하는 삽화 ⇨ 작동 원리를 설명하는 **일러스쮸뤠이션** / ♣ 일러스트는 일러스트레이션의 콩글리쉬
중장비 **크뤠인**(크레인, 기중기)은 두루미의 긴 목과 생김새가 비슷하다 / ※ 두루미(우리말) = 학(한자어)
씽크러나이즈(싱크로나이즈드) 스위밍의 같은 팀 모든 선수들 동작이 **동시에 일어나다** / ※ lip sync 립싱크
자동차 기계 장치 ⇨ 자동차 **뭬커네즴**(메커니즘) / ● 기제 : 구성 체계. 인간의 행동에 영향을 미치는 심리의 작용이나 원리

뜻	발음1	발음2	설명	분류
책임	뤼스빤서빌러리	뤼스뿬서빌러티	{리스판서빌러티} responsibility	무작정
책임이 있는	뤼스빤서벌	뤼스뿬서블	책임을 져야 할 {리스판서블} responsible	
제안하다	써줴슽		제의하다, 시사하다, 암시하다 {서제스트} suggest	
유용한	유우스쀨		쓸모있는, 도움이 되는, 유익한 {유스펄} useful	
쓸모없는	유우슬러스		쓸데없는 {유슬리스} useless	

책임을 지다 ⇨ **뤼스빤서빌러리**(리스판서빌러티)를 지다
일에 책임이 있는 사람 ⇨ 일에 **뤼스빤서벌**(리스판서블)한 사람
유산소 운동을 제안하다 ⇨ 유산소 운동을 **써줴슽**(써줴스트, 써줴스트, 서제스트)하다
레몬즙을 짜는데 유용한 도구 ⇨ 레몬즙을 짜는데 **유우스쀨**(유스펄)한 도구 / 유용한 정보 ⇨ **유우스쀨**한 정보
쓸모없는 물건을 버리다 ⇨ **유우슬러스**(유슬리스)한 물건을 버리다

영어 단어에 해당하는 국어 단어 (기준으로 세운 뜻)	미국식 발음	영국식 발음	해당 국어 단어들 (다른 뜻들)	{한국식 발음} 스펠링	
통지	노우레스	노우퉤스	알아채다, 고지, 공고문, 주의, 주목	{노티스} notice	연상법
거대한	휴우쥬		엄청난, 막대한, 커다란	{휴쥐} huge	
용인하다	톨러뤠잍	퇼러뤠잍	묵인하다, 참다	{탈러레이트} tolerate	
검사하다	이그좨먼	이그좌먼	조사하다, 진찰하다	{이그재민} examine	
운동	엑쒈싸이즈	엑써싸이즈	운동하다, 연습, 훈련	{엑서사이즈} exercise	

각종 공과금을 **통지**하는 고지서 종이 색은 대부분 **노우레스**(노란색이었어, 노란색이다)
"**휴**~ 거대한 **우쥬**(우주)는 그 크기를 측정할 수가 없구나!"
뭘 잘못 먹었는지 **톨러**서(탈 나서) 회사에 **뤠잍**(late 늦게, 늦은) 출근을 하니 상사가 지각을 용인하다
이그를(이것을) **좨먼**(조이면) 장비가 잘 작동이 되는지 검사하다
엑쒈 싸이즈(엑스 사이즈)의 츄리닝을 입고 운동을 하다

고지서	비얼 / 비을			{빌} bill	쪼개기
청구서	비얼 / 비을			{빌} bill	★★☆
지폐 (미국)	비얼 / 비을			{빌} bill	
법안 (법률의 초안)	비얼 / 비을			{빌} bill	
(식당의) **계산서** (영국)	비얼 / 비을		(새의) 부리	{빌} bill	

전기요금 **고지서** ⇨ 전기요금 **비얼**(빌) / ◆ l 발음 : 얼과 어 사이로 발음
공과금 **청구서** ⇨ 공과금 **비얼**(빌)
만 원짜리 **지폐** ⇨ 만 원짜리 **비얼**(빌)
민생 **법안**을 제출하다 ⇨ 민생 **비얼**(빌)을 제출하다
"**계산서** 주세요?" ⇨ "**비얼**(빌) 주세요?"

무릎	니이		무릎으로 치다(밀다)	{니} knee	재활용
쪽지	노울		간단한 기록, 메모, 지폐 (영국)	{노트} note	
공책	노울븜	노우트븜	노트북 컴퓨터	{노트북} notebook	
(대량으로) **생산하다**	프뤄듀우스		(방송, 작품 등) 제작하다, 제조하다	{프로듀스} produce	
제작자	프뤄듀우쒈	프뤄듀우써	생산자, 생산업체, 프로듀서	producer	

무릎에 멍들다 ⇨ **니이**(니)에 멍들다
노울(노우트, 노우트, 노트)은 간단한 기록의 **쪽지**, 메모를 뜻한다
공책에 필기하다 ⇨ **노울븜**(노트북)에 필기하다 / ♣ 공책 의미의 노트는 노트북의 콩글리쉬
제품을 생산하다 ⇨ 제품을 **프뤄듀우스**하다 / 방송을 제작하다 ⇨ 방송을 **프뤄듀우스**하다
방송 제작자 ⇨ 방송 **프뤄듀우쒈**(프로듀서) / 의류 생산자 ⇨ 의류 **프뤄듀우쒈**(프로듀서)

성격	펄쓰날러리	퍼써낼러티	인격, 개성	{퍼서낼러티} personality	무작정
노트북 (휴대용 컴퓨터)	을라앞퉆 / 을래앺퉆	을랲톺 / 을랲톺	휴대용 컴퓨터, 랩톱	{랩탑} laptop	
무릎 (허벅지 윗부분)	을라앞 / 을래앺		(경주로의) 한 바퀴	{랩} lap	
전자의	일렠츄롸넼	일렠츄로닠		{일렉트로닉} electronic	
이해하다	언뒬스쫴안d	언둬스쫘안d	알아듣다, 알다	{언더스탠드} understand	

성격 급한 사람이 문 앞에 있던 택배 상자를 **펄쓰**(벌써) **날러리**(나르다)
을라앞(lap 무릎)의 **퉆**(탑, 위 부분에 올려놓고 쓰는 노트북 / ※ (일반적인) 컴퓨터 = 데스크탑 (컴퓨터)
엄마의 **무릎** 위에 앉은 아이 ⇨ 엄마의 **을라앞**(랩) 위에 앉은 아이 / 한 바퀴 남은 경기 ⇨ **을라앞** 남은 경기
전자의 제품(전자 제품) ⇨ **일렠츄롸넼**(일렉트로닉) 제품 / 전자의 피아노(전자 피아노) ⇨ **일렠츄롸넼** 피아노
내용을 정확하게 **이해하다** ⇨ 내용을 정확하게 **언뒬스쫴안**(언뒬스쫴안d, 언뒬스쫴안드, 언더스탠드)하다

왕초보 영단어 복합적 암기법 6회

완전한	컴플리잍		완성된, 완성하다, 완료하다 {컴플리트} complete	연상법
알약	피얼	피을	{필} pill	
굉장한	왜그늬퍼썬t	와그늬피썬t	웅장한, 멋진 {매그니피선트} magnificent	
전기의	일렉츄뤽		{일렉트릭} electric	
전기	일렉츄뤽씨리	일렉츄뤽씨티	{일렉트릭시티} electricity	

컴퓨터의 냉각팬 나사가 **플리**어서(풀려서) 내부 온도가 올라 가자 **잍**(이틀) 동안 **완전한** 성능을 내지 못하다
알약으로 된 비타민을 먹고 얼굴 혈색이 활짝 **피얼**(피다)
이 산은 1년간 사람들의 출입을 **왜그늬**(막으니) 높은 **퍼썬t**(퍼센트)로 환경이 개선되어 **굉장한** 경관을 자랑한다
일렉츄뤽(일렉트릭) 기타는 **전기의** 기타를 뜻한다
일렉츄뤼(일렉트릭) 기타를 연주하며 공연하는 락 페스티벌 **씨리**(시티, 도시)에는 많은 **전기**가 필요하다

만지다	퉈아취 / 퉈어취	퉈취	만지기 {터취} touch	쪼개기
손대다	퉈아취 / 퉈어취	퉈취	대다 {터취} touch	★★★
건드리다	퉈아취 / 퉈어취	퉈취	{터취} touch	
닿다	퉈아취 / 퉈어취	퉈취	접촉, 접촉하다 {터취} touch	touch
감동시키다	퉈아취 / 퉈어취	퉈취	{터취} touch	

토끼의 귀를 **만지다** ⇨ 토끼의 귀를 **퉈아취**(터취)하다
전시된 작품에 함부로 **손대다** ⇨ 전시된 작품에 함부로 **퉈아취**(터취)하다
꽃병을 살짝 **건드리다** ⇨ 꽃병을 살짝 **퉈아취**(터취)하다
옆 사람과 어깨를 살짝 **닿다** ⇨ 옆 사람과 어깨를 살짝 **퉈아취**(터취)하다
그 이야기는 사람들을 **감동시키다** ⇨ 그 이야기는 사람들을 **퉈아취**(터취)하다

감동적인	퉈어칭	퉈칭	감동시키는, 애처로운, 손대기 {터칭} touching	재활용
고구마	스웉 퍼퉤이뤄	스웉 퍼퉤이뤄우	{스위트 포테이토} sweet potato	
차	티이		홍차, 찻잎 {티} tea	
섞다	밀스		혼합하다, 혼합, 섞이다 {믹스} mix	
혼합물	밀스쩔	밀스쪄	혼합, 배합 {믹스춰} mixture	

감동적인 이야기 ⇨ **퉈어칭**(터칭)한 이야기
구운 **고구마** ⇨ 구운 **스웉 퍼퉤이뤄**(스위트 포테이토) / **+** 감자 potato 퍼테이뤄 [퍼테이튀우] {포테이토}
녹차를 마시다 ⇨ 녹 **티이**(티)를 마시다 / **+** 차 봉지, 티백 tea bag 티이 배액 [티이 바악] {티 백}
파란색과 흰색을 **섞다** ⇨ 파란색과 흰색을 **밀스**(믹스)하다 / 다섯 가지 재료를 혼합하다 ⇨ 다섯 가지 재료를 **밀스**하다
3가지 성분의 **혼합물** ⇨ 3가지 성분의 **밀스쩔**(믹스춰)

인공의	알튀쁴셜 / 알튀쁴셜	아아튀쁴셜	인조의, 인위적인 {아터피셜} artificial	무작정
시험	이그좨머네이션	익좌머네이션	진찰 {이그재머네이션} examination	
예	이그좨앰쁠	이그좌암플	사례, 본보기 {이그잼플} example	
개인적인	펄서널	퍼서늘	사적인, 개인의 {퍼스널} personal	
(개개의) 사람	펄~쓴	퍼어쓴	개인, 인간 {퍼슨} person	

인공의 지능(인공 지능) ⇨ **알튀쁴셜**(아터피셜)의 지능 / ※ AI = artificial intelligence 인공지능
어려운 **시험** ⇨ 어려운 **이그좨머네이션** / **+** 시험, 검사 exam 이그좨앰[이그좌암] (= examination의 비격식)
예를 들어 설명하다 ⇨ **이그좨앰쁠**(이그좨잼플)을 들어 설명하다
개인적인 문제 ⇨ **펄서널**(퍼스널)한 문제 / 사적인 질문 ⇨ **펄서널**한 질문
친절한 **사람** ⇨ 친절한 **펄~쓴**(퍼슨) / 매력적인 사람 ⇨ 매력적인 **펄~쓴** / ※ People 사람들(복수)

영어 단어에 해당하는 국어 단어 (기준으로 세운 뜻)	미국식 발음	영국식 발음	해당 국어 단어들 (다른 뜻들)	{한국식 발음} 스펠링	
기부	도네이션		기증	{도네이션} donation	연상법
훈련	디서플렌		규율, 훈육, 수련, 단련	{디서플린} discipline	
진실한	씬씨얼	씬씨어	진심 어린	{신시어} sincere	
탈출하다	에스께잎	이스께잎	달아나다, 도망치다	{이스케이프} escape	
탐험	엑스뻬디션		원정, 탐험대, 원정대	{익스피디션} expedition	

어버이날 **도**움(도움)의 손길이 필요한 양로원에 방문하여 카**네이션** 바구니와 생필품 **기부**를 하다 / **디**게(되게) 강도 높은 훈련으로 **서**있기도 힘들 정도로 다리가 **플렌**(풀린) 상태이다 / 어려움에 처한 사람이 "**씬이씨얼**(신이시여)~"하며 **진실한** 마음을 담아 기도하다 / **+ 진심으로** sincerely 씬씨얼리 / 조난을 당해 섬에 고립됐지만 **에스께잎**(에스케이, SK) 통신이 잘 터진다. 그렇게 구조 요청을 하여 섬에서 **탈출하다** / 지도에 **엑스**(엑스)로 표시된 지점에 **삐디**(피디 PD)가 **션**발대(선발대)를 보내 오지 **탐험** 프로그램을 기획하다

둥근	롸운d		동그란, 원형의, 구형의	{라운드} round	쪼개기
둥글게 하다	롸운d		둥글게, 원형으로 하다	{라운드} round	★★☆
빙빙	롸운d		빙글빙글	{라운드} round	
(골프, 권투 등 스포츠의) ~회	롸운d		~차, ~회전	{라운드} round	round
~을 돌아	롸운d		~을 돌아서, 빙 돌아서	{라운드} round	

둥근달 ⇨ **롸운**(롸운d, 롸운드, 라운드)한 달 / 동그란 얼굴 ⇨ **롸운**한 얼굴 / 책상 모서리를 둥글게 하다 ⇨ 책상 모서리를 **롸운**하다 / 운동장을 빙빙 돌다 ⇨ 운동장을 **롸운** 돌다 / 골프 1회 ⇨ 골프 1 **롸운** / 3차 회담 ⇨ 3 **롸운** 회담 / 전국을 돌아 여행하다 ⇨ 전국을 **롸운**하여 여행하다 / 모퉁이를 돌아서 가다 ⇨ 모퉁이를 **롸운**하여 가다

미안한 (서술형, 명사 앞에는 안 씀)	쏘오뤼 / 쏴뤼	쏘뤼	미안하게 생각하는, 유감스러운, 미안해	{쏘리} sorry	재활용
버찌 (벚나무의 열매)	췌어뤼		벚나무, 진분홍의, 체리	{체리} cherry	
(머리칼을) 곱슬곱슬하게 하다	크르얼	커얼	곱슬곱슬해지다, 곱슬곱슬한 머리카락	{컬} curl	
내가	아이		나는, 난, 나		
둘러싸다	써롸운d		에워싸다, 포위하다	{서라운드} surround	

나는 하다 미안한 그녀에게(나는 그녀에게 미안하다) ⇨ 나는 하다 **쏘오뤼**(쏘리) 그녀에게 / 새콤한 버찌 ⇨ 새콤한 **췌어뤼**(체리) / ※ 공원, 길거리의 관상용 벚나무에서는 열매가 잘 열리지 않는다 / 머리칼을 곱슬곱슬하게 하다 ⇨ 머리칼을 **크르얼**(컬)하다 / **+ 곱슬머리의**, 동그랗게 말린 curly 커얼리 / 내가 도와줄게 ⇨ **아이** 도와줄게 / **써롸운**(써롸운d, 써롸운드, 서라운드) 스피커에서 나오는 음향이 방 전체를 **둘러싸다**

부러워하다	엔비		시기하다, 부러움, 선망, 질투	{엔비} envy	무작정
전체의	인타이얼	인타이어	완전한	{인타이어} entire	
예약	뤠줠붸이션	뤠줘붸이션	보류	{레지베이션} reservation	
만료되다	익스빠이얼	익스빠이어	만기가 되다	{익스파이어} expire	
전환하다	컨붜얼t	컨붜얼	전환시키다, 변환하다, 개조하다	{컨버트} convert	

지난번에 집을 구입했다고 자랑한 친구가 이번 **엔 비**(비싼) 자동차를 자랑하자 친구들이 **부러워하다** / 트렁크 **인**에(안에) 들어있는 임시용 스페어 **타이얼**(타이어)는 자동차 **전체**의 중량에 영향을 주기에 두께가 얇다 / 내일 친구들과 강에서 즐길 **뤠줠**(레저)용 **붸**(배, 요트)를 **예약**하고 오늘 저녁은 숙소 마당에서 레크리에**이션**(오락)을 하다 / A/S 무상 보증기간이 **만료되다** ⇨ A/S 무상 보증기간이 **익스빠이얼**(익스파이어)되다 / 태양열을 전기로 **전환하다** ⇨ 태양열을 전기로 **컨붜얼**(컨붜얼t, 컨붜얼트, 컨버트)하다

왕초보 영단어 복합적 암기법 **6**회

그만두다	씨이스		멈추다, 중단시키다, 중지하다, 그치다, 멎다 {시스} cease	연상법
하수	수웨쥐	수위쥐	오수 {수워쥐} sewage	
무너지다	클라앞스	클랖스	붕괴되다, 쓰러지다, 붕괴 {컬랩스} collapse	
관찰하다	어브쥐얼v / 업쥐얼v	어브쥐업 / 업쥐업	알아채다, 준수하다 {어브저브} observe	
얇게 썬 조각	슬라이스		얇은 조각, 한 조각, 얇게 썰다, 베다, 일부분, 몫 slice	

손을 **씨이스**(씻어, 씻었다). 손을 씻고 하던 작업을 **그만두다**
이 공장의 **하수**처리 점수는 **수웨쥐**(수이지, 우수이다)
화이트 **클라**(컬러) 건물의 외벽 **앞**부분이 노후되어 **스**르르 무너지다
어브(어부)인 **쥐얼v**(저분)의 그물질을 배우기 위해 잘 관찰하다 (어브쥐얼, 어브쥐얼v, 어브쥐얼브, 어브저브)하다
슬라이스 치즈는 얇게 썬 조각의 치즈이다

주변에	어롸운d		주위에, 둘레에 {어라운드} around	쪼개기
~쯤	어롸운d		약~, 대략 {어라운드} around	★★★
여기저기	어롸운d		이리저리 {어라운드} around	around
둘러싸고	어롸운d		빙 둘러 {어라운드} around	
~을 돌아	어롸운d		(~의 주위를) 돌아서 {어라운드} around	

집 주변에 나무를 심다 ⇨ 집 **어롸운**(어롸운d)에 나무를 심다 / 산 주위에 약초가 많다 ⇨ 산 **어롸운**에 약초가 많다
3시쯤 도착한다 ⇨ 3시 **어롸운**(어롸운d, 어롸운드, 어라운드) 도착한다
여기저기 기웃거리다 ⇨ **어롸운** 기웃거리다
모닥불을 둘러싸고 앉다 ⇨ 모닥불을 **어롸운**하고 앉다 / 목도리를 빙 둘러 따스하다 ⇨ 목도리를 **어롸운**하여 따스하다
"모퉁이를 돌아 쭉 가세요" ⇨ "모퉁이를 **어롸운**하여 쭉 가세요" / 공원을 돌아서 오다 ⇨ 공원을 **어롸운**하여 오다

~치료	θ떼뤄피	θ쎄뤄피	치료법, 요법, 테라피 {테라피} {쎄러피} therapy	재활용
생기	애뉴웨이션	아뉴웨이션	만화 영화, 활기, 기운 {애니매이션} animation	
놀라운	쒈프라이징	써프라이징	놀랄만한 {서프라이징} surprising	
놀라운	어뭬이징		놀랄만한, 멋진, 대단한 {어메이징} amazing	
죽어가는	다잉		임종의, 임종, (die의 현재분사) {다잉} dying	

물리치료 ⇨ 물리 **떼뤄피**(테라피) / ※ ~치료 : 향기 치료, 약물 치료, 항암 치료 등 / ※ 아로마(방향, 향기) 테라피는 향기 요법
만화에 생기를 주어 움직여 보이게 만화 영화로 만든 것을 **애뉴웨이션**(애니메이션)이라고 한다
놀라운 소식을 듣다 ⇨ **쒈프라이징**(서프라이징)한 소식을 듣다
놀라운 일 ⇨ **어뭬이징**(어메이징)한 일
말라서 죽어 가는 꽃 ⇨ 말라서 **다잉**(다잉)하는 꽃 / ◉ 임종(臨終임할임終끝날종) : 죽음에 이름

눈살을 찌푸리다	쁘롸운	프롸운	얼굴을 찡그리다 {프라운} frown	무작정
예언하다	뽈테을	뽀테을	{포텔} foretell	
떨어져 (시간, 공간)	어파알t	어파앝	헤어져, 따로 {어파트} apart	
풍경	을래앤스께잎	을란스께잎	경치, 경관, 풍경화 {랜드스케이프} landscape	
구조하다	뤠스뀨우		구하다, 구출하다, 구출 {레스큐} rescue	

어이없는 행동에 눈살을 찌푸리다 ⇨ 어이없는 행동에 **쁘롸운**(프라운)하다
미래를 예언하다 ⇨ 미래를 **뽈테을**(포텔)하다
가족과 떨어져 살다 ⇨ 가족과 **어파알**(어파알t, 어파알트)하여 살다 / 서로 헤어져서 ⇨ 서로 **어파알**하여 살다
가을 들판의 풍경 ⇨ 가을 들판의 **을래앤스께잎**(랜드스케이프)
물에 빠진 사람을 구조하다 ⇨ 물에 빠진 사람을 **뤠스뀨우**(레스큐)하다

영어 단어에 해당하는 국어 단어 (기준으로 세운 뜻)	미국식 발음	영국식 발음	해당 국어 단어들 (다른 뜻들)	{한국식 발음} 스펠링	
의지하다	륄라이		의존하다, 기대다	{륄라이} rely	연상법
단지 ~에 불과한	미얼	미이어	단지, 한낱 ~에 불과한, 겨우 ~의, 단순한	{미어} mere	
~해야 한다 (권유, 충고)	슈울		~일 것이다(추측), ~할 것이다, (shall의 과거형)	{슈드} should	
관념	노우션		개념, 생각	{노션} notion	
차원	디멘션	돠이멘션	크기, 치수 (높이, 너비, 깊이)	{디멘션} dimension	

륄라이(릴레이) 경주에서는 각자 최선을 다하지만 그래도 가장 잘 달리는 동료 선수를 **의지하다**
단지 길거리 공연에 **불과한** 작은 공연에 유명한 가수가 나와서 길거리가 금세 **미얼**(미어) 터지다
슈울(슛)을 잘하려면 공차기를 열심히 **해야 한다** (슈울, 슈우d) / ※ must ~해야 한다(강한 의무, 강요), ~임에 틀림없다(확신)
생각하는 관념이 달라서 두 사람은 서로 다른 **노우션**(노션)을 걷다
듸자인(디자인)이 독특한 그 **멘션**(맨션, 대저택)은 **차원**이 다른 건축 디자인을 자랑한다

경우	케이스		환자, 증상	case	쪼개기
사례	케이스		예	case	★★★
실정	케이스			case	
(조사가 필요한) 사건	케이스		소송	case	case
상자	케이스		집, 통, 갑, 용기, 케이스	case	

경우에 따라 다르다 ⇨ **케이스**에 따라 다르다
구체적인 사례 ⇨ 구체적인 **케이스** / 실제 사례 ⇨ 실제 **케이스**
우리나라 교육의 실정 ⇨ 우리나라 교육의 **케이스**
절도 사건 ⇨ 절도 **케이스**
보석 상자 ⇨ 보석 **케이스** / 안경집 ⇨ 안경 **케이스**

(버스, 비행기 등의) 노선	루울		경로, 항로, (따라가는) 길	{루트} route	재활용
줄을 서다	을라인		(정책, 방침, 지하철 등의) 노선, 선, 줄, 끈, 전화선	{라인} line	
운반기	캐어뤼얼	캬아뤼어	운반인, 운송 회사, 항공 회사	{캐리어} carrier	
(바퀴 달린) 여행 가방	쑤울케이스	쑤우트케이스		{슈트케이스} suitcase	
책장	븍케이스		책꽂이	{북케이스} bookcase	

버스 노선 ⇨ 버스 **루울**(루우t, 루우트, 루트) / 비행기 노선 ⇨ 비행기 **루울**
식당 앞에 줄을 서다 ⇨ 식당 앞에 **올라인**(라인)하다 / 정책 노선 ⇨ 정책 **올라인** / ✚ 줄을 서다, 일렬로 세우다 line up
운반기로 짐을 나르다 ⇨ **캐어뤼얼**(캐리어)로 짐을 나르다 / ♣ 바퀴 달린 여행 가방을 뜻하는 캐리어는 콩글리쉬
여행 가방에 옷과 세면도구를 챙기다 ⇨ **쑤울케이스**(슈트케이스)에 옷과 세면도구를 챙기다
책장에 책을 꽂다 ⇨ **븍케이스**(북케이스)에 책을 꽂다

소리 내어	얼라욷		큰 소리로	{얼라우드} aloud	무작정
시끄러운	노이지		떠들썩한, 시끌벅적한	{노이지} noisy	
(소리가) 큰	을라욷		큰 소리로, 큰소리의, 시끄러운, 크게, 시끄럽게	{라우드} loud	
인파	크롸욷		붐비다, 북적이다, 군중, 사람들	{크라우드} crowd	
해석하다	인튈쁘륕	인튜어프릳	통역하다	{인터프리트} interpret	

얼라이들이(어린 아이들이) 소리 내어 **욷**다(웃다) (얼라욷, 얼라우d, 얼라우드)
시끄러운 행사장 ⇨ **노이즈**(노이지)한 행사장 / ✚ 소음, 잡음, (듣기 싫은, 시끄러운) 소리 noise 노이즈
큰 소리로 말하다 ⇨ **을라욷**(을라욷, 을라우드, 라우드)하게 말하다 / 큰 소리로 웃다 ⇨ **을라욷**으로 웃다
축제장에 수많은 **인파**가 모이다 ⇨ 축제장에 수많은 **크롸욷**(크롸우d, 크라우드, 크라우드)이 모이다
고대 문서를 해석하다 ⇨ 고대 문서를 **인튈쁘륕**(인튈쁘륕t, 인튈쁘륕트, 인터프리트)하다

즐거운	플레줸t		유쾌한, 기분 좋은, 쾌적한 {플레전트} pleasant	연상법
(정중하게) 거절하다	디클라인		감소하다, 쇠퇴하다, 줄다, 감소, 쇠퇴 {디클라인} decline	
천직	보우케이션		직업, 사명, 소명 {보케이션} vocation	
특히	에스뻬셜리	이스뻬셜리	특별히, 유난히 {이스페셜리} especially	
바보	뿌울		멍청이, 속이다 {풀} fool	

아이들에게 즐거운 일이란 컴퓨터로 플레이하기이다. 즉, PC로 줸t(전투) 게임을 하는 것이다 (플레줸, 플레준t, 플레줸t)
앞으로 회사에서 디게(되게) 클 라인이라고 부장 라인(연줄)을 추천받았으나 독자 라인을 걷기 위해 거절하다
이 농장 주인은 보우케(부케, 꽃다발)용 장미와 카네이션 등의 꽃을 재배하는 게 천직이다
특히 에스라인이 돋보이게 삐입은(빼입은) 여자친구를 보자 셜리(설레) + 특별한, 특수한 special 스뻬셜 {스페셜}
염소에게 장난을 치다 바보처럼 염소 뿌울(뿔)에 받히다

대답하다	애앤쒈 / 애안쒈	어언쎄 / 아언쎄	응답하다 {앤서} answer	쪼개기
답하다	애앤쒈 / 애안쒈	어언쎄 / 아언쎄	응하다 {앤서} answer	★★★
대답	애앤쒈 / 애안쒈	어언쎄 / 아언쎄	회답, 응답, 대응 {앤서} answer	
답	애앤쒈 / 애안쒈	어언쎄 / 아언쎄	해답, 해결책 {앤서} answer	answer
(전화를) 받다	애앤쒈 / 애안쒈	어언쎄 / 아언쎄	{앤서} answer	

통명하게 대답하다 ⇨ 통명하게 애앤쒈(앤서)하다
질문에 답하다 ⇨ 질문에 애앤쒈(앤서)하다
대답 대신에 고개를 끄덕이다 ⇨ 애앤쒈(앤서) 대신에 고개를 끄덕이다
인생의 답을 찾다 ⇨ 인생의 애앤쒈(앤서)을 찾다 / + 정답 right answer 롸잍 애앤쒈 [롸잍 아언쎄] {라이트 앤서}
딸의 전화를 받다 ⇨ 딸의 전화를 애앤쒈(앤서)하다

외치다	쌰울		소리 지르다, 큰소리치다, 큰소리, 고함 {샤우트} shout	재활용
새치기하다	커 린 올라인	커 틴 올라인	{컷 인 라인} cut in line	
미친	쫴앋 / 쫴앧	뫄앋	화난, 열광한 {매드} mad	
미친듯한	크뤠이지		미친, 미쳐있는, 열광하는 {크레이지} crazy	
윤곽	아울올라인		개요, 윤곽을 그리다 {아웃라인} outline	

산꼭대기에 오른 그들은 락가수가 쌰울(쌰우t, 쌰우트, 샤우트) 창법을 하듯 힘껏 외치다
슬쩍 새치기하다 ⇨ 슬쩍 커 틴 올라인(컽 인 라인)하다
미친 말이 날뛰다 ⇨ 쫴앋(쫴아d, 쫴아드, 매드)한 말이 날뛰다
미친듯한 가창력 ⇨ 크뤠이지(크레이지)한 가창력
건축 디자인에 대한 윤곽을 잡다 ⇨ 건축 디자인에 대한 아울올라인(아웃라인)을 잡다

어리석은	뿌울레쉬	푸울레쉬	바보 같은 {풀리쉬} foolish	무작정
(특별한) 의상 한 벌	아울핕 / 아울핕		(특별한 목적의 한 벌로 된) 옷, 한 벌의 장비 {아웃핕} outfit	
유치원 (미국)	킨뒤갸알은	킨뒤갸아튼	유아원 (영국) {킨더가튼} kindergarten	
유명한	뻬이뮈스		잘 알려진 {페이머스} famous	
모욕하다	인쎠얼t★		모욕 (인쎠얼t☆) {인설트} insult	

어리석은 행동 ⇨ 뿌울레쉬(풀리쉬)한 행동 / 바보 같은 소리 ⇨ 뿌울레쉬한 소리
파티용 의상 한 벌 ⇨ 파티용 아울핕(아웃핕)
아이를 유치원에 보내다 ⇨ 아이를 킨뒤갸알은(킨더가튼)에 보내다 / ◆ '킨더갸알' 발음 후 잠깐 멈추고 '은' 발음
맛으로 유명한 식당 ⇨ 맛으로 뻬이뮈스(페이머스)한 식당
상대를 모욕하다 ⇨ 상대를 인쎠얼(인쎠얼t, 인쎠얼트, 인설트)하다 / ◆ 품사별 강세 변화 : 명사 앞☆, 동사 뒤★ (명전동후)

영어 단어에 해당하는 국어 단어 (기준으로 세운 뜻)	미국식 발음	영국식 발음	해당 국어 단어들 (다른 뜻들)	{한국식 발음} 스펠링	
할당하다	알러케잍 / 앨러케잍		배당하다 {앨러케이트} allocate		연상법
양쪽의	보θ욷 / 보우θ뜨	보θ욷 / 보우θ쓰	둘 다, 쌍방의, 양쪽, 쌍방 {보쓰} both		
허락하다	얼라우		허용하다, ~하게 내버려두다, 인정하다 allow		
용돈 (미국)	얼라우언스		수당 allowance		
용돈 (영국)	파낄 뭐니	포킽 뭐니	{포켓 머니} pocket money		

가죽에 **알러**지(알레르기)가 있는 스케이트 선수들을 위해 항알러지 가죽 **스케일**(스케이트)을 할당하다
양쪽의 이야기가 다르다 ⇨ **보욷**(보우th, 보우θ, 보우뜨, 보웃)의 이야기가 다르다 / ◆ '보웃' = '보우뜨'로 발음
얼라(어린아이)가 떼를 쓰고 **우**니 장난감 사주는 것을 허락하다
얼라(어린아이)가 **원**하는 것을 사기 위해 **스**로 용돈을 아껴 쓰다
파낄(포켓, 주머니)에 들어 있는 **뭐니**(머니, 돈)을 꺼내 아이들에게 용돈을 주다

게시판	보올d	보오d	{보드} board		쪼개기
~판	보올d	보오d	칠판 {보드} board		★★★
판자	보올d	보오d	널빤지 {보드} board		
위원회	보올d	보오d	이사회 {보드} board		board
(비행기, 버스, 배 등에) 타다	보올d	보오d	탑승하다 {보드} board		

게시판에 게시물을 붙이다 ⇨ **보올**(보드)에 게시물을 붙이다 / + 게시판 (미국) bulletin board 불러틴 보올d [불러틴 보오d]
다리미판 ⇨ 다리미 **보올**(보드) / + 칠판 (미국) chalkboard 챠알보올d [쵸오크보오d] / + 칠판 (영국) blackboard
나무판자로 만든 선반 ⇨ 나무 **보올**d, 보올d, 보드)로 만든 선반
교육 위원회 ⇨ 교육 **보올**(보드) / 긴급 이사회를 소집하다 ⇨ 긴급 **보올**(보드)을 소집하다
비행기를 타다 ⇨ 비행기를 **보올**(보드)하다 / 배에 탑승하다 ⇨ 배에 **보올**(보드)하다

바라다	허웊		~하면 좋겠다, 희망, 희망하다 {호프} hope		재활용
엄마	뫄암	뭠	{맘} mom		
구성원	뭼벌	뭼버	회원, 일원, (국회, 하원) 의원, 손발 {멤버} member		
회원 자격	뭼벌슆	뭼버슆	회원 지위, 회원 신분, 회원수 {멤버쉽} membership		
기억하다	뤼뭼벌	뤼뭼버	생각해내다 {리멤버} remember		

행복하기를 바라다 ⇨ 행복하기를 **허웊**(허우p, 허우프, 호프)하다
엄마가 아기를 재우다 ⇨ **뫄암**(맘)이 아기를 재우다
사회 구성원 ⇨ 사회 **뭼벌**(멤버) / 동호회 회원 ⇨ 동호회 **뭼벌**(멤버)
회원 자격을 얻다 ⇨ **뭼벌슆**(멤버쉽)을 얻다 / + 회원 자격 카드, 멤버십 카드, 회원증 membership card
애인의 생일을 기억하다 ⇨ 애인의 생일을 **뤼뭼벌**(리멤버)하다

잠재적인	포텐셜		가능성이 있는 {포텐셜} potential		무작정
축복하다	블레스		(신이) 은혜를 베풀다, 신의 축복을 빌다 bless		
(날씨, 태도 등이) 쌀쌀한	취을리		으스스한, 쌀쌀맞은, 냉담한 {칠리} chilly		
희망 없는	허우쁠러스	허우플러스	가망 없는, 절망적인 {호프리스} hopeless		
고정 관념	스뗴뤼어타잎		틀에 박힌 표현, 연판 (인쇄판) {스테레오타입} stereotype		

포기하지 않고 **텐**(텐, 열) 번을 시도하면 이번에 스페**셜**(특별한) 음악이 작곡될 잠재적인 가능성이 있다
하객들이 사방사방한 턱시도를 입은 신랑과 **블**링블링한 **드레스**를 입은 신부를 축복하다
갑자기 쌀쌀한 날씨에 몸이 으슬으슬해서 **취을리**(칠리) 고추가 들어간 콩나물국을 먹고 땀을 흘리다
희망 없는 미래 ⇨ **허우쁠러스**(호프리스)한 미래 / ※ less ~이 없는
고정 관념을 깨다 ⇨ **스뗴뤼어타잎**(스테레오타입)을 깨다 / + 입체 음향, 입체 사진 stereo 스뗴뤼어우 {스테레오}

왕초보 영단어 복합적 암기법 **6**회

후추	페뻘		페퍼	후추를 치다, 고추, 후추(고추)류의 식물 {페퍼} pepper	연상법
고추	뤠엘 페뻘		뤠엘 페퍼	고춧가루, 빨간 피망 {레드 페퍼} red pepper	
피망	그뤼인 페뻘		그뤼인 페퍼	{그린 페퍼} green pepper	
고추	취을리			칠리 (칠레 고추 chili pepper), (= chilli 영국) {칠리} chili	
(신원, 동일함 등을) 확인하다	아이뒌뒤빠이		아이덴튀빠이	동일시하다 {아이덴터파이} identify	

페르시아 상인들이 땀을 뻘(뻘뻘) 흘리며 후추 상자를 나르다 / ※ = black pepper
뤠엘 페뻘(레드 페퍼)은 빨간 고추이다
그뤼인 페뻘은 초록색 고추인 피망이다 / + 피망 (미국) bell pepper / ※ 피망은 프랑스어. 파프리카는 헝가리, 네덜란드어
취을리 소스(칠리소스)는 고추와 토마토로 만든 소스이다
아이들은 모두 뒤뉴(디너, 저녁식사) 식사 후에 사과빠이가 후식으로 나오면 좋아하는 것을 확인하다

정체성	아이뒈뉘리 / 아이뒌뒤티	아이뒌튀티	{아이덴터티} identity	쪼개기
정체	아이뒈뉘리 / 아이뒌뒤티	아이뒌튀티	{아이덴터티} identity	★★☆
신원	아이뒈뉘리 / 아이뒌뒤티	아이뒌튀티	동일함, 일치 {아이덴터티} identity	
신분	아이뒈뉘리 / 아이뒌뒤티	아이뒌튀티	본인임 {아이덴터티} identity	
독자성	아이뒈뉘리 / 아이뒌뒤티	아이뒌튀티	주체성 {아이덴터티} identity	

아이의 정체성이 형성되는 시기 ⇨ 아이의 **아이뒈뉘리**(아이덴터티)가 형성되는 시기
"너의 정체를 밝혀라" ⇨ "너의 **아이뒈뉘리**를 밝혀라" / + 신원 확인, 신분 증명, ID, 식별 identification 아이뒌튀피케이션
신원을 확인하다 ⇨ **아이뒈뉘리**(아이덴터티)를 확인하다
신분을 속이다 ⇨ **아이뒈뉘리**(아이덴터티)를 속이다
문화의 독자성 ⇨ 문화의 **아이뒈뉘리**(아이덴터티)

닭	취낀		닭고기, 닭고기의, 닭고기가 든 {취킨} chicken	재활용
병아리	취익	췩	새끼 새, 어린아이 {취크} chick	
(기름에) 튀기다	쁘롸이	프롸이	볶다, 부치다, 튀김 {프라이} fry	
(기름에) 튀긴	쁘롸일	프롸일	튀겼다, (fry의 과거, 과거분사) {후라이드} fried	
(상품을) 출시하다	을러언취	을로온취	착수하다, 시작하다, 발사하다 {런치} launch	

닭을 키우다 ⇨ **취낀**(치킨)을 키우다
노랗고 귀여운 병아리 ⇨ 노랗고 귀여운 **취익**(취이k, 취이크, 치크)
닭을 튀기다 ⇨ 닭을 **쁘롸이**(프라이)하다 / ※ 과거분사(過去分詞) : 동사가 형용사적 성질을 띠는 변화형
튀긴 닭 **쁘롸일**(후라이드) 닭 / + 튀긴 닭, 후라이드 치킨 fried chicken 쁘롸일 취낀 {프라일 취킨} {프라이드 취킨}
각 편의점마다 **을러언취**(런치 lunch 점심) 도시락 세트를 출시하다 / + 출시, 시작, 발사 launching 을러언칭 {을로온칭} {론칭}

계속하다	컨티뉴 / 큰티뉴		계속되다 {컨티뉴} continue	무작정
(소리 내어) 웃다	을라앞	을러엎	웃음, 웃음소리 {래프} laugh	
웃음	을라아쁘뛀 / 을라앞뛀	을라아쁘뛰	웃음소리 {래프터} laughter	
짠	써얼띠	써얼티	짭짤한, 소금기 있는 {솔티} salty	
(깜짝) 놀라게 하다	어스뛰어네쉬	어스뛰네쉬	{어스타니쉬} astonish	

작업을 계속하다 ⇨ 작업을 **컨티뉴우**(컨티뉴)하다 / 화창한 날씨가 계속되다 ⇨ 화창한 날씨가 **컨티뉴우**되다
큰 소리로 웃다 ⇨ 큰 소리로 **을라앞**(래프)하다
늘 웃음이 가득한 집 ⇨ 늘 **을라아쁘뛀**(래프터)가 가득한 집 / 해맑은 웃음소리 ⇨ 해맑은 **을라아쁘뛀**
짠 음식 ⇨ **써얼띠**(솔티)한 음식 / 소금기 있는 물 ⇨ **써얼띠**한 물
사람들을 놀라게 하다 ⇨ 사람들을 **어스뛰어네쉬**(어스타니쉬)하다

영어 단어에 해당하는 국어 단어 (기준으로 세운 뜻)	미국식 발음	영국식 발음	해당 국어 단어들 (다른 뜻들)	{한국식 발음}	스펠링	
(그림, 말, 글로) 묘사하다	폴츄뤠이	포츄뤠이	그리다, 초상을 그리다	{포트레이}	portray	연상법
냄새	쎄엔t	쎈t	향기, 향수 (영국)	{센트}	scent	
미덕	붤~츄우	붜어츄우	덕, 덕목, 덕행, 선, 선행, 장점	{버츄}	virtue	
내뿜다	이밑	이밑	방출하다, (빛, 열, 소리, 냄새 등) 내다	{이밋}	emit	
버리다	듸스카알d	듸스카알	버린 패, 폐기하다, 폐기	{디스카드}	discard	

이 그림은 **폴**(사람 이름)이 **츄뤠이**(트레이 tray 쟁반)를 들고 식당에서 서빙하는 모습을 **묘사하다**
길가에서 1달러 50**쎄엔t**(센트 cent)짜리 빵의 향긋한 **냄새**가 구매를 자극하다
벌써 추운 계절이 돌아오고 봉사단체에서 **붤~츄우**(배추)로 김장을 해 어려운 이웃에게 나눠주는 **미덕**을 행하다
이 밑(밑)의 땅에서 지하수를 **내뿜다**
듸스(이) 신용 **카알d**(카드)를 무분별하게 사용하다 보니 빚을 지게 되어 절제를 위해 카드를 가위로 잘라 **버리다**

돈 많은	뤼이취		부자인 {리치} rich	쪼개기
부자들 (the rich)	뤼이취		부유한 사람들, 부자 (집합적) {리치} rich	★★★
부유한	뤼이취		{리치} rich	
풍부한	뤼이취		{리치} rich	rich
(땅이) 비옥한	뤼이취		기름진 {리치} rich	

돈 많은 사람 ⇨ **뤼이취**(리치)한 사람
부자들의 습관 ⇨ (the) **뤼이취**(리치)의 습관 / 부자는 행복하다 ⇨ (the) **뤼이취**(리치)는 행복하다
부유한 나라 ⇨ **뤼이취**(리치)한 나라 / 부유한 도시 ⇨ **뤼이취**(리치)한 도시
비타민이 풍부한 과일 ⇨ 비타민이 **뤼이취**(리치)한 과일 / 석유가 풍부한 나라 ⇨ 석유가 **뤼이취**(리치)한 나라
비옥한 땅 ⇨ **뤼이취**(리치)한 땅

흑인의	블래액 / 블라악	블랙 / 블락	검은색의, 검은, 검은색, 검정, 흑인 {블랙} black	재활용
백인의	우와잍 / 후와잍		흰, 흰색의, 하얀, 흰색, 백색, 백인, 흰 옷 {화이트} white	
회사	컴뻐니	컴퍼니	동반, 동석, 일행 {컴퍼니} company	
대기업	을라알쥐 컴뻐니	을라아쥐 컴퍼니	{라지 컴퍼니} large company	
동행하다	어컴뻐니	어컴퍼니	함께~하다, 동반하다 {어컴퍼니} accompany	

흑인의 배우 ⇨ **블래액**(블랙)의 배우 / 검은색의 옷 ⇨ **블래액**(블랙) 옷
백인의 가수 ⇨ **우와잍**(화이트)의 가수 / 흰 구름 ⇨ **우와잍**(화이트) 구름
제과 회사 ⇨ 제과 **컴뻐니**(컴퍼니)
대기업을 운영하다 ⇨ **을라알쥐 컴뻐니**를 운영하다 / + 대기업, 주요 회사, 메이저 기업 major company
어(하나의) **컴뻐니**(회사)에서 사장과 직원들이 **동행하다**

척박한	배어뤈	바뤈	불모의, 메마른, 불임의 {배런} barren	무작정
허가하다	펄밑★	퍼밑★	허용하다, 허락하다, 허가증{펄밑☆} {퍼밋} permit	
~에 맞서	어겐슽 / 어게인슽		~에 반대하여, ~에 대항하여, ~에 대비하여 {어겐스트} against	
겸손한	콰아뤠슽 / 콰아뒈슽	모뒈슽 / 모뒤슽	적당한, 수수한 {마디스트} modest	
(몸, 생각 등이) 유연한	플렉써벌		융통성 있는, 잘 구부러지는, 휘기 쉬운 {플렉서블} flexible	

척박한 땅에 나무를 심다 ⇨ **배어뤈**(배런)한 땅에 나무를 심다 / 불모의 사막 ⇨ **배어뤈**한 사막
통행을 허가하다 ⇨ 통행을 **펄밑**(퍼밋)하다 / ◆ 같은 단어 품사별 강세: 대체로 명사와 형용사는 앞☆, 동사는 뒤★ (명전동후)
적에 맞서 싸우다 ⇨ 적 **어겐슽**(어겐스트, 어게인스트) 싸우다
겸손한 사람 ⇨ **콰아뤠슽**(콰아뤠스트, 콰아퀘스트, 마디스트) 사람
유연한 몸 ⇨ **플렉써벌**(플렉서블)한 몸 / 융통성 있는 일처리 ⇨ **플렉써벌**한 일처리

6회 왕초보 영단어 복합적 암기법

연상법

먼지	더얼t	더얼	흙, 진흙, 때, 쓰레기 {더트} dirt
민속의	뽀욱		민간의, 민요의, 사람들 (~s) {포크} folk
집단	클라스뚤	클라스뚸	(꽃, 과실 등의) 송이, 무리, 떼 {클러스터} cluster
아마	파서블리	퍼서블리	어쩌면 {파서블리} possibly
열망하다	어스빠이얼	어스빠이어	{어스파이어} aspire

먼지로 **더얼t**(더티, 더러운)한 창문을 닦다 / ✚ 더러운 dirty 더얼리 [더어티] {더티}
뽀욱(뽀우k, 뽀우크, 포크) 댄스는 민속의 춤(민속춤), 포크 음악은 민속의 노래(민요)를 뜻한다
공부 잘하는 집단은 **클라스**(class 분류, 등급, 반)가 달라 공부를 **뚤**(덜) 하고도 성적이 우수하다
비리를 저지른 그는 아마 땅을 **파서**(파서) **블리**(불리)한 증거는 묻었을 것이다
해가 **어스**름 해지자 캠핑 온 학생들이 캠프 **빠이얼**(파이어) 주변에 모여 각자의 꿈이 이뤄지기를 열망하다

쪼개기 ★★★ wish

바라다	우위쉬		원하다 {위쉬} wish
소원	우위쉬		소망 {위쉬} wish
~하면 좋겠다	우위쉬		~하면 좋겠어 {위쉬} wish
~하고 싶다	우위쉬		{위쉬} wish
기원하다	우위쉬		빌다 {위쉬} wish

배우가 되기를 바라다 ⇨ 배우가 되기를 **우위쉬**(위쉬)하다
소원을 들어주다 ⇨ **우위쉬**(위쉬)를 들어주다 / 작은 소망 ⇨ 작은 **우위쉬**(위쉬)
건강하면 좋겠다 ⇨ 건강 **우위쉬**(위쉬)하다
요리를 배우고 싶다 ⇨ 요리를 배우고 **우위쉬**(위쉬)하다
행복하기를 기원하다 ⇨ 행복하기를 **우위쉬**(위쉬)하다

재활용

다시 한번	어겐	어게인 / 어겐	또, 다시, 한 번 더 {어게인} again
얻다	게인		(경험 등을) 쌓다, 받다, ~하게 되다, (체중 등이) 늘다 gain
~인 척하다	씨뮬레일		~인 체하다, 가장하다, 모의실험하다 {시뮬레이트} simulate
모의실험	씨뮬레이션		~인 체하기, 흉내내기, 가장 {시뮬레이션} simulation
동호회	클럽		(스포츠) 구단, 사교회, 곤봉, (골프채, 나이트) 클럽 club

"다시 한번 말해봐" ⇨ "**어겐**(어게인) 말해봐" / 또 싸우다 ⇨ **어겐** 싸우다 / 다시 듣다 ⇨ **어겐** 듣다
힘을 얻다 ⇨ 힘을 **게인**하다 / 경험을 쌓다 ⇨ 경험을 **게인**하다
놀란 척하다 ⇨ 놀란 **씨뮬레일**(씨뮬레이t, 씨뮬레이트)하다
컴퓨터를 이용한 모의실험 ⇨ 컴퓨터를 이용한 **씨뮬레이션**(시뮬레이션)
자전거 동호회 ⇨ 자전거 **클럽** / 야구 구단 ⇨ 야구 **클럽** / ● 구단(球공구團모일단) : 야구, 축구 등을 사업으로 하는 단체

무작정

자신감 있는	컨쀠던t		자신만만한, 확신하는 {컨피던트} confident
파편	쁘라그멘t	프라그먼t	(부서진) 조각 {프라그먼트} fragment
가능한	파서벌	퍼서블	가능한 한, 있을 수 있는 {파서블} possible
불가능한	임파서벌	임퍼서블	~할 수 없는, 몹시 싫은 {임파서블} impossible
동굴	케입		굴 {케이브} cave

자신감 있는 목소리 ⇨ **컨쀠던**(컨쀠던t, 컨쀠던트, 컨피던트)한 목소리
"튀는 파편을 조심해" ⇨ "튀는 **쁘라그멘**(쁘라그멘t, 쁘라그멘트, 프라그먼트)을 조심해"
가능한 목표 ⇨ **파서벌**(파서블)한 목표
불가능한 일 ⇨ **임파서벌**(임파서블)한 일
동굴 안은 시원하다 ⇨ **케입**(케이v, 케이브) 안은 시원하다

영어 단어에 해당하는 국어 단어 (기준으로 세운 뜻)	미국식 발음	영국식 발음	해당 국어 단어들 (다른 뜻들)	{한국식 발음} 스펠링	
자주	어아쁜 / 어어쁜	어픈 / 어프뜬	종종, 흔히 {오픈} often		연상법
뒤쫓다	췌이스		쫓다, 추구하다, 추적하다 {체이스} chase		
꼬집다	피인취	핀취	(손가락으로) 집다, 꽉 죄다, 꽉 끼다 {핀치} pinch		
증명하다	뒈먼스쮸뤠잍		입증하다, 시위하다 {데먼스트레이트} demonstrate		
매우 기쁘게 하다	딜라잍		매우 기뻐하다, 매우 즐거워하다, 큰 기쁨 {딜라이트} delight		

얼마 전에 **어아쁜**(오픈 open)한 식당의 음식이 맛있어서 그곳에 점심을 먹으러 **자주** 가다
췌스(체스, 서양장기) 레**이스**(경주, 경기)에서 한 참가자가 작년 체스왕의 묘수를 **뒤쫓다**
예능 프로에서 권투 경기중에 **피인취**(펀치)를 날리는 대신 글러브를 벗고 서로를 손가락으로 **꼬집다**
결정적인 증거를 **뒈먼**(대면) 그 사람의 혐의를 **스쮸뤠잍**(스트레이트, 곧장, 바로)으로 **증명하다**
딜레마(딜레마)로 선택의 고민을 하고 있었는데 아내가 **라잍**(가볍게)하게 결정해 줘서 날 **매우 기쁘게 하다**

방송실	스뜌리어	스튜우디어	스튜디오 {스튜디오} studio		쪼개기
(영화, 사진의) 촬영실	스뜌리어	스튜우디어	사진관, 영화사 {스튜디오} studio		★☆☆
(예술가의) 작업실	스뜌리어	스튜우디어	화실 {스튜디오} studio		studio
(레코드의) 녹음실	스뜌리어	스튜우디어	연습실, 강습소 {스튜디오} studio		
원룸 (♣ 콩글리쉬)	스뜌리어	스튜우디어	(= studio apartment) {스튜디오} studio		

라디오 방송실 ⇨ 라디오 **스뜌리어**(스튜디오)
영화 촬영실 ⇨ 영화 **스뜌리어**(스튜디오) / 사진 촬영실 ⇨ 사진 **스뜌리어**
음악 작업실 ⇨ 음악 **스뜌리어**(스튜디오) / 넓은 화실 ⇨ 넓은 **스뜌리어**
녹음실 방음공사 / **스뜌리어**(스튜디오) 방음공사 / ✚ 녹음실 recording studio 뤼코올링 스뜌리어 [뤼코오딩 스튜디어]
원룸을 구하다 ⇨ **스뜌리어**(스튜디오)를 구하다 / ♣ 원룸은 스튜디오(= 스튜디오 아파트먼트)의 콩글리쉬

기법	테크니익		기술 {테크닉} technique		재활용
기술적인	테크니컬		기술의, 과학 기술의 {테크니컬} technical		
과학 기술	테크날러쥐	테크놀러쥐	공업 기술, 기술, 공학 {테크놀러지} technology		
기술	스끼을		솜씨, 실력, 기능 {스킬} skill		
(물, 기름, 가스 등의) 큰 저장통	태앵k	탱k / 탕k	큰 통, 전차, (전차, 큰 저장통의) 탱크 {탱크} tank		

전통 기법으로 만든 도자기 ⇨ 전통 **테크니익**(테크닉)으로 만든 도자기
기술적인 문제를 해결하다 ⇨ **테크니껄**(테크니컬)한 문제를 해결하다
과학 기술의 눈부신 발전 ⇨ **테크날러쥐**(테크놀러지)의 눈부신 발전 / ◆ 쥐 : 자음[dʒ]과 모음[i]의 보통의 '쥐' 발음
운전 기술이 좋다 ⇨ 운전 **스끼을**(스킬)이 좋다
큰 저장통에 물을 저장하다 ⇨ **태앵**(태앵k, 태앵크, 탱크)에 물을 저장하다 / ◎ 전차(戰싸움전,전쟁전차수레차)

까마귀	크뤄우		{크로} crow		무작정
윤리적인	에θ씨껄	에θ씨컬	윤리의, 도덕의 {에시컬} ethical		
고대의	에인션t		먼 옛날의, 아주 오래된 {에인션트} ancient		
표범	을레벨d	을레펄	표범의 모피, 레오파드 {레퍼드} leopard		
(얼음, 물체, 마음 등이) 녹다	뭴t		녹이다, 누그러지다, 누그러뜨리다 {멜트} melt		

하늘을 **크뤄**스(크로스, 가로지르다)하며 까악까악 **우**는 까마귀
윤리적인 문제 ⇨ **에씨껄**(에시컬)한 문제
고대의 유물을 발견하다 ⇨ **에인션**(에인션t, 에인션트)의 유물을 발견하다 / ⊙ 고대 : 먼 옛날. 원시 시대와 중세 시대 사이
표범의 무늬는 아주 멋지다 ⇨ **을레뻘**(을레뻘d, 을레뻘드, 레오파드)의 무늬는 아주 멋지다
눈이 녹다 ⇨ 눈이 **뭴**(뭴t, 뭴트, 멜트)하다 / 삐친 애인을 애교로 녹이다 ⇨ 삐친 애인을 애교로 **뭴**하다

왕초보 영단어 복합적 암기법 **6**회

엄청난	이노얼머스	이노오머스	거대한, 막대한 {이노머스} enormous	연상법
권총	피스똘		피스톨 {피스톨} pistol	
새벽	돠언	도온	동틀녘, 여명 {돈} dawn	
사막	뒈젤t☆	뒈젤☆	버리다(디춰얼★ [디줘얼★]) {디저트} desert	
성급한	헤이스띠		조급한, 서두르는, 급한 {헤이스티} hasty	

"아직 어린 줄로만 알았는데 **이노**(이놈) **머스**마(사내아이의 방언) **엄청난** 꿈을 품고 있구나"
총의 몸이 엔진의 피스톤(piston)처럼 왔다갔다 하는 **권총**을 **피스똘**이라고 한다 / ※ 리볼버 (revolver) : 탄창이 회전하는 권총
사람들은 **돠언**(돈)을 벌기 위해 **새벽** 일찍 일어나 일터에 나갈 준비를 한다
무더운 **사막**을 횡단하다 보니 **뒈젤t**(디저트 dessert 후식)로 먹던 아이스크림이 자꾸 생각나다
지각할까 봐 마음이 **성급한** 학생이 학교에 도착하자 친구가 **헤이**~(이봐)"하고 부르며 옷에 붙은 **스띠**커(스티커)를 떼어주다

싫어하다	헤잍		{헤이트} hate	쪼개기
몹시 싫어하다	헤잍		질색하다 {헤이트} hate	★★★
싫다	헤잍		{헤이트} hate	hate
미워하다	헤잍		밉다 {헤이트} hate	
증오하다	헤잍		{헤이트} hate	

아이들이 시금치를 **싫어하다** ▷ 아이들이 시금치를 **헤잍**(헤이t, 헤이트)하다
함부로 말하는 사람을 **몹시 싫어하다** ▷ 함부로 말하는 사람을 **헤잍**(헤이트)하다
여름은 더워서 **싫다** ▷ 여름은 더워서 **헤잍**(헤이트)하다
혼자서만 몰래 과자 먹는 친구를 **미워하다** ▷ 혼자서만 몰래 과자 먹는 친구를 **헤잍**(헤이트)하다
거짓말을 **증오하다** ▷ 거짓말을 **헤잍**(헤이트)하다 / ◉ 증오(憎미워할증惡미워할오,악할오) : 몹시 미워함

주말 (토, 일요일)	우위께엔d	우위케엔d	{위크엔드} weekend	재활용
하루	뒈이		날, 낮 {데이} day	
평일	우윜뒈이	우위크뒈이	평일의 {위크데이} weekday	
주 1회의	우위끌리	우위클리	주 단위의, 매주의, 주간의, 주간지 {위클리} weekly	
바퀴	우위얼	우위을	(자동차의) 핸들(= steering wheel), (배의) 키 {휠} wheel	

"즐거운 주말 보내세요" ▷ "즐거운 **우위께엔**(우위께엔d, 우위껜드, 위크엔드) 보내세요"
하루를 시작하다 ▷ **뒈이**(데이)를 시작하다 / 비오는 날 ▷ 비오는 **뒈이**
평일에는 열심히 일하다 ▷ **우윜뒈이**(위크데이)에는 열심히 일한다 / ✚ 주, 일주일, 1주일간 week 우윜 (위크)
주 1회의 수업 ▷ **우위끌리**의 수업 / 주 단위의 급료 ▷ **우위끌리**(위클리)의 급료 / ◎ 주간(週主일주刊책펴낼간)
자동차 **바퀴** ▷ 자동차 **우위얼**(휠) ♣ 자동차의 핸들은 휠(= 스티어링 휠)의 콩글리쉬

지난주	을라아슽 우윜		{라스트 위크} last week	무작정
이번 주	ð듸스 우윜		이달, 금주 {디스 위크} this week	
다음 주	넥슽 우윜		{넥스트 위크} next week	
이번 달	ð듸스 먼θ뜨	ð듸스 먼θ쓰	금월 {디스 먼스} this month	
올해	ð듸스 이얼	ð듸스 이어	금년 {디스 이어} this year	

지난주에 여행을 다녀오다 ▷ **을라아슽 우윜**(라스트 위크)에 여행을 다녀오다
"이번 주 토요일에 만나자" ▷ "**듸스 우윜**(디스 위크) 토요일에 만나자"
다음 주에 동생의 결혼식이 있다 ▷ **넥슽 우윜**(넥스트 위크)에 동생의 결혼식이 있다
이번 달 계획 ▷ **듸스 먼뜨**(디스 먼스) 계획 / ✚ 지난달 last month / ✚ 다음 달 next month
올해의 목표 ▷ **듸스 이얼**(디스 이어)의 목표 / ✚ 작년, 지난해 last year / ✚ 내년, 다음 해 next year

159

영어 단어에 해당하는 국어 단어 (기준으로 세운 뜻)	미국식 발음	영국식 발음	해당 국어 단어들 (다른 뜻들)	{한국식 발음}	스펠링	
지름	돠이애뮈뤌 / 돠이애뮈뤌	돠이아뮈튀	직경, (렌즈의) 배율 {다이애머터}	diameter		연상법
배치하다	디스뽀우즈		~하기 쉽게 하다, 처리하다, 처분하다 {디스포즈}	dispose		
줄이다	을레쓴		줄다, 작게 하다 {레슨}	lessen		
콩	비인		강낭콩 {빈}	bean		
개울	스쮸뤼임	스슈뤼임	시내, 흐름 {스트림}	stream		

지름이 큰 **돠이애**몬드(다이아몬드)를 **뮈뤌**(모터)로 회전하는 가공 기계로 다듬다
스포츠용품 매장의 마네킹은 달리는 포즈가 어울려서 **디스**(this 이) 달리는 **뽀우즈**(포즈, 자세)로 배**치하다** / ※ dis 분리, 반대
비싼 **을레쓴**(레슨 lesson 교습, 수업)을 받기 위해 생활비를 줄이다
가뭄이 들어 콩껍질을 벗겨보니 알맹이가 없는 **비인**(빈) 상태이다
이 **스쮸뤼**트(스트리트, 거리, 길) 옆길은 가뭄으로 말라서 그렇지 원래는 개울이 흐르던 곳**임**

단순한	씸쁠	씸플	쉬운 {심플}	simple		쪼개기
간단한	씸쁠	씸플	간결한 {심플}	simple		★★★
간편한	씸쁠	씸플	순진한 {심플}	simple		
간소한	씸쁠	씸플	단일의 {심플}	simple		simple
소박한	씸쁠	씸플	검소한 {심플}	simple		

단순한 생각 ⇨ **씸쁠**(심플)한 생각 / 단순한 원리 ⇨ **씸쁠**(심플)한 원리
간단한 방법으로 해결하다 ⇨ **씸쁠**(심플)한 방법으로 해결하다
간편한 아침식사 ⇨ **씸쁠**(심플)한 아침식사
간소한 옷차림 ⇨ **씸쁠**(심플)한 옷차림
소박한 생활 ⇨ **씸쁠**(심플)한 생활

계량기	미이뤌	미이튀	~계 (~meter), 미터 (m, 길이의 단위) {미터}	meter		재활용
재치	우윝		기지, 지혜, 위트 {위트}	wit		
음악적인	뮤우즤컬	뮤우즤컬	음악의, 뮤지컬 (음악극) {뮤지컬}	musical		
더 적은	을레에스 / 을레아스	을레스	덜, 더 적게, 보다 적은(적게), (little의 비교급) {레스}	less		
지표	버롸미뤌 / 버롸미튀	버로미튀	기압계, 척도, 바로미터 {버라미터}	barometer		

전기와 수도 계량기 ⇨ 전기와 수도 **미이뤌**(미터) / ※ ~계 : ~계: 속도계(speedometer), 고도계(altimeter), 기압계 등
재치 있는 답변 ⇨ **우윝**(우윗, 우윝, 위트) 있는 답변
음악적인 재능 ⇨ **뮤우즤컬**(뮤지컬) 재능
더 적은 양 ⇨ **을레에스**(레스)한 양 / 덜 먹다 ⇨ **을레에스** 먹다 / ※ ~less : ~이 없는 (명사를 형용사, 부사로 만듦)
공공요금은 서민 물가의 지표 ⇨ 공공요금은 서민 물가의 **버롸미뤌**(바로미터) / 수은 기압계 ⇨ 수은 **버롸미뤌**

(작은) 새우	쉬륌p		{쉬림프}	shrimp		무작정
단순하게	씸쁠리	씸플리	간단하게, 단순히, 간단히, 수수하게 {심플리}	simply		
단순화하다	씸쁠러빠이	씸플러빠이	간소화하다, 간단하게 하다 {심플러파이}	simplify		
결과	뤼줠ㅌ / 뤼줠ㅌ	뤼줠t	성과, 결국, 결과적으로 {리절트}	result		
주로	메인리		대부분, 대개 {메인리}	mainly		

쉬륌(쉬륌p, 쉬륌프, 쉬림프) 피자는 새우가 토핑 된 피자를 뜻한다 / ※ prawn 프롼언 [프로언] {프론} (쉬림프보다 큰) 새우
단순하게 생각하다 ⇨ **씸쁠리**(심플리)하게 생각하다 / 간단하게 해결하다 ⇨ **씸쁠리**하게 해결하다
과정을 단순화하다 ⇨ 과정을 **씸쁠러빠이**(심플러파이)하다 / 예식을 간소화하다 ⇨ 예식을 **씸쁠러빠이**하다
시험 결과 ⇨ 시험 **뤼줠ㅌ**(뤼줠t, 뤼줠트, 리절트) / ◆ 얼과 얼을 한 번에 '얼'으로 발음
내가 주로 먹는 음식 ⇨ 내가 **메인리**(메인리) 먹는 음식 / ✚ 주요한, 주된, 주, 중심이 되는 main 메인 {메인}

왕초보 영단어 복합적 암기법 **6**회

손바닥	파암		야자나무, 종려나무 {팜} palm	연상법
지루한	티디어스		지겨운, 싫증나는, 장황한 {티디어스} tedious	
남아 있다	뤼뭬인		남다, 머무르다 {리메인} remain	
적	에너미		적군, 원수 enemy	
유지하다	뭬인뭬인		지속하다, 부양하다 {메인테인} maintain	

나무를 심기 위해서 **손바닥**에 물집이 생기도록 열심히 땅을 **파암**(팜, 파다)
지루한 말을 너무 장황하게 하는 사람에게 **티**(티)도 못 내고 그 사람에게 **디어스**(디어어, 데다, 진저리가 나다)
요즘에는 부부의 가사분담이 개선되고 있지만 여성의 육아 역할은 **뤼**(다시) **뭬인**(주된)으로 **남아 있다**
에너지가 넘치는 **적**을 상대하려면 우리는 **미**리 더욱더 힘을 길러야 한다
드라마의 **뭬인 뭬**마곡(메인 테마곡)이 인기를 얻자 음원차트에서 오랫동안 1위를 **유지하다**

소리	싸운d		음, 음성 {사운드} sound	쪼개기
~하게 들리다	싸운d		~인 것 같다 {사운드} sound	★★★
~처럼 들리다	싸운d		소음 {사운드} sound	
(물건, 악기가) 소리를 내다	싸운d		소리가 나다, 울리다 {사운드} sound	sound
건전한	싸운d		건강한, 완전한, 충분히 {사운드} sound	

음악 **소리** ⇨ 음악 **싸운**(싸운d, 싸운드, 사운드)
자동차 엔진 소리가 이상하게 **들리다** ⇨ 자동차 엔진 소리가 이상 **싸운**(싸운d, 싸운드, 사운드)
소나기 소리처럼 **들리다** ⇨ 소나기 소리 **싸운**(싸운d, 싸운드, 사운드)
유리잔이 서로 부딪쳐서 맑은 **소리를 내다** ⇨ 유리잔이 서로 부딪쳐서 맑은 **싸운**(싸운d, 싸운드, 사운드)하다
건전한 문화 ⇨ **싸운**(싸운d, 싸운드, 사운드)한 문화

(상황에) 직면하다	쀄이스		얼굴, 체면, 표면, (물건의) 면 {페이스} face	재활용
영역	뒤뭬인		범위, 영토, 소유지, (인터넷) 도메인 {도메인} domain	
(건설, 사건) 현장	싸잍		부지, 위치, 장소, 자리, (인터넷) 사이트 {사이트} site	
선풍기	빼앤	빠안	부채, 부채질하다, 환풍기, (연예인, 스포츠 등의) 팬 {팬} fan	
지지자	써포어뤌	써포어튀	후원자, (스포츠 팀의) 서포터 (팬) supporter	

어려움에 **직면하다** ⇨ 어려움에 **쀄이스**(페이스)하다 / 예쁜 얼굴 ⇨ 예쁜 **쀄이스**(페이스)
가사와 육아의 남녀 **영역**을 허물다 ⇨ 가사와 육아의 남녀 **뒤뭬인**(도메인)을 허물다
건설 **현장** ⇨ 건설 **싸잍**(싸일t, 싸이트, 사이트) / 100평 부지에 건물을 짓다 ⇨ 100평 **싸잍**에 건물을 짓다
선풍기 바람 ⇨ **빼앤**(팬) 바람 / 나는 그 가수의 열렬한 팬이다 ⇨ 나는 그 가수의 열렬한 **빼앤**(팬)이다
적극적인 **지지자** ⇨ 적극적인 **써포어뤌**(서포터)

조약돌	페벌		자갈 {페블} pebble	무작정
주먹	쀡슽		주먹으로 치다 {피스트} fist	
(신체, 마음의) 자세	파아스쮤	퍼스쳐	자세를 취하다 {파스쳐} posture	
(식물의) 줄기	스뗌엠	스뗌	기인하다, 비롯되다 {스템} stem	
신속한	스윞t		빠른, 재빠른 {스위프트} {스윕트} swift	

해변에서 하얀 **조약돌**을 줍다 ⇨ 해변에서 하얀 **페벌**(페블)을 줍다
정의의 주먹을 날리다 ⇨ 정의의 **쀡슽**(쀡스, 쀡스트, 피스트)을 날리다
자세가 삐딱하다 ⇨ **파아스쮤**(파스쳐)이 삐딱하다 / 진지한 **자세** ⇨ 진지한 **파아스쮤**(파스쳐)
뿌리와 **줄기** ⇨ 뿌리와 **스뗌엠**(스템)
신속한 이동 ⇨ **스윞**(스윞t, 스위프트, 스윕트)한 이동

영어 단어에 해당하는 국어 단어 (기준으로 세운 뜻)	미국식 발음	영국식 발음	해당 국어 단어들 (다른 뜻들)	{한국식 발음} 스펠링	
(물가, 온도, 물체 등이) 치솟다	쏘얼	쏘어	증가하다, 솟구치다, 날아오르다, 급등하다 {소어} soar		연상법
화석	빠아설	빠설 / 뿨설	화석의 {파슬} fossil		
쉽게	이이즐리		손쉽게, 수월하게 {이즐리} {이질리} easily		
과감한	쥬라스띡		극단적인, 격렬한 {드라스틱} drastic		
항복하다	써뤤뒬	써뤤둬	넘겨주다 {서렌더} surrender		

화살을 힘껏 **쏘아**(쏘아) 올리니 하늘 높이 **치솟다**
새로 발견한 공룡알 화석의 일부를 **빠아설**(빵아서) DNA를 정밀 분석하다
"잘 삐지는 친구가 그날의 서운했던 일을 쉽게 **이이즐 리**(잊을 리) 없어" / + **쉬운**, 안락한, 편안한 easy 이이즤 {이지}
신상품 **쥬라스**(드레스)에 플라스**띡**(플라스틱) 소재를 이용해서 **과감한** 디자인을 선보이다
사랑싸움 중에도 토라진 그녀의 모습이 예뻐서 "**써뤤뒬**(설렌다)" 하고 남자친구가 금세 **항복하다**

추적하다	츄뤠이스		뒤쫓다, 추적해서 밝혀내다 {트레이스} trace		쪼개기
(역사적으로) 거슬러 올라가다	츄뤠이스		기미, 기색, 선, (선, 윤곽 등을) 긋다 {트레이스} trace		★☆☆
자취	츄뤠이스		(지나간) 자국, 발자국, 바퀴 자국 {트레이스} trace		trace
흔적	츄뤠이스		(다녀서 생긴) 작은 길, 오솔길 {트레이스} trace		
미량	츄뤠이스		극미량 {트레이스} trace		

츄리(추리)를 하며 **뤠이스**(레이스 race 경주, 경기) 하듯 사건의 단서를 **추적하다**
가요의 역사를 찾아 60년대로 거슬러 올라가다 ⇨ 가요의 역사를 찾아 60년대로 **츄뤠이스**(트레이스)하다
자취도 없이 사라지다 ⇨ **츄뤠이스**(트레이스)도 없이 사라지다
흔적을 발견하다 ⇨ **츄뤠이스**(트레이스)를 발견하다
미량의 물질 ⇨ **츄뤠이스**(트레이스)의 물질

바다	오우션	어우션	대양, 해양, 해양의, ~양(洋) {오션} ocean		재활용
장관	스뻭띠껄	스뻭티클	대규모의 구경거리 {스펙터클} spectacle		
축제	뻬스띠뷜		{페스티벌} festival		
인종	뤠이스		(말, 차 등이) 경주, 경주하다, 달리기 시합 {레이스} race		
궁전	패앨러스	파알러스	호화로운 건물, 대저택 {팰리스} palace		

바다에서 수영하다 ⇨ **오우션**(오션)에서 수영하다 / ● 대양(大言大洋大바다양) : 태평양이나 대서양 등의 큰 바다
기러기 떼가 날아가는 장관을 보다 ⇨ 기러기 떼가 날아가는 **스뻭띠껄**(스펙터클)을 보다
음악 축제 ⇨ 음악 **뻬스띠뷜**(페스티벌)
올림픽 대회에는 다양한 인종의 사람들이 모여 **뤠이스**(레이스, 경주, 경기)를 펼친다 / ◎ 경주(競다툴경走달릴주)
'팰리스 호텔'과 '타워 **패앨러스**(팰리스)'는 각각 궁전같은 호텔과 호화로운 건물을 뜻한다

거북한	어니이즤		편하지 않은, 걱정되는, 불안한 {언이지} uneasy		무작정
징표	토우끈	토우큰	상징, 표시, 대용 화폐, 교환권 {토큰} token		
~까지	언티얼	언티을	~이 될 때까지, ~할 때까지 {언틸} until		
(곤충 등이) 쏘다	스띠잉	스띵	(가시, 바늘 등으로) 찌르다, (곤충 등의) 침 {스팅} sting		
푸다	스꾸웊		특종, 뜨다, 퍼내다, 조리용 작은 삽, 큰 숟가락 {스쿠프} scoop		

그들은 말다툼을 한 적이 있어서 **어**(언 un 부정, 반대) **니이즤**(이지 easy 편안한)하니 거북한 사이이다 (어니이즤, 언이이즉)
사랑의 징표 ⇨ 사랑의 **토우끈** / ※ 예전에는 버스 요금으로 쓰던 토큰(대용 화폐)
9시까지 기다리다 ⇨ 9시 **언티을** 기다리다 (9시까지 쭉 기다리다. 계속함) / ※ until(계속함)과 by(한번 함)의 차이 구분하기
벌이 쏘다 ⇨ 벌이 **스띠잉**(스팅)하다 / ※ by : 9시까지 나가라 ⇨ 9시 by 나가라 (9시 이전이나 9시까지 나감. 한번 함)
밥을 한 주걱 푸다 ⇨ 밥을 한 주걱 **스꾸웊**(스꾸웊p, 스꾸우프, 스쿠프)하다 / 특종을 잡다 ⇨ **스꾸웊**(스쿠프)을 잡다

왕초보 영단어 복합적 암기법 **6**회

부서지기 쉬운	쁘뢔절	프뢔져열	깨지기 쉬운, 허약한 {프래절} fragile	연상법
이익	베너삍 / 베너삩		이득, 혜택 {베너피트} benefit	
간지럽히다	티끌	티클	간지럼을 태우다 {티클} tickle	
지진	얼~θ쓰쿠웨익	어어θ쓰쿠웨익	격변 {어스퀘이크} earthquake	
맹세하다	수웨얼 / 스웨얼	수웨어 / 스웨어	선서하다, 욕하다 {스웨어} swear	

트로피 받침대가 부서지기 쉬운 재질로 만들어져서 잘 **쁘뢔절**(뿌러진다, 부러진다)
포털사이트 상단에 **베너**(배너) 광고를 **삍**(핏 fit 꼭 맞는)하게 배치하니 광고가 잘 되어 회사에 **이익**이 생긴다
티끌(티끌)이 눈에 들어가서 눈을 **간지럽히다**
지진으로 갈라진 **얼~쓰**(어스, 땅, 지구)의 단면이 잘라놓은 **쿠웨익**(케이크 cake)의 단면과 같다 / ※ quake 흔들리다, 진동
수웨덴어(스웨덴어)를 배우는데 **얼**마가 걸리던지 꼭 배우기로 **맹세하다**

퍼지다	스쁘뤠ㄷ		스프레드 (빵에 바르는 버터, 잼 등) {스프레드} spread	쪼개기
퍼뜨리다	스쁘뤠ㄷ		유포시키다, 뿌리다, 유포 {스프레드} spread	★★★
(천, 지도, 날개 등을) 펴다	스쁘뤠ㄷ		펼치다, (식탁에) 음식을 차리다 {스프레드} spread	spread
확산되다	스쁘뤠ㄷ		확산시키다, 확산 {스프레드} spread	
(색, 불, 병, 미소 등이) 번지다	스쁘뤠ㄷ		(버터, 잼 등을 얇게 펴서) 바르다, 칠하다 {스프레드} spread	

향기가 퍼지다 ⇨ 향기가 **스쁘뤠ㄷ**(스쁘뤠d, 스쁘뤠드, 스프레드)하다
소문을 퍼뜨리다 ⇨ 소문을 **스쁘뤠ㄷ**하다
이불을 펴다 ⇨ 이불을 **스쁘뤠ㄷ**하다 / 돗자리를 펴다 ⇨ 돗자리를 **스쁘뤠ㄷ**하다 / 날개를 펴다 ⇨ 날개를 **스쁘뤠ㄷ**하다
질병이 확산되다 ⇨ 질병을 **스쁘뤠ㄷ**하다
잉크가 번지다 ⇨ 잉크가 **스쁘뤠ㄷ**하다 / 산불이 번지다 ⇨ 산불이 **스쁘뤠ㄷ**하다

예고편	츄뤠일뤌	츄뤠일러	(차가 끄는) 이동 주택, (자동차) 트레일러 trailer	재활용
게	크뢔압	크롭	게살, (천문) 게자리 {크랩} crab	
바닷가재	을랍스뜔	을로브스뛰	바닷가재살, 왕새우 {랍스터} lobster	
지구	얼~θ뜨	어어θ쓰 / 어θ었	땅, 대지, 흙 {어쓰} {어스} earth	
(울타리 등의) 가로대	뤠이얼	뤠이을	(커트, 수건 등의) 가로 걸이, 봉, (철도) 레일 {레일} rail	

다음 주 예고편에 주인공이 **츄뤠일뤌**(트레일러, 다른 차에 끌려가는 차)에 몰래 탑승하는 장면이 나가다
킹 **크뢔압**(king crab 킹크랩)은 왕게, 투구게라고 한다
바닷가재 요리 ⇨ **을랍스뜔**(랍스터) 요리
지구를 보호하자 ⇨ **얼~뜨**(얼~th, 얼~θ, 어쓰, 어스)를 보호하자
도로에 보호용 가로대를 설치하다 ⇨ 도로에 보호용 **뤠이얼**(레일)을 설치하다 / ※ 가드레일(guardrail) : 도로의 보호용 철책

비가 오는	뤠이니		비가 내리는, 비가 많이 내리는 {레이니} rainy	무작정
싹이 나다	스쁘롸웉		싹트다, 싹, 새싹 {스프라우트} sprout	
감탄하다	앤뫄이얼 / 애드뫄이얼	앤뫄이어 / 애드뫄이어	존경하다 {어드마이어} admire	
난간	뤠얼링	뤠일링	철책(鐵柵=철책栅울타리책) {레일링} railing	
지나간 흔적	츄뤠이얼	츄뤠이을	등산로, 끌고 간 자국, 뒤를 밟다 {트레일} trail	

비가 오는 날 ⇨ **뤠이니**(레이니)한 날
화분에 심은 씨에서 싹이 나다 ⇨ 화분에 심은 씨에서 **스쁘롸웉**(스쁘라우트, 스쁘라우트, 스프라우트)하다
멋진 경치에 감탄하다 ⇨ 멋진 경치에 **앤뫄이얼**(어드마이어)하다
난간을 잡고 위층으로 올라가다 ⇨ **뤠얼링**(레일링)을 잡고 위층으로 올라가다
사람들이 지나간 흔적을 남기다 ⇨ 사람들이 **츄뤠이얼**(트레일)을 남기다 / 등산로를 오르다 ⇨ **츄뤠이얼**을 오르다

영어 단어에 해당하는 국어 단어 (기준으로 세운 뜻)	미국식 발음	영국식 발음	해당 국어 단어들 (다른 뜻들)	{한국식 발음}	스펠링	
(잼, 꿀 등의 입구가 넓은) **병**	쟈알	쟈아	항아리, 단지	{자}	jar	**연상법**
사발	보울		주발, 공기, 볼링공	{볼}	bowl	
감사하는 마음	그뢔릐튜웓	그뢔티튜울	감사, 고마움	{그래터튜드}	gratitude	
어떻게든	썸하우		어쨌든, 어쩐지	{섬하우}	somehow	
"이런!" (감탄사)	우웊스 / 웊스		아차, 앗, 이크, 아이고, 아이쿠	{웁스}	oops	

"딸기잼을 병에 **쟈알**(잘) 넣어봐"
보울링(볼링) 공을 반으로 자른 듯한 **사발**형 그릇을 보울(볼)이라고 한다 / **+ 볼링** bowling 보울링 [버울링]
그뢔릐(그렇게) 잘 해준 **튜웓**(투, 둘) 사람에게 감사하는 마음을 담아 선물을 하다
요리 대가의 **썸**(어떤) 노**하우**를 어떻게든 배우려 한다
"이런! 버스를 타야 하는데 버스카드가 **우웊스**(웁스, 없어)"

잡다	호울d	허울d	잡고 있다, 잡아두다, 잡기, 파악	{홀드} hold	**쪼개기**
쥐다	호울d	허울d	들고 있다, 안고 있다, 쥐고 있다	{홀드} hold	★★★
개최하다	호울d	허울d	열다, 소유하고 있다	{홀드} hold	
보유하다	호울d	허울d	받치고 있다	{홀드} hold	hold
버티다	호울d	허울d	견디다, 유지하다, 지속되다	{홀드} hold	

손잡이를 잡다 ⇨ 손잡이를 **호울**(호울d, 호울드, 홀드)하다 / 난간을 잡고 있다 ⇨ 난간을 **호울**하다
연필을 쥐다 ⇨ 연필을 **호울**하다 / 우산을 들고 있다 ⇨ 우산을 **호울**하다 / 아이를 안고 있다 ⇨ 아이를 **호울**하다
육상 대회를 개최하다 ⇨ 육상 대회를 **호울**하다 / 가요 축제를 열다 ⇨ 가요 축제를 **호울**하다
전통 기술을 보유하다 ⇨ 전통 기술을 **호울**하다
힘들게 버티다 ⇨ 힘들게 **호울**하다

가수	씽얼	씽어	성악가	{싱어}	singer	**재활용**
그림자	샤로우 / 섀로우	샤도우		{섀도우}	shadow	
호두	워어낱 / 워어널	우워낱 / 우워널	호두나무, 호두색 (짙은 갈색)	{월넛}	walnut	
참나무	오욱	어욱	떡갈나무, 오크 나무, 오크 목재	{오크}	oak	
주먹으로 치다	펀취		(주먹으로) 한 대 치기, (표 따위에) 구멍을 뚫다, (권투) 펀치		punch	

노래를 잘하는 가수 ⇨ 노래를 잘하는 **씽얼**(싱어) / **+ 노래하다** sing 씽
아이 **샤로우**(새도우)로 눈에 그림자 처리해 입체감을 주다
가구 색상은 깨끗한 화이트, 호두색 **워어낱**(워어나t, 워어나트, 월넛), 밝은 갈색의 오크색으로 3가지가 주를 이룬다
참나무 목재는 밝은 갈색의 **오욱**(오우k, 오우크, 오크)색이다 / ※ 오크 : 참나뭇과를 총칭하고 도토리 열매를 맺음
상대 선수를 주먹으로 치다 ⇨ 상대 선수를 **펀취**하다

아주 작은	타이니		적은, 조그마한	{타이니}	tiny	**무작정**
다듬다	츄륌		손질하다, 자르다, 깔끔한	{트림}	trim	
여신	가아레스	고돼스	여신 같은 여성	{가디스} {가데스}	goddess	
세금	태액스 / 태악스	택스	~세, 세금을 부과하다, 과세하다	{택스}	tax	
잃은	울러어슽	을로어슽	길을 잃은, 잃어버린, 진, 없었다	{로스트}	lost	

"아주 작은 도트(점) 문양이 있는 것이 네가 좋아하는 스타일의 넥**타이니**(넥타이니)?"
긴 머리카락 끝을 잘 **츄륌**(츄림, 츄리트). 그리고 자연스럽게 **다듬다**
고대 그리스 여신 ⇨ 고대 그리스 **가아레스**(가디스, 가데스) / **+ 신**, 하느님 god 가앋 [곧] {갇}
세금이 포함된 제품의 가격 ⇨ **태액스**(택스)가 포함된 제품의 가격 / ※ ~세 : 부가가치세, 소득세, 직접세, 간접세 등
잃은 물건을 찾다 ⇨ **울러어슽**(울러어슽)한 물건을 찾다 / 길을 잃은 사람 ⇨ **울러어슽**한 사람 / ※ lose의 과거, 과거분사

왕초보 영단어 복합적 암기법 **6**회

느슨한	을루우스		헐렁한, 헐거운, 풀린, 풀려 있는, 놓아주다 {루즈} loose	연상법
싫어하다	디슬라익		싫음 {디스라이크} dislike	
목표	에임		목표로 하다, 목적, 조준, 조준하다, 겨누다, 겨냥하다 aim	
발명하다	인벤t		꾸며내다, 날조하다, 조작하다 {인벤트} invent	
(시간, 거리, 범위 등) ~이내에	우위ð딘 / 우위θ씐	우위ð딘	~안에, 내부에 {위딘} within	

을루우스(루즈, 헐렁한) 티셔츠에 느슨한 바지를 입다
디슬(디스 dis 경멸하다, 반대)과 **라익**(좋아하다)하는 것은 싫어하다라는 뜻
이 아이는 아직 어리지만 요리사가 되겠다는 목표가 뚜렷한 **에임**(에임, 애이다)
여자친구에게 근사한 **인벤t**(이벤트 event)를 준비하다 무선 스위치를 누르면 자동으로 작동되는 이벤트 상품을 발명하다
뜨거운 국물을 먹어서 입 안의 **우위**(위, 입천장)가 **딘**(데인) 것은 3일 이내에 가라 안는다

(물건, 건강, 목숨 등을) 잃다	을루우즈		잃어버리다, 분실하다 {루즈} lose	쪼개기
지다	을루우즈		패배하다 {루즈} lose	★★★
길을 잃다	을루우즈		{루즈} lose	
(체중, 몸무게를) 빼다	을루우즈		(체중, 몸무게를) 감량하다, 줄이다 {루즈} lose	lose
상실하다	을루우즈		{루즈} lose	

새로 산 **을루우즈**(루즈)를 잃다 / ※ 루즈(rouge) : 입술연지, 립스틱, 빨간색을 뜻하는 프랑스어
경기에 지다 ⇨ 경기에 **을루우즈**(루즈)하다 / + 패자, 패배자, 손해 본 사람 loser 루우절 [루우줘] [루저]
처음 가는 동네에서 길을 잃다 ⇨ 처음 가는 동네에서 **을루우즈**(루즈)하다
살을 빼다 ⇨ 살을 **을루우즈**(루즈)하다 / 체중을 감량하다 ⇨ 체중을 **을루우즈**(루즈)하다
의욕을 상실하다 ⇨ 의욕을 **을루우즈**(루즈)하다

바닥	쁠로얼	플로어	(건물의) 층, 마루 {플로어} floor	재활용
건강	헤θ얾 / 헤얼θ뜨	헤θ윪 / 헤을θ쓰	보건, 건강 상태 {헬스} health	
건강한	헤얼θ삐 / 헤얼θ띠	헤을θ삐 / 헤을θ씨	건강에 좋은 {헬시} healthy	
바다의	뭐뤼인		해양의, 배의, 선박의, 선박용의 {마린} marine	
잠수함	썹뭐뤼인		해저의, 바닷속의 {섭머린} {서브머린} submarine	

바닥을 닦다 ⇨ **쁠로얼**(플로어)을 닦다 / 3층에 올라가다 ⇨ 3 **쁠로얼**에 올라가다
건강을 챙기다 ⇨ **헤얾**(헤얼θ, 헤얼뜨, 헤앞)을 챙기다 / 보건용품 ⇨ **헤얾** 용품 / ◆ '헤얼θ' = '헤얾'으로 발음
건강한 삶 ⇨ **헤얼θ삐**(헬시)한 삶 / 건강에 좋은 음식 ⇨ **헤얼θ삐**(헬시)한 음식
뭐뤼인(마린) 보이는 바다의 소년을 뜻하는 / 해양의 생물(해양 생물) ⇨ **뭐뤼인**(마린) 생물
노란 잠수함 ⇨ 노란 **썹뭐뤼인**(서브머린) / 해저의 터널 ⇨ **썹뭐뤼인** 터널 / ※ sub(아래, 하위) + marine(바다의)

1층 (미국)	쀠얼슽 쁠로얼	쀠어슽 플로어	2층 (영국) {퍼스트 플로어} first floor 1	무작정
2층 (미국)	쎄끈 쁠로얼	쎄끈 플로어	3층 (영국) {세컨드 플로어} second floor	
3층 (미국)	θ뚸얼 쁠로얼	θ쒀얼 플로어	{써드 플로어} third floor	
1층 (영국) (지면에 있는 층)	그라운 쁠로얼	그라운 플로어	{그라운드 플로어} ground floor	
2층 (영국) (첫 번째 올린 층)	쀠얼슽 쁠로얼	쀠어슽 플로어	1층 (미국) {퍼스트 플로어} first floor 2	

1층에 편의점이 있다 ⇨ **쀠얼슽 쁠로얼**에 편의점이 있다 / ※ 영국에서의 first floor(첫 번째 올린 층)은 우리가 보기에는 2층
2층 **쎄끈 쁠로얼**에는 미용실이 있다 / ※ 영국에서의 second floor(두 번째 올린 층)은 우리가 보기에는 3층
3층에 학원이 있다 ⇨ **θ뚸얼 쁠로얼**에 학원이 있다 / ※ 영국에서의 third floor(세 번째 올린 층)은 우리가 보기에는 4층
영국에서는 지면에 있는 층인 **그라운 쁠로얼**이 우리가 보기에는 1층이고 ground floor 위층부터 first floor이다
영국에서 첫 번째 올린 층인 **쀠얼슽 쁠로얼**이 우리가 보기에는 2층이다

영어 단어에 해당하는 국어 단어 (기준으로 세운 뜻)	미국식 발음	영국식 발음	해당 국어 단어들 (다른 뜻들)	{한국식 발음}	스펠링	
농작물	크롸앞	크롶	작물, 수확량, 자르다, 베다, (머리를) 짧게 깎다	{크랍}	crop	연상법
부담	붜얼든	붜어든	(부담되는, 무거운) 짐	{버든}	burden	
거부하다	뤼줴엑t	뤼줵t	거절하다	{리젝트}	reject	
애국심	페이츄뤼어티쥼	파츄뤼어틱즘	애국	{패이트리어티즘}	patriotism	
방치하다 (放농유방置둘치)	니글렠t	니글렠t	소홀히 하다, 등한시하다, 무시하다	{니글렉트}	neglect	

"농작물들아 잘 **크롸**(커라) 하고는 농부가 농작물 **앞**에 거름을 주다
고등학교를 졸업하면 대학에 진학하던지 돈을 **붜얼든**(벌든지) 결정을 해야 하는 것은 졸업생들에게 **부담**을 준다
환경훼손이 심하다는 판단으로 **뤼**(다시) 그 프로**줴엑t**(프로젝트, 계획, 기획, 사업)의 진행을 **거부하다**
한 유명인이 **페이**(지불)을 현금으로 **츄뤼어**(추려서) 애국심을 **틱**(티 좀) 내려고 국산 승용차를 구입해 타고 다니다
비위가 약한 남편이 **니글**거리는 생선 내장을 다이**렠t**(곧바로)로 손질하지 못하고 아내가 올 때까지 그냥 **방치하다**

약~	어바울			{어바웃} about	쪼개기
~쯤	어바울		~경, ~정도	{어바웃} about	★★★
대략	어바울		거의	{어바웃} about	
~에 관하여	어바울		~에 관한, ~와 관련된	{어바웃} about	about
~에 대하여	어바울		~에 대한	{어바웃} about	

약 3일이 소요된다 ⇨ **어바울**(어바우t, 어바우트, 어바웃) 3일이 소요된다
1시간쯤 걸린다 ⇨ 1시간 **어바울** 걸린다 / 5시경에 출발하다 ⇨ 5시 **어바울**에 출발하다
대략 100만 원의 비용이 든다 ⇨ **어바울** 100만 원의 비용이 든다
단군 신화에 관하여 쓴 책 ⇨ 단군 신화에 **어바울** 쓴 책
자동차의 역사에 대하여 이야기하다 ⇨ 자동차의 역사에 **어바울** 이야기하다

독서하다	뤼잍			읽다 {리드} read	재활용
독서	뤼잉 / 뤼이딩	뤼이딩		읽기 {리딩} reading	
딱 맞는	쀠잍	쀠잍	꼭 맞는, 적합한, 건강한, 딱(꼭, 잘) 맞다, 발작	{핏} fit	
(신체적인) 건강	쀠t너스 / 쀠t너스		적합, 적합성	{피트니스} fitness	
것	θ띵 / θ띵	θ씨잉 / θ씽	물건, 사물, 일	{씽} thing	

하루종일 독서하다 ⇨ 하루종일 **뤼잍**(뤼이드, 뤼이드, 리드)하다 / 도서실에서 책을 읽다 ⇨ 도서실에서 책을 **뤼잍**하다
가을은 독서의 계절이다 ⇨ 가을은 **뤼잉**(리딩)의 계절이다 / 책 읽기 ⇨ 책 **뤼잉**(리딩)
몸에 딱 맞는 청바지 ⇨ 몸에 **쀠잍**(핏)한 청바지 / + 입혀보기, 맞추어보기, 적당한, 어울리는 fitting **쀠팅** {쀠팅} {피팅}
쀠t너스(피트니스) 센터에서 운동을 꾸준히 하여 건강을 적합한 상태로 유지하다
재미있는 **것** ⇨ 재미있는 **띵** / 물건을 포장하다 ⇨ **띵**을 포장하다 / 사물의 밝은 면 ⇨ **띵**의 밝은 면

반대하다	어퍼우즈			{어포즈} oppose	무작정
(길이, 감정, 지식 등의) 깊이	뒢θth / 뒢앞θth	뒢θ쓰		심도 {뎁스} depth	
검 (劍칼검)	쏘올d	쏘올	(무기로 쓰는 긴) 칼	{소드} sword	
(물, 흙탕 등을) 튀기다	스쁠라아쉬	스쁠라쉬	튀다, 끼얹다, 첨벙거리다	{스플래쉬} splash	
게시	블러튼 / 블러틴		고시, 공고, 뉴스 속보, 짧은 뉴스	{불러틴} bulletin	

그는 양손을 엑스자로 만들어 보이는 **어**(하나의) **퍼우즈**(포즈 pose 자세, 제기하다)를 보이며 다른 사람의 의견에 **반대하다**
깊이를 재다 ⇨ **뒢뜨**(뒢th, 뒢θ)를 재다 / ◆ '뜨'는 아주 약하게 발음
날카로운 검 ⇨ 날카로운 **쏘올**(쏘올d, 쏘올드, 소드)
자동차가 지나가자 웅덩이 물이 **튀기다** ⇨ 자동차가 지나가자 웅덩이 물이 **스쁠라아쉬**(스플래쉬)하다
게시판 ⇨ **블러튼**(불러틴) 판

왕초보 영단어 복합적 암기법 **6**회

(아이, 동물 등을) 기르다	뤼얼	뤼어	양육하다, 뒤쪽, 뒤쪽의, 뒤의, 후방, 배후 {리어} rear	연상법
증진시키다	부우슽		북돋우다, 밀어주다, 밀어 올리다 {부스트} boost	
(바닷가) 절벽	클맆		벼랑, 낭떠러지 {클리프} cliff	
새어머니	스뗂마ㅎ뒬	스뗖마ㅎ뒤	계모, 의붓어머니 {스텝머더} stepmother	
시어머니	뫄ㅎ뒤 렌 ㄹ러어	뫄ㅎ뒤 렌 ㄹ로오	장모 {머더 인 로} mother-in-law	

친구는 **뤼얼**(리얼 real 정말로, 진짜의) 집안에서 도마뱀을 **기르다**
기계 장치의 터보 **부우슽**(부우스t, 부우스트, 부스트) 기능이 성능을 **증진시키다**
절벽에 오르기 위해 **클맆**(클립 clip 핀, 집게) 같이 생긴 고리를 **절벽**에 박아 넣다 (클립, 클리f, 클리프)
새어머니는 아이가 커가는 **스뗂마ㅎ뒬**(걸음마다, 단계마다) 애정을 가지고 보살피다 / ◎ 계모(繼이을계母어미모)
뫄ㅎ뒤(머더, 어머니) **렌 ㄹ러어**(인 로, 법 안에)**에**는 결혼해서 법적으로 맺어진 어머니로 **시어머니** 또는 장모를 뜻한다

사용하다	유우즈★		{유즈} {유스} use	쪼개기
이용하다	유우즈★		활용하다 {유즈} {유스} use	★★★
쓰다	유우즈★		{유즈} {유스} use	
사용	유우스☆		사용법 {유즈} {유스} use	use
활용	유우스☆		활용법, 이용, 이용법 {유즈} {유스} use	

도구를 사용하다 ⇨ 도구를 **유우즈**(유즈)하다
현금보다 카드를 많이 이용하다 ⇨ 현금보다 카드를 많이 **유우즈**(유즈)하다
방 하나를 작업실로 쓰다 ⇨ 방 하나를 작업실로 **유우즈**(유즈)하다
에어컨 사용이 급증하다 ⇨ 에어컨 **유우스**(유스)가 급증하다
스마트폰 활용이 늘어나다 ⇨ 스마트폰 **유우스**(유스)가 늘어나다

환영받는	우웨얼컴 / 우워얼컴	우웨얼컴	환영하다, 환영, 맞이하다, "어서 와" {웰컴} welcome	재활용
전율	θ뜨뤼을		황홀감, 오싹하다, 스릴 {스릴} thrill	
연쇄	췌인		체인점(~ store), 연쇄점, 일련, 사슬, 쇠사슬, 속박 {체인} chain	
(힘든 문제, 운동) 씨름하다	뤠에쓸	뤠쓸	맞붙어 싸우다, 레슬링을 하다 {레슬} wrestle	
뭔가	썸θ띵	썸θ씽	어떤 일, 어떤 것, 무언가, 무엇인가 {썸씽} something	

국민들에게 환영받는 정치인 ⇨ 국민들에게 **우웨얼컴**(웰컴) 받는 정치인 / 손님을 환영하다 ⇨ 손님을 **우웨얼컴**하다
짜릿한 전율을 느끼다 ⇨ 짜릿한 **뜨뤼을**(쓰릴)을 느끼다
연쇄 반응 ⇨ **췌인** 반응 / 햄버거 체인점 ⇨ 햄버거 **췌인**
컴퓨터 수리하느라 3시간째 씨름하다 ⇨ 컴퓨터 수리하느라 3시간째 **뤠에쓸**하다 / + 레슬링, 씨름 wrestling 뤠에쓸링 [뤠쓸링]
뭔가 좋은 일이 있다 ⇨ **썸띵**(썸씽) 좋은 일이 있다 / 어떤 일이 벌어지다 ⇨ **썸띵**이 벌어지다

거절하다	뤼쀼우즈	뤼퓨우즈	거부하다 {리퓨즈} refuse	무작정
남용하다	어뷰우즈★		학대하다, 남용 (어뷰우스☆) {어뷰즈} abuse	
재사용하다	뤼유우즈		다시 사용하다 {리유즈} reuse	
사용된	유우즏☆		익숙한, ~하곤 했다 (used to 유우즈 투) {유즈드} used	
오용	미쓰유우스☆		악용, 오용하다 (미쓰유우즈★) {미스유즈} misuse	

부탁을 거절하다 ⇨ 부탁을 **뤼쀼우즈**(리퓨즈)하다 / 제안을 거부하다 ⇨ 제안을 **뤼쀼우즈**하다
외래어를 남용하다 ⇨ 외래어를 **어뷰우즈**(어뷰즈)하다 / ● 남용(濫넘칠남用쓸용) : 넘쳐서 사용함
생수병을 화분으로 재사용하다 ⇨ 생수병을 화분으로 **뤼유우즈**(리유즈)하다
영화에 사용된 기법 ⇨ 영화에 **유우즏**(유우즈d)된 기법 / 산에 올라가곤 했다 ⇨ 산에 올라가 **유우스 투**(used to)
약의 오용 ⇨ 약의 **미쓰유우스**(미스유스) / ● 오용(誤그르칠오用쓸용) : 잘못 사용함

영어 단어에 해당하는 국어 단어 (기준으로 세운 뜻)	미국식 발음	영국식 발음	해당 국어 단어들 (다른 뜻들)	{한국식 발음} 스펠링	
예	인스뛴스		사례, 일례, 경우	{인스턴스} instance	연상법
무섭게 하다	쁘롸잍은	쁘롸이튼	겁먹게 하다	{프라이튼} frighten	
부족	을랙 / 을랔	을랔	결핍, 부족하다, ~이 없다	{랙} lack	
위기	크라이쎄스 / 크라이씨스			{크라이시스} crisis	
표절	플레이절뤼쥠	플레이저뤼쥠		{플레이저리즘} plagiarism	

인스뛴트(인스턴트) 식품의 대표적인 **예**로 **스**프가 들어가는 라면이 있다
화가 난 아내가 **쁘롸잍**팬(프라이팬)을 들고 **은**근히 무섭게 하다 / ◆ "쁘롸잍" 하고 잠깐 멈췄다가 "은" 발음
컴퓨터의 그래픽 메모리가 부족하여 화면이 자주 **을랰**(랙 lag 뒤처지지, 지체)에 걸리다
응원하는 야구팀이 질 **위기**에 처하자 팬들이 **크라이**(울다, 외치다) 하고 "상대팀이 너무 **쎄스**(쎄서) 안돼" 하며 체념하다
표절한 유명인이 언론 **플레이**를 하다가 예리한 분석을 내놓은 댓글에 '**절뤼쥠**(저리줌) 가라~' 하며 대댓글을 달다

관습	카스뜀	커스뜀	관례	{커스텀} custom	쪼개기
풍습	카스뜀	커스뜀	습관	{커스텀} custom	★★★
맞춤의	카스뜀	커스뜀	맞춘, 주문하여 만든	{커스텀} custom	
세관 (稅세금稅關빗장관)	카스뜀	커스뜀	관세 (關빗장관稅세금稅)	{커스텀} custom	custom
단골 (집합적)	카스뜀	커스뜀		{커스텀} custom	

옛날부터 내려오는 **관습** ⇨ 옛날부터 내려오는 **카스뜀**(커스텀)
지역의 **풍습** ⇨ 지역의 **카스뜀** / 나쁜 **습관**을 바꾸다 ⇨ 나쁜 **카스뜀**을 바꾸다
맞춤의 옷 ⇨ **카스뜀**의 옷
수입품을 **세관**에 신고하다 ⇨ 수입품을 **카스뜀**에 신고하다
우리 가게는 **단골**이 많다 ⇨ 우리 가게는 **카스뜀**이 많다

흉상	버어슽 / 버아슽	버슽	상반신, (여성의) 흉부, 부수다	{버스트} bust	재활용
허리	우웨이슽		(옷의) 허리 부분	{웨스트} waist	
잇몸	검		치은, 고무, 고무질, (씹는) 껌	gum	
(공공건물, 도로의) **출구** (미국)	에그젵 / 엑셑	엑싵 / 에그짙	(배우의) 퇴장, 나가다	{에그짓} {엑시트} exit	
(곤란한 상황의) **탈출구**	우웨이 아울		(건물의) 출구 (영국)	{웨이 아웃} way out	

다비드와 비너스의 **흉상** ⇨ 다비드와 비너스의 **버어슽**(버어스트, 버어스트, 바스트) / ◎ **흉상**(胸가슴흉像형상상)
허리가 날씬하다 ⇨ **우웨이슽**(우웨이스트, 웨이스트, 웨스트)이 날씬하다
잇몸이 건강하다 ⇨ **검**이 건강하다 / ● **치은**(齒이치齦잇몸은) : 이뿌리를 둘러싸고 있는 살. 잇몸
건물의 **출구** ⇨ 건물의 **에그젵**(엑시트) / ♣ 비상구를 뜻하는 'exit(엑시트, 출구)'는 'emergency(비상) exit'의 콩글리쉬
지루한 일상의 **탈출구**를 찾다 ⇨ 지루한 일상의 **우웨이 아울**(웨이 아웃)을 찾다

강조하다	엠풔싸이즈			{엠퍼사이즈} emphasize	무작정
(강력히) **주장하다**	인씨슽		고집하다, 우기다	{인시스트} insist	
돌풍	거슽		세찬 바람, 몰아치다	{거스트} gust	
혐오감	디스꺼슽		역겨움, 역겹게 하다	{디스거스트} disgust	
황제 (皇임금황帝임금제)	엠퍼뤌 / 엠프뤌	엠퍼뤄 / 엠프뤄	제왕	{엠퍼러} emperor	

브랜드 로고의 첫 글자 **엠**(M)을 **풔**렇게(퍼렇게, 파랗게)하고 **싸이즈**(사이즈)를 키워서 **강조하다** / ◆ 스펠링 ph = 발음 [f]
자기의 말이 맞다고 **주장하다** ⇨ 자기의 말이 맞다고 **인씨슽**(인시스, 인씨스트, 인시스트)하다
돌풍에 가로수가 꺾이다 ⇨ **거슽**(거스, 거스트)에 가로수가 꺾이다
혐오감을 느끼다 ⇨ **디스꺼슽**(디스꺼스, 디스꺼스트, 디스거스트)을 느끼다
로마 **황제** ⇨ 로마 **엠퍼뤌**(엠퍼러)

왕초보 영단어 복합적 암기법 **6**회

지점	브래안취	브뢴취	지사, 분점, 가지, 나뭇가지 {브랜취} branch	연상법
전략	스쮸롸뤄쥐	스쮸롸튀쥐	{스트래터쥐} strategy	
원리	프륀서쁠	프륀시플	원칙 {프린서플} principle	
(경험 부족, 물정을 몰라) 순진한	나이입		순진해 빠진, 천진난만한, 고지식한 {나이브} naive	
집중하다	컨선츄레일	컨선츄뤠일	집중시키다 {칸선트레이트} concentrate	

브래안취(브런치, 아침 겸 점심)로 햄버거를 먹으러고 롯데리아 **지점**에 가다
스쮸롸스(스트레스)를 크게 받을 정도로 피부 알**뤄쥐**(알러지)가 있어서 식단 **전략**을 새로짜다 / ◆ 모음이 있는 '쥐' 발음
프륀서(프린스, 왕자)의 지휘 아래 일꾼들이 지렛대 **원리**를 이용해 땀을 **뻘**뻘 흘리며 큰 돌을 옮기다
그 **순진한** 학생들은 아직 물정을 모르는 **나이입**(나이임, 나이입니다) (나이입, 나이이브, 나이이브, 나이브)
교통 체증으로 **컨선츄**(콘서트) 무대에 **레일**(late 늦게)하게 도착한 가수가 마음을 가다듬고 노래에 **집중하다**

고정시키다	쀡스		고정하다, 고정되다 {픽스} fix	쪼개기
고착되다	쀡스		자리잡다, 정착되다, 정착시키다 {픽스} fix	★★★
(장소, 날짜, 가격 등을) 정하다	쀡스		결정하다 {픽스} fix	fix
고치다	쀡스		해결하다, 해결책 {픽스} fix	
수리하다	쀡스		수선하다, 치료하다 {픽스} fix	

땅에 기둥을 **고정시키다** ⇨ 땅에 기둥을 **쀡스**(픽스)하다
부익부 빈익빈 현상이 **고착되다** ⇨ 부익부 빈익빈 현상이 **쀡스**(픽스)하다
약속 장소를 **정하다** ⇨ 약속 장소를 **쀡스**(픽스)하다 / 가격을 **정하다** ⇨ 가격을 **쀡스**(픽스)하다
고장 난 자전거를 **고치다** ⇨ 고장 난 자전거를 **쀡스**(픽스)하다
자동차를 **수리하다** ⇨ 자동차를 **쀡스**(픽스)하다

번쩍이다	플라쉬		번쩍임, 섬광, (카메라) 플래시 {플래시} flash	재활용
손전등 (미국)	플라쉴라일		후레쉬 (플래시) {플래시라이트} flashlight	
횃불	토올취	토오취	손전등 (영국), 성화, 토치 {토취} torch	
핵심	코얼	코어	(사물의) 중심부, (과일의) 속, (컴퓨터) 자기 코어 {코어} core	
(물건, 손 등을) 휘두르다	스윙		그네, 흔들다, 흔들리다, (야구, 골프의) 스윙 swing	

번개가 **번쩍이다** ⇨ 번개가 **플라쉬**(플래시)하다
손전등을 켜다 ⇨ **플라쉴라일**(플래시라이트)을 켜다 / ♣ 후레쉬(플래시, 손전등)는 플래시라이트의 콩글리쉬
어두운 동굴 속에서 **횃불**을 켜다 ⇨ 어두운 동굴 속에서 **토올취**(토어취)를 켜다
핵심 기술 ⇨ **코얼**(코어) 기술 / 지구의 중심부 ⇨ 지구의 **코얼**(코어)
방망이를 **휘두르다** ⇨ 방망이를 **스윙**하다 / 그네를 밀어주다 ⇨ **스윙**을 밀어주다

고용하다	하이얼	하이어	채용하다, (돈 내고) 빌리다 (영국) {하이어} hire	무작정
속삭이다	우위스뻘	우위스뻐	귓속말을 하다, 속삭임 {위스퍼} whisper	
(환경, 위험 등에) 노출하다	엘스뽀우즈	엘스뻐우즈	폭로하다, 드러내다 {익스포즈} expose	
(병으로 인한) 열	쀄이뷜	쀄이뷔	고열, (스포츠 등의) 열기, 열광 {피버} fever	
분석하다	애널라이즈	아널라이즈	(= analyse 영국) analyze	

직원을 **고용하다** ⇨ 직원을 **하이얼**(하이어)하다
사랑한다고 **속삭이다** ⇨ 사랑한다고 **우위스뻘**(위스퍼)하다
햇빛에 **노출하다** ⇨ 햇빛에 **엘스뽀우즈**(익스포즈)하다 / 비밀을 폭로하다 ⇨ 비밀을 **엘스뽀우즈**하다
몸살로 **열**이 나다 ⇨ 몸살로 **쀄이뷜**(피버)이 나다
건강한 사람의 식습관을 **분석하다** ⇨ 건강한 사람의 식습관을 **애널라이즈**하다

영어 단어에 해당하는 국어 단어 (기준으로 세운 뜻)	미국식 발음	영국식 발음	해당 국어 단어들 (다른 뜻들)	{한국식 발음} 스펠링	
분류하다	클라서빠이		구분하다 {클래서파이} classify		연상법
졸리는	쥬롸우지		졸린, 꾸벅꾸벅 조는 {드라우지} drowsy		
다투다	쿠워뤌		말다툼, 말다툼하다, 언쟁하다, 싸우다 {쿼럴} quarrel		
반대의	뤼붜얼스	뤼뷔어스	거꾸로의, 반대로 하다, 뒤바꾸다 {리버스} reverse		
밀집한	뒈엔스	뒌스	빽빽한, 울창한, 밀도 높은, 자욱한 {덴스} dense		

상품으로 팔기에 흠이 있는 사과를 **클라서**(골라서) 사과**빠이**(사과파이)로 만들 사과로 **분류하다**
"나도 커피 좀 **쥬롸**(주라)~" 친구가 졸리는 눈으로 부탁하자 "**우지**마라(울지마라) 너도 줄게" 하고 커피를 타 주다
배고픈 아이들이 **쿠키**와 **워뤌**(워터, 물)을 먼저 먹겠다고 **다투다** / ◆ l 발음 : 뤌과 뤄 사이로 발음
깜빡 졸다가 버스 두 정거장을 지나서 **뤼**(다시) **반대의** 방향으로 가서 **뷔얼스**(버스)를 타다
뒈엔스(댄스) 학원이 **밀집한** 지역

반	클라아스		학급 {클래스} class		쪼개기
수업	클라아스		{클래스} class	★★★	
계층	클라아스		(등급의) ~층 {클래스} class	class	
등급	클라아스		{클래스} class		
계급	클라아스		부류 {클래스} class		

얘는 반에서 키가 제일 크다 ⇨ 얘는 **클라아스**(클래스)에서 키가 제일 크다
국어 수업 ⇨ 국어 **클라아스**(클래스)
상류 계층 ⇨ 상류 **클라아스**(클래스) / 중산층 ⇨ 중산 **클라아스**
1등급 ⇨ 1 **클라아스**(클래스) / + 1등석, 1급, 최고급, 일류 first class 뿰슽 클라아스 [뿨슽 클라아스] {퍼스트 클래스}
사회 계급 ⇨ 사회 **클라아스**(클래스) / 조선시대 계급 ⇨ 조선시대 **클라아스**

고전의	클라씩		고전, 고전 작품, 일류의, 고전적인 {클래식} classic		재활용
고전적인	클라시껄		고전의, 고전 문학의 {클래시컬} classical		
영상	븨디어	븨디어우	영상의, 비디오(테이프) {비디오} video		
우상	아이럴 / 아이뤌	아이들	우상시 되는사람(물건), 숭배물 {아이돌} idol		
대강의	뤄엎		거친, 개략적인, 대충의, 험난한 {러프} rough		

고전의 영화(고전 영화) ⇨ **클라씩**(클래식) 영화 / 문학, 음악의 고전 ⇨ 문학, 음악의 **클라씩**(클래식)
고전적인 음악과 소설을 좋아하다 ⇨ **클라시껄**(클라시컬)한 음악과 소설을 좋아하다
만화영화의 영상과 음성을 합치다 ⇨ 만화영화의 **븨디어**와 음성을 합치다 / + 음성의, 음성, 오디오 audio 어리어(오디어우)
인기 **아이럴**(아이돌) 가수는 아이들에게 **우상**과 같은 존재이다
건축 디자인을 하기 위해 먼저 **뤄엎**(뤄어f, 러프) 스케치로 대강의 밑그림을 그리다 / 거친 운전 ⇨ **뤄엎**한 운전

지역의	을로우껄	을로우컬	지방의, 그 지방 특유의, 현지의 {로컬} local		무작정
무덤	그뤠입		묘, 산소, 중대한, 심각한 {그레이브} grave		
회사	@쀰~	쀠엄	기업, 확고한, 딱딱한, 단단한 {펌} firm		
홀짝홀짝 마시다	씨잎 / 씦		홀짝이다, 홀짝임, 한 모금 {십} sip		
철저한	θ뙬뤄우	θ쒀뤄	빈틈없는, 철두철미한 {써로} thorough		

지도를 만들 때 산의 높은 지역은 녹색으로 표시하고 **을로우**(low 낮은)한 지역의 **껄**(컬러)는 연두색으로 표시하다
요람에서 무덤까지 ⇨ 요람에서 **그뤠입**(그뤠ìv, 그레이브, 그레이브)까지
법률 회사 ⇨ 법률 **쀰~**(펌) / ◆ @쀰~ : 혀를 말고 쀰(쀨과 쀰이 섞인 소리)을 길게 발음
음료수를 홀짝홀짝 마시다 ⇨ 음료수를 **씨잎**(십)하다
철저한 건강 관리 ⇨ **뙬뤄우**(써로)한 건강 관리

왕초보 **영단어** 무닥치 **암기짱** 7하

7

두 마리 토끼를 잡으려면 한 마리씩!

빠른 영어 단어 암기를 위해 발음 요령과 강세는 제외하고 한글 표기 대로의 미국식 발음부터 암기합니다. (권장 사항)

단어용
영어 단어 암기용 기본 발음

발음용
영어 발음 향상용 발음법

단어용	VS	발음용
어뤄홰아릴		어뤄홰아릴
브홰앤드		브홰앤d
듸스카운트		듸스카운t☆
패앗 / 패아뜨		패θ앝 / 패아θ뜨
클로우딩		클로우ð딩
우와뤌 / 우워뤌	VS	우와뤌 / 우워뤌
을라이썬스		을라이썬ㅅ
뤼코얼드		뤼코얼d★
익스쮸홧트		익스쮸홧t★
플랕쁨~		플랕@쁨~

△ 한글 표기대로만 발음　　▲ 발음 요령 & 강세

① d, t 등의 알파벳 표기는 드, 트 등으로 읽기
② '얇은 글자'와 '홀쭉한 글자' 그냥 읽기
③ 각종 기호, 발음 요령은 신경 쓰지 말고 발음
④ 강세를 위한 높낮이 표시 배제하고 발음
※ 한글 발음 표기에 기본 영어 발음 내재

영어 단어에 해당하는 국어 단어 (기준으로 세운 뜻)	미국식 발음	영국식 발음	해당 국어 단어들 (다른 뜻들)	{한국식 발음}	스펠링	
썰매	슬레엘	슬렐		{슬레드}	sled	연상법
뚜껑	을리읻	을린	눈꺼풀	{리드}	lid	
눈꺼풀	아일렏	아일린	{아이리드} {아일리드}		eyelid	
질병	디지이즈		병, 질환	{디지즈}	disease	
(잠, 생각, 의식 등이) **깨다**	우웨읶		잠 깨다, 깨어나다, (잠에서) 일어나다	{웨이크}	wake	

가위바위보에서 진 **슬레엘**(슬레 애들)이 썰매를 끌어주다 (슬렏엔, 슬레이드) ⇨ ※ 봅슬레이 = 봅슬레드 / ✚ 썰매 sleigh 슬레이
뚜껑이 꽉 조여진 병을 잘 **을리읻**(lead 리드, 이끌다)해서 요령 있게 **뚜껑**을 따다 (을리읻, 율리이드, 을리이드, 리드)
아일렏(아이리드)은 눈의 뚜껑, 즉 **눈꺼풀**이다 / ※ eye (눈) + lid (뚜껑, 눈꺼풀)
이 장비는 질병을 진단하는 **디지**털(디지) 의료기기 **이즈**(is 이다)
짝사랑하는 사람과 **우웨**딩 케**잌**(웨딩 케이크)을 자르는 꿈을 꾸다가 잠에서 깨다 (우웨잌, 우웨이k, 우웨이크, 웨이크)

(사물, 말, 감정 등이) **날카로운**	샤@앞	샤앞	예리한, (칼 등이) 잘 드는	{샤프}	sharp	쪼개기
뾰족한	샤@앞	샤앞	급격한, (말 등이) 모진	{샤프}	sharp	★★★
윤곽이 뚜렷한	샤@앞	샤앞	(얼굴 생김새가) 선이 날카로운, 선명한	{샤프}	sharp	
(음악) 반음 올림표 (#, 샵)	샤@앞	샤앞	반음 높은, 반음 올리다	{샤프}	sharp	sharp
(시간) 정각에	샤@앞	샤앞		{샤프}	sharp	

날카로운 칼 ⇨ **샤앞**(샤압p, 샤프)한 칼 / 날카로운 말 ⇨ 날카로운 **샤앞** / 예리한 분석 ⇨ **샤앞**한 분석
뾰족한 연필 ⇨ **샤앞**(샤압p, 샤프)한 연필 / ♣ 자동 연필을 뜻하는 '샤프'는 메커니컬 '펜슬(mechanical pencil)'의 콩글리쉬
얼굴의 윤곽이 뚜렷한 배우 ⇨ 얼굴이 **샤앞**(샤압p, 샤프)한 배우 / ◆ @앞 : 혀를 말고 앞(알과 앞이 섞인 소리)을 발음
악보에 반음 올림표를 표시하다 ⇨ 악보에 **샤앞**(샤압p, 샤프)을 표시하다
3시 정각에 출발하다 ⇨ 3시 **샤앞**(샤압p, 샤프)에 출발하다

의지	우위얼 / 우월	우위을	유언, ~일 것이다, ~할 것이다, ~하겠다	{윌}	will	재활용
(전달문에서) ~**일 것이다**	우월	우운	~했을 것이다, ~할 것이다, (will의 과거형)	{우드}	would	
병	바아럴 / 바아틀	보틀	술, 술병, (젖병의) 우유	{보틀}	bottle	
얼룩	스떼인		얼룩지게 하다, 얼룩지다	{스테인}	stain	
잠수하다	돠입		(물속으로) 뛰어들다, 다이빙하다	{다이브}	dive	

강한 의지 ⇨ 강한 **우위얼**(월) / 죽기 전에 유언을 남기다 ⇨ 죽기 전에 **우위얼**(월)을 남기다
'여기에 올 것이다'라고 그가 나에게 말했다 ⇨ '여기에 올 **우월**(우월d, 우워드, 우드)'이라고 그가 나에게 말했다
음료수가 담긴 병 ⇨ 음료수가 담긴 **바아럴**(보틀)
스떼인레스(stainless)는 녹슬지 않는, 얼룩지지 않은 다는 뜻이다 / ♣ '스테인레스'는 '스테인레스 스틸(철)'의 콩글리쉬
바다에 잠수하다 ⇨ 바다에 **돠입**(다이v)하다 / ◎ 잠수(潛잠길잠水물수) / ✚ 잠수, 물속에 뛰어들기 diving 돠이빙

(잠에서) **깨우다**	어우웨잌		(잠에서) 깨다, 깨어 있는, 잠들지 않은	{어웨이크}	awake	무작정
(공간, 시간) **떨어져**	어우웨이		저리로, 떨어져서, (시합의) 원정의	{어웨이}	away	
유혹	템테이션			{템테이션}	temptation	
유혹하다	템t	템t	유도하다, 부추기다	{템트}	tempt	
"**아야**" (아파서 내는 소리)	아우취				ouch	

어(a=off 떨어져, 분리되어) **우웨잌**(wake 깨다). 잠에서 분리시켜 깨우다
옆 차와 조금 떨어져 주차하다 ⇨ 옆 차와 조금 **어우웨이**(어웨이)하여 주차하다 / "저리로 가~" ⇨ "**어우웨이** 가~"
템포(템포)가 빠른 음악을 틀며 **스떼이션**(스테이션, 정거장) 앞의 오픈한 매장에서 행인들에게 판촉물을 나눠주며 유혹을 하다
캠핑장에 놀러 온 애인이 **템엠t**(텐트)안에서 맛있는 요리로 유혹하다 (템, 템엠t, 템엠트, 텐트)
"아야! 가시에 찔렸어" ⇨ "**아우취**! 가시에 찔렸어"

뜻	발음1	발음2	의미/영단어	암기법
미신	슈뻘스띠션	슈뻐스띠션	{슈퍼스티션} superstition	연상법
일반적인	올뒤네어뤼	오오뒤너뤼	평범한, 보통의 {오더너리} ordinary	
없애다	뤼일		제거하다, 벗어나다 {리드} rid	
떠받치다	써스뗴인		지탱하다, (생명을) 유지하다, 견디다 {서스테인} sustain	
무기	우웨뻔	우웨펀	{웨펀} weapon	

한 프로 선수가 **슈뻘**맨(수퍼맨)이 인쇄된 **스띠**커(스티커)를 팔에 붙이면 컨디**션**이 좋아진다는 **미신**을 믿다
일반적인 버스 종점의 풍경은 승객들 **올 뒤**(모두 다) **네어뤼**(내리, 내린다)
세대 간의 차이를 잘 **뤼일**(리드 lead 이끌다)하여 갈등을 **없애다**
목재 받침의 지지가 안되자 스**뗴인**레스(스테인레스) 재질의 받침으로 견고히 **떠받치다**
"**우웨**(왜) **뻔**뻔하게 남의 나라를 침략해!" 하며 **무기**를 들고 적을 무찌르다

뜻	발음1	발음2	의미/영단어	암기법
변명하다	익스뀨우즈★	엑스뀨우즈★	{익스큐즈} excuse	쪼개기 ★★★
용서하다	익스뀨우즈★	엑스뀨우즈★	용납하다 {익스큐즈} excuse	
(잘못, 실수 등을) 봐주다	익스뀨우즈★	엑스뀨우즈★	{익스큐즈} excuse	
변명	익스뀨우스☆	엑스뀨우스☆	이유, 해명 {익스큐즈} excuse	
핑계	익스뀨우스☆	엑스뀨우스☆	구실 {익스큐즈} excuse	

잘못을 변명하다 ⇨ 잘못을 **익스뀨우즈**(익스큐즈)하다
상대의 실수를 용서하다 ⇨ 상대의 실수를 **익스뀨우즈**(익스큐즈)하다
지각한 것을 봐주다 ⇨ 지각한 것을 **익스뀨우즈**(익스큐즈)하다
"변명이나 들어보자" ⇨ "**익스뀨우스**(익스큐즈)나 들어보자"
"핑계 대지 마" ⇨ "**익스뀨우스** 대지 마" / 밖에 나가 놀 구실을 만들다 ⇨ 밖에 나가 놀 **익스뀨우스**를 만들다

excuse

뜻	발음1	발음2	의미/영단어	암기법
분사하다	스쁘뤠이		분무기로 뿌리다, 분무, 분무기, 물보라 {스프레이} spray	재활용
증여하다	기입 / 깁		주다, 내놓다, 건네주다, 넘겨주다, 맡기다 {기브} give	
고풍스러운	앤틱익	안티익	골동품의, 골동품, 고미술품, 고풍의 {앤틱} antique	
주름	뤼인껄 / 뤼인컬	뤼인클	{링클} wrinkle	
쟁반	츄뤠이		{트레이} tray	

스쁘뤠이(스프레이, 분무기)로 화분에 물을 **분사하다**
재산을 증여하다 ⇨ 재산을 **기입**(기v, 기이브, 기브)하다 / 사랑을 주다 ⇨ 사랑을 **기입**하다
고풍스러운 가구 ⇨ **앤틱익**(앤틱) 가구 / 골동품의 자동차(골동품 자동차) ⇨ **앤틱익**(앤틱) 자동차
뤼인껄프리(링클프리) 제품은 주름이나 구김으로부터 자유로운 제품이다 / ◆ r 앞에 있는 첫 글자 w는 발음 안 함 (묵음)
쟁반으로 음식을 나르다 ⇨ **츄뤠이**(트레이)로 음식을 나르다

뜻	발음1	발음2	의미/영단어	암기법
배신하다	비츄뤠이		배반하다, (적에게) 팔아먹다 {비트레이} betray	무작정
(앉아 있다) 일어서다	스땐안 뒾	스딴안 뒾	서 있다, 선 채로 하는 {스탠드 업} stand up	
(자리, 잠자리에서) 일어나다	게 뒾	게 뒾	일어서다 {겟 업} get up	
(잠에서) 일어나다	우웨이 껖	우웨이 컾	깨다, 깨우다, 정신을 차리다 {웨이크 업} wake up	
광선 (光빛光線줄선)	뤠이		한 줄기의 빛, 희망의 빛, 가오리 {레이} ray	

애인을 배신하다 ⇨ 애인을 **비츄뤠이**(비트레이)하다
모두 자리에서 일어서다 ⇨ 모두 자리에서 **스땐안 뒾**(스탠드 업)하다
의자에서 일어나다 ⇨ 의자에서 **게 뒾**(겟 업)하다 / 침대에서 일어나다 ⇨ 침대에서 **게 뒾**(겟 업)하다
아침 일찍 일어나다 ⇨ 아침 일찍 **우웨이 껖**(웨이크 업)하다 / ※ up 옆, 위로, 완전히, 기분 좋은
태양 광선 ⇨ 태양 **뤠이**(레이)

영어 단어에 해당하는 국어 단어 (기준으로 세운 뜻)	미국식 발음	영국식 발음	해당 국어 단어들 (다른 뜻들)	{한국식 발음}	스펠링	
(중세의) 기사	나일			{나이트}	knight	연상법
(얼굴이) 빨개지다	쁠러쉬 / 쁠라쉬	플라쉬	상기되다, (화장실 등의) 물을 내리다	{플러쉬}	flush	
매력	@참~	챠암	매혹하다	{참}	charm	
통찰력	인싸일		간파	{인사이트}	insight	
폭포	우와뤌쀠얼	우오뤄뽀울		{워터폴}	waterfall	

기사들이 **나일**(나이트 night 밤)에 모여 적의 진지를 기습하다 / ◆ n 앞에 있는 k는 묵음
아이돌 가수가 무대에서 셔츠의 단추를 **쁠러**(플러) 복근이 드러나는 TV를 보던 **쉬**(그녀)의 얼굴이 빨개지다
그녀는 **참**(참) 매력이 있다 / ◆ <참~> : 혀를 말고 참(촤과 참이 섞인 소리)을 길게 발음
인터넷 **싸일**(사이트 site)을 잘 살펴보면 좋은 정보를 얻는 통찰력이 생긴다 / ※ in(안에) + sight (보기, 시력)
우와뤌(워터, 물)이 **뿨얼**(폴, 떨어지다)하는 폭포

(비, 눈 등이) 내리다	쀠얼	뽀울	하락하다	{폴}	fall	쪼개기
떨어지다	쀠얼	뽀울	(꽃, 잎 등이) 지다, 감소하다, 추락, 낙하	{폴}	fall	★★★
(장소, 상태 등에) 빠지다	쀠얼	뽀울	범위에 들어가다	{폴}	fall	fall
넘어지다	쀠얼	뽀울	쓰러지다, 넘어짐	{폴}	fall	
가을 (미국)	쀠얼	뽀울	폭포	{폴}	fall	

봄비가 내리다 ⇨ 봄비가 **쀠얼**(폴)하다 / 가치가 하락하다 ⇨ 가치가 **쀠얼**(폴)하다
책상에 있던 볼펜이 바닥으로 **떨어지다** ⇨ 책상에 있던 볼펜이 바닥으로 **쀠얼**(폴)하다
물에 **빠지다** ⇨ 물에 **쀠얼**(폴)하다 / 사랑에 빠지다 ⇨ 사랑에 **쀠얼**(폴)하다
빙판길에서 **넘어지다** ⇨ 빙판길에서 **쀠얼**(폴)하다 / 갑자기 쓰러지다 ⇨ 갑자기 **쀠얼**(폴)하다
가을에는 낙엽이 진다 ⇨ **쀠얼**(폴)에는 낙엽이 진다

야간 (夜밤야間사이간)	나일		밤	{나이트}	night	재활용
저녁 (해 질 무렵)	이~브닝		저녁의, 저녁 (식사)	{이브닝}	evening	
밤새도록	어얼 나일	오올 나일	철야의, 밤샘의	{올 나이트}	all night	
모순적인 일	아이뤄늬		역설적인 점, 얄궂은 일, 비꼼, 반어법	{아이러니}	irony	
역설 (逆거스를역說말씀설)	패뤄돠악스	패뤄돸스	모순, 패러독스	{패러독스}	paradox	

야간 운전 ⇨ **나일**(나이트) 운전 / 밤에 만나다 ⇨ **나일**에 만나다 / ◆ 야간 (밤) : 해가 지고 동이 트기까지의 사이
저녁 식사 ⇨ **이~브닝**(이브닝) 식사 / ◆ 저녁 : 해 질 무렵부터 밤이 오기까지의 사이
밤새도록 공부하다 ⇨ **어얼 나일**(올 나이트) 공부하다
결론은 결론이 없다니 **모순적인 일** 이다 ⇨ 결론은 결론이 없다니 **아이뤄늬** 이다
저축의 **패뤄돠악스** 는 역설적이게도 경제의 흐름을 막기도 한다 / ※ 패러독스 : 모순되어 보이나 진실을 담고 있는 설

무기	@암~	아암	무장하다, 팔, 팔걸이	{암}	arm	무작정
자아	쎄엎 / 쎄엎		자기, 자신, 자기 자신	{셀프}	self	
스스로	원쎄엎		자기 자신(이, 을, 에게)	{원셀프}	oneself	
나 스스로	롸이쎄엎		나 자신(이, 을, 에게)	{마이셀프}	myself	
너 스스로	유얼쎄엎	유어쎄엎	너 자신(이, 을, 에게)	{유어셀프}	yourself	

무기를 **암~**(암)거래 하다 / ※ 암체어는 팔걸이가 있는 의자 / ◆ <@암~> : 혀를 말고 암(암과 암이 섞인 소리)을 길게 발음
나의 **자아**를 찾다 ⇨ 나의 **쎄엎**(쎄f, 쎄어프, 셀프)을 찾다 / ◆ l 발음 생략 또는 약화되어 발음
아이 **스스로** 옷을 입기 시작하다 ⇨ 아이 **원쎄엎**(원쎄어f, 원쎄어프, 원셀프) 옷을 입기 시작하다
결국 나 **스스로** 해야 한다 ⇨ 결국은 **롸이쎄엎**(마이쎄어f, 마이쎄어프, 마이셀프) 해야 한다
너 **스스로** 깨달아라 ⇨ **유얼쎄엎**(유얼쎄어f, 유얼쎄어프, 유어셀프) 깨달아라

7회 왕초보 영단어 복합적 암기법

예산	버쥗 / 버쥍		예산안, 저렴한 {버짓} budget	연상법
정책	팔~러씨	펄러씨	방침 {팔러시} {폴러시} policy	
작동하다	아뻐뤠잍	오퍼뤠잍	작동되다, 운영하다 {오퍼레이트} operate	
조립하다	어쎔블		집합시키다, 소집하다, 모으다 {어셈블} assemble	
특권	프뤼빌러쥐		특전 {프리빌리쥐} privilege	

예산이 낭비되도록 **버쥗**(뻘짓, 헛짓)하면 안 된다
한 정치인이 고용과 출산이 장려되는 **정책**을 통과시키기 위해 **팔**~을 걷어붙이고 **러씨**(러쉬, 서두르다, 돌진)하다
아빠(아빠)가 엘리베이터에 **뤠잍**(late 늦은)하게 도착하자 딸이 버튼을 눌러 멈추게 한 후에 **작동하다**
어려운 **쎔**(셈)을 해가며 실물 크기의 레고 자동차 **블**록을 **조립하다**
프뤼(프리, 무료로)로 **빌러쥐**(빌리지, 빌린다). 이 호텔의 VIP 고객은 리무진을 무료로 빌릴 수 있는 **특권**이 있다

(몸, 죄 등을) 씻다	우와쉬	우워쉬	씻기 {워시} wash	쪼개기
(머리를) 감다	우와쉬	우워쉬	{워시} wash	★★★
세탁하다 (洗씻을세濯빨을탁)	우와쉬	우워쉬	빨래하다, 빨다, 빨래, 세탁 {워시} wash	wash
세척하다 (洗씻을세滌씻을척)	우와쉬	우워쉬	(물로) 닦다 {워시} wash	
(물이, 물에) 밀려오다	우와쉬	우워쉬	(물이, 물에) 쓸려가다, (물이) 뚫다 {워시} wash	

손을 씻다 ⇨ 손을 **우와쉬**(워쉬)하다 / 과일을 씻다 ⇨ 과일을 **우와쉬**하다 / 죄를 씻다 ⇨ 죄를 **우와쉬**하다
머리를 감다 ⇨ 머리를 **우와쉬**(워쉬)하다
옷을 세탁하다 ⇨ 옷을 **우와쉬**(워쉬)하다 / 손으로 양말을 빨래하다 ⇨ 손으로 양말을 **우와쉬**하다
과일을 깨끗이 세척하다 ⇨ 과일을 깨끗이 **우와쉬**(워쉬)하다
파도가 해안으로 밀려오다 ⇨ 파도가 해안으로 **우와쉬**(워쉬)하다 / 튜브가 물에 쓸려가다 ⇨ 튜브가 물에 **우와쉬**하다

세탁	우와쉥	우워쉥	빨래, 씻기 {워싱} washing	재활용
세탁기	우와쉥 뭐쉬인	우워쉥 뭐쉬인	{워싱 머신} washing machine	
다림질하다	아이@언	아이언	다리미, 철, 쇠, 철분 {아이언} iron	
실내의	인도얼	인도어	실내용의 {인도어} indoor	
야외의	아웉도얼	아웉도어	실외의, 옥외의 {아웃도어} outdoor	

세탁을 하기 전 주머니에 물건이 있는지 확인하다 ⇨ **우와쉥**(워싱)을 하기 전 주머니에 물건이 있는지 확인하다
세탁기는 집에서 가장 필요한 가전제품이다 ⇨ **우와쉥 뭐쉬인**(워싱 머신)은 집에서 가장 필요한 가전제품이다
바지를 다림질하다 ⇨ 바지를 **아이@언**하다 / ◆ @언 : 혀를 말고 언과 언이 섞인 소리)을 발음
실내의 분위기가 아늑하다 ⇨ **인도얼**의 분위기가 아늑하다 / 실내용의 슬리퍼(실내용 슬리퍼) ⇨ **인도얼**의 슬리퍼
아웉도얼(아웃도어) 매장에서는 야외의 장소에서 사용되는 의류, 신발, 가방, 등산용품, 캠핑용품 등을 판매한다

가을 (영국)	아~튐 / 아~팀	오~팀	{오텀} autumn	무작정
달	먼θ뜨	먼θ쓰	개월, 1개월, 한 달(간), 월 {먼쓰} month	
이기적인	쎄얼쀄쉬	쎄얼쀠쉬	이기주의의 {셀피쉬} selfish	
매력적인	챠알밍	챠아밍	{챠밍} charming	
고함치다	@로얼	@로어	함성을 지르다, 소리지르다, 으르렁거리다 {로어} roar	

가을은 추수의 계절이다 ⇨ **아~튐**(오텀)은 추수의 계절이다
이번 달 ⇨ 이번 **먼뜨**(먼th, 먼θ) / 유통기한은 1개월이다 ⇨ 유통기한은 1 **먼쓰**이다
이기적인 태도 ⇨ **쎄얼쀄쉬**(셀피쉬)한 태도 / ※ self(자기) + ish(형용사화. ~적인, ~같은)
매력적인 사람 ⇨ **챠알밍**(챠밍)한 사람
화가 나서 고함치다 ⇨ 화가 나서 **로얼**(로어)하다 / 관중들이 함성을 지르다 ⇨ 관중들이 **로얼**(로어)하다

영어 단어에 해당하는 국어 단어 (기준으로 세운 뜻)	미국식 발음	영국식 발음	해당 국어 단어들 (다른 뜻들)	{한국식 발음} 스펠링	
말의	붜얼벌	붜어벌	언어의, 구두의 {버벌} verbal		연상법
발소리	뿥스뗍		걸음, 걸음걸이 {풋스텝} footstep		
발자국	뿥프륀t		{풋프린트} footprint		
일	어뻬얼	어뻬어	(떠들썩한) 사건, 문제 {어페어} affair		
(교통) 요금	뻬얼	뻬어	운임 {페어} fare		

왕이 추구하는 말의 위엄에 죄를 지은 신하들이 **붜얼벌**(벌벌) 떨다 / ● 구두(口入口頭머리두) : 마주 대하여 입으로 하는 말
뿥(풋, 발)으로 **스뗍**(스텝, 걸음, 발소리, 발자국)을 하면 발소리가 난다
뿥(풋, 발)으로 모래사장에 **프륀t**(프린트, 찍다, 인쇄하다)하여 발자국을 남기다
공정한 사회를 위해 모든 일에 있어서 **어**(하나의) **뻬얼**(페어 fair 공정한) 규범을 마련하다
지하철을 탈 때 역무원이 안 보더라도 **뻬얼**(페어 fair 공정한)플레이 하듯 **요금**을 내야 한다

시도하다	츄롸이		시도 {트라이} try		쪼개기
~해보다	츄롸이		{트라이} try	★★★	
노력하다	츄롸이		노력 {트라이} try		try
애쓰다	츄롸이		{트라이} try		
~을 하려고 하다	츄롸이		~을 시험해 보다 {트라이} try		

대화를 시도하다 ⇨ 대화를 **츄롸이**(트라이)하다 / **시도**는 좋으나 무모하다 ⇨ **츄롸이**는 좋으나 무모하다
매운 닭발을 먹도록 **해보다** ⇨ 매운 닭발을 먹도록 **츄롸이**(트라이)하다
잘 하려고 **노력하다** ⇨ 잘 하려고 **츄롸이**(트라이)하다
사춘기 자녀와 대화하려고 **애쓰다** ⇨ 사춘기 자녀와 대화하려고 **츄롸이**(트라이)하다
열심히 운동을 **하려고 하다** ⇨ 열심히 운동을 **츄롸이**하다 / 한계를 시험해 보다 ⇨ 한계를 **츄롸이**하다

박람회	뻬얼	뻬어	공정한, 공평한, 적당한 {페어} fair		재활용
처벌	페널티		벌금, 형벌, 위약금, 불이익, (스포츠의) 벌칙 {페널티} penalty		
거북이	튀어럴	튀어틀	바다 거북이 {터틀} turtle		
축구	싸아껄 / 싸커	쏘커	{사커} soccer		
풋볼 (럭비+축구) (미국)	뿥벌		축구 (영국) {풋볼} football		

웨딩 박람회 ⇨ 웨딩 **뻬얼**(페어) / 건축 박람회 ⇨ 건축 **뻬얼**(페어) / 공정한 사회 ⇨ **뻬얼**(페어)한 사회
축구의 페널티 구역에서 수비수가 반칙을 범했을 때의 **처벌**로 공격자에게 **페널티**킥(페널티킥)이 주어진다
거북이는 느리게 움직인다 ⇨ **튀어럴**(터틀)은 느리게 움직인다
축구는 인기가 많은 스포츠다 ⇨ **싸아껄**(사커)는 인기가 많은 스포츠다
풋 볼(미국식 축구)의 어마어마한 인기 ⇨ **뿥벌**(풋볼)의 어마어마한 인기 / + 미식축구 (영국) American football 어메리컨 뿥벌

한 쌍	페얼	페어	한 벌, 한 켤레, 한 조, 한 쌍의 남녀, 짝 짓다 {페어} pair		무작정
순조로운	스무ð운		원활한, 매끄러운, 부드러운 {스무드} smooth		
절망	디스뻬얼	디스뻬어	절망하다 {디스페어} despair		
(직물, 음식, 사물 등의) **질감**	텍스쩔	텍스쩌	식감, 감촉, (피부, 암석, 목재 등의) 결 {텍스처} texture		
수리하다	뤼페얼	뤼페어	수리, 보수, 고치다 {리페어} repair		

페얼(페어) 스케이팅은 남녀 한 **쌍**이 되어 펼치는 피겨 스케이팅의 한 종목이다
말솜씨가 **스무운**(스무우th, 스무우ð, 스무우드, 매끄러운한)한 사회자가 **순조로운** 진행을 하다
절망에 빠지다 ⇨ **디스뻬얼**(디스페어)에 빠지다
옷의 질감 ⇨ 옷의 **텍스쩔**(텍스쳐) / 쫄깃한 식감 ⇨ 쫄깃한 **텍스쩔**
자동차를 **수리하다** ⇨ 자동차를 **뤼페얼**(리페어)하다

왕초보 영단어 복합적 암기법 7회

연상법

심리학	싸이컬러쥐		심리 {사이컬러쥐} psychology
관계	륄레이션		관련, 친족관계 {릴레이션} relation
중립의	누우츄륄	뉴우츄륄	중립적인, (기어의) 중립 {뉴트럴} neutral
파괴하다	디스쭈로이		파멸시키다, 멸망시키다, 죽이다 {디스트로이} destroy
상품	커롸르디 / 커롸르디	커롸둬티	원자재, 물품, 유용한 것 {커마더티} commodity

심리학 전문가가 말하기를 "연인들 **싸이**(사이)에서는 분홍빛이 감돌기에 핑크는 연인들의 **컬러쥐**(색깔이지)
육상대회에서 **륄레이**(릴레이) 하는 선수들 뿐만 아니라 그와 **관계**된 사람들 모두 통일된 패**션**의 옷을 입고 있다
누우(뉴 new 새로운) **츄륄**(트럭)을 구입하는 데 있어서 흰색으로 살지 파란색으로 살지 **중립**의 위치에 있다
디스(this 이) **쭈로이**(트로이) 목마에 병사들이 숨어 있다가 밤에 성문을 열어 트로이 도시를 **파괴하다** / ※ de(반대)+stroy
커피 매니아인 나는 최고급 **상품**의 **커**피를 **롸르**(마시리)

쪼개기 ★☆☆ seal

(봉투, 상자, 병 등을) 봉하다	씨이얼	씨이을	밀폐하다, 밀봉하다, (틈을) 막다 {씰} seal
봉인하다	씨이얼	씨이을	봉인, 봉쇄하다 {씰} seal
도장	씨이얼	씨이을	직인(職직업직印도장인), 인장, 인감 {씰} seal
(스티커, 봉랍 등의) 밀봉 물질	씨이얼	씨이을	밀봉 스티커, 봉랍(封봉할봉蠟밀랍) {씰} seal
바다표범	씨이얼	씨이을	물개 {씰} seal

상자를 봉하다 ⇨ 상자를 **씨이얼**(씰)하다 / 유리병에 담아 **밀폐하다** ⇨ 유리병에 담아 **씨이얼**하다
기밀문서를 봉인하다 ⇨ 기밀문서를 **씨이얼**(씰)하다 / ● 봉인(封봉할봉印도장인): 봉한 자리에 도장을 찍음
도장을 파다 ⇨ **씨이얼**(씰)을 파다 / 서류에 직인을 찍다 ⇨ 서류에 **씨이얼**(씰)을 찍다 / ● 직인: 직무상 사용하는 도장
밀봉 물질로 처리된 패키지 ⇨ **씨이얼**(씰)로 처리된 패키지 / ● 봉랍: 봉 할 때 쓰는 수지 혼합물
귀여운 바다표범 ⇨ 귀여운 **씨이얼**(씰) / 물개가 박수를 치다 ⇨ **씨이얼**(씰)이 박수를 치다

재활용

풋 (길이의 단위)(= 피트)	뿥 / 뿌울 / 뿌얼		걸어서 가다, 걸음, 발 {풋} foot
피트 (길이의 단위)(= 풋)	쁴잍		발들, (foot의 복수형) {피트} feet
본문	텤슽		글, 문서, 원문, (휴대전화) 문자를 보내다 {텍스트} text
교과서	텤슽붘		{텍스트북} textbook
간식 (間사이간食밥식)	스내앸 / 스나앸	스낰	간단한 식사, 간단히 식사하다, 과자, 스낵 {스낵} snack

풋(= 피트)은 발의 길이에서 유래한 단위이며 1**뿥**(1피트)은 12인치(30.48cm)이다
그는 키가 6피트이다 ⇨ 그는 키가 6**쁴잍**(쁴이트, 피트)이다
책의 본문 ⇨ 책의 **텤슽**(텤스트, 텍스트)
교과서에 실린 내용 ⇨ **텤슽븤**(텤스트북, 텍스트북)에 실린 내용
간식으로 떡볶이를 먹다 ⇨ **스내앸**(스낵)으로 떡볶이를 먹다

무작정

감염 (感느낄감染물들일염)	인풱션		전염 (傳전할전染물들일염) {인펙션} infection
전염시키다	인풱t		감염시키다, (나쁜 버릇에) 물들게 하다 {인펙트} infect
전염병	플레잌		역병(疫전염병역病병병), 흑사병, 페스트 {플레이그} plague
희생	쌔끄뤄빠이스	싸크뤄빠이스	희생하다 {새크러파이스} sacrifice
택시 요금	퇘앸씨 풰얼	탘씨 풰어	{택시 페어} taxi fare

세균 감염을 막다 ⇨ 세균 **인풱션**(인펙션)을 막다 / 독감 전염을 조심하다 ⇨ 독감 **인풱션**을 조심하다
독감이 온 마을을 **전염시키다** ⇨ 독감이 온 마을을 **인풱**(인펙, 인펰트, 인펙트)하다
전염병이 빠르게 퍼지다 ⇨ **플레잌**이 빠르게 퍼지다 / ✚ 해충, 유해 동물, 페스트, 흑사병, 역병 pest 페스트 {페슽} {페스트}
다수를 위해 소수의 희생이 필요하지 않다 ⇨ 다수를 위해 소수의 **쌔끄뤄빠이스**(새크러파이스)가 필요하지 않다
택시 요금을 내다 ⇨ **퇘앸씨 풰얼**(택시 페어)을 내다 / ✚ 버스 요금 bus fare 버어스 풰얼 [버스 풰어] {버스 페어}

177

영어 단어에 해당하는 국어 단어 (기준으로 세운 뜻)	미국식 발음	영국식 발음	해당 국어 단어들 (다른 뜻들)	{한국식 발음}	스펠링	
거짓의	뿨우스	뿨우스 / 뽀우스	그릇된, 가짜의, 허위의, 틀린	{폴스}	false	연상법
겁쟁이	캬우얼d	캬우어d	비겁한 사람	{카워드}	coward	
정맥 (靜고요할정脈맥,줄기맥)	붸인		혈관, (식물의) 잎맥, 광맥	{베인}	vein	
(신체, 사회의) 동맥 (動움직일동脈맥)	알~뒤뤼	아아뒤뤼	간선 (幹줄기간線줄선)	{아터리}	artery	
확대하다	왜그너빠이	와그너빠이	과장하다	{매그너파이}	magnify	

뿨(뻥)를 치는 하우스(집)에서 거짓의 사람들이 모여 거짓말 대회를 하다
초보운전자들은 운전을 하려고 캬 우얼d(카 월드, 자동차 세상, 도로)에 나가면 겁쟁이 가 된다
칼에 붸인(베인) 팔뚝에 정맥 이 보인다
알~뒤뤼(알타리, 알타리무)의 무는 마치 심장 같고 줄기는 동맥 같다 / ● 간선 : 도로, 철도, 수로 등의 중심이 되는 선
왜일(매일) 그 와 너 는 맛있는 사과빠이(사과파이) 요리를 더 크게 먹으려고 사과파이를 조금씩 확대하다

그물	넽		그물로 잡다, 그물을 치다, 올가미, 함정	{넷}	{네트} net	쪼개기
망 (網그물망)	넽		(테니스, 배구 등의) 네트, 망사	{넷}	{네트} net	★★☆
통신망 (비격식)	넽		인터넷	{넷}	{네트} net	
(이익, 돈 등의) 순~ (純순수할순)	넽		순익	{넷}	{네트} net	net
실~ (實열매실)	넽		정~, 정가, 최종적인	{넷}	{네트} net	

그물로 물고기를 잡다 ⇨ 넽(네트)으로 물고기를 잡다
양파망 ⇨ 양파 넽(네트) / 안전망 ⇨ 안전 넽(네트) / ※ mosquito net(ting) 모기장
한국은 통신망이 잘 발달되어있다 ⇨ 한국은 넽(넷)이 잘 발달되어있다 / ※ communication network 통신망
(그물에 걸린) 순이익 ⇨ 넽(네트) 이익 / 순자산 ⇨ 넽 자산 / 순 함량 ⇨ 넽 함량
(그물에 걸린) 실중량 ⇨ 넽(네트) 중량 / 정가로 파는 제품 ⇨ 넽 가로 파는 제품

두 번	투와이스		두 배, 두 차례	{트와이스} twice		재활용
세 번	θ뜨뤼 톼임즈	θ쓰뤼 톼임즈		{쓰리 타임즈} three times		
네 번	뽀얼 톼임즈	뽀어 톼임즈		{포 타임즈} four times		
거미줄	우웹		거미집, 거미줄 모양의 것, ~망, 짜인 것, 웹사이트	web		
(관계, 통신, 유통, 도로 등의) 망	넽우월k	네트워억	통신망, 방송망, 컴퓨터 통신망, 네트워크	network		

하루에 두 번 운동하다 ⇨ 하루에 투와이스(트와이스) 운동하다 / ◆ 투와이스 = 트우와이스
하루 세 번의 양치질 ⇨ 하루 뜨뤼 톼임즈의 양치질 / ◆ th = θ = 뜨 [쓰] : 혀 끝을 앞니에 물었다 빼면서 발음
하루에 네 번 이메일을 확인하다 ⇨ 하루에 뽀얼 톼임즈(포 타임즈) 이메일을 확인하다
거미줄을 치다 ⇨ 우웹을 치다 / ✚ 거미줄, 거미집, 거미줄로 덮게 spider web 스빠이뤌 우웹 / {스빠이뒤 웹} {스파이더 웹}
연락망 ⇨ 연락 넽우월 (넽우월k, 넽우월크, 네트워크) / 도로망 ⇨ 도로 넽우월 / ※ 망: 통신망, 방송망, 유통망, 회로망, 철도망 등

위업	쀠잍		개가, 공적, 공훈, 뛰어난 솜씨, 묘기	{피트} feat		무작정
(산에, 가격에) 오르다	클라임		올라가다, 동반하다, 등반	climb		
졸업	그롸쥬에이션		졸업식	{그래쥬에이션} graduation		
포용하다	엠브뤠이스	임브뤠이스	포용하다, 껴안다	{임브레이스} embrace		
채용하다	뤼크루웉		모집하다, 뽑다, 신입 사원(회원), 신병	{리크루트} recruit		

월드컵 결승전 종료 휘슬이 쀠잍~(삑) 하며 울리고 우승팀 선수들은 월드컵 우승의 위업을 달성하다
그는 등반 실력이 A클라스임. 그는 A급 실력으로 거침없이 절벽에 오르다
성적이 그롸 쥬면(그래 주면) 에이가 션(A가 셋) 이래서 졸업할 수 있다
그는 엠브이피(MVP 최우수 선수)에 선정되자 그동안 뤠이스(레이스, 경기)를 펼치느라 수고한 동료 선수들을 포옹하다
신입 사원을 채용하다 ⇨ 신입 사원을 뤼크루웉(뤼크루우t, 뤼크루우트, 리크루트)하다

왕초보 영단어 복합적 암기법 **7**회

					연상법
솔직한	쁘랭k		프랭k	노골적인 {프랭크} frank	
솔직히	쁘랭끌리		프랭클리	솔직하게 {프랭클리} frankly	
다양한	디붜얼스 / 다이붜얼스		다이붜어스	여러 가지의 {디버스} {다이버스} diverse	
특징	쀠이철		쀠이쳐	특색, 특집 기사, 이목구비 {피처} feature	
충성스러운	올로이얼			충실한 {로열} loyal	

아이들이 반찬으로 나물보다는 **쁘랭k**(프랭크) 소시지가 더 좋다고 **솔직**한 생각을 말하다
솔직히 **쁘랭**k(프랑크) 소시지가 맛있다고 그것만 편식하면 아이들 키가 무럭무럭 **끌리**(클리) 없다
봄비가 내린 **디**(에(뒤에) **붜얼스**(벌써) **다양**한 꽃들이 피기 시작하다
그 친구의 **특징**은 조금만 서운하게 해도 **쀠이철**(삐쳐) 있는 것이다
전쟁에서 승리하고 돌아오는 **충성스러운** 군사들 행렬에 백성들이 **올로**(路길로)로 **이 열**(두 줄)로 서서 환호를 보내다

					쪼개기
양	어뫄운t			{어마운트} amount	★★☆
총액	어뫄운t			총계 {어마운트} amount	
금액	어뫄운t			{어마운트} amount	
액수	어뫄운t			{어마운트} amount	amount
(금액, 총액 등이) ~에 달하다	어뫄운t			~와 같다, ~와 다름없다 {어마운트} amount	

물의 양 ⇨ 물의 **어뫄운**(어뫄운t, 어마운트, 어마운트)
"총액은 얼마입니까?" ⇨ "**어뫄운**은 얼마입니까?"
카드 이용 금액 ⇨ 카드 이용 **어뫄운**
엄청난 액수의 비용이 든다 ⇨ 엄청난 **어뫄운**의 비용이 든다 / 모자란 액수를 채우다 ⇨ 모자란 **어뫄운**을 채우다
승용차 한 대 값이 1억 원에 달하다 ⇨ 승용차 한 대 값이 1억 원에 **어뫄운**하다

					재활용
한 번	우원스			한때, 이전에, 옛날에, 1회 {원스} once	
왕의	@로이열			왕실의, 왕다운, 국왕의, 여왕의 {로얄} {로열} royal	
(집합적) 왕족	@로이열티			인세, 특허권 사용료, 로열티 {로열티} royalty	
경제	이카너미		이커너미	경기, 절약 {이코노미} economy	
충성	올로이열티			충성심, 충실 {로열티} loyalty	

다시 한 번 ⇨ 다시 **우원스** / 그 가수를 한때 좋아한 적이 있다 ⇨ 그 가수를 **우원스** 좋아한 적이 있다
공연장 객석에는 왕의 자리를 뜻하는 **로이열**석(로얄석)이 있다 / 왕실의 문화 ⇨ **로이열** 문화 / ● 왕실 : 왕의 집안
옛날 왕족이 살았던 궁궐 ⇨ 옛날 **로이열티**(로열티)가 살았던 궁궐 / ● 왕족(王임금왕族겨레족,일가족) : 임금의 일가(한 집안)
경제가 활발하다 ⇨ **이카너미**(이코노미)가 활발하다
충성을 맹세한 병사들 ⇨ **올로이열티**(로열티)를 맹세한 병사들

					무작정
~로 여기다	뤼가알d		뤼가앝	간주하다, 관련되다, 생각하다 {리가드} regard	
무한한	인쀠넡 / 인쀠넽		인쀠넡	{인피너트} {인피니트} infinite	
가슴	췌아슽			흉부(胸가슴흉部나눌부), 서랍장, 궤, 큰 상자 {체스트} chest	
(상대를) 패배시키다	디쀠잍			물리치다, 쳐부수다, 이기다, 패배 {디피트} defeat	
한 번에	앹 우원스		애 투원스	한꺼번에, 동시에, 즉시, 당장 {앳 원스} at once	

건강을 가장 높은 가치로 여기다 ⇨ 건강을 가장 높은 가치로 **뤼가알**(뤼가알d, 뤼가알드, 리가드)하다
무한한 가능성 ⇨ **인쀠넡**(인피니트)한 가능성
가슴 통증 ⇨ **췌아슽**(췌아슽t, 췌아슽트, 체스트) 통증 / ✚ 유방, 가슴 breast 브뤠슽 {브레스트}
상대편을 패배시키다 ⇨ 상대편을 **디쀠잍**(디쀠잍t, 디쀠잍트, 디피트)하다
"한 번에 너무 많은 일을 하려고 하지 마" ⇨ "**앹 우원스**(앳 원스)에 너무 많은 일을 하려고 하지 마"

179

영어 단어에 해당하는 국어 단어 (기준으로 세운 뜻)	미국식 발음	영국식 발음	해당 국어 단어들 (다른 뜻들)	{한국식 발음} 스펠링	
증언 (證증거증言말씀언)	테스뚸머어니	테스뚸머니	증거	{테스터모니} testimony	연상법
항의하다	프뤄우퉤슬★		시위(프뤄퉤슬☆), 항의	{프로테스트} protest	
놀라운 일	뫄알뷜	뫄아뷜	경이로움, 경탄하다, 놀라다	{마블} marvel	
암탉	헨 / 헤엔		(새, 어류 등의) 암컷	{헨} hen	
수탉 (미국)					
	루우스뚤	루우스뚜		{루스터} rooster	

퉤스뚸(테스터 tester 시험지, 검사지)가 증인의 증언을 토대로 그 사람이 **머어니**(머니, 돈)를 진짜 훔쳤는지 조사하다
프뤄우(프로) 선수들에게 아마추어 수준의 **퉤슬**(테스트)을 한다고 하자 프로 선수들이 **항의하다** / ◆ 강세변화 : 명전동후
무더운 날이 계속되자 **뫄알뷜**(말벌)들이 도심지 곳곳에 벌집을 만드는 **놀라운 일**이 자주 발생하다
헨드폰(핸드폰) 알람 벨소리를 **암탉**의 울음소리로 설정하다
야구장 1**루우**(1루)에서 팀의 마스코트 **수탉** 분장을 한 사람이 탈을 벗자 유명한 **스뚤**(스타)이 나와 관중들이 환호하다

확인하다	췌엨 / 쳌		확인, 살피다	{체크} check	쪼개기
점검하다	췌엨 / 쳌		점검, 검사, 조사하다	{체크} check	★★☆
견제	췌엨 / 쳌		견제하다, 저지, 저지하다, 억제, 억제하다	{체크} check	
(사람, 차 등이) 갑자기 멈추다	췌엨 / 쳌		급히 멈추다, 급정지	{체크} check	check
(식당, 바의) **계산서** (미국)	췌엨 / 쳌		체크무늬, 바둑판무늬, (체스의) 장군, 수표	{체크} check	

합격자 명단을 **확인하다** ⇨ 합격자 명단을 **췌엨**(췌에ㅋ, 췌에크, 체크)하다
장비의 상태를 **점검하다** ⇨ 장비의 상태를 **췌엨**(체크)하다 / 성능 **점검** ⇨ 성능 **췌엨**(체크)
견제와 질투 ⇨ **췌엨**(체크)과 질투
걸음을 갑자기 **멈추다** ⇨ 걸음을 **췌엨**(체크)하다
식당 **계산서** ⇨ 식당 **췌엨**(체크)

경영자	왜너절	뫄니져	관리자, 지배인, (연예인 등의) 매니저	{매니저} manager	재활용
관리	왜너쥐먼t	뫄니쥐먼t	경영, 운영, 경영진	{매니지먼트} management	
관리하다	왜내쥐 / 왜너쥐	뫄내쥐	경영하다, 어떻게든 ~하다	{매니지} manage	
(시사, 학술 등의 전문) **잡지**	줘얼널	줘어널	일기, 일지, 학술지, 저널	{저널} journal	
언론인	줘얼널레슬	줘어널레슬	기자, 일지 작성자	{저널리스트} journalist	

회사의 **경영자** ⇨ 회사의 **왜너절**(매니져) / 연예인 관리자 ⇨ 연예인 **왜너절**(매니져)
건물 관리 ⇨ 건물 **왜너쥐먼**(매너쥐먼t, 왜너쥐먼트, 매니쥐먼트) / 국가 경영 ⇨ 국가 **왜너쥐먼**
공원을 관리하다 ⇨ 공원을 **왜내쥐**(매니쥐)하다
시사 잡지 ⇨ 시사 **줘얼널**(저널) / 일기를 쓰다 ⇨ **줘얼널**(저널)을 쓰다 / ※ 저널(일기)는 다이어리(일기)보다 감상적
언론인의 역할 ⇨ **줘얼널레슬**(줘얼널레스t, 줘얼널레스트, 저널리스트)의 역할

수탉 (영국)	캌 / 카앜	쾈	(새, 어류 등의) 수컷, (통, 수도 등의) 꼭지	{콕} {코크} cock	무작정
(수컷) **공작새**	피이캌	피이쾈		{피콕} {피코크} peacock	
무 (빨간색 무, 가늘고 긴 무)	뢔뤼쉬	뢔뒤쉬		{래디쉬} radish	
누더기	뢔앜 / 뢔액	롸ㅋ	넝마, 해진 천, 걸레	{래그} rag	
상업	카뭘스	코뭐어스	무역	{커머스} commerce	

수탉이 마당에서 모이를 **캌**(콱, 콕) 쪼다
공작새가 **피이**(피)가 날 정도로 손등을 **캌**(콱, 콕) 쪼다 / **+ 암컷 공작새** peahen 피헨
빨간색 **무**로 샐러드를 만들다 ⇨ 빨간색 **뢔뤼쉬**(래디쉬)로 샐러드를 만들다
티셔츠를 오래 입어서 **누더기**가 되다 ⇨ 티셔츠를 오래 입어서 **뢔앜**(뢔아g, 뢔아크, 래그)이 되다
상업이 활발히 이루어지는 지역 ⇨ **카뭘스**(커머스)가 활발히 이루어지는 지역

7회 왕초보 영단어 복합적 암기법

냄비	파앝	폳	솥, 단지, 항아리 {포트} pot	연상법
이끼	뭐어스	모스	{모스} moss	
동의하다	어그뤼이		합의하다 {어그리} agree	
동의하지 않다	디써그뤼이		의견이 맞지 않다 {디서그리} disagree	
투표	뷔욷		표, 투표하다 {보트} vote	

냄비로 **파앝**(팥)을 삶아 팥죽을 만들다
코스**뭐어스**(코스모스) 주변에 **이끼**가 많이 있다
"**어~그뤼이** 해(어~ 그렇게 해)" 라며 **동의하다**
"무를 생으로 먹으면 **디**게(되게) **써**~". 무를 **그뤼이**(그렇게) 생으로 먹는 것을 **동의하지 않다** / ※ dis : 반대, 부정
홍수로 강의 다리가 잠겼지만 **투표**를 하기 위해 **뷔욷**(보트 boat)을 타고 강을 건너 소중한 한 표를 행사하다 (뷔우t, 뷔우트, 보트)

자유의	쁘뤼이		{프리} free	쪼개기
자유로운	쁘뤼이		속박이 없는 {프리} free	★★★
무료의	쁘뤼이		공짜의, 무료로, 공짜로 {프리} free	free
자유롭게 해주다	쁘뤼이		해방시키다 {프리} free	
~이 없는	쁘뤼이		면제된, 할 일이 없는, 한가한 {프리} free	

자유의 시간(자유 시간) ⇨ **쁘뤼이**(프리)의 시간 / **+** 자유 freedom 쁘뤼돔 {프리덤}
개인의 자유로운 표현을 제한하지 않다 ⇨ 개인의 **쁘뤼이**(프리)한 표현을 제한하지 않다
무료의 서비스가 제공되다 ⇨ **쁘뤼이**(프리)의 서비스가 제공되다 / 공짜의 표(공짜 표) ⇨ **쁘뤼이**(프리) 표
억압으로부터 자유롭게 해주다 ⇨ 억압으로부터 **쁘뤼이**(프리)하게 해 주다
화학 성분이 없는 친환경 세제 ⇨ 화학 성분이 **쁘뤼이**(프리)한 친환경 세제

시험	퉤슽		시험하다, 실험, 실험하다, 검사, 검사하다 {테스트} test	재활용
전선	우와이얼	우와이어	철사, 철사를 달다, 철조망 {와이어} wire	
몸짓	줴스쳘	줴스쳐	몸짓을 하다, 손짓 {제스처} gesture	
신체의	쁴지껄		신체적인, 물리의, 육체의, 육체적인 {피지컬} physical	
경연 대회	컨퉤슽	콘퉤슽	경연, 대회, 경쟁, 콘테스트 {콘테스트} contest	

시험이 쉽다 ⇨ **퉤슽**(퉤스t, 테스트, 테스트)이 쉽다 / 인내심을 시험하다 ⇨ 인내심을 **퉤슽**하다
낡은 전선을 새것으로 교체하다 ⇨ 낡은 **우와이얼**(와이어)을 새것으로 교체하다
알았다는 몸짓을 하다 ⇨ 알았다는 **줴스쳘**(제스처)을 하다
뛰어난 신체의 운동선수 ⇨ 뛰어난 **쁴지껄**(피지컬)의 운동선수 / ◆ 알파벳 ph = 발음기호 [f]
피아노 경연 대회 ⇨ 피아노 **컨퉤슽** / ※ con(함께) + test / ※ 콩쿠르(콩쿨)는 음악, 영화 등의 경연 대회를 뜻하는 프랑스어

끄덕이다	놔앋	놛	끄덕임 {나드} {노드} nod	무작정
꽃이 피다	블루움		꽃, 개화, (건강한) 혈색 {블룸} bloom	
빤히 쳐다보다	스뛔얼	스뛔어	응시하다, 응시 {스테어} stare	
쌓다	스땍 / 스똬악	스딱	(쌓아올린, 정돈된, 밀집의) 더미, 쌓아 올리다 {스택} stack	
자유롭게	쁘륄리		거리낌없이, 기꺼이 {프릴리} {프리리} freely	

고개를 끄덕이다 ⇨ 고개를 **놔앋**(놔아d, 놔아드, 나드)하다
봄에 꽃이 피다 ⇨ 봄에 **블루움**(블룸)하다
서로의 얼굴을 빤히 쳐다보다 ⇨ 서로의 얼굴을 **스뛔얼**(스테어)하다
상자를 쌓다 ⇨ 상자를 **스땍**(스택)하다
자유롭게 의견을 제시하다 ⇨ **쁘륄리**(프릴리)하게 의견을 제시하다

영어 단어에 해당하는 국어 단어 (기준으로 세운 뜻)	미국식 발음	영국식 발음	해당 국어 단어들 (다른 뜻들)	{한국식 발음}	스펠링	
소설	나아블	노블	참신한, 기발한, 새로운	{나블} {노블}	novel	연상법
터무니없는	업써얼d / 업줘얼d	업써얼	말도 안 되는, 불합리한	{업서어드}	absurd	
실제로는	액슈얼리 / 액츄얼리	악슐리 / 악츄얼리	실제로, 정말로	{액츄얼리}	actually	
준비하다	프뤄페얼	프뤄페어	대비하다	{프리페어}	prepare	
성취하다	어캄플레쉬	어컴플레쉬	이루다, 달성하다	{어컴플리쉬}	accomplish	

소설의 주인공인 **놔아**(나, 내)가 나쁜 사람에게 **블**(벌)을 주는 줄거리의 **소설**
치열하고 냉정한 사회에서는 지식뿐만 아니라 지혜를 **업써얼d**(없어도) **터무니없는** 일을 당할 수 있다
프러포즈할 때 진심이 중요하다고 하지만 **실제로는** 비싼 **액슈**(액수)의 **슈얼리**(쥬얼리, 보석류)가 동반되어야 한다
프뤄(프로) 스포츠에서 좀 더 **페얼**(페어 fair 공정한) 경기를 위해 비디오 판정을 **준비하다**
낮에 일하고 저녁엔 **어캄**(캄캄한 환경에서 **플레쉬**(플래시)를 켜고 공부해서 대학 입학 목표를 **성취하다**

(감정, 의견, 생각 등) **표현하다**	익스쁘뤠스		표하다, 표명하다	{익스프레스}	express	쪼개기
(감정, 의견, 생각 등) **나타내다**	익스쁘뤠스		(기호, 숫자, 문자 등으로) 표시하다	{익스프레스}	express	★★★
(기차, 버스 등) **급행의**	익스쁘뤠스		고속의, 급행열차, 속달편으로	{익스프레스}	express	express
(액체, 즙 등을) **짜내다**	익스쁘뤠스			{익스프레스}	express	
운송 회사 (미국)	익스쁘뤠스		택배 회사 (미국)	{익스프레스}	express	

마음속의 생각을 **익스**(익스, 밖으로)로 **쁘뤠스**(프레스, 누르다, 밀다)하여 속내를 **표현하다**
표정에서 좋은 기분을 **나타내다** ⇨ 표정에서 좋은 기분을 **익스쁘뤠스**하다
급행의 열차(급행열차)를 타고 가다 ⇨ **익스쁘뤠스** 열차를 타고 가다 / 고속의 버스 = **익스쁘뤠스** 버스
레몬즙을 **짜내다** ⇨ 레몬즙을 **익스쁘뤠스**(익스프레스)하다
미국의 **운송 회사**들과 택배 회사들의 상호명에는 **익스쁘뤠스**(익스프레스)가 들어간다

누르다	프뤠스		압박하다, 언론, 인쇄기, 압축 기계	{프레스}	press	재활용
압력	프뤠셜	프뤠셔	압박, 부담, 기압	{프레셔}	pressure	
(사진, 삽화의 짧은) **설명문**	캐앞션	캎션	(영화의) 자막, 제목, 표제	{캡션}	caption	
이모 (어머니 또래의 모든 여성을 호칭)	애안t / 애앤t	어언t	큰(작은) 어머니, 고모, (외)숙모, 아줌마	{앤트}	aunt	
삼촌 (아버지 또래의 모든 남성을 호칭)	엉끌	엉클	큰(작은) 아버지, 고(이)모부, 외삼촌, 아저씨	{엉클}	uncle	

버튼을 누르다 ⇨ 버튼을 **프뤠스**(프레스)하다 / 성적에 대해 **압박하다** ⇨ 성적에 대해 **프뤠스**(프레스)하다
압력을 가하다 ⇨ **프뤠셜**(프레셔)를 가하다 / ※ 에어 콤프레셔 : 공기 압축기
사진 아래에 **설명문**을 달다 ⇨ 사진 아래에 **캐앞션**(캡션)을 달다
이모는 엄마와 꼭 닮았다 ⇨ **애안**(애안, 애안트, 앤트)은 엄마와 꼭 닮았다 / ※ 백모 = 큰 어머니 / ※ 숙모 = 작은 어머니
삼촌은 조카들과 잘 놀아준다 ⇨ **엉끌**(엉클)은 조카들과 잘 놀아준다 / ※ 백부 = 큰 아버지 / ※ 숙부 = 작은 아버지

새롭게 하다	뤼누우	뤼뉴우	갱신하다, ~을 재개하다, 다시 시작하다	{리뉴}	renew	무작정
기묘한	쿠이얼	쿠이어	괴상한, 별난, 수상한, 이상한	{퀴어}	queer	
(동물에게) **먹이를 주다**	쀠일		먹이, 사료, (사람에게) 음식을 주다	{피드}	feed	
도둑질하다	롸압	뢉	훔치다, 털다, 빼앗다, 강탈하다	{랍} {롭}	rob	
폭	우윋θ뜨	우윋θ쓰	너비	{위뜨} {위드쓰}	width	

인터넷 사이트 홈페이지를 **뤼**(다시) **누우**(뉴, 새로운)하여 **새롭게 하다**
기묘한 소리가 들리다 ⇨ **쿠이얼**(퀴어)한 소리가 들리다 / 괴상한 음식 ⇨ **쿠이얼**(퀴어)한 음식
기린에게 **먹이를 주다** ⇨ 기린에게 **쀠일**(쀠일d, 쀠이드, 피드)하다
도둑이 어느 가게의 물건을 **도둑질하다** ⇨ 도둑이 어느 가게의 물건을 **롸압**(랍)하다
책상의 폭을 재다 ⇨ 책상의 **우윋뜨**(우윋th, 우윋θ, 위쓰)를 재다

구별하다	디스띵구에쉬		구분하다 {디스팅귀쉬} distinguish	연상법
두 나라 말을 하는	바이링구얼		2개 국어를 말하는, 이중 언어를 사용하는 {바이링궐} bilingual	
곡물	그뤠인		낟알, 알갱이, 한 톨, 한 알 {그레인} grain	
힐끗 보다	글래앤스	글라안스	대충 훑어보다, 힐끗 봄, 얼핏 봄 {글랜스} glance	
악명 높은	노토뤼어스		(나쁜 뜻으로) 유명한 {노토리어스} notorious	

디스(this 이) **띵**커벨(팅커벨)은 요정이므로 **구에쉬**(귀신)와는 **구별하다** / ※ dis : 떨어져, 분리, 반대
두 나라 말을 하는 표시로 **바이 링**(두 개의 반지)를 낀 신하가 **구얼**(궐)에서 청나라 말을 맞이하다 / ※ bi (둘, 두 개)
여러 가지 곡물을 섞어서 가루로 빻았더니 **그뤠인**(그레이, 회색) 색깔이 난다
맞선을 보는 자리가 긴장되어 커피 **글래앤스**(글래스, 잔)를 만지락 거리며 상대를 **힐끗 보다**
드라마에서 며느리를 구박하기에 **악명 높은** 시어머니가 "**노토뤼**묵(도토리묵)을 **어스**(어서) 만들어와~" 하며 재촉하다

마시다	쥬륑k		(식물 등이 수분을) 빨아올리다 {드링크} drink	쪼개기
마실 것	쥬륑k		음료 {드링크} drink	★★★
(술, 마실 것) 한 잔	쥬륑k		(음료의) 한 모금 {드링크} drink	
술을 마시다	쥬륑k		{드링크} drink	drink
술	쥬륑k		알코올 음료, 주류 {드링크} drink	

물을 마시다 ⇨ 물을 **쥬륑**(쥬륑k, 쥬륑크, 드링크)하다
"마실 것 좀 줘" ⇨ "**쥬륑** 좀 줘"
"한 잔 하자" ⇨ "**쥬륑** 하자"
친구들과 술을 마시다 ⇨ 친구들과 **쥬륑**하다
전통적인 방법으로 술을 빚다 ⇨ 전통적인 방법으로 **쥬륑**을 빚다

유리의	글라아스 / 글래애스	글라아스 / 글러어스	유리, (유리) 잔, 컵, 안경(~es) {글라스} glass	재활용
안경	글라아씨즈		잔, 컵, (glass의 복수형) {글라시스} glasses	
신~ (新새신)	누우	뉴우	새~, 새로운 {뉴} new	
소비자	컨쑤우뭘	컨쓔우뭐	{컨슈머} consumer	
(기체, 파일, 문장 등을) 압축하다	컴프뤠스★		압축되다, 꽉 누르다, 압박 붕대(컴프레스☆) compress	

유리의 컵(유리 컵) ⇨ **글라아스**(글라스)의 컵 / 유리의 상자(유리 상자) ⇨ **글라아스**(글라스)의 상자
눈이 나빠져 안경을 맞추다 ⇨ 눈이 나빠져 **글라아씨즈**(글라시스)를 맞추다
신세계를 경험하다 ⇨ **누우**(뉴) 세계를 경험하다 / ※ 신~ : 신제품, 신기록, 신메뉴 등 / ※ 새~ : 새 신발, 새 차, 새 제품 등
블랙 **컨쑤우뭘**(컨슈머)이란 악성 **소비자**를 말한다 / ♣ 블랙 컨슈머(흑인 소비자)는 인종 차별적 콩글리쉬
공기를 압축하다 ⇨ 공기를 **컴프뤠스**하다 / ◆ 같은 단어의 품새 별 강세 변화 : 대부분 명사는 앞에 동사는 뒤에 (명전동후)

적합한	스으뤄벌	수우뤄블	적절한, 적당한, 알맞은 {수터블} suitable	무작정
깊은 인상을 주다	임프뤠스		감명을 주다, 감동시키다 {임프레스} impress	
인상	임프뤠션		감명, 느낌, 영향 {임프레션} impression	
인상적인	임프롸씹 / 임프뤠씹		인상 깊은, 감명 깊은 {임프레시브} impressive	
자라다	그뤄우		성장하다, 증가하다, 크다, (동식물을) 기르다 {그로} grow	

농사에 적합한 땅 ⇨ 농사에 **스으뤄벌**(수터블)한 땅
화려함으로 깊은 인상을 주다 ⇨ 화려함으로 **임프뤠스**(임프레스)하다
첫인상 ⇨ 첫 **임프뤠션**(임프레션)
인상적인 장면 ⇨ **임프롸씹**(임프라씨v, 임프라씨브, 임프레시브)한 장면
무럭무럭 자라다 ⇨ 무럭무럭 **그뤄우**(그로)하다

영어 단어에 해당하는 국어 단어 (기준으로 세운 뜻)	미국식 발음	영국식 발음	해당 국어 단어들 (다른 뜻들)	{한국식 발음}	스펠링	
의미하다	미인		뜻하다, ~라는 뜻이다, 초라한, 비열한	{민}	mean	연상법
그동안	미인타임		그동안에, 그러는 사이에, 한편	{미인타임}	meantime	
문구 (文글월문句글귀구)	쁘뤠이즈		구절, 어구, 구(句글귀구)	{프레이즈}	phrase	
칭찬	프뤠이즈		칭찬하다, 찬양, 찬양하다, 찬미	{프레이즈}	praise	
가설 (임시로 세운 이론)	하이파θ뛰세스	하이퍼θ씨스	가정, 추정	{하이파써시스}	hypothesis	

맞선을 본 남자가 상대 여성에게 **미인**(미인)이라고 말한 것은 결혼하고 싶다는 것을 **의미하다**
학교 축제에서 미남 타임에 남성미를 뽐내고 있다. **그동안 미인 타임**(미인 타임)에는 아름다움을 자랑하고 있다
캐치 **쁘뤠이즈**(catch phrase 이목을 끄는 문구, 선전 문구)는 몇 단어 조합의 짧고 인상적인 **문구**로 만들어진다. / ◆ ph = [f]
어린이 교육연구원의 캐치 **프뤠이즈**(캐치프레이즈)를 '**칭찬**은 어린이의 자신감을 키운다'로 정하다 / ◆ 스펠링 p = 발음 [p]
그 사장은 아침마다 힘차게 **하이파**이브를 하는 직원들이 안 하는 직원보다 **뛰세스**(서비스) 정신이 강화된다는 **가설**을 세우다

(장소, 사람 등을) 떠나다	을리입		떠나다, 출발하다	{리브}	leave	쪼개기
나가다	을리입		그만두다, 탈퇴하다	{리브}	leave	★★★
남기다	을리입		남겨 두다	{리브}	leave	
그대로 두다	을리입		놔두다, 내버려두다	{리브}	leave	leave
두고 오다	을리입		두고 가다, 놓고 가다, 허가 (격식)	{리브}	leave	

복잡한 도시를 떠나다 ⇨ 복잡한 도시를 **을리입**(을리v, 을리브, 리브)하다 / 애인이 **떠나가다** ⇨ 애인이 **을리입**하다
방에서 나가다 ⇨ 방에서 **을리입**하다 / 회사를 그만두다 ⇨ 회사를 **을리입**하다
깊은 감동을 남기다 ⇨ 깊은 감동을 **을리입**하다 / 메모를 남기다 ⇨ 메모를 **을리입**하다
건드리지 않고 그대로 두다 ⇨ 건드리지 않고 **을리입**하다 / 문이 열린 채로 놔두다 ⇨ 문이 열린 채로 **을리입**하다
집에 지갑을 두고 오다 ⇨ 집에 지갑을 **을리입**하다

이름을 지어주다	네임		이름을 짓다, ~라고 부르다(명명하다), 이름, 성명, 성함		name	재활용
(성을 제외한) 이름	쀠얼스 네임	쀠어스 네임		{퍼스트 네임}	first name	
성 (姓성성氏씨성)	을라ㅅ 네임			{라스트 네임}	last name	
성 (姓성성氏씨성)	쒈~ 네임	써어 네임	별명	{서네임}	surname	
(생략하지 않은) 성명 (성과 이름)	뿔 네임			{풀 네임}	full name	

거북이에게 이름을 지어주다 ⇨ 거북이에게 **네임**하다 / 아이의 이름을 짓다 ⇨ 아이의 이름을 **네임**하다
성을 뺀 이름은 **쀠얼스 네임**(퍼스트 네임)이다 / **+** (성을 제외한) **이름** (미국) given name 기븐 네임
우리나라에는 김 씨 성이 제일 많다 ⇨ 우리나라에는 김 씨 **을라스 네임**(라스트 네임)이 제일 많다
결혼 후 남편의 성을 따르는 나라 ⇨ 결혼 후 남편의 **쒈~ 네임**을 따르는 나라 / **+** 성 family name 빼밀리 네임 [빼밀리 네임]
뿔 네임(풀 네임)은 성과 이름, 성명이다 / ◆ l 발음 : 올과 우 사이로 발음

탐욕	그뤼입		욕심	{그리드}	greed	무작정
수단	미인즈		방법, 부, 재산	{민즈}	means	
뜻	미이닝		의미	{미닝}	meaning	
전반적인	오우붜뤄얼	오우붜로울	전체에 걸친, 멜빵 달린 작업 바지	{오버롤}	overall	
(마음, 흥미를) 끌다	어츄뢕t	어츄롹t	매혹하다, 끌어당기다	{어트랙트}	attract	

그 사람은 돈이 **그뤼**(그렇게) 많이 **입**어도(있어도) 더욱 많이 가질 **탐욕**을 가지고 있다 (그리입, 그뤼id, 그리이드, 그리드)
그녀가 다른 친구들보다 더 예쁘게 사진이 찍히는 **수단**으로 **미인**(미인)대회처럼 포즈를 취하다
순우리말 시나브로의 **뜻** ⇨ 순우리말 시나브로의 **미이닝** (미닝)
전반적인 설명 ⇨ **오우붜뤄얼**(오버롤)한 설명 / ※ over + all
사람들의 마음을 끌다 ⇨ 사람들의 마음을 **어츄뢕t**(어츄뢕t, 어츄뢕트, 어트랙트)하다

납득시키다	컨빈스		설득하다 {컨빈스} convince	연상법
(병이) 급성의	어큐웉		(상황, 통증 등이) 심한, 예리한, 예민한 {어큐트} acute	
증명서	쉴티피켙☆	서티피컬☆	증서, 자격증, 증명하다(★) {서티피켙} certificate	
상품권 (미국)	깊 쉴티피켙	깊 서티피컬	{기프트 서티피켙} gift certificate	
올빼미	아울		부엉이, 야행성의 owl	

투수가 **컨**트롤이 안돼 **빈** 볼(빈 볼 bean ball)을 던졌는데 **스**포츠맨쉽에 어긋난다고 항의를 받자 고의가 아니라고 **납득시키다**
어 (한 사람의) **큐웉**(큐트, 귀여운)한 아이가 아이스크림을 너무 많이 먹어서 **급성의** 장염(급성 장염)에 걸리다
쉴티(삼십)개의 교통안전 캠페인 **피켙**(피켓)을 들고 봉사활동한 학생들에게 봉사활동 **증명서**를 주다 / ◆ 동사 발음 : 쉴티피케읕★
깊(기프트, 선물) **쉴티피켙**(증서)은 **상품권**이다 / ✚ **상품권** (영국), 바우처 voucher 봐우철 [봐우쳐] {바우쳐}
아기 **올빼미**가 **울**다 / ◆ l 발음 : 울과 우 사이로 발음

(움직이는 것 등을) 잡다	캐애취 / 캐아취	캬취	사로잡다, 따라잡다, 잡기, 포획 {캐취} catch	쪼개기
(달아나지 못하게) 붙잡다	캐애취 / 캐아취	캬취	(버스 등을) 시간에 맞춰 타다, 잡아 타다 {캐취} catch	★★★
(던진 것 등을) 받다	캐애취 / 캐아취	캬취	포수를 하다, 캐치볼 놀이 {캐취} catch	catch
(병에, 어떤 것에) 걸리다	캐애취 / 캐아취	캬취	끼다 {캐취} catch	
알아채다	캐애취 / 캐아취	캬취	이해하다, 파악하다, 포착하다 {캐취} catch	

토끼를 잡다 ⇨ 토끼를 **캐애취**(캐취)하다 / 시선을 사로잡다 ⇨ 시선을 **캐애취**(캐취)하다
달아나는 말을 붙잡다 ⇨ 달아나는 말을 **캐애취**(캐취)하다 / 버스를 시간에 맞춰 타다 ⇨ 버스를 **캐애취**하다
던진 공을 받다 ⇨ 던진 공을 **캐애취**(캐취)하다
감기에 걸리다 ⇨ 감기에 **캐애취**(캐취)하다 / 그물에 물고기가 걸리다 ⇨ 그물에 물고기가 **캐애취**하다
낌새를 알아채다 ⇨ 낌새를 **캐애취**(캐취)하다

(타고난) 재능	퇘알런t	퇄런t	재주 {탤런트} talent	재활용
증여 (贈與증여줄여)	기이프트 / 기잎t		선물, 타고난 재능, 증정하다, 선사하다 {기프트} gift	
미끄러지다	슬맆		(작은) 실수 {슬립} slip	
미끄럼틀	슬라이d		미끄러지다, (환등기의) 투명 양화 필름 {슬라이드} slide	
단풍나무	뭬이쁠	뭬이펄	단풍나무 재목, 단풍당 {메이플} maple	

뛰어난 재능 ⇨ 뛰어난 **퇘알런**(퇘알런트, 퇘알런트, 탤런트) / ※ TV 배우를 뜻하는 탤런트는 TV star나 actor의 콩글리쉬
증여 재산 ⇨ **기이프트**(기잎트, 기프트) 재산 / ⦿ 증여(贈與증여줄여) : 재산을 넘겨주거나 물품을 선물로 줌
빙판길에서 미끄러지다 ⇨ 빙판길에서 **슬맆**(슬립)하다
미끄럼틀을 타고 내려오다 ⇨ **슬라이**(슬라이d, 슬라이드)를 타고 내려오다
붉은색으로 물든 단풍나무 ⇨ 붉은색으로 물든 **뭬이쁠**(메이플) / ◆ l 발음 : 뻘과 뿌사이로 발음

~할 것 같은	을라이끌리	을라이클리	가능성 있는, 가망이 있는 {라이클리} likely	무작정
중요한	씨그니피컨t		{시그니피컨트} significant	
태도	애뤄튜웉	아튀튜웉	{애티튜드} attitude	
전진시키다	어드봬안스	어드뷔언스	나아가다, 보낼, 전직, 발전 {애드번스} advance	
명소	어츄뢐션		관광지, 볼거리, 매력, 끌어당김 {어트랙션} attraction	

우승 **할 것 같은** 참가자 ⇨ 우승 **을라이끌리**(라이클리)한 참가자
중요한 영상소 ⇨ **씨그니피컨**(씨그니피컨t, 씨그니피컨트)한 영상소
무례한 **태도** ⇨ 무례한 **애뤄튜웉**(애뤄튜웉d, 애뤄튜우드, 애티튜드)
군대를 적의 주둔지로 **전진시키다** ⇨ 군대를 적의 주둔지로 **어드봬안스**(애드번스)하다
주말마다 전국의 **명소**를 찾아다니다 ⇨ 주말마다 전국의 **어츄뢐션**(어트랙션)을 찾아다니다

영어 단어에 해당하는 국어 단어 (기준으로 세운 뜻)	미국식 발음	영국식 발음	해당 국어 단어들 (다른 뜻들)	{한국식 발음} 스펠링	
(어떤 상태가) 되게 하다	뤤뒬	뤤둬	(어떤 상태가 되게) 만들다, 표현하다, 주다 {렌더} render		연상법
일치하다	코인싸일		동시에 일어나다 {코인사이드} coincide		
당황하다	임배어뤄스	임바뤄스	당황하게 하다 {임배러스} embarrass		
기꺼이 ~하는 (서술형)	우윌링		~하기를 꺼리지 않는, 자발적인 {윌링} willing		
순종하다	오베이		따르다, ~을 지키다, 복종하다 obey		

제품을 디자인하고 실제와 같이 묘사하는 **뤤뒬**(렌더링) 작업을 거쳐 실제 제품처럼 **되게 하다**
연도가 다른 오백 원짜리 **코인**(동전)들이지만 크기와 **싸일**(사이드, 측면)은 모두 **일치하다** / ※ co(함께) + incide(일어나다)
임금님이 감기 **배어뤄스**(바이러스)에 걸려 궁궐 의원들이 몹시 **당황하다**
우윌(월, 이름)은 **링**(ring 원형 경기장)에 올라가 **기꺼이** 도전자와 상대하는 챔피언이다
목검에 **오**(다섯) 번 **베이**고 나서야 무술 실력을 자만하던 제자가 사부의 가르침에 **순종하다**

깨끗한	클리인		순수한, 순결한 {클린} clean	쪼개기
청결한	클리인		산뜻한 {클린} clean	★★★
청소하다	클리인		{클린} clean	
치우다	클리인		닦다 {클린} clean	clean
깨끗이 하다	클리인		청결하게 하다 {클린} clean	

깨끗한 물 ⇨ **클리인**(클린)한 물 / ※ clean은 깨끗한, 청결한, 청소하다의 뜻이고 clear는 맑은, 투명한, 분명한의 뜻
청결한 주방 ⇨ **클리인**(클린)한 주방
방을 청소하다 ⇨ 방을 **클리인**(클린)하다
책상 위를 치우다 ⇨ 책상 위를 **클리인**(클린)하다
바닥을 깨끗이 하다 ⇨ 바닥을 **클리인**(클린)하다 / 주방을 청결하게 하다 ⇨ 주방을 **클리인**(클린)하다

청소	클리닝		세탁 cleaning	재활용
흥분시키다	익싸일 / 엑싸일		들뜨게 하다, 자극하다, 불러일으키다 {익사이트} excite	
신나는	익싸이링	익싸이팅	흥미진진한, 흥분시키는 {익사이팅} exciting	
껴안다	허억 / 헉		포옹하다 {허그} hug	
우아한	엘러겐t	엘러건t	품위 있는, 품격 있는, 고상한 {엘러건트} elegant	

청소를 자주 하다 ⇨ **클리닝**을 자주 하다
롤러코스터가 사람들을 흥분시키다 ⇨ 롤러코스터가 사람들을 **익싸일**(익싸이t, 익싸이트, 익사이트)
신나는 놀이 ⇨ **익싸이링**(익사이팅)한 놀이 / 흥미진진한 이야기 ⇨ **익싸이링**한 이야기
연인이 서로 껴안다 ⇨ 연인이 서로 **허억**(허어g, 허어그, 허그)하다
우아한 옷차림 ⇨ **엘러겐**(엘러겐t, 엘러겐트, 엘러건트)한 옷차림 / **+ 우아,** 고상 elegance 엘러겐스[엘러건스]

서약	봐우		서약하다, 맹세, 맹세하다 {바우} vow	무작정
진공	봐뀨움 / 봬뀨움	봐큐움	진공의, 진공청소기로 청소하다, 공백 {배큠} vacuum	
청소기	클리이뉠	클리이뉴	세제, 청소부, 세탁소 {클리너} cleaner	
저녁 식사	써쀨	써퍼	저녁 (식사), 만찬 {서퍼} supper	
~동안	듀어링	쥬어링	~동안에, ~사이에, ~중에 {듀어링} during	

봐우(바위) 처럼 단단하게 굳은 서약을 하다 ⇨ 서약(盟맹세할맹서맹5약): 맹세하고 약속함
진공청소기 **봐뀨**(바퀴)를 **움**직여 진공청소기로 청소하다
청소기로 청소를 하다 ⇨ **클리이뉠**로 청소를 하다 / **+ 진공청소기** vacuum cleaner 봐뀨움 클리이뉠 [봐큠 클리이뉴]
저녁 식사를 준비하다 ⇨ **써쀨**(서퍼)을 준비하다
겨울 방학 동안 운동을 열심히 하다 ⇨ 겨울 방학 **듀어링** 운동을 열심히 하다

7회 왕초보 영단어 복합적 암기법

(원자, 세포) 핵의	누클리얼	뉴클리어	핵무기의, 원자력의, 핵무기 {뉴클리어} nuclear	연상법
공예	크뢔앞t	크뢔앞t	기술, 솜씨, 비행기, 항공기, 우주선 {크래프트} craft	
(동물 등이) 길들여진	테임		길들이다, 재배된, 시키는 대로 하는, 줏대 없는 {테임} tame	
(땅속에) 묻다	베어뤼		묻히다, 파묻다, 매장하다 {베리} bury	
변경하다	뫄뤼빠이	뭐디빠이	수정하다, 바꾸다 {마더파이} modify	

핵의 연료를 이용한 원자력 발전소는 **누**(뉴, 새로운) 하고 **클리얼**(클리어, 맑은)한 공기를 주지만 그 위험성이 대두되기도 한다
그녀는 **크뢔앞t**지(크라프트지, 갈색 종이)로 **공예**를 하는 기술이 뛰어나다 (크래앞, 크래앞, 크래아프트, 크래아프트)
이 안경테는 한 달 동안 잘 **길들여진 안경 테임**(안경테이다)
품질이 좋은 블루베리는 판매하고 상품 가치가 없는 블루**베어뤼**(블루베리)를 따로 모아 땅속에 **묻다**
뫄뤼(마더, 엄마)가 아이들 간식으로 먹던 초코**빠이**(초코파이)를 건강에 좋은 유기농 원료 초코파이로 **변경하다**

맑은	클리얼	클리어	청명한, 맑게 갠, 밝은 {클리어} clear	쪼개기
투명한	클리얼	클리어	또렷한 {클리어} clear	★★★
분명한	클리얼	클리어	뚜렷한, 확실한 {클리어} clear	clear
명확한	클리얼	클리어	명백한 {클리어} clear	
(날씨, 액체 등이) 맑아지다	클리얼	클리어	(구름, 안개, 연기 등이) 걷히다 {클리어} clear	

맑은 물 ⇨ **클리얼**(클리어)한 물 / 청명한 하늘 ⇨ **클리얼**(클리어)한 하늘
투명한 유리 ⇨ **클리얼**한 유리 / 또렷한 소리 ⇨ **클리얼**한 소리
분명한 사실 ⇨ **클리얼**한 사실 / 뚜렷한 목표 ⇨ **클리얼**한 목표
명확한 기준을 제시하다 ⇨ **클리얼**한 기준을 제시하다
하늘이 맑아지다 ⇨ 하늘이 **클리얼**해지다 / 구름이 걷히다 ⇨ 구름이 **클리얼**해지다

세다	캬운t		계산하다, 계산 {카운트} count	재활용
(목재, 금속 등의 사각형) 판	패애널 / 패애널	파널	토론자들(패널), (자동차 등의) 계기판, 판넬 {패널} panel	
기장	캐앞든	캪튼	선장, 장, (운동팀의) 주장, 대위, 대령 {캡틴} captain	
준비된 (명사 앞에는 안 씀)	뤠리	뤠디	준비가 된, 각오가 된 {레디} ready	
(병, 펜 등의) 뚜껑	캐앞 / 캐앺	캬앞	모자, 모자 모양의 것, 마개, 최고(치), 캡 {캡} cap	

1부터 10까지 **세다** ⇨ 1부터 10까지 **캬운**(캬운, 카운트, 카운트)하다
태양열 **판** ⇨ 태양열 **패애널**(패널) / 4명의 **토론자**들이 토론을 하다 ⇨ 4명의 **패애널**(패널)이 토론을 하다
기장이 이륙 준비를 하다 ⇨ **캐앞든**(캡틴)이 이륙 준비를 하다
"너는 됐니? **준비된**(너는 준비됐니?)" ⇨ "너는 됐니? **뤠리**(레디)"
병**뚜껑** ⇨ 병 **캐앞**(캡) / 야구 모자 ⇨ 야구 **캐앞**(캡) / 수영 모자 ⇨ 수영 **캐앞**(캡)

또렷하게	클리얼리		분명히, 분명하게, 선명하게, 명확히 {클리어리} clearly	무작정
접시	플레잍		(금속 등의) 판, 한 접시 {플레이트} plate	
(접시에 담은) 요리	듸쉬		음식, (약간 깊고 큰) 접시 {디쉬} dish	
(가죽 등의) 끈	스쮸뢒		가죽끈, (손목시계의) 가죽 줄, 혁대 {스트랩} strap	
이미	어얼뤠리	오올뤠디	벌써 {올레디} already	

새소리가 **또렷하게** 들린다 ⇨ 새소리가 **클리얼리**(클리어리)하게 들린다 / 분명히 듣다 ⇨ **클리얼리**하게 듣다
계란 후라이를 **접시**에 담다 ⇨ 계란 후라이를 **플레잍**(플레이t, 플레이트)에 담다 / 철판 ⇨ 철 **플레잍**
요리를 먹다 ⇨ **듸쉬**(디쉬)를 먹다 / 맛있는 요리 ⇨ 맛있는 **듸쉬**
카메라 끈 ⇨ 카메라 **스쮸뢒**(스트랩) / 어깨끈 ⇨ 어깨 **스쮸뢒**(스트랩)
영화가 **이미** 시작됐다 ⇨ 영화가 **어얼뤠리**(올레디) 시작됐다 / "벌써 12시다" ⇨ "**어얼뤠리** 12시다"

영어 단어에 해당하는 국어 단어 (기준으로 세운 뜻)	미국식 발음	영국식 발음	해당 국어 단어들 (다른 뜻들)	{한국식 발음} 스펠링	
통지하다	노우뤄빠이	노우튀빠이	알리다, 신고하다	{노터파이} notify	연상법
은행나무	깅꺼우	깅커우 / 깅커	(= gingko) {깅코} {징코} ginkgo		
출현	애드붼t	아드붼t	도래 {애드벤트} advent		
외부의	엑스떨~널	엑스뛰어널	밖의, 대외적인, 외용의 {익스터널} external		
꽃잎	페럴	페틀	{페틀} petal		

형이 동생에게 "**노우**!(안 돼) **류**(너)! 나의 초코**빠이**(초코파이)에 손대지 마라!"라고 **통지하다**
떡갈나무로 피노키오의 몸통을 만들고 얼굴과 **깅 꺼우**(긴 코)는 은행나무로 만들다
어린이날 행사에 공룡영화 홍보를 위한 **애드**(광고) 목적의 이**벤t**(이벤트)로 거대한 공룡이 **출현**을 하다
엑스(바깥의) **떨~널**(터널) **외부**의 공사를 마무리하다
꽃잎에서 나는 좋은 향기가 **페럴**(페틀) 건강하게 하는 것 같다

주식	스똬악	스똑	주 {스톡} stock	쪼개기
증권	스똬악	스똑	국채, 공채 (영국) {스톡} stock	★☆☆
가축 (집합적)	스똬악	스똑	(총의) 개머리판, (기구의) 자루, 그루터기 {스톡} stock	
재고	스똬악	스똑	재고품, 사들인 물건 {스톡} stock	stock
비축	스똬악	스똑	비축물, 저장, 저장품 {스톡} stock	

주식에 투자하다 ⇨ **스똬악**(스톡)에 투자하다
증권 거래소 ⇨ **스똬악**(스톡) 거래소
가축을 키우다 ⇨ **스똬악**(스톡)을 키우다
매장과 창고에 **재고**가 얼마 안 남다 ⇨ 매장과 창고에 **스똬악**(스톡)이 얼마 안 남다
원료 **비축** ⇨ 원료 **스똬악**(스톡)

(생물) 조직	티슈우		얇은 직물, 얇은 종이, 화장지, 티슈 {티슈} tissue	재활용
밀가루 반죽	도우		반죽, 빵 반죽, 가루 반죽 {도우} dough	
융합의	퓨우줜		혼합한, 융합, 혼합, 연합 {퓨전} fusion	
상징	씸벌		기호, 부호, 심볼 {심볼} symbol	
상징적인	씸벌렉	씸볼렉	상징하는 {심볼릭} symbolic	

티슈우(티슈) 화장지는 보통 200매 정도의 얇은 종이로 **조직**처럼 이루어져 있다
피자 **밀가루 반죽** ⇨ 피자 **도우**(도우)
융합의 음악 ⇨ **퓨우줜**(퓨전) 음악 / 전통식과 현대식을 혼합한 요리 ⇨ 전통식과 현대식을 **퓨우줜**(퓨전)한 요리
고급 승용차는 부의 **상징** ⇨ 고급 승용차는 부의 **씸벌**(심볼) / 원소 기호 ⇨ 원소 **씸벌**(심볼)
각 색깔의 **상징적인** 의미 ⇨ 각 색깔의 **씸벌렉**(심볼릭) 의미

(돈을) 걸다	베엩	벹	내기를 하다, 내기 {베트} bet	무작정
맛있는	테이스띠		맛 좋은 {테이스티} tasty	
동상	스땨츄우	스땨튜우	조각상 {스태츄} statue	
조각품	스꺼읆쩔	스꺼읆쩌	조각, 조각술, 조각하다 {스컬프쳐} sculpture	
(식물의) 가시	θ또@온	θ쏘온	고통을 주는 것 {쏜} thorn	

예능의 수박씨 멀리 **베엩**기(뱉기) 경기에 친구들끼리 돈을 **걸다** / **+ 내기**, 내기에 거는 돈, 도박, 베팅 betting 베에링 {베팅} {베팅}
테이블(테이블)에 놓인 **스띠**커(스티커) 광고지를 보고 맛있는 치킨을 주문하다
어려운 이웃을 많이 도와준 연예계의 원로 **스땨**(스타)가 노환으로 별세를 하자 **츄우**(추후)에 그를 기리는 **동상**을 세우다
대리석으로 만든 **조각품** ⇨ 대리석으로 만든 **스꺼읆쩔**(스컬프쳐)
장미 **가시** ⇨ 장미 **또온**(쏜) / **+ 생선뼈**, 생선가시 fishbone **쀡쉬보운** / ◆ @온 : 혀를 말고 온(올과 온이 섞인 소리)을 발음

왕초보 영단어 복합적 암기법 7회

				연상법
줄	스쮸링		실, 끈, 현 (絃악기줄현), 일련 {스트링} string	
날씬한	슬렌뒬	슬렌뒤	호리호리한, 가느다란, 가는 {슬렌더} slender	
납	올레엔☆	올렌☆	이끌다 (올리임★) {레드} {리드} lead	
판단	줘쥐먼t		재판, 심판, 판결, (judg(e)ment 영국) {저쥐먼트} judgment	
판사	줘어쥐	줘쥐	심사위원, 판단하다, 재판하다, 판결하다 {저쥐} judge	

스쮸리트(스트리트, 거리)에서 파는 링(링, 반지)을 세 개 사서 줄로 엮은 후 목걸이로 만들다
조금만 먹고 열심히 운동해서 날씬한 몸매를 가질 생각을 하니 슬렌뒬(슬렌더)
납은 인체에 위험하니 보관해 둘 때에는 올레엔(레드 red 빨간색)으로 경고 문구를 써놓는다 (올레엔, 올레에드, 올레에드, 레드)
허위 댓글이 넘쳐나자 이것을 줘쥐(저지)해야 한다고 판단하여 엔터테인먼t(엔터테인먼트) 회사에서 법적으로 대응하다
재판장에서 소란이 일어나서 판사가 줘어쥐(저지)시키다

				쪼개기
그곳에	ð뒈얼	ð뒈어	그곳으로, 그곳에서 {데어} there	
거기에서	ð뒈얼	ð뒈어	거기에, 거기로, 거기 {데어} there	★★★
저기	ð뒈얼	ð뒈어	저기에, 저기로, 저곳, 저쪽에서 {데어} there	there
~이 있다 (~ be)	ð뒈얼	ð뒈어	{데어} there	
"거봐"	ð뒈얼	ð뒈어	{데어} there	

그곳에 가 본 적이 있다 ⇨ 뒈얼(데어)에 가 본 적이 있다 / ◆ [ð] = th = 드 : 혀 끝을 앞니로 살짝 물었다 당기는 그 사이로 발음
"거기에서 좀 기다려" ⇨ "뒈얼(데어)에서 좀 기다려"
"저기 좀 봐" ⇨ "뒈얼(데어) 좀 봐"
책상 위에 인형이 있다 ⇨ 책상 위에 인형이 뒈얼(데어) / ※ '~이 있다'의 뜻 there에는 '그곳에'라는 뜻을 가지지 않음
"거봐, 내 말이 맞지?" ⇨ "뒈얼(데어), 내 말이 맞지?"

				재활용
싸우다	빠잍		싸움, 다툼, 전투, 다투다, 전투하다 {파이트} fight	
(문, 뚜껑 등을) 닫다	쎠엍		닫히다, (눈을) 감다, (책을) 덮다, 닫힌 (서술적) {셧} {쎠트} shut	
(전후좌우로) 흔들다	롸악	@록	바위, 암석, 록 음악 (rock music) {록} rock	
현장	쀠얼 / 쀠을d		분야, 들, 들판, 벌판, 밭, ~장, 경기장, 전쟁터 {필드} field	
전투	배아럴 / 바아럴	바틀	전쟁, 싸움, 싸우다 {배틀} battle	

적과 싸우다 ⇨ 적과 빠잍하다 / + 싸우는, 싸움 fighting 빠이링 [빠이팅] / ♣ 응원 의미의 파이팅은 콩글리쉬
문을 닫다 ⇨ 문을 쎠얼(셧)하다 / + "입 닥쳐", 입 닥치다, 입 다물다 shut up 쎠어 뭪 [쎠어 뭡] {셧 업}
신나는 롸악 앤 롤(로큰롤) 음악에 관중이 몸을 흔들다 / + 로큰롤(로큰롤) rock and roll 롹 캔 뤄울 [뤅 캔 뤄울] {락 앤 롤}
현장 경험 ⇨ 쀠얼(쀠어d, 쀠어드, 필드) 경험 / 과학 분야 ⇨ 과학 쀠얼(필드) / 산과 들 ⇨ 산과 쀠얼(필드)
모의 전투를 하다 ⇨ 모의 배아럴(배틀)을 하다

				무작정
(음식, 경험을) 맛보다	테이슽		취향, 맛, 기호 {테이스트} taste	
(공간, 둘 사이의) 거리	디스뛘스		먼곳, 원거리 {디스턴스} distance	
연못	파안d	펀d	{폰드} pond	
대본	스끄륖t		원고, 손으로 쓴 글, 필기체 활자 {스크립트} script	
전쟁터	배아럴쀠얼d	바틀쀠을d	전장, 싸움터 {배틀필드} battlefield	

음식을 맛보다 ⇨ 음식을 테이슽(테이스t, 테이스트)하다 / 취향이 다르다 ⇨ 테이슽이 다르다
집에서 학교까지의 거리 ⇨ 집에서 학교까지의 디스뛘스(디스턴스)
연못에 금붕어가 있다 ⇨ 파안(파안d, 파안드, 폰드)에 금붕어가 있다
영화 대본 ⇨ 영화 스끄륖(스끄륖t, 스끄륖트, 스크립트)
전쟁터에서 싸우다 ⇨ 배아럴쀠얼(배아럴쀠얼d)에서 싸우다 / + 전쟁터 battleground 배아럴그롸운d [바틀그롸운d]

영어 단어에 해당하는 국어 단어 (기준으로 세운 뜻)	미국식 발음	영국식 발음	해당 국어 단어들 (다른 뜻들)	{한국식 발음} 스펠링	
들리는	아뤄벌	오디벌	들을 수 있는 {오더블} audible		연상법
보기 드문	씽귤륄	씽귤뤄	뛰어난, 두드러진, 유일한, 단수 {싱귤러} singular		
명성	뿨임		명예 {페임} fame		
~하는 경향이 있다	퉤엔d		~하기 쉽다, 돌보다 {텐드} tend		
경향	텐뒨씨		추세, 성향 {텐던시} tendency		

"**아~**"하고 테스트를 하자 종이컵 전화기에서 **뤼벌**(러블리, 사랑스러운)한 딸의 잘 **들리는** 목소리
맛집으로 유명한 그 냉면집은 **씽 귤 뤌**(신 귤을 넣어) **보기 드문** 맛을 낸다
전국적으로 **명성**이 자자한 그 칼국수집 국물 맛의 비결은 소고기 **뿨임**(뼈이다, 뼈로 우려낸 국물이다)
그는 **퉤엔d**(텐트) 및 캠핑용품을 살 때 브랜드를 중시하는 **경향이 있다**
씨앗을 **텐**(텐, 열) 번 **뒨**저서(던져서) 뿌리면 **씨**는 다섯 개만 자라는 **경향**이 있다

이것	ðㄷㅣ스		이, 지금 {디스} this		쪼개기
이쪽	ðㄷㅣ스		(소개할 때) 이분, 이 사람 {디스} this		★★★
이런	ðㄷㅣ스		이러한 {디스} this		this
이렇게	ðㄷㅣ스		{디스} this		
이 정도로	ðㄷㅣ스		(전화상의) 나 {디스} this		

이것은 맛있다 ⇨ **디스**(디스)는 맛있다 / ◆ 발음기호 [ð] = 스펠링 th = ㄷ : 혀 끝을 앞니로 살짝 물었다 떼면서 'ㄷ' 발음
"이쪽은 내 남편이야" ⇨ "**디스**는 내 남편이야" / "이분은 직장 동료입니다" ⇨ "**디스**는 직장 동료입니다"
이런 종류의 음악 ⇨ **디스** 종류의 음악 / 이러한 현상 ⇨ **디스** 현상
"네가 이렇게 재미있는 줄 몰랐어" ⇨ "네가 **디스** 재미있는 줄 몰랐어"
"오늘은 이 정도로 마무리하자" ⇨ "오늘은 **디스**로 마무리하자" / "여보세요. 나 길동이야" ⇨ "여보세요. **디스** 길동이야"

출생	버얼θ뜨	버어θ쓰 / 버θ엇	탄생, 출산, 출신 {버스} birth		재활용
비행	쁠롸잍	플라잍	항공편, 비행기 여행 {플라이트} flight		
젖소	캬우		암소, 소 {카우} cow		
상승하는	롸이징		떠오르는, 올라가는, 오르는, 오름, 반란, 봉기 {라이징} rising		
지각 (地각殼껍질각)	크롸슷		딱딱한 표면, 파이의 껍질, 빵껍질 {크러스트} crust		

출생 신고 ⇨ **버얼뜨**(버얼th, 버얼θ) 신고 / ✚ 생일, 탄생일, 탄신일 birthday 버얼θ뜨뒈이 [버어θ쓰데이] {버스데이}
야간 비행 ⇨ 야간 **쁠롸잍**(쁠라잍, 블라이트, 플라이트) / 항공편을 예약하다 ⇨ **쁠롸잍**을 예약하다
젖소의 우유를 짜다 ⇨ **캬우**(카우)의 우유를 짜다
상승하는 물가 ⇨ **롸이징**(라이징)하는 물가 / 떠오르는 배우 ⇨ **롸이징**(라이징)하는 배우
지각의 변동으로 형성된 지형 ⇨ **크롸슷**(크라슷, 크라스트, 크러스트)의 변동으로 형성된 지형 / ◉ 지각 : 지구의 겉 부분

동의	컨쎈t		동의하다 {컨센트} consent		무작정
결론짓다	컨클루웊		결론을 내리다, 끝내다, 체결하다 {컨클루드} conclude		
단서	클루우		실마리 {클루} clue		
포함하다	인클루웊		포함시키다, 함유하다 {인클루드} include		
반박하다	뤼쀼울	뤼퓨울	반론하다 {리퓨트} refute		

휴대전화의 충전이 필요해서 식당의 **컨쎈t**(콘센트)를 써도 되는지 주인의 **동의**를 구하다
컨디션이 안 좋을 때에는 **클**래식 음악을 들으며 하**루** 종일 **웊**(웃)는 (웃) 것으로 **결론짓**다 (컨클루웊, 컨클루웊d, 컨클루우드)
사건의 **단서**를 찾다 ⇨ 사건의 **클루우**(클루)를 찾다 / 문제의 실마리 ⇨ 문제의 **클루우**
제품의 가격에는 인건비, 세금 등을 **포함하**다 ⇨ 제품의 가격에는 인건비, 세금 등을 **인클루웊**(인클루웊d, 인클루우드)하다
상대측 주장에 대하여 **반박하다** ⇨ 상대측 주장에 대하여 **뤼쀼울**(뤼쀼우t, 뤼퓨우트, 리퓨트)하다

왕초보 영단어 복합적 암기법 7회

뜻	발음1	발음2	의미	암기법
비난하다	블레임		탓하다, 탓, (잘못에 대한) 책임 {블레임} blame	연상법
(사자, 곰, 여우 등의) 새끼	커업		동물의 새끼, 고래(상어) 새끼, 풋내기 {컵} cub	
(의문문에서) 어느 쪽	우위취 / 후위취		어느, 어느 쪽 사람(물건) {위취} which	
이주하다	롸이그뤠잍		이동하다 {마이그레이트} migrate	
이것들	드디이즈		이것들의, 이들, 이들의, (this의 복수형) {디즈} these	

부주의로 **블레**(불을 내) **임**야(숲과 들)을 태운 사람을 비난하다
작고 귀여운 토끼 새끼가 **커업**(컵)에 쏙 들어가다
"책상의 **우위취**(위치)를 어느 쪽에 잡아야 좋을까?"
롸이(나의) **그레일**(웅대한) 연예인의 꿈을 위해 서울로 이주하다 / ◉ 이주(移住길이살주): 거주지를 옮겨서 삶
이것들은 **디**게(되게) 좋은 물건 **이즈**(is 이다)

뜻	발음1	발음2	의미	암기법
저것	ð돼앹 / ð댙	ð돼앹 / ð뒐	저, 저 사람 {댙} that	쪼개기 ★★★ that
그것	ð돼앹 / ð댙	ð돼앹 / ð뒐	그, 그 사람 {댙} that	
그렇게	ð돼앹 / ð댙	ð돼앹 / ð뒐	{댙} that	
그 정도로	ð돼앹 / ð댙	ð돼앹 / ð뒐	{댙} that	
(절을 이끌어) ~한다는	ð돼앹 / ð댙	ð돼앹 / ð뒐	~라는 {댙} that	

"저것을 보여줘" ⇨ "**돼앹**(댙)을 보여줘" / 저 상자 ⇨ **돼앹**(댙) 상자
그것은 당연한 일이다 ⇨ **돼앹**(댙)은 당연한 일이다
"그렇게 서 있어봐" ⇨ "**돼앹**(댙) 서 있어봐" / "그렇게 맛있어?" ⇨ "**돼앹**(댙) 맛있어?"
그 정도로 만족하다 ⇨ **돼앹**(댙)으로 만족하다
나는 소식을 들었다 '그가 결혼한다는' (나는 that의 소식을 들었다) ⇨ 나는 소식을 들었다 '**that** 그가 결혼한다'

뜻	발음1	발음2	의미	암기법
선택 사항	아앞션	옾션	선택, 선택권, 옵션 {옵션} option	재활용
제1의	프뤼미얼	프뤼미어	최고의, 총리, 수상 {프리미어} premier	
목도리	스까@앞	스까앞	스카프 (겨울 목도리, 멋내기용) {스카프} scarf	
황소	부을		(코끼리, 고래 등 큰 동물의) 수컷, 수컷의 {불} bull	
다가오는	커밍		오고 있는 (come의 현재 진행형), 오는, 다음의 {커밍} coming	

세 가지 선택 사항이 있다 ⇨ 세 가지 **아앞션**(옵션)이 있다
프뤼미얼(프리미어) 리그는 영국 축구 제**1**의(1부, 최고의) 리그로 최고의 실력을 가진 선수들이 뛴다
털실로 짠 목도리 ⇨ 털실로 짠 **스까앞**(스카프) / ◆ @앞 : 혀를 말고 앞(알과 앞이 섞인 소리)을 발음
뿔을 가진 거대한 황소가 **부을**(불) 같이 거세게 달리다
다가오는 토요일 ⇨ **커밍**(커밍) 토요일 / "오고 있는 거니?" ⇨ "**커밍**(커밍)하는 거니?"

뜻	발음1	발음2	의미	암기법
그들은	ð뒈이		그녀들은, 그것들은, 그들이, 그것들이, 들 {데이} they	무작정
그들의	ð뒈얼	ð뒈애	그것들의, (they의 소유격) {데어} their	
누구의	후우즈		누구의 것, (who, which의 소유격) {후즈} whose	
그들을	ð뒘		그녀들을, 그것들을, 그들에게, (they의 목적격) {뎀} them	
~안으로	인투		~속으로, ~으로, ~안에 {인투} into	

그들은 행복하다 ⇨ **뒈이**(데이)는 행복하다 / 그녀들은 아름답다 ⇨ **뒈이**(데이)는 아름답다 / ※ he, she, it의 복수형 주격
그들의 집에 초대받다 ⇨ **뒈얼**(데어) 집에 초대받다
누구의 가방인지 모르겠다 ⇨ **후우즈**(후즈) 가방인지 모르겠다
그들을 도와주다 ⇨ **뒘**(ð뎀, 뎀) 도와주다
집 안으로 들어가다 ⇨ 집 **인투**로 들어가다 / 토끼가 숲 속으로 달아나다 ⇨ 토끼가 숲 **인투**로 달아나다

영어 단어에 해당하는 국어 단어 (기준으로 세운 뜻)	미국식 발음	영국식 발음	해당 국어 단어들 (다른 뜻들)	{한국식 발음} 스펠링	
흩뿌리다	스깨아뤌	스까튀	흩어지다, 흐트러뜨리다 {스캐터} scatter		연상법
포도	그뤠잎		{그레이프} grape		
존재하다	이그줴슽 / 에그줘슽		현존하다, (근근이) 살아가다, 있다 {이그지스트} exist		
(약물, 취미 등의) 중독자	아뤸t / 아릌t	아듴t	중독되게 하다 {애딕트} addict		
치명적인	뒈들리 / 뎉을리		생명을 앗아가는, 치사의 {덴리} {데들리} deadly		

스카이(하늘)에 **깨아뤌**(깨알을, 깨의 씨를) **흩뿌리다**
"**그뤠**(그래)~ 푸른 **잎**을 보니 포도가 잘 자라고 있구나"
이그(에그, 계란, 알) 안에는 **줴슽**(저스트, 그저, 단지) 병아리의 생명체가 **존재하다**
게임 중독자가 8시간째 **아뤸t**(아직도) 신나게 게임을 하다 (아뤸, 아륄, 아뤸트, 애딕트)
감히 신하가 왕에게 **뒈들리**가(대들리가) 없다. 만약 그랬다면 **치명적인** 실수를 한 것이다

~하도록 두다	을렡		~하게 해주다 {렛} let		쪼개기
~하게 놔두다	을렡		~하는 것을 허락하다 {렛} let		★★★
~에 들어가게 하다	을렡		가게 하다, 오게 하다, 통과하게 하다 {렛} let		
~하자	을렡		{렛} let		
(방, 토지 등) 세놓다 (영국)	을렡		임대 (영국), 임대하다 (영국) {렛} let		

노래를 하도록 두다 ⇨ 노래를 **을렡**(렛) / ✚ **그대로 두어라**, 그냥 놔둬, 내버려 둬, 순리에 맡겨 Let it be
아이들이 놀게 놔두다 ⇨ 아이들이 놀게 **을렡**(렛)하다 / ✚ **내버려 둬**, 가도록 둬라, 놓아줘, 잊어버려 Let it go
방문객들을 방송국 스튜디오에 들어가게 하다 ⇨ 방문객들을 방송국 스튜디오에 **을렡**(렛)하다
"우리 게임하자" ⇨ "우리 게임 **을렡**(렛)" / ※ Let's 을레츠 = Let us 을레 뤼스 [올레 튀스.s] 우리, ~하자 {렛 어스}
방을 세놓다 ⇨ 방을 **을렡**(렛)하다 / 건물 임대 ⇨ 건물 **을렡**(렛) / ● 임대 : 돈을 받고 물건을 빌려주는 일

~할 때는	우웬 / 후웬		(의문문) 언제, 어떤 경우에 {웬} when		재활용
우리를	어스 / 어스		우리에게, (we의 목적격) us		
우리의	아우얼	아우어	우리들의, (we의 소유격) {아워} our		
우리의 것	아월즈	아워즈	우리들의 것, (we의 소유 대명사) {아워즈} ours		
우리 자신을	아월쎄얼브즈	아워쎄얼브즈	우리 스스로 {아워셀브즈} ourselves		

회의할 때는 핸드폰을 꺼두다 ⇨ 회의 **우웬**(웬) 핸드폰을 꺼두다 / "너는 언제 행복하니?" ⇨ "너는 **우웬**(웬) 행복하니?"
세상은 우리를 속인다 ⇨ 세상은 **어스**를 속인다
우리의 사랑 ⇨ **아우얼**(아워)의 사랑
"우리의 것이 좋은 것이여" ⇨ "**아월즈**(아워즈)가 좋은 것이여"
우리 자신을 믿자 ⇨ **아월쎄얼브즈**(아워셀브즈)을 믿자 / ◆ '브즈'는 속삭이듯 아주 약하게 발음

동기를 부여하다	모뤄붸잍	모우튀붸잍	이유가 되다 {모터베이트} motivate		무작정
저항하다	뤼쥐슽		반항하다 {리지스트} resist		
산사태	을래앤슬라읻	을란슬라읻	(선거) 압도적인 득표 {랜드슬라이드} landslide		
땅	을래앤d	을라안d	육지, 뭍, 토지 {랜드} land		
자랑스러운	프롸읻		거만한, 자랑스러워하는, 자부심이 강한 {프라우드} proud		

모뤄붸(모터 배, 모터보트)를 **잍**(이틀)만에 만들 수 있도록 직원들에게 보너스로 **동기를 부여하다**
"억압에 질 **뤼쥐**(질리지)~" 언제라도 질리지 않는 자유를 위해 사람들은 **슽**(술)하게 억압에 **저항하다** (뤼쥐슽, 뤼지s.t, 뤼지스트)
산의 **을래앤**(랜드, 땅)이 **슬라읻**(슬라이드, 미끄러지다)하여 산사태가 일어나다
비옥한 땅 ⇨ 비옥한 **을래앤**(올래앤d, 을래앤드, 랜드) / 육지에 배를 대다 ⇨ **을래앤**(땅)에 배를 대다
자랑스러운 전통 ⇨ **프롸운**(프라우d, 프라우드, 프라우드)한 전통 / ✚ **자존심**, 자부심 pride 프롸읻 {프라이드}

서사시 (敍차례서事일시詩시시)	에뼄 / 아뻭	에뼄	서사시의, 서사시적인, 웅대한 {에픽} epic	연상법
반짝이다	투윈껄	투윈끌	반짝반짝 빛나다, 반짝임, 반짝거림 {트윙클} twinkle	
목구멍	θ뜨로울	θ쓰로울	인후 {쓰로웃} throat	
(양, 옷감 등이) 줄어들다	쉬륑k		줄다, 오그라들다, 움츠러들다, 수축하다, 수축 {쉬링크} shrink	
소개팅	블라인 뒈잍		서로 모르는 남녀의 데이트 {블라인드 데이트} blind date	

적들에 뼄뼄이(뻭뼄이) 에워싸여 싸운 선조들의 이야기로 서사시를 쓰다 ⇨ 서사시 : 국가나 민족의 역사적 사건과 관련된 시
투(두) 눈으로 윈껄(윙크)을 하는 귀여운 아이의 초롱초롱한 눈이 반짝이다
목구멍이 뜨로(쓰로) 울(웃지)를 못한다 / ⇨ 인후(咽목구멍인喉목구멍후) : 목구멍
포털사이트마다 광고에 접근하다 쉬 륑k(링크 link 연결)로 인해 물건을 충동구매하여 저축한 돈이 줄어들다
제삼자의 소개로 서로 모르고 만나는 소개팅을 영어로는 블라인 뒈잍(블라인드 데이트)이라고 한다

시각장애의	블라인d		맹인의, 장님의, 맹인들 (the blind) {블라인드} blind	쪼개기
(육체적, 정신적) 눈먼	블라인d		앞을 못 보는 {블라인드} blind	★★☆
알아보지 못하는	블라인d		~을 못 보는 {블라인드} blind	blind
맹목적인	블라인d		맹목적이 되게 하다, 눈멀게 하다 {블라인드} blind	
(창문에 치는) 블라인드	블라인d		{블라인드} blind	

시각장애의 사람이 기적적으로 앞을 보게 되다 ⇨ 블라인(블라인d, 블라인드) 사람이 기적적으로 앞을 보게 되다
눈먼 사랑을 하다 ⇨ 블라인한 사랑을 하다 / 블라인 테스트는 눈가리개 등으로 앞을 못 보는 상태에서 한다
아이의 재능을 알아보지 못하는 어른들 ⇨ 아이의 재능을 블라인하는 어른들
맹목적인 믿음 ⇨ 블라인한 믿음
창문에 블라인드를 달아 햇볕을 차단하다 ⇨ 창문에 블라인을 달아 햇볕을 차단하다

수직의	뷜~리껄	뷔어티클	세로의 {버디컬} vertical	재활용
꼬리표	퇘액	퇘악	표, 딱지, 꼬리표를 붙이다, (식별 표지, 야구의) 태그 {택} tag	
쌍둥이	투웬즈 / 투윈즈		(twin의 복수형) {트윈스} twins	
(물건의 정보를 적은, 묘사의) 꼬리표	을레이벌		표, 상표, 딱지, 음반사, 라벨을 붙이다, 라벨 {레이블} label	
사선 (死죽을사線줄선)	뒌을라인		(원고) 마감 시간, 최종 기한, 데드라인 {데드라인} deadline	

뷜~리껄(버티컬) 블라인드는 여러 개의 얇고 긴 판이 수직의 방향으로 엮여져 햇빛 차단을 한다
옷의 꼬리표를 떼다 ⇨ 옷의 퇘액(택)을 떼다 / 이름표 ⇨ 이름 퇘액(택)
프로야구팀 LG 투웬즈(LG 트윈스)는 쌍둥이라는 뜻이다 + 쌍둥이 중의 하나, 쌍둥이의 twin 투웬 / 투윈
상품에 꼬리표를 달다 ⇨ 상품에 을레이벌(라벨)을 달다 / 개구쟁이라는 꼬리표가 붙다 ⇨ 개구쟁이라는 을레이벌이 붙다
사선을 넘어 탈출하다 ⇨ 뒌을라인(데드라인)을 넘어 탈출하다 / 마감 시간을 넘기다 ⇨ 뒌을라인을 넘기다

서정시	을리뤡		서정시의, 서정의, 서정적인 {리릭} lyric	무작정
(노래의) 가사	을리뤡스		노랫말, (lyric의 복수) {리릭스} lyrics	
산들바람	브뤼즈		미풍, 선선한 바람, 식은 죽 먹기 {브리즈} breeze	
(경기, 전쟁, 선거 등에서) 이기다	위원		우승하다, (경기에서 메달 등을) 따다, 승리하다 {윈} win	
고귀한	노우벌		귀족의, 숭고한, 귀족 {노블} noble	

봄의 느낌을 담은 서정시 ⇨ 봄의 느낌을 담은 을리뤡(리릭) / ⇨ 서정시 : 자기가 느낀 감정을 나타낸 시
노래의 가사 ⇨ 노래의 을리뤡스(리릭스)
화창한 날씨에 산들바람이 분다 ⇨ 화창한 날씨에 브뤼즈(브리즈)가 분다
전쟁에서 이기다 ⇨ 전쟁에서 위원하다 / 대회에서 우승하다 ⇨ 대회에서 위원하다 / 금메달을 따다 ⇨ 금메달을 위원하다
고귀한 존재 ⇨ 노우벌(노블)한 존재 / 귀족의 가문 ⇨ 노우벌의 가문

영어 단어에 해당하는 국어 단어 (기준으로 세운 뜻)	미국식 발음	영국식 발음	해당 국어 단어들 (다른 뜻들)	{한국식 발음} 스펠링	
도입 (導=이끌도入=들입)	인츄뤄덕션		도입부, 서론, 소개 {인트러덕션} introduction		연상법
도입부 (비격식, =introduction)	인츄뤄우		시작 부분, 인트로 {인트로} intro		
소개하다	인츄뤄듀스		들여오다, 도입하다 {인트러듀우스} introduce		
피곤한	타이얼d	타이어d	지친, 싫증난, 지겨운, 물린 {타이어드} tired		
식사	미이얼	미이을	밥, 끼니, 한 끼, 음식 {밀} meal		

영화 **인**(안에)에서 가장 인상적인 부분을 **츄뤄**(추려), 프로**덕션**(프로덕션, 영화 제작사)에서 예고편 **도입** 부분을 만들다
노래의 도입부인 **인츄뤄우**(인트로)가 매우 인상적이면서도 전반적인 곡의 느낌도 좋다
유튜브 영상 **인츄뤄**(인트로, 도입부)에 신제품 **듀우스**(주스, 음료수)를 소개하다
오전 내내 자동차 **타이얼**(타이어 tire)를 갈아 끼우느라 피곤한 나는 **d**뤄우워(드러우워) 낮잠을 잤다
미이얼(밀, 밀가루)가루로 칼국수를 만들어 **식사**를 하다

일찍	어얼리		일찍이, 일찍부터 {얼리} early	쪼개기
이른	어얼리		{얼리} early	★★★
초~	어얼리		{얼리} early	
초기의	어얼리		초기에, 초창기에, 초창기의 {얼리} early	early
조기의	어얼리		조기에 {얼리} early	

일찍 일어나다 ⇨ **어얼리**(얼리) 일어나다
이른 아침 ⇨ **어얼리** 아침 / 이른 봄 ⇨ **어얼리** 봄
초봄 ⇨ **어얼리** 봄 / 초가을 ⇨ **어얼리** 가을
조선 초기의 작품 ⇨ 조선 **어얼리**의 작품 / 감기는 초기에 잡아야 한다 ⇨ 감기는 **어얼리**에 잡아야 한다
조기의 교육(조기 교육) ⇨ **어얼리**의 교육

날짜	뒈잍		날, (누군가와) 만날 약속, (남녀 간의) 데이트 {데이트} date	재활용
홍보하다	프뤄뭐울		촉진하다, 승진시키다, 진급시키다 {프로모트} promote	
승진	프뤄뭐우션		홍보, (판매) 촉진, 진급, 승격, 진흥 {프로모션} promotion	
겨자	마스떨d	마스떨	겨자색, 짙은 황색 {머스터드} mustard	
(간단한) 비결	팊		(실용적인) 조언, (뾰족한) 끝, 끝에 달다, 봉사료, 사례금 {팁} tip	

날짜가 지났는지 확인하다 ⇨ **뒈잍**(뒈이t, 뒈이트, 데이트)이 지났는지 확인하다
상품을 홍보하다 ⇨ 상품을 **프뤄뭐울**(프뤄뭐우트, 프뤄뭐우트, 프로모트)하다
신제품 **프뤄뭐우션**(프로모션, 판매촉진, 판촉) 행사를 잘 진행하여 신제품이 잘 팔립니다. 그래서 나는 부장으로 **승진**을 했다
겨자 소스 ⇨ **마스떨**(마스떨d, 마스떨드, 머스터드) 소스
라면을 맛있게 끓이는 간단한 **비결**을 얻다 ⇨ 라면을 맛있게 끓이는 간단한 **팊**(팁)을 얻다

방앗간	미얼	미을	제분소, 제분기, 분쇄기, 제작소, 갈다, 제분하다 {밀} mill	무작정
밀가루	플라우월	플라우어	(곡물의) 가루 {플라워} flour	
농담하다	키링	키딩	놀리다, 속이다, (kid의 현재분사) {키딩} kidding	
진행하다	프뤄씨읻		나아가다, 계속하다 {프로시드} proceed	
펄럭이다	플라뤌 / 플라틀	플라톄	훨훨 날다, 날개치다, 두근거리다 {플러터} flutter	

미얼(밀)을 **방앗간** 제분기에 넣고 빻아 밀가루로 만들다
밀가루에 색소를 넣고 반죽해 구워 형형색색 아름다운 케이크용 **플라우월**(플라워 flower 꽃)를 만들다
키드(kid 아이)가 현재분사형(현재 진행 중임 + 형용사적인 기능)인 **키링**(kidding)으로 쓰이면 **농담하다**의 뜻이 된다
작업을 **진행하다** ⇨ 작업을 **프뤄씨잍**(프뤄씨이d, 프뤄씨이트, 프로시드)하다
태극기가 펄럭이다 ⇨ 태극기가 **플라뤌**(플러터)하다 / 새가 훨훨 날다 ⇨ 새가 **플라뤌**하다

비교하다	컴페얼	컴페어	{컴페어} compare		연상법
참가하다	펄티서페일	파티서페일	참여하다 {파티서페이트} participate		
(어떤 일에 대한) 장애	아압스티컬	옵스티클	장애물, 방해, 방해물 {압스터클} obstacle		
(즙, 물, 치약, 남을 압박하여) 짜내다	스꾸위이즈		짜다, 압착하다, 착취하다, 짜기, (야구) 스퀴즈 {스퀴즈} squeeze		
과정	프롸쎄스	프로우쎄스	공정, 가공하다, (데이터 등을) 처리하다 process		

회사에 대량 주문할 **컴**퓨터를 업체별로 성능과 가격 등 **페얼**플레이(페어플레이, 공정한 경기)하듯 꼼꼼히 비교하다
펄티서(파티에서) 상대방 얼굴에 **페일**(페인트, 그림물감)을 묻히는 게임에 참가하다
자동차 **아압**(앞) 유리에 너무 많은 **스티컬**(스티커)를 붙이면 운전에 장애 요소가 된다
야구에서 **스꾸위이즈**(스퀴즈) 번트를 대어 1점을 어렵게 짜내다 / ◆ '스퀴즈'를 하나로 연결되게 발음
미용 전문가가 TV **프롸**(프로)에 출연해 얼굴에 트러블 없이 **쎄스**(세수)하는 과정을 알려주다 / {프로세스}

"좋아"	오우케이 / 오케이	어우케이	승인, 허가, "응", "네", "예" {오케이} OK		쪼개기
"알았어"	오우케이 / 오케이	어우케이		"그래", (= okay) {오케이} OK	★★★
괜찮은	오우케이 / 오케이	어우케이	몸의 상태가 좋은, (= okay) {오케이} OK		
"자"	오우케이 / 오케이	어우케이	(= okay) {오케이} OK		OK
"알겠니?"	오우케이 / 오케이	어우케이	"알았지?", (= okay) {오케이} OK		

"차 한 잔 할래?", "좋아~" ⇨ "차 한 잔 할래?", "**오우케이**(오케이)~" / 승인을 하다 ⇨ **오우케이**를 하다
"알았어, 공부할게" ⇨ "**오우케이**, 공부할게"
"어니? 너 괜찮은(너 괜찮니)?" ⇨ "어니? 너 **오우케이**(Are you OK?)"
"자, 갑시다" ⇨ "**오우케이**, 갑시다" / **+** "자, 가자", "자, 갑시다", "좋아, 가자" Okay, let's go 오우케이, 렛츠 궈우
"원하는 것을 해. 알겠니?" ⇨ "원하는 것을 해. **오우케이**?" / "조심해. 알았지?" ⇨ "조심해. **오우케이**?"

신비	미스뜨뤼 / 미스뚸뤼		불가사의, 수수께끼, 미스터리 {미스터리} mystery		재활용
승자 진출전	퉈너멘t	토어너먼t	우승 쟁탈 대회 {토너먼트} tournament		
연맹	율리익		동맹, (스포츠의) 경기 연맹, 리그 {리그} league		
(극장 등의) 매표소	버악스 아쁘스	복스 오삐스	매표 수익, 흥행 수익, 박스 오피스 box office		
경보	얼라@암	얼라암	경보음, 불안, 놀람, 알람 {알람} alarm		

자연의 신비 ⇨ 자연의 **미스뜨뤼**(미스터리) / 세계 7대 불가사의 ⇨ 세계 7대 **미스뜨뤼**(미스터리)
승자 진출전 경기인 **퉈너멘**(토너먼트)전이 열리다 / ※ 토너먼트: 매 경기 패자를 제외시켜 최종 우승 편을 가리는 경기
프로농구 연맹 ⇨ 프로농구 **율리익**(리그) / 국제 연맹 ⇨ 국제 **율리익**(리그)
버악스 아쁘스(박스 오피스) 순위란 매표소의 티켓 판매량으로 영화의 흥행 성적을 매기는 것이다
얼라암(알람) 시간에 맞춰서 경보가 울리다 / ◆ @암 : 혀를 말고 암(알과 암이 섞인 소리)을 발음

아이 (비격식)	키일		어린이, 새끼 염소, 농담하다, 놀리다 {키드} kid		무작정
아이	챠이얼d	챠이을d	어린이, 아동 {차일드} child		
아이들 (child의 복수형)	취얼드뤈	취을드뤈	어린이들 {칠드런} children		
어린 시절	챠이얼훋		유아기 {차일드후드} childhood		
비교	컴패뤼쓴	컴파뤼쓴	{컴패리슨} comparison		

사랑스러운 아이 ⇨ 사랑스러운 **키일**(키이드, 키드) / ※ kid는 새끼 염소를 뜻하는 친근한 말로 모르는 아이에게는 child를 사용
순수한 아이 ⇨ 순수한 **챠이얼**(챠이얼d, 챠이얼드, 차일드) / 똑똑한 어린이 ⇨ 똑똑한 **챠이얼**
아이들은 부모의 영향을 받는다 ⇨ **취얼드뤈**(칠드런)은 부모의 영향을 받는다 / **+** 아이들 kids 키즈 (kid의 복수형)
어린 시절을 회상하다 ⇨ **챠이얼훋**(챠이얼후드, 차일드후드)을 회상하다
비교 대상 ⇨ **컴패뤼쓴**(컴패리슨) 대상

영어 단어에 해당하는 국어 단어 (기준으로 세운 뜻)	미국식 발음	영국식 발음	해당 국어 단어들 (다른 뜻들)	{한국식 발음}	스펠링	
자백하다	컨**뻬**스		실토하다, 시인하다, 고백하다	{컴페스}	confess	연상법
부끄러워하는 (명사 앞에는 안 씀)	어**쉐임**d		창피해하는, ~해서 부끄러운	{어쉐임드}	ashamed	
깊은 (느낌, 지식, 통찰력 등)	프**뤄빠운**d		깊이가 있는, 심오한	{프러파운드}	profound	
계좌	어**카운**t		계정, 회계, (비율을) 차지하다, 설명	{어카운트}	account	
적응하다	어**돠앞**t		적응시키다, 맞추다, 각색하다	{어댑트}	adapt	

두 학생이 연예인 팬사인회에 가려고 **컨**디션이 안 좋다는 거짓말로 학교 수업을 **뻬**스(패스, 통과하다, 빼먹다) 한 것을 **자백하다**
그는 임금에게 사건의 진실을 말할 용기가 없어 **부끄러워하는 어쉐임**d(어사임, 어사입니다)
깊은 지식으로 난이도가 높은 문제를 **프뤄**(풀어) 1만 **빠운d**(파운드 pound 영국 화폐단위)의 상금을 타다
은행에서는 **어**(하나의) 계좌마다 입금과 출금을 컴퓨터 시스템으로 **캬운**t(세다)한다 (어카운, 어카운트)
어돠앞t(어댑터)가 다른 기기를 사용하게 적응시켜주듯 아르바이트 선배의 도움으로 새로운 일에 빨리 **적응하다**

(가치, 품질, 직장 지위 등의) **등급**	그**뤠이**d		품질 등급, 계급	{그레이드} grade	쪼개기
등급을 매기다	그**뤠이**d		등급을 나누다	{그레이드} grade	★★☆
학년 (미국)	그**뤠이**d			{그레이드} grade	
성적 (미국)	그**뤠이**d		학점	{그레이드} grade	grade
(학교의) **점수**	그**뤠이**d		정도	{그레이드} grade	

최상의 등급 ⇨ 최상의 **그뤠이**(그뤠이d, 그레이드, 그레이드)
소고기에 등급을 매기다 ⇨ 소고기에 **그뤠이**하다 / 품질별로 **등급을** 나누다 ⇨ 품질별로 **그뤠이**하다
3학년 ⇨ 3 **그뤠이**(그뤠이d, 그레이드, 그레이드)
좋은 **성적**을 받다 ⇨ 좋은 **그뤠이**(그뤠이d, 그레이드, 그레이드)를 받다
과학에서 좋은 **점수**를 받다 ⇨ 과학에서 좋은 **그뤠이**(그뤠이d, 그레이드, 그레이드)를 받다

방망이	배앹 / 배앹	밭	박쥐, 치다, (야구 등의) 배트	{배트} bat	재활용
태평스러운	캐주얼 / 캬주얼	캬줄 / 캐쥴	평상시의, 우연한, 평상복의	{캐주얼} casual	
화려한	**빼앤씨**	**빤씨**	공상(의), 상(의), 장식의	{팬시} fancy	
암시	히인t	힌t	암시하다, 넌지시 알리다	{힌트} hint	
(회사, 학교 등의) **구내식당**	캬페**티어뤼아**		카페테리아 (셀프서비스식 간이식당)	cafeteria	

방망이를 휘두르다 ⇨ **배앹**(배트)를 휘두르다 / 동굴에 박쥐가 있다 ⇨ 동굴에 **배앹**(배트)이 있다
태평스러운 태도 ⇨ **캐주얼**(캬주얼)한 태도 / **+** 평상복, 캐주얼 의류 casual wear 캐쥴 웨얼 [캐쥴 웨어 / 캬줄 웨얼]
화려한 옷 ⇨ **빼앤씨**(팬시)한 옷 / 행복한 공상 ⇨ 행복한 **빼앤씨**(팬시)
암시를 나타내는 글귀 ⇨ **히인**(히인t, 히인트, 힌트)을 나타내는 글귀
회사의 구내식당 ⇨ 회사의 **캬페티어뤼아**(카페테리아)

위성	쌔**럴라잍**	싸**털라잍**	인공위성, 위성의	{새털라이트} satellite	무작정
(마지못해, 잘못 등을) **인정하다**	얻밑 / 앧밑		시인하다, 들어가는 것을 허가하다	{어드밋} {애드밋} admit	
악기	인**스쮸뤄먼**t		기구, 도구, 계기(計器)	{인스트러먼트} instrument	
비판적인	크**뤼리껄**	크**뤼티클**	비평의, 중대한, 위기의	{크리티컬} critical	
입양하다	어**돠앞**t	어**도윺**t	채택하다	{어답트} {어돕트} adopt	

위성을 쏘아 올리다 ⇨ **쌔럴라잍**(쌔럴라이t, 쌔털라이트, 새털라이트)을 쏘아 올리다
실수를 인정하다 ⇨ 실수를 **얻밑**(어드밋)하다 / 잘못을 시인하다 ⇨ 잘못을 **얻밑**(어드밋)하다
잘 다루는 악기 ⇨ 잘 다루는 **인스쮸뤄먼**(인스쮸뤄먼t, 인스쮸뤄먼트, 인스트러먼트) / 정밀 기구 ⇨ 정밀 **인스쮸뤄먼**
비판적인 의견 ⇨ **크뤼리껄**(크리티컬)한 의견
아이를 입양하다 ⇨ 아이를 **어돠앞**(어돠앞t, 어돠앞트, 어답트)하다

왕초보 영단어 복합적 암기법 8화

두 마리 토끼를 잡으려면 한 마리씩!

빠른 영어 단어 암기를 위해 발음 요령과 강세는 제외하고 한글 표기 대로의 미국식 발음부터 암기합니다. (권장 사항)

단어용
영어 단어 암기용 기본 발음

VS

발음용
영어 발음 향상용 발음법

어뤄꽤아릴	어뤄**꽤아**릴
브래앤드	브래앤d
듸스카운트	듸스카운t☆
패앗 / 패아뜨	패θ앞/ 패아θ뜨
클로우딩	클로우ð딩

VS

우와뤌 / 우워뤌	우와뤌 / 우워뤌
을라이썬스	을라이썬ㅅ
뤼코얼드	뤼코얼d★
익스쮸롹트	익스쮸롹t★
플랕뽐~	플랕@뽐~

△ 한글 표기대로만 발음　　▲ 발음 요령 & 강세

① d, t 등의 알파벳 표기는 드, 트 등으로 읽기
② '얇은 글자'와 '홀쭉한 글자' 그냥 읽기
③ 각종 기호, 발음 요령은 신경 쓰지 말고 발음
④ 강세를 위한 높낮이 표시 배제하고 발음
※ 한글 발음 표기에 기본 영어 발음 내재

영어 단어에 해당하는 국어 단어 (기준으로 세운 뜻)	미국식 발음	영국식 발음	해당 국어 단어들 (다른 뜻들)	{한국식 발음}	스펠링	
정치인	팔러티션	펄러티션	정치가 {팔리티션} politician			연상법
연합된	유나이릳	유나이틷	연합한, 통합된 {유나이티드} united			
통일하다	유너빠이	유니빠이	통합하다, 하나로 하다 {유너파이} unify			
상태	스뗴잍		국가, 나라, (미국의) 주(州고을주) {스테이트} state			
정치인	스뗴이츠먼		정치가 {스테이츠먼} statesman			

그 젊은 **정치인**은 **팔러티**(폴라티, 목이 긴 티셔츠)를 입고 **션**하게(시원하게) 자신의 정책을 펴다
유(너)와 나의 **나이**가 같으니 우**릳**(우리) 동년배끼리 **연합된** 팀을 구성해 보자
유(당신)의 호박파이와 **너**의 사과**빠이**(사과파이) 그리고 나의 딸기파이의 지름을 한 개의 규격으로 **통일하다**
식탁에 소고기 **스뗴**이크(스테이크)가 매우 맛있게 구워진 **상태**에 **잍**다(있다)
스뗴이츠(국가) **먼**(man)은 국가의 사람, 국가를 위한 정책을 펴는 **정치인**을 말한다

영어 (잉글랜드어, 영국어)	인글러쉬		영어학, 영문학 {잉글리쉬} English			쪼개기
영어의	인글러쉬		잉글랜드어의 {잉글리쉬} English			★★★
영국의	인글러쉬		영국인, 영국인의, 영국 사람(의) {잉글리쉬} English			
잉글랜드의	인글러쉬		{잉글리쉬} English			English
잉글랜드인의	인글러쉬		잉글랜드인, 잉글랜드 사람(의) {잉글리쉬} English			

영어를 배우다 ⇨ **인글러쉬**(잉글리쉬)를 배우다
영어의 단어 (영어 단어) ⇨ **인글러쉬**(잉글리쉬) 단어
영국의 대중음악 ⇨ **인글러쉬**(잉글리쉬) 대중음악
잉글랜드의 날씨 ⇨ **인글러쉬**(잉글리쉬) 날씨 / ※ 영국을 이루는 4개의 나라 중 England를 말함
잉글랜드인의 못 말리는 축구 열정 ⇨ **인글러쉬**(잉글리쉬)의 못 말리는 축구 열정

미국	어뤠뤄카		아메리카 {아메리카} America			재활용
미국의	어뤠뤄컨 / 어뤠뤄켄	어뤠뤄컨	미국인, 미국인의, 미국 영어 {아메리칸} American			
미국	ð듸 유나이릳 스뗴이츠	ð듸 유나이틷 스뗴이츠	미합중국 the United States			
미국	ð듸 스뗴이츠		미합중국 {더 스테이츠} the States			
미합중국 (合합할合衆무리衆國)	ð듸 유에쎄이		미국 {더 유에스에이} the USA			

미국에 살다 ⇨ **어뤠뤄카**(아메리카)에 살다
미국의 문화 ⇨ **어뤠뤄컨**(아메리칸) 문화
미국으로 여행을 가다 ⇨ **듸 유나이릳 스뗴이츠**(더 유나이티드 스테이츠)로 여행을 가다 / ✚ 미국 the US
미국은 영화산업이 발달되어있다 ⇨ **듸 스뗴이츠**는 영화산업이 발달되어있다
미합중국은 **듸 유에쎄이**(the USA)로 표기한다 / ✚ 미국의 **연합된 주**들, 미합중, 미국 the United States of America

영국	유나이릳 킹덤	유나이틷 킹덤	연합된 왕국 (the) United Kingdom			무작정
잉글랜드	인글런d		(넓은 뜻으로) 영국 {잉글랜드} England			
영국	브륃은	브뤼튼	브리튼 섬, (= Great Britain) {브리튼} Britain			
영국	그뤠잍 브륃은	그뤠잍 브뤼튼	{그레이트 브리튼} Great Britain			
영국의	브뤠뤠쉬 / 브뤠뤼쉬	브뤼티쉬 / 브뤠티쉬	(집합적) 영국인, 영국인의 {브리티시} British			

영국에서 태어난 아이 ⇨ **유나이릳 킹덤**(유나이티드 킹덤)에서 태어난 아이 / ✚ **영국** (the) UK 유케이
잉글랜드는 영국을 이루는 4개국 중 주요국인 **인글런**d(잉글런드, 잉글런드, 잉글랜드)를 말한다 / ※ 영 본국
영국은 영어로 **브륃은**이다 / ※ the UK = 잉글런드 + 웨일스 + 스코트런드(독립 추진) + 북아일랜드(아일랜드는 독립)
그뤠잍 브륃은은 북아일랜드가 제외된 **영국**을 말한다 / ※ Great Britain = 잉글랜드 + 웨일스 + 스코트런드
영국의 정치 ⇨ **브뤠뤄쉬**(브리티시)의 정치 / ※ the United Kingdom of Great Britain and Northern Ireland 영국 (정식명)

왕초보 영단어 복합적 암기법 **8**회

(신체, 감정을) **아프게 하다**	허얼t	허얼	다치게 하다, (감정을) 상하게 하다 {허트} hurt	연상법
(일, 사건이) **일어나다**	해아쁜 / 하아쁜	하픈	생기다, 발생하다 {해펀} happen	
연설	스뻬이취	스피취	말하기, 말, 언어 능력, 담화 {스피치} speech	
왕국	킹덤	킹덤	왕령, 왕의 통치 {킹덤} kingdom	
(직장, 일 등을) **그만두다**	쿠잍 / 쿠엩	쿠잍	끊다, 떠나다, (프로그램을) 종료하다 {쿠트} {큇} quit	

허얼t(하트 heart 마음, 심장)에 상처를 주어 **아프게 하다**
돈 쓰는데 **해아쁜**(헤픈, 헤프다) 사람에게 생활비가 부족한 일이 **일어나다**
연설은 **스삐드**(스피드) 있고 **이취**(이치)에 맞게 해야 청취자에게 설득력 있게 들린다
킹(왕)이 전쟁에서 이겨 **덤**으로(덤으로) 얻은 땅도 결국 그 왕이 다스리는 **왕국**에 속한다
쿠키 굽는 일이 재미 **잍**다가(있다가) 없어져서 쿠키 굽는 일을 **그만두다**

나르다	캐어뤼	캬뤼	들고 있다 {캐리} carry	쪼개기
휴대하다	캐어뤼	캬뤼	가지고 다니다, 소지하다 {캐리} carry	★★★
운반하다	캐어뤼	캬뤼	실어 나르다, 싣다, 싣고 가다 {캐리} carry	
안고 가다	캐어뤼	캬뤼	들고 가다, 가지고 가다 {캐리} carry	carry
(짐, 질병 등을) **옮기다**	캐어뤼	캬뤼	전하다 {캐리} carry	

짐을 나르다 ⇨ 짐을 **캐어뤼**(캐리)하다
노트북을 휴대하다 ⇨ 노트북을 **캐어뤼**(캐리)하다 / 카드를 가지고 다니다 ⇨ 카드를 **캐어뤼**(캐리)하다
창고에 있던 물건을 매장으로 운반하다 ⇨ 창고에 있던 물건을 매장으로 **캐어뤼**(캐리)하다
아이를 안고 가다 ⇨ 아이를 **캐어뤼**(캐리)하다 / 책을 들고 가다 ⇨ 책을 **캐어뤼**(캐리)하다
짐을 옮기다 ⇨ 짐을 **캐어뤼**(캐리)하다 / 감기를 옮기다 ⇨ 감기를 **캐어뤼**(캐리)하다

단위	유우넽 / 유우닡		구성단위, 한 개, 한 사람, 특수 임무의 부대 {유닛} unit	재활용
노조 (노동조합)	유니언		연합, 조합, 협회, 결합 {유니온} union	
지역 사회	커뮤우니리	커뮤우너티	공동 사회, 공동체 {커뮤니티} community	
의사소통하다	커뮤너케잍	커뮤니케잍	연락을 주고받다, 전하다 communicate	
통신	커뮤너케이션	커뮤니케이션	의사소통, 전달, 연락, 교통 communication	

영국의 화폐 단위는 파운드이다 ⇨ 영국의 화폐 **유우넽**(유닛)은 파운드이다
노조를 통한 근무환경의 개선 ⇨ **유니언**(유니온)을 통한 근무환경의 개선
지역 사회의 발전을 도모하다 ⇨ **커뮤우니리**(커뮤니티)의 발전을 도모하다
각 나라의 사람들이 영어로 의사소통하다 ⇨ 각 나라의 사람들이 영어로 **커뮤너케잍**(커뮤니케이트)하다
통신 장비 ⇨ **커뮤너케이션**(커뮤니케이션) 장비 / 의사소통이 원활하다 ⇨ **커뮤너케이션**이 원활하다

더 나쁜	우월스	우워스	더 나쁘게, 더욱 나쁜, (bad의 비교급) {워스} worse	무작정
이론	θ떠리	θ쎠리	학설 {씨어리} theory	
분쟁	디스쀼웉		논쟁, 분규, 논쟁하다 {디스퓨트} dispute	
통일	유~너리 / 유~너듸	유~너티	통합, 일치, 화합, 단일 {유니티} unity	
농업	애그뤄커을철	아그뤄커을쳐	{애그리컬쳐} agriculture	

더 나쁜 일이 생기다 ⇨ **우월스**(워스)한 일이 생기다 / 상황을 더 나쁘게 만들다 ⇨ 상황을 **우월스**하게 만들다
이론과 실제는 차이가 있다 ⇨ **떠리**(씨어리)와 실제는 차이가 있다
분쟁을 해결하다 ⇨ **디스쀼웉**(디스쀼우트, 디스쀼우트, 디스퓨트)을 해결하다 / ◎ 분쟁(紛어지러울분부다툴쟁)
의견의 통일 ⇨ 의견의 **유~너리**(유니티) / **+ 연합하다**, 통합하다 unite 유나읻
농업은 매우 중요한 산업이다 ⇨ **애그뤄커을철**(애그리컬쳐)은 매우 중요한 산업이다

영어 단어에 해당하는 국어 단어 (기준으로 세운 뜻)	미국식 발음	영국식 발음	해당 국어 단어들 (다른 뜻들)	{한국식 발음} 스펠링	
귀뚜라미	크뤼켙	크뤼켙	크리켓 (야구와 비슷한 영국의 경기) {크리킷} cricket		연상법
결정적인	디싸이씹		결단력 있는, 단호한 {디사이시브} decisive		
갈기갈기 찢다	쉬뤧		잘게 썰다, 조각, 한 조각 {쉬레드} shred		
(붙이는) 풀	페이슽		풀로 붙이다, 반죽 {페이스트} paste		
빗 (한 줄로 만들어진 빗)	커움		빗질하다, 빗다 {콤} comb		

크뤼커(크래커)와 비스켙(비스켓) 부스러기를 보고 귀뚜라미들이 모여들다
"듸게(되게) 싸~이씹(이십) 만원이야~". 3개의 제품 중에 이것으로 고르는 데에는 저렴한 가격이 결정적인 역할을 하다
왕비인 쉬(그녀)가 뤧(레드 red 빨간) 드레스가 마음에 안 든다고 갈기갈기 찢다 (쉬뤧, 쉬뤧d, 쉬뤧드, 쉬레드)
페이(급료, 임금)를 더 벌기 위해 부업을 하는데 풀로 포스터를 슽하게(슬하게) 붙이는 일이다 (페이슽, 페이스트, 페이스트)
친구가 건네준 도끼빗이 진짜 도끼만큼 커서 순간 움츠리다

(브러쉬로) 빗질하다	브뤄쉬		브러쉬, 빗 (털이나 여러 줄로 만들어진 빗) {브러쉬} brush		쪼개기
붓	브뤄쉬		붓질 {브러쉬} brush		★★☆
솔	브뤄쉬		솔질, 솔질을 하다, 솔로 털다 {브러쉬} brush		
(치아를) 닦다	브뤄쉬		이를 닦다, 칫솔질을 하다 {브러쉬} brush		brush
스치다	브뤄쉬		스치기, 가볍게 닿다 {브러쉬} brush		

단정히 빗질하다 ⇨ 단정히 **브뤄쉬**(브러쉬)하다
붓으로 색칠하다 ⇨ **브뤄쉬**(브러쉬)로 색칠하다
솔로 구두를 닦다 ⇨ **브뤄쉬**(브러쉬)로 구두를 닦다
치아를 닦다 ⇨ 치아를 **브뤄쉬**(브러쉬)하다
나뭇가지에 스치다 ⇨ 나뭇가지에 **브뤄쉬**(브러쉬)하다

들어있다	컨퉤인	큰퉤인	담고 있다, 포함하다, 억누르다 {컨테인} contain		재활용
용기 (容器담을용器그릇기)	컨퉤이널	큰퉤이너	그릇, (화물) 컨테이너 {컨테이너} container		
시장	뫄알켙	뫄아켙	장, 식료품점 (미국), (the ~) 시세, 마켓 {마켓} market		
최고의	수프뤼임	슈프뤼임	최상의, 최고 권위의 {슈프림} supreme		
즉시	인스뙌t		즉각적인, 즉시의, 순간, 즉석식품(의) {인스턴트} instant		

박스에 사과가 들어있다 ⇨ 박스에 사과가 **컨퉤인**(컨테인)하다
음식이나 식재료를 용기에 넣어 두듯이 수출이나 수입되는 화물은 **컨퉤이널**(컨테이너)에 넣어 둔다
시장에서 고등어를 사다 ⇨ **뫄알켙**(마켓)에서 고등어를 사다 / 시장 조사를 하다 ⇨ **뫄알켙**(마켓) 조사를 하다
아이들 최고의 간식인 **수프뤼임**(슈프림) 피자를 배달시켜 먹다
인스뙌(인스뙌트, 인스뙌트, 인스턴트) 식품이란 즉시 조리가 되는 요리 제품을 말한다

치아	튜우θ뜨 / 튜θ웊	튜우θ쓰 / 튜θ웄	이, 이빨, (톱니, 기어, 빗 등의) 날 {투스} tooth		무작정
칫솔	튜우θ뜨브뤄쉬	튜우θ쓰브러쉬	{투스브러쉬} toothbrush		
치약	튜우θ뜨페이슽	튜우θ쓰페이슽	{투스페이스트} toothpaste		
존엄성	디그너리 / 딕너리	디그너티	위엄, 존엄, 품위 {디그너티} dignity		
명예	아뉠	어눠	명예, 영광 {아너} honor		

건강한 치아 ⇨ 건강한 **튜우뜨**(튜우th, 튜우θ) / **+ 치아들**, (tooth의 복수형) teeth 티θ잍 / 티이뜨 [티잍] / 티이쓰 {티이쓰}
칫솔로 치아를 닦다 ⇨ **튜우뜨브뤄쉬**(튜우th브러쉬, 튜우θ브러쉬)로 치아를 닦다
치약을 칫솔에 짜다 ⇨ **튜우뜨페이슽**(튜우th페이스트, 튜우θ페이스트)을 칫솔에 짜다
인간의 존엄성 ⇨ 인간의 **디그너리**(디그너티) / 왕의 위엄 ⇨ 왕의 **디그너리**
부와 명예를 모두 얻다 ⇨ 부와 **아뉠**(아너)를 모두 얻다

자음	컨~써넌t	콘써넌t	{컨서넌트} consonant	연상법
모음	봐우얼	봐울	{바울} vowel	
문장	쎈튄스		선고, 판결, 판결을 내리다 / {센턴스} sentence	
(가로로 늘어선, 극장 등의 가로) 줄	뤄우		열, (노로) 배를 젓다, 저어 가다 {로우} row	
규범	@놈~	노옴	표준, 기준 {놈} norm	

"컨~써t(콘서트)에 가수 이름의 자음이 강조된 응원 피켓을 만들기 위해 넌 노t북(노트북) 컴퓨터를 들고 갔지~"
봐우얼(바울, 이름) 선생님의 '아에이오우' 모음 소리를 아이들이 따라 하다 / ※ 모음 스펠링은 a, e, i, o, u 때로는 w, y가 포함
그의 연설문 문장에는 너무 격하고 쎈(센) 말이 많아 튄(턴, 돌리다, 바꾸다) 하고 스타일을 부드럽게 바꿀 필요가 있다
회사의 강연회에 직책이 높은 사람들은 앞 줄에 앉고 뤄우(로우 low 낮은) 사원들은 뒷 줄에 앉다
규범이 없으면 사람들이 무질서하게 따로따로 놈~(놈다) / ◆ @놈~: 혀를 말고 놈(놀과 놈이 섞인 소리)을 길게 발음

한국의	커뤼언 / 코뤼안		한국적인 {코리언} Korean	쪼개기
한국인	커뤼언 / 코뤼안		한국인의 {코리언} Korean	★☆☆
한국 사람	커뤼언 / 코뤼안		한국 사람의 {코리언} Korean	
한국어	커뤼언 / 코뤼안		한국어의 {코리언} Korean	Korean
한국말	커뤼언 / 코뤼안		한국말의 {코리언} Korean	

한글은 한국의 알파벳이고 영어로 커뤼언(코리언) 알파벳이라고 부른다 / ※ 한국어 문자 = 한글 = 코리언 알파벳
한국인은 성격이 급한 편이다 ⇨ 커뤼언은 성격이 급한 편이다 / ※ 영어 문자 = 로마자 = 라틴 알파벳 = 알파벳(αβ)
한국 사람은 부지런하다 ⇨ 커뤼언은 부지런하다 / ◆ 커 : '커'와 '코'가 섞인 발음
한국어는 말이고 한글은 글이다 ⇨ 커뤼언은 말이고 한글은 글이다
한국말은 외국인이 배우기 어렵다 ⇨ 커뤼언은 외국인이 배우기 어렵다

이제	놔우		이제는, 지금, 현재, "자" {나우} now	재활용
들어올리다	엘러붸잍		높이다, 승진시키다 {엘리베이트} elevate	
들어올리다	울리잎t / 울리이ㅍㅌ		들다, 올리다, 해제하다, 엘리베이터 (영국), 승강기 {리프트} lift	
자모 (字母, 자음이나 모음)	알뿨벨		알파벳, 기초, 입문 {알파벳} alphabet	
오락	뤠크뤼에이션		기분 전환, 휴양, 레크레이션 {레크리에이션} recreation	

나는 이제 드라마를 보려 해 ⇨ 나는 놔우(나우) 드라마를 보려 해
짐을 들어올리다 ⇨ 짐을 엘러붸잍(엘러베이트)하다 / + 엘리베이터 (미국), 승강기 elevator 엘러붸이뤌 [엘러붸이팅]
상자를 들어올리다 ⇨ 상자를 울리잎(울리잎t, 울리이프트, 울리이프트, 리프트)하다
그리스 문자 알파(α)와 베타(β)에서 유래한 알뿨벨(알파벳)은 한글의 자모에 해당한다 / ◆ 스펠링 ph = 발음 [f]
뤠크뤼에이션(레크레이션) 강사의 웃음치료와 오락 프로그램에 의해 기분 전환이 되다

행복	해아삐너스 / 하아삐너스	하피너스 / 하삐너스	기쁨 {해피니스} happiness	무작정
불행한	언해아삐	언하피	행복하지 않은 {언해피} unhappy	
진정한	츄루우		참된, 진실의, 진실된, 진짜의 {트루} true	
행복하게	해아삘리 / 하아삘리	하필리 / 하삘리	다행히, 운 좋게 {해피리} happily	
연이어	이 너 뤄우		연달아, 연속으로, 한 줄로 {인 어 로우} in a row	

행복은 건강에서 시작된다 ⇨ 해아삐너스는 건강에서 시작된다 / + 행복한, 기쁜 happy 해아삐 / 하삐 [하피] {해피}
불행한 어린 시절 ⇨ 언해아삐(언해피)한 어린 시절
진정한 사랑 ⇨ 츄루우(트루)한 사랑 / 참된 의미 ⇨ 츄루우(트루)한 의미
행복하게 살다 ⇨ 해아삘리(해피리)하게 살다
3일간 연이어 눈이 내리다 ⇨ 3일간 이 너 뤄우(인 어 로우) 눈이 내리다

영어 단어에 해당하는 국어 단어 (기준으로 세운 뜻)	미국식 발음	영국식 발음	해당 국어 단어들 (다른 뜻들)	{한국식 발음}	스펠링	
화살	애뤄우	아뤄우	화살표 (기호), (천문) 화살자리	{애로}	arrow	연상법
선거	일렉션		당선	{일렉션}	election	
고통	듸스쮸뤠스		괴로움, 고민, 조난, 고통스럽게 하다	{디스트레스}	distress	
작가	아아θ뗼	오오θ쒸	저자, 저술가, 필자, 글쓴이	{아써} {오써}	author	
작가	롸이뤌	롸이뤄	저자, 저술가, 필자, 글쓴이	{라이터}	writer	

무형 문화재를 계승할 사람이 없어서 전통 화살을 만드는데 **애뤄우**(애로) 사항이 많다
한 락그룹이 공익광고에 출현해 **일렉**기타(일렉타)를 치며 단정한 패**션**으로 선거 운동 기간 동안 투표를 독려하다
사람들은 저마다 **듸**게(되게) 큰 **스쮸뤠스**(스트레스)로 고통을 받는다
'**아아**~' **뗼**리는(떨리는) 마음으로 작가가 되었는데 수입이 적어 배고픈 직업이다
정전이 되자 작가는 글을 쓰기 위해 **롸이뤌**(라이터 lighter)로 촛불을 켜다

(방법, 상태 등) 어떻게	하우				how	쪼개기
(수량, 정도) 얼마나	하우		얼마만큼		how	★★★
(가격) 얼마	하우		얼마에		how	how
~하는 방법 (절을 이끎)	하우				how	
방법	하우				how	

"어떻게 만들지?" ⇨ "**하우** 만들지?" / "어떻게 지내니?" ⇨ "**하우** 지내니?"
"얼마나 걸려." ⇨ "**하우** 걸려?" / ※ much(많은), many(많은), often(자주), long(오래) 등의 형용사, 부사 앞에 쓰임
"얼마입니까?" ⇨ "**하우**입니까?" **+** 얼마만큼, 얼마예요, 얼마나, 얼마나 많이 how much 하우 머취 / 하우 마취
너에게 가르쳐줄 '공부하는 방법을' ⇨ 너에게 가르쳐줄 '**how** 공부하는' (I'll teach you how to study)
방법을 모르겠다 ⇨ **하우**를 모르겠다

숙제	호움우월k	허움우얼	집에서 하는 일, 가정 부업	{홈워크}	homework	재활용
연극	쥬롸마		극, 극적인 사건, 희곡 (연극 대본), (TV 등의) 드라마		drama	
극적인	쥬뤄마뤱	쥬뤄마뗄	연극의	{드라마틱}	dramatic	
강조하다	스쮸뤠스		강조, 압박, 중압, (발음, 음악의) 강세	{스트레스}	stress	
가속하다	액쎌러뤠잍		가속화되다, 빠르게 하다	{액셀러레이트}	accelerate	

아이들이 숙제를 하다 ⇨ 아이들이 **호움우월**(호움우월k, 호움우월크, 홈워크)을 하다
대부분의 어머니들은 TV 연극인 **쥬롸마**(드라마)를 좋아한다
극적인 만남 ⇨ **쥬뤄마뤱**(드라마틱)한 만남
세 가지를 강조하다 ⇨ 세 가지를 **스쮸뤠스**(스트레스)하다
구급차의 **액쎌러**레이터(악셀, 악셀레터)를 밟아서 응급실에 **뤠잍**(late 늦은) 하지 않도록 속도를 **가속하다**

하품하다	여언	요온	하품	{연} {욘}	yawn	무작정
(폭, 범위, 생각 등이) 좁은	내뤄우	놔뤄우	편협한, 간신히 된	{내로}	narrow	
복숭아	피이취		복숭아색, 멋진 사람(것)	{피치}	peach	
찢다	퉤얼★	퉤어★ / 퉤애★	뜯다, 눈물 (티얼☆)(티어☆)	{테어}	tear	
그늘	쉐이ᵈ		응달, 음영, 명암, 색조, 그늘지게 하다	{쉐이드}	shade	

아침 일찍 가게를 **여언**(연) 가게 주인이 하품하다
검은 고양이 **냬뤄**(네로)가 폭이 좁은 **우**측 난간 위를 사뿐히 걸어가다
복숭아 알레르기라는 **피이취**(피치) 못할 사정으로 복숭아를 먹지 못하다
종이를 찢다 ⇨ 종이를 **퉤얼**(테어)하다
시원한 그늘 밑 ⇨ 시원한 **쉐이**(쉐이d, 쉐이드) 밑

왕초보 영단어 복합적 암기법 **8**회

인정하다	뤠퀵나이즈	뤠퀵나이즈	인식하다, 알아보다	{레커그나이즈} recognize	연상법
지평선	허롸이쥔		수평선	{허라이즌} horizon	
기념품	수뷔늬얼	수뷔늬어		{수버니어} souvenir	
싹	버얻		꽃봉오리, (식물의) 눈, 봉오리 지다, 싹트다	{버드} bud	
(국가, 전통, 문화적) 유산	헤뤼튀쥐 / 헤뤼뤼쥐	헤뤼튀쥐 / 헤뤼뤠쥐	전통, 상속 재산	{헤리티지} heritage	

뤠몬(레몬) 한 박스를 **퀵**(퀵)으로 주문했는데 빠르게 도착해서 **나이즈**(나이스, 멋진, 좋은)한 배달로 **인정하다**
왕이 아끼는 신하가 관직을 내려놓고 귀향하기를 바라자 멀리 **지평선**을 보며 "**허롸**(해라)~ **이쥔**(이전, 옮김, 귀향)~"
기념품을 팔아 **수** 없이 많은 돈을 **뷔**(버니)**얼**마 지나지 않아 부자가 되다
봄이 되자 **버얻**나무(벚나무, 버드나무)가 **싹**을 틔우다 (버얻, 버어드, 버어드, 버드)
관습적으로 이어온 그 전통 **유산**은 정신적으로 **헤뤼**(해로워)서 **튀쥐**(티지) 않게 많은 사람들에게 스트레스를 주고 있다

최고의	베슽		최고	{베스트} best	쪼개기
최상의	베슽			{베스트} best	★★★
최선의	베슽			{베스트} best	best
가장 좋은	베슽		가장 ~한	{베스트} best	
제일 좋은	베슽			{베스트} best	

최고의 요리 ⇨ **베슽**(베s트, 베스트)의 요리 / 세계 **최고**를 자랑한다 ⇨ 세계 **베슽**을 자랑한다
최상의 조건 ⇨ **베슽**의 조건
최선의 선택 ⇨ **베슽**의 선택
가장 좋은 방법 ⇨ **베슽**한 방법
제일 좋은 제품 ⇨ **베슽**한 제품

최악의	우월슽	우워슽	가장 나쁜, 최악으로, 가장 나쁘게	{워스트} worst	재활용
알리는 사람	어놔운쒈	어놔운써	방송 진행자, (방송의) 아나운서	announcer	
봉급	쌜러뤼		급료, 급여, 월급	{샐러리} salary	
호소하다	어피얼	어피을	호소, 애원, 간청, 항소하다, 항소	{어필} appeal	
(문학, 예술 작품의) 유형	쟈안뤄	죠온뤄	형식, 양식, 장르 (프랑스어)	{잔러} genre	

최악의 경우 ⇨ **우월슽**(우월스t, 우월스트, 워스트)의 경우 / 가장 나쁜 사람 ⇨ **우월슽**한 사람 / ※ bad, badly의 최상급
뉴스 알리는 사람 ⇨ 뉴스 **어놔운쒈**(아나운서)
쌜러뤼(샐러리)맨이란 봉급자를 뜻하는 일본식 영어에서 유래한 콩글리쉬이다 / ※ salaried(봉급을 받는) employee(worker)
심판이 경고를 주자 선수가 **어피얼**(어필)하여 반칙을 하지 않았다고 **호소하다**
여러 유형의 영화들 ⇨ 여러 **쟈안뤄**(장르, 프랑스어)의 영화들

낙관적인	앞뚸미스띨	윺뚸미스띨	낙천적인	{압터미스틱} optimistic	무작정
비관적인	페서미스띨		염세적인, 염세주의의	{페서미스틱} pessimistic	
아마도	펄해앞스	퍼하앞스	아마, 어쩌면, ~일지도 모른다	{퍼햅스} perhaps	
많음	플레늬 / 플렌띠	플렌티	많은, 풍부한 양, 풍족, 충분한 양	{플렌티} plenty	
기어가다	크뤼얼	크뤼올	기다, 굽실거리다, 아첨하다	{크롤} crawl	

낙관적인 전망 ⇨ **앞뚸미스띨**(압터미스틱)한 전망 / 낙천적인 성격 ⇨ **앞뚸미스띨**한 성격
비관적인 생각 ⇨ **페서미스띨**(페서미스틱)한 생각 / 염세적인 내용의 소설 ⇨ **페서미스띨**한 내용의 소설
아마도 비가 올 것 같다 ⇨ **펄해앞스**(퍼햅스) 비가 올 것 같다
기회의 많음 ⇨ 기회의 **플레늬**(플렌티)
거북이가 엉금엉금 **기어가다** ⇨ 거북이가 엉금엉금 **크뤼얼**(크롤)하다 / ◆ 단어 끝 l 발음 : 얼과 어 사이로 발음

영어 단어에 해당하는 국어 단어 (기준으로 세운 뜻)	미국식 발음	영국식 발음	해당 국어 단어들 (다른 뜻들)	{한국식 발음} 스펠링	
저장하다	스또얼	스또어	저장, 가게 (미국), 매장, 상점, 백화점 (영국)	{스토어} store	연상법
저장	스또뤠쥐 / 스또뤄쥐		보관, 창고 보관, 저장소, 보관소	{스토리지} storage	
기뻐하다	뤼죠이스		기쁘게 하다	{리조이스} rejoice	
(천, 끈, 이야기 등을) 엮다	우위입		(천을) 짜다, 뜨다	{위브} weave	
세탁물	으러언쥬뤼	을로온쥬뤼	빨랫감, 세탁소	{론드리} laundry	

스또얼(스토어, 가게, 매장)에서 판매할 물건들을 창고에 **저장하다**
이 동화의 **스또뤠**(스토리)는 다람**쥐**가 겨울을 대비해 미리 도토리를 저장하는 이야기로 부지런히 교훈인 스토리지~
어려운 상황을 이겨 내고 **뤼**(다시) **죠이**(기쁨, 기뻐하다)하고 **스**마일(미소)을 지을 수 있어서 **기뻐하다**
오두막 지붕 **우위**를(위를) 갈대 **입**(잎)으로 **엮다** (우위입, 우위v, 우위이브, 위브)
오염이 심한 세탁물 잘 세탁하는 방법을 **으러언**(런 learn 배우다)해서 사람들에게 가르쳐 **쥬뤼**(주리, 줄 것이다)

주요한	뭬이절	뭬이져	일류의, (스포츠) 메이저 리그	{메이져} major	쪼개기
주된	뭬이절	뭬이져	중대한, 중요한	{메이져} major	★★☆
과반수의	뭬이절	뭬이져	대다수의	{메이져} major	
전공의 (미국)	뭬이절	뭬이져	전공과목, 전공 학생 (미국)	{메이져} major	major
장조의	뭬이절	뭬이져	장조, (법률상의) 성년자, 소령	{메이져} major	

뭬이절(메이져) 리그는 일류의 선수들이 모여 경기를 하는 **주요한** 경기이다
주된 관심사 ⇨ **뭬이절** 관심사 / 중대한 결정 ⇨ **뭬이절**한 결정
과반수의 의견 ⇨ **뭬이절**의 의견
전공의 분야(전공 분야) ⇨ **뭬이절**의 분야
장조의 노래 ⇨ **뭬이절**의 노래

소수의	롸이널	롸이너	사소한, 부전공의, 미성년자, 단조의	{마이너} minor	재활용
(동물이) 짝짓기를 하다	뭬잍		~친구, ~동료, 짝, 배우자 (미국)	{메이트} mate	
유머	휴우뭘	휴우뭐	익살, 해학, (= humour 영국)	{휴머} humor	
공동 작업	컬라버뤠이션		합작, 협력, 공동 제작(연구)	{콜라보레이션} collaboration	
(전체) 직원	스따앞 / 스때앞	스따앞	(학교의) 사무직원, 지팡이	{스탭} {스태프} staff	

롸이널(마이너) 리그 경기장에는 소수의 관중만 있다 / 사소한 일 ⇨ **롸이널**(마이너)한 일
사슴이 짝짓기를 하다 ⇨ 사슴이 **뭬잍**(메이t, 메이트)하다 / ※ ~mate : 룸메이트, 소울메이트, 워크메이트, 클래스메이트 등
유머 감각이 뛰어난 사람 ⇨ **휴우뭘**(휴머, 유머) 감각이 뛰어난 사람
선배 가수가 신인 가수와 **공동 작업**으로 **컬라버뤠이션**(콜라보레이션) 음반을 발매하다 / ♣ 콜라보는 줄임말 콩글리쉬
직원 식당 ⇨ **스따앞**(스따아f, 스따아프, 스탭) 식당 / **직원** 휴게실 ⇨ **스따앞** 휴게실

더미	파이얼	파이을	쌓다, 쌓아 올리다, 포개다, 쌓아 올린 것	{파일} pile	무작정
세입자	테넌t		임차인, 소작인	{테넌트} tenant	
향수	펄쀼움☆	퍼쀼움	향기, 향기로 가득 채우다(퍼쀼움★)	{퍼퓸} perfume	
기회	아뻴튜니리	오뻐튜뉘티		{아퍼튜니티} opportunity	
나무껍질	바알k	바악	(개, 여우 등이) 짖다, 짖는 소리	{바크} bark	

하루 종일 쌀가마니 **더미**를 쌓다가 손목 인대가 **파이얼**(파열)이 되다
그 **테넌t**(탤런트)는 많은 돈을 벌어서 월셋 **세입자**에서 집주인이 되다 / ◉ 세입자 : 세를 주고 남의 집이나 방을 빌려 쓰는 사람
은은한 **향수**를 뿌리다 ⇨ 은은한 **펄쀼움**(퍼퓸)을 뿌리다
부자가 될 수 있는 **기회** ⇨ 부자가 될 수 있는 **아뻴튜니리**(아퍼튜너티)
나무껍질이 두껍다 ⇨ **바알**(바알k, 바알크, 바크)이 두껍다 / 진돗개가 짖다 ⇨ 진돗개가 **바알**하다

왕초보 영단어 복합적 암기법 **8**회

속이 빈	할로우	홀로우	(뺨, 눈이) 움푹 꺼진, 공허한 {할로} hollow	연상법
가정교사	튜우릴	튜우털	개인교사, 지도 교수 (영국) {튜터} tutor	
유일한	쏘울		단독의, 독점적인, (여성이) 미혼의, 밑창, 발바닥 {소울} sole	
(글씨, 기록, 기억 등을) **지우다**	이뤠이스	이뤠이즈	없애다, 지워버리다 {이레이스} erase	
(고무, 칠판, 잉크) **지우개** (미국)	이뤠이씰	이뤠이줘 / 이뤠이쉬	지우는 사람 {이레이저} eraser	

놀이동산 아르바이트생이 **속이 빈** 큰 인형탈을 뒤집어쓰고 "**할로우**~(헬로 hello 안녕)" 인사하며 어린이 손님들을 맞이하다
튜우(투, 2) 명의 **가정교사**에서 각각 영어와, 수학을 가르쳤는데 아이의 성적이 "이**뤨**수개(이럴수가)!"
남편은 나와 **쏘울**(소울 soul 영혼)이 통하는 **유일한** 사람이다
패션 디자이너가 "이 옷에는 **이 뤠이스**(레이스 lace 장식 천)가 안 어울려"며 스케치한 의상 디자인의 레이스를 **지우다**
디자인한 드레스의 **이** 수수한 **뤠이씰**(레이스를) **지우개**로 지우고 화려한 레이스로 수정하다

수반하다	인붜업		포함하다, 필요로 하다 {인볼브} involve	쪼개기 ★★☆
관련되다	인붜업		{인볼브} involve	
관련시키다	인붜업		연관시키다, 참여시키다 {인볼브} involve	
(사건, 논쟁 등에) **끌어들이다**	인붜업		휘말리게 하다, 말려들게 하다 {인볼브} involve	
연루시키다	인붜업		{인볼브} involve	

주식투자는 고수익과 고위험을 **수반하다** ⇨ 주식투자는 고수익과 고위험을 **인붜업**(인붜우v, 인붜어브, 인볼브)하다
달리기는 유산소 운동과 **관련되다** ⇨ 달리기는 유산소 운동과 **인붜업**되다 / ◆ l 발음: 발음 안함 (묵음)
그 일에 여러 사람을 **관련시키다** ⇨ 그 일에 여러 사람을 **인붜업**하다
논쟁에 끌어들이다 ⇨ 논쟁에 **인붜업**하다 / 말싸움에 휘말리게 하다 ⇨ 말싸움에 **인붜업**하다
그 사건에 **연루시키다** ⇨ 그 사건에 **인붜업**하다

프로 (%)	펄쎄엔t	퍼쎈t	백분율, 퍼센트 {퍼센트} percent	재활용
백분율	펄쎈디쥐 / 펄쎈퉤쥐	퍼쎈티쥐	백분비, 비율, 율 {퍼센티쥐} percentage	
뜨다	늬잍		짜다, 뜨개질하다, 찌푸리다 {니트} knit	
땀 흘리게 하는 것	수웨뤌	수웨털	노동 착취자, 스웨터 (털실로 짠 옷) {스웨터} sweater	
땀	수웰 / 스우웰		땀을 흘리다, 땀나다 {스웨트} sweat	

90프로(%) ⇨ 90**펄쎄엔**(펄쎄엔t, 펄쎄엔트, 퍼센트) / ♣ 프로(%)는 네덜란드어 procent(백분율)의 한국식 줄임말 콩글리쉬
대부분의 수치는 **백분율**로 나타낸다 ⇨ 대부분의 수치는 **펄쎈디쥐**(퍼센티쥐)로 나타낸다
겨울에 입기 위해 **늬잍**(늬잍t, 늬이트, 니트)을 **뜨다** / **+** 뜨개질한 옷, 털실로 짠 의류, 니트 knitwear 닡웨얼(닡우웨어)
수웨뤌(스웨터)은 **땀 흘리게 하는 것**으로 스웨터는 몸을 따듯하게 한다 / ◆ 수웨뤌 = 스우웨뤌
땀이 나게 운동한 후 포카리 스웨트(sweat 땀)를 마시다 ⇨ **수웰**(스웨트)이 나게 운동한 후 포카리 스웨트(sweat 땀)를 마시다

깔끔한	늬잍		단정한, 산뜻한, 정돈된, 멋진 {니트} neat	무작정
고무의	뤄뷜	롸붜	고무, (고무) 지우개 (영국) {러버} rubber	
(가구 등을) **비치하다**	뿔네쉬	뿨네쉬	제공하다, 갖추다 {퍼니쉬} furnish	
신앙	쀄θ잍 / 쀄이θ뜨	쀄θ있 / 쀄이θ쓰	믿음, 신념 {페이쓰} faith	
조상	앤쎄스뚤	앤쎄스뚜	선조 {앤쎄스터} ancestor	

깔끔한 옷차림 ⇨ **늬잍**(늬잍t, 늬이트, 니트)한 옷차림 / 단정한 복장 ⇨ **늬잍**한 복장
고무의 장갑(고무장갑) ⇨ **뤄뷜**(러버) 장갑 / 고무의 지우개(고무지우개) ⇨ **뤄뷜** 지우개 / ※ 고무는 프랑스어
가구를 비치하다 ⇨ 가구를 **뿔네쉬**(퍼니쉬)하다 / 자료를 제공하다 ⇨ 자료를 **뿔네쉬**(퍼니쉬)하다
신앙을 가지다 ⇨ **쀄잍**(쀄잍th, 쀄이θ, 쀄이뜨, 쀄잇)을 가지다 / ◆ '쀄잇' = '쀄이뜨'로 발음
지혜로운 우리의 **조상** ⇨ 지혜로운 우리의 **앤쎄스뚤**(앤쎄스터)

영어 단어에 해당하는 국어 단어 (기준으로 세운 뜻)	미국식 발음	영국식 발음	해당 국어 단어들 (다른 뜻들)	{한국식 발음}	스펠링	
욕망	디좌이얼	디좌이어	욕구, 원하다, 바라다	{디자이어}	desire	연상법
가정하다	어수움	어슈움	여기다, 추정하다, 추측하다	{어슈움}	assume	
내려오다	디쎈엔d		내려가다	{디센드}	descend	
비율	프뤄포올션	프뤄포오션	비례, 부분	{프러포션}	proportion	
한숨	싸이		한숨을 쉬다, 한숨짓다	{사이}	sigh	

디좌이(디자인)가 좋으면 제품의 가격이 얼마가 되었든 구입 욕망을 자극한다
어 수움(하나의 숨, 한숨)을 쉬는 사람을 보며 무슨 안 좋은 일이 있는 것으로 가정하다
엄마가 만든 디(되게) 맛있는 쎈엔d위치(샌드위치)를 먹으려고 아이들이 이층에서 내려오다
여자친구에게 프뤄포즈(프러포즈)할 때 멋있게 보이려고 팔과 다리 올(모두) 길어 보이는 비율의 패션 정장을 입다
눈 깜짝할 싸이에(사이에) 일을 마치고 한숨을 쉬다

일부의	썸 / 써엄 / 썸		일부	some	쪼개기
몇몇의	썸 / 써엄 / 썸		몇몇	some	★★★
어떤	썸 / 써엄 / 썸		누군가의, 무엇인가의	some	
다소의	썸 / 써엄 / 썸		얼마간의, 다소	some	some
약간의 (셀 수 없는 명사)	썸 / 써엄 / 썸		약간, 조금	some	

일부의 사람들은 영원한 사랑을 믿는다 ⇨ 썸 사람들은 영원한 사랑을 믿는다
몇몇의 사람들은 호탕하게 웃어넘긴다 ⇨ 썸 사람들은 호탕하게 웃어넘긴다
어떤 사람들은 땅콩 알레르기가 있다 ⇨ 썸 사람들은 땅콩 알레르기가 있다
다소의 불만이 있다 ⇨ 썸의 불만이 있다 / 얼마간의 시간이 지나다 ⇨ 썸의 시간이 지나다
컵에 약간의 물이 있다 ⇨ 컵에 썸의 물이 있다

손실	을로어스	을로스	분실, 상실, 손해, 유실	{로스}	loss	재활용
자식	어엎스쁘링	엎스쁘링	자손, (동물의) 새끼	{어프스프링}	offspring	
이중의	둬벌		두 배의, 갑절의, 두 겹의, 2인용의, 두 배	{더블}	double	
무거운	헤비		육중한, 묵직한, (비, 바람 등이) 강한, 중~	{헤비}	heavy	
좌우명	뫄뤄우	모뤄우	표어, 모토	{모토}	motto	

큰 손실을 보다 ⇨ 큰 을로어스(로스)를 보다
재산을 자식에게 물려주다 ⇨ 재산을 어엎스쁘링(어프스프링)에게 물려주다
이중의 창문(이중 창문) ⇨ 둬벌(더블)의 창문 / 두 배의 노력 ⇨ 둬벌(더블)의 노력
무거운 주제로 토론하다 ⇨ 헤비(헤비)한 주제로 토론하다 / 육중한 몸 ⇨ 헤비한 몸 / ※ 중~ : 중장비, 중공업, 중죄 등
내 삶의 뫄뤄우(모토) 즉, 나의 좌우명은 '인생을 즐겁게 살자'이다

극복하다	오우뷜컴	오우뷔컴		{오버컴}	overcome	무작정
(돈, 은혜 등을) 빚지고 있다	어우		빚지다, 신세를 지다, 은혜를 입다	{오}	owe	
어마어마한	아아썸	오오썸	굉장한, 멋진, 무시무시한, 엄청난	{오섬}	awesome	
잠든 (명사 앞에는 안 씀) (서술형)	어슬리잎		잠이 든, 자고 있는	{어슬립}	asleep	
(몸, 목소리, 물건 등이) 떨다	츄뤰블		떨리다, 흔들리다, 진동하다	{트렘블}	tremble	

어려운 문제를 오우뷜(오버, ~위에, 건너서)해서 컴(오다) 하니 어느새 난관을 극복하다
"어우~" 그 사람에게 너무 많이 빚지고 있다
"아아(감탄) 자연 그대로의 그 썸(섬)은 어마어마한 경관을 자랑하는구나 / ✚ 경외감, 경의, 두려움 awe 아아 [오오]
아이가 자다 잠든(아이가 잠들다) ⇨ 아이가 자다 어슬리잎(어슬립)
공포에 몸을 떨다 ⇨ 공포에 몸을 츄뤰블(트렘블)하다 / 목소리가 떨리다 ⇨ 목소리가 츄뤰블하다

8회

연상법

사악한	우위낏	우위킷	부도덕한, 짓궂은, 심술궂은, 못된 {위키드} wicked
눈동자	퓨우쁠	퓨우펄	동공(瞳눈동자孔구멍공), 학생, 문하생 {퓨필} pupil
획득	아꾸우즤션	아쿠우직션	인수, 취득, 습득 {아퀴지션} acquisition
속어	슬래앵	슬랑	은어, (특정 사회, 집단의) 통용어 {슬랭} slang
또한	어얼써우	오오써우	역시, 뿐만 아니라 {올소} also

악몽에서 깨어나 보니 **사악한** 악마가 침실 **위**(위) 천장에서 **낏**(킥킥) 대며 웃다
예리한 **눈동자**를 가진 **퓨**마(퓨마)가 사냥감을 보자 땀을 **뿔**뿔 흘리며 그의 뒤를 쫓다
예능 프로에서 과자를 던져 받아먹는데 살짝 벗어나서 "**아꾸우**(아까워)". 포**직션**(포지션, 위치)을 옮겨 과자 **획득**을 위해 힘쓰다
어린이가 청소년이 되면 **슬**러 또래들끼리 통하는 **래앵**귀지(랭귀지 language 언어, 말)로 바꿔서 **속어**를 쓰기 시작한다
"당신의 의견이 옳소. **또한** 이쪽의 의견도 **어얼써우**(옳소)"

쪼개기 ★★★ dry

건조한	쥬롸이		{드라이} dry
마른	쥬롸이	메마른	{드라이} dry
말리다	쥬롸이		{드라이} dry
마르다	쥬롸이	건조시키다	{드라이} dry
건성의	쥬롸이	달지 않은	{드라이} dry

건조한 날씨 ⇨ **쥬롸이**(드라이)한 날씨
가뭄으로 마른땅 ⇨ 가뭄으로 **쥬롸이**(드라이)한 땅
고추를 햇볕에 말리다 ⇨ 고추를 햇볕에 **쥬롸이**(드라이)하다
강물이 마르다 ⇨ 강물이 **쥬롸이**(드라이)하다
건성의 피부(건성 피부) ⇨ **쥬롸이**(드라이)의 피부

재활용

지지하다	써포올t	써포올	지원하다, 받치다, 부양하다 {서포트} support
시작하다	비긴 / 비겐	비긴	시작되다, 발생하다, 일어나다 {비긴} begin
시작	비기닝		처음, 발단, ~초 beginning
딱 부러지다	스내앞	스냎	딱 소리 나다, 덥석 물다, 스냅 사진(을 찍다) {스냅} snap
식당	뤠스쮸뤄언t	뤠스쮸륀t	음식점, 레스토랑 {레스트런트} restaurant

그 의견을 지지하다 ⇨ 그 의견을 **써포올**(써포올t, 써포올트, 서포트)하다
일을 시작하다 ⇨ 일을 **비긴**하다
시작과 끝이 좋다 ⇨ **비기닝**과 끝이 좋다
나뭇가지가 딱 부러지다 ⇨ 나뭇가지가 **스내앞**하다 / + 연출 없이 순간을 촬영한 사진, 스냅샷 snapshot **스냎샷** {스냎샷}
식당에서 김치찌개를 먹다 ⇨ **뤠스쮸뤄언**(뤠스쮸뤄언t, 뤠스쮸뤄언트, 레스토랑)에서 김치찌개를 먹다

무작정

자다	슬리잎		수면, 잠자다, 잠들다, 잠 {슬립} {슬리프} sleep
늦잠 자다	슬리잎 을레잍		{슬립 레이트} sleep late
(깜박하여) 늦잠 자다	오우붜슬리잎	오우붜슬리잎	너무 자다 {오버슬립} oversleep
잊다	뿰겥	뿨겥	까먹다, 잊어버리다 {포겟} forget
잘 잊어버리는	뿰겥쁠	뿨겥쁠	잘 잊는, 건망증이 있는 {포겟펄} forgetful

하루 8시간씩 자다 ⇨ 하루 8시간씩 **슬리잎**(슬리잎p, 슬리이프, 슬립)하다 / 수면이 부족하다 ⇨ **슬리잎**이 부족하다
휴일에는 늦잠 자다 ⇨ 휴일에는 **슬리잎 을레잍**하다
깜박하여 늦잠 자다 ⇨ 깜박하여 **오우붜슬리잎**(오버슬립)하다
어제 한 약속을 잊다 ⇨ 어제 한 약속을 **뿰겥**(포겟)하다 / 비밀번호를 까먹다 ⇨ 비밀번호를 **뿰겥**하다
잘 잊어버리는 사람 ⇨ **뿰겥쁠**(포겟펄)한 사람

영어 단어에 해당하는 국어 단어 (기준으로 세운 뜻)	미국식 발음	영국식 발음	해당 국어 단어들 (다른 뜻들)	{한국식 발음} 스펠링	
결정	디씨이젼		판단, 결단	{디시젼} decision	연상법
(금전적) 가치가 있는	봬알류어블	봘류어블	값비싼, 값진, 귀중한	{밸류어블} valuable	
기능	뻥션 / 뻥션		기능을 하다, 작용하다	{펑션} function	
방법	뭬θ뒐 / 뭬θd	뭬θ쒤 / 뭬θ쒜d		{메서드} method	
게으른	아이럴		아이들 (게을러, 일 없어) 놀고 있는, 가동되지 않는	{아이들} idle	

디씨이(DC, 할인, 디스카운트)를 해주는 텔레비젼으로 구입 결정을 하다
이 다이아몬드의 봬알류(밸류, 가치)는 어블(억철, 약 천억)의 가치가 있는 귀한 보석이다
자동차에는 접촉 사고 시 에어백이 뻥하고 션하게(시원하게) 터지는 기능이 있다
뭬뚜기떼(메뚜기떼)가 뒐다(떴다) 하면 벼농사를 망치므로 메뚜기를 막을 좋은 방법을 미리 찾아보다 (메떧, 메떧d, 메떠드)
늦잠 자는 게으른 아이럴(아이를) 억지로 깨우다

					쪼개기
너	유우		너는, 네가, 너를	{유} you	★★★
당신	유우		당신은, 당신이, 당신을	{유} you	
당신들	유우		당신들은, 당신들이, 당신들을, 여러분	{유} you	you
너희들	유우		너희, 너희들은, 너희가, 너희들을	{유} you	
그대	유우		그대를, 그대들, 자네, 자네들	{유} you	

너와 이야기를 하고 싶다 ⇨ 유우(유)와 이야기를 하고 싶다
당신은 거짓말쟁이이다 ⇨ 유우(유)는 거짓말쟁이이다
당신들과 더 이상 할 이야기가 없다 ⇨ 유우(유)와 더 이상 할 이야기가 없다
너희들은 나의 희망이다 ⇨ 유우(유)는 나의 희망이다
그대와 결혼하고 싶어요 ⇨ 유우(유)와 결혼하고 싶어요 / 자네를 믿어 보겠네 ⇨ 유우를 믿어 보겠네

					재활용
(신발, 구두, 운동화, 옷의) 끈	을레이스		레이스로 장식하다, 레이스 (장식 천, 끈)	{레이스} lace	
(발로) 차다	킥 / 키익		차기, 발길질, (나쁜 습관 등을) 끊다	{킥} kick	
울다	크라이		외치다, 소리치다	{크라이} cry	
뛰어오르다	줘엄p		뛰어넘다, 뛰다, 뛰어들다, 증가하다	{점프} jump	
끝내다	삐니쉬 / 삐내쉬		마치다, 끝마치다, 끝나다, 완료하다, 끝	{피니쉬} finish	

신발 끈 ⇨ 신발 을레이스(레이스) / + 신발끈, 구두끈, 운동화끈 shoelace 슈울레이스
축구공을 차다 ⇨ 축구공을 킥(킥)하다
소리 내어 울다 ⇨ 소리 내어 크라이(크라이)하다 / 도와 달라고 외치다 ⇨ 도와 달라고 크롸이(크라이)하다
높이 뛰어오르다 ⇨ 높이 줘엄(줘엄p, 줘엄프, 점프)하다 / 의자를 뛰어넘다 ⇨ 의자를 줘엄하다
설거지를 끝내다 ⇨ 설거지를 삐니쉬(피니쉬)하다 / 수업을 마치다 ⇨ 수업을 삐니쉬하다

					무작정
모기	머스끼러	모스끼튀우		{모스키토} mosquito	
재채기하다	스니이즈		재채기	{스니즈} sneeze	
이상한	아앋	어얻	기묘한, 흘수의, 짝짝이의	{아드} odd	
굽다	@로우슡		(콩, 커피 원두 등을) 볶다, 불고기	{로스트} roast	
반짝이다	글리뤌	글리튀	반짝반짝 빛나다, 반짝임	{글리터} glitter	

머리 근처에서 왱왱거리며 스끼(스키) 타는 소리를 내는 모기는 정말 시러(싫어)
스니이즈(스니커즈) 운동화에 꽃가루를 묻히고 왔더니 이것을 맡은 강아지가 재채기하다
이상한 소리 ⇨ 아앋(아앋d, 아아드, 아드)한 소리 / + 홀수 odd number 아앋 넘벌 [어얻 넘버]
오븐에 고기를 굽다 ⇨ 오븐에 고기를 로우슡(로우스t, 로우스트, 로스트)하다
황금이 반짝이다 ⇨ 황금이 글리뤌(글리터)하다

씹다		츄우		씹기 {츄} chew	연상법
반대의		커언츄뤠어뤼 / 커언츄뤼뤼	컨츄뤄뤼 / 컨츄뤼	상반되는 {컨트레리} contrary	
번영		프롸스뻬뤄리	프로스뻬뤄티	번성, 번창 {프라스페러티} prosperity	
소심한		팀믿 / 팀멛		겁 많은, 자신이 없는 {티미드} timid	
목걸이		네끌러스	네클러스	{네클리스} necklace	

츄우잉(츄잉) 껌을 씹다
젊은 가수가 요즘 유행하는 음악 장르와 반대의 **컨언츄뤠어뤼**(컨츄리, 시골풍의) 음악을 선보이다
프롸스틱(플라스틱) 소재를 **뻬뤄리**(패러디, 모방)한 신소재 개발로 회사가 **번영**을 하다
소심한 사람이 **팀** 셔츠(티셔츠) **믿**(밑이) 살짝 더러워지자 자꾸만 신경을 쓴다
고가의 목걸이를 꺼내기 위해 금고 **네** 개의 잠금장치를 **끌러스**(끌렀으) / ※ neck(넥, 목) + lace (올레이스, 끈, 장식 천)

균형		배알런스	발런스	조화, 평형, 평정, 안정 {밸런스} balance	쪼개기
균형을 잡다		배알런스	발런스	균형을 이루다 {밸런스} balance	★★☆
잔고		배알런스	발런스	견줘 보다, 저울질하다 {밸런스} balance	balance
잔액		배알런스	발런스	잔금 {밸런스} balance	
천칭 (天하늘천秤저울칭) (양팔저울)		배알런스	발런스	(천문) 천칭자리, 저울 {밸런스} balance	

몸의 **균형**을 유지하는 것이 중요하다 ⇨ 몸의 **배알런스**(밸런스)를 유지하는 것이 중요하다
두 팔을 벌려 **균형을 잡다** ⇨ 두 팔을 벌려 **배알런스**하다
통장에 **잔고**가 넉넉하다 ⇨ 통장에 **배알런스**가 넉넉하다
카드의 **잔액**이 부족하다 ⇨ 카드의 **배알런스**가 부족하다 / 아파트 잔금을 치르다 ⇨ 아파트 **배알런스**를 치르다
천칭 한쪽에 추를 놓고 한쪽에 금을 올려놓다 ⇨ **배알런스** 한쪽에 추를 놓고 한쪽에 금을 올려놓다

희극 (喜기쁠희劇연극극)		카머리	커머디	희극적 요소, 희극적 사건, 코미디 {코미디} comedy	재활용
(막, 도금, 상의 등을) 입히다		커울		도금, 칠, 칠하다, 외투, 정장 상의, 코트 {코트} coat	
(옷, 껍질 등을) 벗기다		스쮸륍		벗다, 스트립쇼, 연재만화(comic strip) {스트립} strip	
희극의 (喜기쁠희劇연극극)		커멬 / 카멬	코멬 / 코믹	웃기는, 만화 잡지(책), 희극 배우 {코믹} comic	
(신문, 잡지의) 연재만화		커멬 스쮸륍	코믹 스쮸륍	(연속) 만화, 코믹스 {코믹 스트립} comic strip	

웃기는 장면이 많은 **희극**은 연극의 한 형식이다 ⇨ 웃기는 장면이 많은 **카머리**(코메디)는 연극의 한 형식이다
과자에 초코렛을 **입히다** ⇨ 과자에 초코렛을 **커울**(커웃)하다 / + 겉에 입히는 것, 코팅, 도장 coating 커우링 (커우링) {코팅}
옷을 **벗기다** ⇨ 옷을 **스쮸륍**(스트립)하다
희극의 배우 ⇨ **커멬**(코믹) 배우 / + **희극 배우**, 코미디언 comedian 커미리언 (커미디언) / ♣ 개그맨은 코미디언의 콩글리쉬
연재만화를 그리다 ⇨ **커멬 스쮸륍**(코믹 스트립)을 그리다 / ※ comics(코믹스) : comic strip 또는 comic story의 약어

지갑		우월렡 / 우월럩	우월렡	{월렡} {월럩} wallet	무작정
(표면에 접하여, 붙어서) ~에		언 / 어언		~의 표면에, 계속하여, ~위에, (= upon) {온} on	
거의 없는		쀼우		조금은 있는(긍정적, a few), 조금은, 몇몇, 적은 (수) {퓨} few	
~해야 한다 (의무, 필요, 강요)		머어슽		반드시 ~하다, ~일 것이다, ~임에 틀림없다 {머스트} must	
송아지		캐앞	카앞	종아리, (코끼리, 고래 등의) 새끼 {캐프} {카프} calf	

지갑에서 카드를 꺼내다 ⇨ **우월렡**(월렡)에서 카드를 꺼내다
벽에 걸린 달력 ⇨ 벽 **언** 걸린 달력 / 옷에 얼룩이 있다 ⇨ 옷 **언** 얼룩이 있다 / 유리에 붙은 스티커 ⇨ 유리 **언** 붙은 스티커
말이 거의 없는 사람 ⇨ 말이 **쀼우**한 사람 / 조금은 있는 기회 ⇨ **어 쀼우**한 기회
공부는 꼭 해야 한다 ⇨ 공부는 꼭 **머어슽**(머어스트, 머어스트, 머스트)
귀여운 송아지 ⇨ 귀여운 **캐앞**(캐아프, 캐프) / 날씬한 종아리 ⇨ 날씬한 **캐앞**

영어 단어에 해당하는 국어 단어 (기준으로 세운 뜻)	미국식 발음	영국식 발음	해당 국어 단어들 (다른 뜻들)	{한국식 발음} 스펠링	
화요일	튜우즈웨이	츄우즈웨이		{튜즈데이} Tuesday	연상법
수요일	우웬즈웨이			{웬즈데이} Wednesday	
목요일	θ뛜즈웨이	θ쒀즈웨이		{써즈데이} Thursday	
금요일	쁘롸이웨이	프롸이웨이		{프라이데이} Friday	
토요일	싸르뤠 / 싸튀웨이	싸튀웨이		{새러데이} {새터데이} Saturday	

일주일 중 **튜우**(투, 둘, 2, 월요일 기준) 번째 **즈**음의 **웨이**(데이, 날)는 화요일이다 ⇨ **+ 월요일** Monday 뭔웨이 {먼데이}
월요병과 화요일이 지나고 수요일은 **우웬즈**(왠지) 공부도 일도 적응이 되는 **웨이**(날)이다
학생은 공부하고 직장인은 일하느라 기운이 점점 **뛜**어지는(떨어지는) 목요일 **즈**은 힘든 **웨이**(날)이다
금요일 저녁에는 주중 일과를 마무리하고 **쁘롸이**드(프라이드) 치킨에 학생은 콜라를 직장인은 맥주를 마시는 **웨이**(날)이다
토요일에는 바람을 **싸르**(쏴러) 여행을 가는 **뤠**(데이, 날)이다 ⇨ **+ 일요일** Sunday 썬웨이 {선데이}

멈추다	스똬앞	스똪	그치다, 멈추게 하다, 멈춤 {스톱} {스탑} stop	쪼개기
중단하다	스똬앞	스똪	서다, 막다, 세우다, 중단 {스톱} {스탑} stop	★★★
정지하다	스똬앞	스똪	정지시키다, 정지 {스톱} {스탑} stop	
"그만!"	스똬앞	스똪	"정지!" {스톱} {스탑} stop	
정류장	스똬앞	스똪	정거장 {스톱} {스탑} stop	

발걸음을 멈추다 ⇨ 발걸음을 **스똬앞**(스탑)하다 / 비가 그치다 ⇨ 비가 **스똬앞**(스탑)하다
공급을 중단하다 ⇨ 공급을 **스똬앞**(스탑)하다 / 자동차가 서다 ⇨ 자동차가 **스똬앞**(스탑)하다
건널목에서 차가 정지하다 ⇨ 건널목에서 차가 **스똬앞**하다 / 열차를 정지시키다 ⇨ 열차를 **스똬앞**하다
"그만! 게임 그만하고 공부해" ⇨ "**스똬앞**! 게임 그만하고 공부해" / "정지! 돌아가 주세요" ⇨ "**스똬앞**! 돌아가 주세요"
버스 정류장 ⇨ 버스 **스똬앞** / **+ 버스 정류장**, 버스 정거장 bus stop 버ㅅ 스똬앞[버ㅅ 스톱] {버스 스톱}

stop

맨 위	톼앞	톺	정상, 팽이, 맨 위의, 꼭대기, (지위 등) 최고, 상의 {톱} {탑} top	재활용
속옷	언뒬우웨얼	언뒤우웨어 / 언뒤우웨애	내의 {언더웨어} underwear	
내면의	이뉠	이뉴	내부의, 안의, 안쪽의, 속의 {이너} inner	
보증하다	걔륀티이	걔륀티	보증, 보증서, 개런티 (최저보증 출연료) guarantee	
예술가	알~뤠슽 / 알~뤼슽	아아테슽 / 아아티슽	화가, 아티스트 {아티스트} artist	

책상 맨 위 ⇨ 책상 **톼앞**(톱, 탑) / 산 정상 ⇨ 산 **톼앞** / 팽이를 돌리다 ⇨ **톼앞**을 돌리다
여행가방에 세면도구와 **속옷**을 챙기다 ⇨ 여행가방에 세면도구와 **언뒬우웨얼**(언더웨어)을 챙기다
내면의 아름다움 ⇨ **이뉠**(이너)의 아름다움 / ♣ 속옷 의미의 이너웨어(내복, 겉옷의 속에 입는 옷)는 언더웨어(속옷)의 콩글리쉬
품질을 보증하다 ⇨ 품질을 **걔륀티이**(개런티)하다
예술가의 작품을 감상하다 ⇨ **알~뤠슽**(알~뤠스트, 알~뤠스트, 아티스트)의 작품을 감상하다

뛰어오르다	을리잎	을맆	도약하다, 껑충 뛰다, 뛰기, 도약 {맆} leap	무작정
(독한) 연기	쀼움		(유독한) 가스, 연기를 내뿜다 {퓸} fume	
정복하다	카앙껄	큉카	차지하다 {캉커} conquer	
동정	씸뻐θ띠	씸퍼씌	동정심, 연민, 공감 {심퍼시} sympathy	
주민	인해아버뤈t	인하버뤈t	거주자, 서식 동물 {인해비턴트} inhabitant	

아이가 자기 키보다 큰 나무의 **을리잎**(잎)을 따기 위해 **뛰어오르다**
차량 배기구에서 독한 **연기**를 **쀼움**(뿜어짐, 뿜어되다)
세계를 **정복하다** ⇨ 세계를 **카앙껄**(캉커)하다
어려운 이웃에게 **동정**이 생겨서 도움을 주다 ⇨ 어려운 이웃에게 **씸뻐띠**(심퍼시)가 생겨서 도움을 주다
이웃 **주민** ⇨ 이웃 **인해아버뤈**(인해아버뤈트) / ● 주민(住民주민백성민) : 일정한 지역에 사는 사람

왕초보 영단어 복합적 암기법 8회

뜻	발음1	발음2	설명	방법
궤도 (軌길궤,바퀴자국궤道길도)	오올빝 / 오올벹	오오빝	(다른 천체의) 궤도를 돌다 {오비트} orbit	연상법
습관	해아빝 / 해아벹	하빝	버릇 {해빗} habit	
서식지	해버탙 / 해버텥	하비탙	{해버태트} {해비타트} habitat	
특히	펄티큘럴리	퍼티큘러리	특별히 {퍼티큘러리} particularly	
강요하다	임포우즈		(의무, 세금 등을) 지우다, 부과하다 {임포즈} impose	

그 인공위성은 우주의 **오**올(올 all 모든) **빝**(빛)을 받으며 지구 주위 궤도를 돈다 (오올빝, 오올비트, 오올비트, 오비트)
나는 해주를 항상 **해아빝**(햇빛, 햇볕)에 말리는 **습**관이 있다
하수구에 폐수를 마구 **버**리는 **탙**(탓)에 물고기와 야생동물들이 사라지자 **서식지** 주변의 수질개선에 노력하다
펄티(파티)에서 달콤한 **꿀**(꿀)이 들어간 디저트가 **특히** 여성들 사이에서 **럴리**(널리) 사랑을 받다
감독은 **임**금의 위엄을 강조하려고 신하역을 맡은 조연에게 굽신거리는 **포우즈**(포즈)를 강요하다

뜻	발음1	발음2	설명	방법
(이빨로, 곤충, 뱀, 게 등이) 물다	바잍		물기 {바이트} bite	쪼개기
물어뜯다	바잍		{바이트} bite	★★☆
깨물다	바잍		{바이트} bite	
(이빨이나 벌레 등에) 물린 곳	바잍		{바이트} bite	bite
(음식의) 한 입	바잍		베어 물다 {바이트} bite	

꽃게가 집게로 물다 ⇨ 꽃게가 집게로 **바잍**(바이트, 바이트)하다 / 모기가 물다 ⇨ 모기가 **바잍**하다
호랑이가 먹이를 물어뜯다 ⇨ 호랑이가 먹이를 **바잍**하다
혀를 깨물다 ⇨ 혀를 **바잍**하다
모기 물린 곳에 연고를 바르다 ⇨ 모기 **바잍**에 연고를 바르다
피자 한 입 먹다 ⇨ 피자 **바잍** 먹다 / ※ 바이트(byte) : 8비트(bit)로 이루어진 컴퓨터의 정보 단위

뜻	발음1	발음2	설명	방법
조금 (영국)	빝 / 비잍		약간, 한 조각, (음식의) 한 입, 컴퓨터 비트 {비트} bit	재활용
냄새	스뭬얼	스뭬을	냄새를 맡다, 냄새가 나다, 후각 {스멜} smell	
동작	뭐우션		(사물의) 운동, 움직임 {모션} motion	
가구	쀠어니철	쀠어니쳐	{퍼니쳐} furniture	
(운동으로) 천천히 달리다	져악	죠옥	조깅하다, (무심코) 살짝 밀치다 {죠그} jog	

조금 당황하다 ⇨ **빝**(비트) 당황하다 / 약간 춥다 ⇨ **빝**(비트) 춥다 / 케이크 한 조각 ⇨ 케이크 **빝**(비트)
고소한 빵 냄새 ⇨ 고소한 빵 **스뭬얼**(스멜)
손동작 ⇨ 손 **뭐우션**(모션) / 운동의 법칙 **뭐우션**의 법칙 / 움직임이 둔하다 ⇨ **뭐우션**이 둔하다
신혼집에 새 가구를 들이다 ⇨ 신혼집에 새 **쀠어니철**(퍼니쳐)를 들이다
아침에 천천히 달리다 ⇨ 아침에 **져악**(져아g)하다 / + 천천히 달리는 운동 (조깅), 느린 구보 jogging 져아깅 {죠깅}

뜻	발음1	발음2	설명	방법
남편	허즈밴d	허즈번d	절약하다 {허즈밴드} husband	무작정
(음식, 내용을) 소화하다	돠이줴슽★ / 디줴슽★	돠이줴슽★	이해하다, 요약(하다☆) {다이제스트} digest	
분명한	압비어스	옵비어스	명백한, 확실한, 뻔한 {압비어스} obvious	
해를 끼치다	@함~	하암	피해를 입히다, 해, 손해, 피해 {함} harm	
~로 인한	듀우		~할 예정인 (서술형), ~하기로 되어 있는, 정당한 {듀} due	

요리를 잘하는 남편 ⇨ 요리를 잘하는 **허즈밴**(허즈밴d, 허즈밴드) / + 아내, 부인, 처, 마누라, 와이프 wife ♀와잎 {와이프}
음식을 소화하다 ⇨ 음식을 **돠이줴슽**(돠이줴스트, 돠이줴스트, 다이제스트)하다 / + 소화, 소화력 digestion 돠이줴스젼
분명한 이유 ⇨ **압비어스**한 이유 / 명백한 사실 ⇨ **압비어스**한 사실 / 뻔한 거짓말 ⇨ **압비어스**한 거짓말
멧돼지가 농사에 해를 끼치다 ⇨ 멧돼지가 농사에 **함**(함)하다 / ◆ @함~ : 혀를 말고 할과 함이 섞인 소리를 발음
우승은 실력으로 인한 것이다 ⇨ 우승은 실력 **듀우**(듀)인 것이다

영어 단어에 해당하는 국어 단어 (기준으로 세운 뜻)	미국식 발음	영국식 발음	해당 국어 단어들 (다른 뜻들)	{한국식 발음} 스펠링	
(장소에, 물건이) **도착하다**	어롸입		이르다, 도달하다, 오다	{어라이브} arrive	**연상법**
위반	어뻰스		죄, 범죄, (경기) 공격진, (= offence 영국)	{어펜스} offense	
제조	왜뉴빼악쳘	뫄니빡쳐	제조업, 제품, 제조하다	{매뉴 팩쳐} manufacture	
불안	앵좌이어리	앙좌이어티	걱정, 염려	{앵자이어티} anxiety	
불안해하는	앵셔스	앙셔스	걱정하는, 염려하는, 불안한, 갈망하는	anxious	

"**어롸**~(어라) 길을 잘 못 찾는 친구가 웰일로 공연장 **입**구에 제일 먼저 **도착하다**
허가 없이 **어**디 아무 데나 **뻰스**(펜스 fence 담, 울타리)를 치면 법률상 **위반**을 하게 된다
왜뉴(메뉴 menu 식단표) 중에 햄버거의 패티 **제조** 과정은 고기를 잘게 다지고 세게 **빼악 쪌**(빡 쳐서) 만든다
몸이 안 좋아서 건강검진을 받은 **앵좌**(앵자, 이름)의 **불안**이 결과가 나올 때까지 **이어리**(어어지다)
앵두색 립스틱이 남편의 **셔스**(셔츠)에 묻어 있는 것을 아내가 발견하자 남편에게서 **불안해하는** 얼굴빛이 역력하다

중심	쎈털	쎈튀 / 쎈타	(= centre 영국)	{센터} center	**쪼개기**
(장소의) **중앙**	쎈털	쎈튀 / 쎈타	한가운데, 중앙에 놓다	{센터} center	★★★
(사회, 지역 등의) **중심 시설**	쎈털	쎈튀 / 쎈타	중앙 시설	{센터} center	
(서비스, 매장 등의) **종합 시설**	쎈털	쎈튀 / 쎈타	센터 (중심 시설, 종합 시설)	{센터} center	**center**
(사람이 모이는) **중심지**	쎈털	쎈튀 / 쎈타	중심에 두다, 중심부, 중추	{센터} center	

중심을 잡다 ⇨ **쎈털**(센터)을 잡다 / 무게 중심 ⇨ 무게 **쎈털**(센터)
무대의 중앙 ⇨ 무대의 **쎈털** / 도로의 중앙 ⇨ 도로의 **쎈털**
사회 복지 중심 시설 ⇨ 사회 복지 **쎈털**
체육 종합 시설 ⇨ 체육 **쎈털** / 자동차 서비스 종합 시설 ⇨ 자동차 서비스 **쎈털**
쇼핑 중심지 ⇨ 쇼핑 **쎈털** / 패션 중심지 ⇨ 패션 **쎈털**

(긍정문) **누구나** (누구라도, 누구든지)	에니원		(부정문) 아무(에게)도, (의문문) 누가, 누군가	anyone	**재활용**
(긍정문) **누구나** (누구라도, 누구든지)	에니바리	에니버디	(부정문) 아무(에게)도, (의문문) 누가, 누군가	anybody	
(긍정문) **무엇이든**	에니θ띵	에니θ씽	(부정문) 아무것도, (의문문) 무언가	anything	
(긍정문) **어디든지** (어디라도)	에니우웨얼	에니우웨어	(부정문) 아무 데도	{에니웨어} anywhere	
어쨌든	에니우웨이		아무튼, 어차피, 그건 그렇고	{에니웨이} anyway	

누구나 행복을 추구한다 ⇨ **에니원** 행복을 추구한다 / "아무도 믿지 마라" ⇨ "**애니원** 믿지 마라"
누구나 환영한다 ⇨ **에니바리**(에니보다) 환영한다 / "아무에게도 말하지 마" ⇨ "**에니바리** 말하지 마"
나는 무엇이든 할 수 있다 ⇨ 나는 **에니띵**(에니씽) 할 수 있다 / 아무것도 할 수 없었다 ⇨ **에니띵** 할 수 없었다
어디든지 갈 수 있다 ⇨ **에니우웨얼**(에니웨어) 갈 수 있다 / "아무 데도 가지 마" ⇨ "**에니우웨얼** 가지 마"
자동차로 가든지 비행기로 가든지 **에니**(어떤) **우웨이**(방법, 길)로 가도 어쨌든 서울로 갈 수 있다

참깨	쎄써미			{세서미} sesame	**무작정**
헌정	츄뤼뷰울		존경의 표시, 찬사, 헌사, 조공	{트리뷰트} tribute	
~의 가치가 있는 (서술적)	우월θ뜨	우워θ쓰	~할 가치가 있는, 가치	{워쓰} worth	
~하는 동안에	우와이얼	우와이을	~하는 사이, ~하지만, 반면에, 잠깐 동안	{와일} while	
(관습, 법률 등을) **폐지하다**	어벌러쉬 / 어발러쉬	어벌레쉬	없애다	{어볼리쉬} abolish	

다른 향신료의 맛이 **쎄써**(쎄써) 참깨의 고소함이 **미**미하다
후배 가수들이 존경의 표시로 대선배님에게 **헌정**할 **츄뤼뷰울** 앨범(트리뷰트 앨범, 헌정 앨범) 을 만든다
10억의 **가치가 있는** 다이아몬드 원석 ⇨ 10억 **우월뜨**(워쓰)인 다이아몬드 원석
드라마 보는 **동안에** 밥을 먹다 ⇨ 드라마 보는 **우와이얼**(와일)에 밥을 먹다
오래된 악습을 **폐지하다** ⇨ 오래된 악습을 **어벌러쉬**(어볼리쉬)하다

왕초보 **영단어** 복합적 **암기법** **8**회

유전자	쥐인		유전 인자 {쥔} gene	연상법
건축	알~키텍쳘	아아키텍쳐	설계, 건축술(학) {아키텍쳐} architecture	
엄청난	빼아뷸러스	빠뷸러스	굉장한, 멋진, 전설적인 {패뷸러스} fabulous	
우화	뻬이벌		꾸며낸 이야기, 전설 {페이블} fable	
수하물 (여행용 짐) (미국)	배아게쥐	바게쥐	수하물, (비행기, 배) 수하물 (영국) {배기쥐} baggage	

쥐와 **인**간의 유전자를 분석해 질병 치료에 적용하는 연구를 진행하다
키보드의 **알~키텍쳘**(R key 탁 쳐, R 키를 탁 치다) 하자 건축 설계의 렌더링이 진행되다
그래퍼는 엄청난 속도로 **빼아**르게(빠르게) 랩을 **뷸러스**(불렀어)
이솝 우화 한 권이 **뻬이벌**(테이블) 위에 놓여 있다
무거운 여행용 수하물(들고 다닐 수 있는 짐)을 하루 종일 들고 다녔더니 손에 굳은살이 **배아게쥐**(배기지)

(사물, 사람에) 기대다	을리인		~에 기대 놓다, (사물, 사람에) 의지하다 {린} lean	쪼개기
기울다	을리인		기울이다, 기울어지다, 기울기, 경사 {린} lean	★★☆
몸을 숙이다	을리인		몸을 구부리다, 몸을 젖히다 (~ back) {린} lean	
(특히 남자, 동물이) 군살이 없는	을리인		호리호리한, 여윈 {린} lean	lean
(고기가) 비계가 적은	을리인		(고기가) 기름기가 없는(적은), 살코기 {린} lean	

벽에 기대다 ⇨ 벽에 **을리인**(린)하다
탑이 기울다 ⇨ 탑이 **을리인**(린)하다
입구가 낮아서 몸을 숙이다 ⇨ 입구가 낮아서 **을리인**(린)하다
군살이 없는 사람 ⇨ **을리인**(린)한 사람
비계가 적은 고기 ⇨ **을리인**(린)한 고기 / + **살코기** lean meat 을리인 미일

모든 사람	에브뤼우원		모두, 누구나, 누구든지, 여러분 {에브리원} everyone	재활용
모든 사람	에브뤼바리	에브뤼보디	모든 사람들, 모두, 누구나 everybody	
모든 것	에브뤼θ띵	에브뤼θ씽	모든 일, 모두 {에브리싱} everything	
모든 곳에	에브뤼우웨얼	에브뤼우웨어	어디에나, 모든 곳 {에브리웨어} everywhere	
매~	에브뤼		~마다, 모든, 모두 {에브리} every	

모든 사람은 행복을 추구한다 ⇨ **에브뤼우원**은 행복을 추구한다 / + **안녕하세요, 여러분** (안녕, 모두들) Hello, everyone
모든 사람이 즐길 수 있는 놀이 ⇨ **에브뤼바리**(에브리바디)가 즐길 수 있는 놀이
나는 모든 것을 할 수 있다 ⇨ 나는 **에브뤼띵**(에브리싱)을 할 수 있다
전국 모든 곳에 있는 햄버거 체인점 ⇨ 전국 **에브뤼우웨얼**(에브리웨어)에 있는 햄버거 체인점
매일 ⇨ **에브뤼** 일 / 3시간마다 ⇨ 3시간 **에브뤼** / + **매일**, 날마다 every day / + **매일의**, 일상의, 평소의 everyday

수하물 (영국)	을러게쥐		수하물, 여행용 짐, 짐 {러기쥐} luggage	무작정
(크기, 양, 규모 등을) 줄이다	뤼듀우스		감소시키다, 축소하다, 낮추다 {리듀스} reduce	
땀을 흘리다 (격식)	펄스빠이얼	퍼스빠이어	땀이 나다 {퍼스파이어} perspire	
씨	씨일		(식물, 어떤 일의) 씨앗, 종자 {시드} seed	
도마뱀	을리쥘d	을리줘d	{리저드} {리자드} lizard	

수하물 보관소 ⇨ **을러게쥐**보관소 / ◉ 수하물(手손수荷멜하物물건물) : 손에 들고 다닐 수 있는 짐 = ◎ 수화물(手손재물화物)
크기를 줄이다 ⇨ 크기를 **뤼듀우스**(리듀스)하다 / 소음을 감소시키다 ⇨ 소음을 **뤼듀우스**하다
더워서 땀을 흘리다 ⇨ 더워서 **펄스빠이얼**(퍼스파이어)하다
밭에 씨를 뿌리다 ⇨ 밭에 **씨일**(씨이d, 시이드, 시드)을 뿌리다 / 희망의 씨앗 ⇨ 희망의 **씨일**
도마뱀이 곤충을 잡아먹다 ⇨ **을리쥘**(을리쥘d, 을리쥘드, 리저드)이 곤충을 잡아먹다

영어 단어에 해당하는 국어 단어 (기준으로 세운 뜻)	미국식 발음	영국식 발음	해당 국어 단어들 (다른 뜻들)	{한국식 발음} 스펠링	
매년의	애뉴얼	아뉴얼	연간의, 해마다의, 일 년간의, 연감, 연보	annual	연상법
언쟁하다	알~규~	아~규~	논쟁하다, 주장하다, 논하다 {아규}	argue	
생략하다	오밑 / 오멛		누락하다, 빠뜨리다 {오미트} {오밋}	omit	
기어가다	크뤼잎		기다, 살금살금 걷다, 살금살금 움직이다 {크립}	creep	
발생시키다	쮀너뤠잍		생성하다, 일으키다, 초래하다 {제너레이트}	generate	

애들은 매년의 **뉴** 이어(new year 새해)마다 **얼**굴과 키의 변화가 몰라보게 달라진**다**
사실을 잘못 **알~규~**(알고) 오해하여 동료와 언쟁하**다**
담장을 윗부분부터 페인트로 색칠하다가 페인트가 부족해 담장 **오** 센티미터(5cm) **밑**은 색칠을 생략하**다**
거실 바닥에 미끄러운 **크뤼잎**(크림)이 묻어 있어 살살 기어가**다**
쮀(재)하고 **너**하고 학교에 자주 **뤠잍**(late 늦은, 늦게) 하니 담임 선생님의 화를 발생시키**다**

계절	씨이즌 / 씨이쥔			{시즌} season	쪼개기
~기	씨이즌 / 씨이쥔		(TV프로그램이 한차례 방영되는) 시즌	{시즌} season	★★★
~철	씨이즌 / 씨이쥔		한창때, 대목	{시즌} season	season
제철	씨이즌 / 씨이쥔		(스포츠, 행사, 축제 등의) 시즌	{시즌} season	
양념하다	씨이즌 / 씨이쥔		(양념 등으로 음식에) 맛을 들이다, 흥미를 더하다	{시즌} season	

사계절 ⇨ 사 **씨이즌**(시즌) / 가을은 독서의 계절 ⇨ 가을은 독서의 **씨이즌**(시즌)
성장기 ⇨ 성장 **씨이즌**(시즌) / ※ ~기 : 성수기, 비수기, 건기, 우기 등
휴가철 ⇨ 휴가 **씨이즌**(시즌) / ※ ~철 : 장마철, 수확철, 사냥철, 낚시철 등
제철을 맞은 통통한 꽃게 ⇨ **씨이즌**(시즌)을 맞은 통통한 꽃게
닭고기에 양념하다 ⇨ 닭고기에 **씨이즌**(시즌)하다 / **+** 양념, 조미료, 간 맞추기 seasoning 씨이즈닝 {시즈닝}

(전문가가) 상담하다	컨써얼t		상의하다, 의견을 듣다 {컨설트}	consult	재활용
(총, 화살 등의) 발사	셔얼 / 샤올	셔얼 / 쇼올	(축구 등의) 슛, 발포, 총살, 사진, 촬영 {슛} {샷}	shot	
(총, 화살 등을) 쏘다	슈을		(골에) 슛하다, 발사하다, 촬영하다, 이런!, 제기랄! {슛}	shoot	
상담하다	캬운쎌		상담, 조언, 조언하다, 변호인단 {카운슬}	counsel	
독특한	유니읷		유일무이한, 유일한, 특이한, 고유의 {유니크}	unique	

전문가와 상담하다 ⇨ 전문가와 **컨써얼**(컨써얼)하다 / **+** 상담가, 컨설턴트 consultant 컨써얼튼t / 컨써얼트 [컨써얼튼t]
발사를 지시하다 ⇨ **셔얼**(슛, 샷)을 지시하다 / 농구의 슛 ⇨ 농구의 **셔얼**(슛, 샷)
사격장에서 총을 쏘다 ⇨ 사격장에서 총을 **슈을**(슛)하다 / 골에 **슛**하다 ⇨ 골에 **슈을**(슛)하다
진로에 대해 상담하다 ⇨ 진로에 대해 **캬운쎌**(카운슬)하다 / **+** 상담, 조언, 카운슬링 counseling 캬운쎌링
독특한 패션 ⇨ **유니읷**(유니lk, 유니이크, 유니크)한 패션 / 유일무이한 디자인 ⇨ **유니읷**한 디자인

예금	디파쥍 / 디파쥍	디퍼쥍	맡기다, 예금하다, 보증금 {디파짓}	deposit	무작정
세대 (약 30년간의 차이, 비슷한 연령층)	쮀너뤠이션		세대 (제품의 발전 단계)	generation	
공백의	블래앵k	블랑k	빈, 빈칸, 공백, 백지, 백지의 {블랭크}	blank	
변장하다	디스까이즈		위장하다, 변장, 위장, 숨기다 {디스가이즈}	disguise	
통화 (통용활통화貨재화화)	커뤈씨		유통 화폐, 화폐, 통용 {커런시}	currency	

예금을 인출하다 ⇨ **디파쥍**(디파짓)을 인출하다
세대 차이 ⇨ **쮀너뤠이션**(제너레이션) 차이 / 5세대 제품 ⇨ 5 **쮀너뤠이션** 제품
공백의 기간 ⇨ **블래앵**(블래앵k, 블래앵크, 블랭크)의 기간 / 빈 공간 ⇨ **블래앵**한 공간
노인으로 변장하다 ⇨ 노인으로 **디스까이즈**(디스가이즈)하다
달러는 세계적인 통화이다 ⇨ 달러는 세계적인 **커뤈씨**(커런시)이다 / ● 통화 : 유통, 지불이 가능한 화폐

왕초보 영단어 복합적 암기법 8회

연상법

(잠깐의) **낮잠**	놔앞	낲	(낮에) 잠깐 잠, 선잠, 졸잠, 선잠 자다 {냅} nap
공포	삐얼	삐어	두려움, 무서움, 근심, 걱정 {피어} fear
(과수의) **꽃**	블라아썸	블로썸	꽃이 피다, 꽃을 피우다 blossom
효율적인	이쁴션t		능률적인, 유능한 {이피션트} efficient
숨기다	하읻		감추다, 가리다, 숨다 {하이드} hide

너무 피곤하여 하던 일을 **놔앞**두고(내버려 두고) 잠시 의자에 기대어 **낮잠**을 자다
주인공이 좀비에게 쫓기다 다리를 **삐얼**(삐어) 절뚝거리다 좀비에게 잡히기 일보 직전이 되자 **공포**에 휩싸이다
선물로 받은 **블라아**우스(블라우스)에는 **썸**(약간의, 어떤) 꽃무늬가 있다
이 쁴션(이 패션)은 **t**레이닝(트레이닝, 훈련) 할 때 **효율적인** 복장이다
친구의 초코파이를 몰래 먹고 태연하게 **"하읻**(하이 hi 안녕)" 인사하며 몰래 먹은 게 티 나지 않게 표정을 **숨기다**

쪼개기 ★★☆ current

현재의	커륀t		지금의 {커런트} current
현행의	커륀t		{커런트} current
통용되는	커륀t		유통되고 있는, 유포되고 있는 {커런트} current
해류	커륀t		기류, 흐름, 추세 {커런트} current
전류 (electric ~)	커륀t		{커런트} current

현재의 상황 ⇨ **커륀**(커륀t, 커륀트, 커런트)의 상황
현행의 교육제도(현행 교육제도) ⇨ **커륀**의 교육제도
통용되는 말 ⇨ **커륀**한 말
해류를 따라 움직이는 부유 동물 ⇨ **커륀**을 따라 움직이는 부유 동물 / 상승 기류 ⇨ 상승 **커륀**
전선에는 **전류**가 흐른다 ⇨ 전선에는 **커륀**이 흐른다

재활용

일반적인	쩨너럴		일반의, 보통의, 전반적인, 장군 {제너럴} general
~뒤에 (위치)	비하인d		배후에, 뒤의, 뒤쪽에, 뒤쳐지어, 뒤떨어진 {비하인드} behind
(통신, 방송, 장치 등) **무선의**	우와이얼레스		{와이어리스} wireless
상	어워d	어워	수여하다 {어워드} award
숨겨진	히든 / 힐은	히든	숨은, 감춰진, (hide의 과거 분사) {히든} hidden

일반적인 생각 ⇨ **쩨너럴**(제너럴)한 생각
소파 뒤에 있는 아이 ⇨ 소파 **비하인**(비하인d, 비하인드) 있는 아이 / 사건의 배후에 그가 있다 ⇨ 사건의 **비하인** 그가 있다
무선의 마이크(무선 마이크) ⇨ **우와이얼레스**(와이어리스) 마이크 / 무선의 청소기 ⇨ **우와이얼레스** 청소기
아카데미 **어워**(어워d, 어워드, 어워드)은 연기에 대한 **상**, 뮤직 어워드는 음악에 대한 상을 뜻한다
숨겨진 비밀 ⇨ **히든** 비밀 / 숨은 의도 ⇨ **히든** 의도 / 감춰진 진실 ⇨ **히든** 진실

무작정

제공하다	아아뿨	오뿨	제안하다, 제의하다, 권하다 {오퍼} offer
(음식, 피 등을) **토하다**	봐멜	보멜	구토하다, 구토, 내뿜다, 분출하다 {보밋} vomit
각~	이이취		각자, 각자의, 각각, 각각의 {이취} each
(벽, 탁상 등의 실내에 두는) **시계**	클락	클럭	(경기에서 시간을) 기록하다 {클락} clock
담요	블랑껟	블랑켙	모포, 전반적인 {블랑켓} blanket

일자리를 **제공하다** ⇨ 일자리를 **아아뿨**(오퍼)하다 / 높은 월급을 제안하다 ⇨ 높은 월급을 **아아뿨**(오퍼)하다
속이 안 좋아 먹은 것을 **토하다** ⇨ 속이 안 좋아 먹은 것을 **봐멜**(보밋)하다 / 피를 토하다 ⇨ 피를 **봐멜**하다
각~ 사람의 성격을 파악하다 ⇨ **이이취**(이취) 사람의 성격을 파악하다
탁상시계 ⇨ 탁상 **클락**(클락) / 100m 달리기에서 12초를 기록하다 ⇨ 100m 달리기에서 12초를 **클락**하다
담요를 덮고 자다 ⇨ **블랑껟**(블랑켓)을 덮고 자다

영어 단어에 해당하는 국어 단어 (기준으로 세운 뜻)	미국식 발음	영국식 발음	해당 국어 단어들 (다른 뜻들)	{한국식 발음} 스펠링	
무시하다	이그노얼	이그노어	모르는 체하다, 못 본 척하다	{이그노어} ignore	연상법
치유되다	히얼	히을	치유하다, 치료하다, 낫다, 낫게 하다, 고치다	{힐} heal	
심부름	에뤈d		볼일	{에런드} errand	
(액체, 빛, 조직 등을) 흡수하다	어브조올b / 업소올b	어브조옵 / 업소옵	빨아들이다, 열중하다	{업소브} absorb	
(갑자기) 사라지다	봬애네쉬	봐네쉬	없어지다	{배니쉬} vanish	

"이그~ 너의 노 메이크업 얼굴을 보니 별로다" 하며 친구를 무시하다
공기가 맑은 산에 오르니 히얼(힐링 healing 치유, 치료)이 되어 복잡한 마음이 치유되다
에(애, 아이)에게 심부름을 시키니 뤈(뛰다, 달리다)하여 나가고 엄마는 아이가 심부름 하는 동안 d라마(드라마)를 보다
한 어브(어부)가 갑자기 조올b(졸부, 갑자기 부자가 된 사람)이 되더니 여러 어선들을 자신의 소유로 흡수하다
"공주님이 눈앞에 잘 봬애네(보이네)" 하고 호위무사들이 안심을 하는 사이에 쉬(그녀)가 갑자기 마술처럼 사라지다

제도	씨스뜀 / 씨스뜸			{시스템} system	쪼개기
체계	씨스뜀 / 씨스뜸		조직 체계	{시스템} system	★★★
체제	씨스뜀 / 씨스뜸		지배 체제	{시스템} system	
계통	씨스뜀 / 씨스뜸		(동물 체내의) ~계	{시스템} system	system
(복합적인 기계) 장치	씨스뜀 / 씨스뜸		시스템	{시스템} system	

사회 제도 ⇨ 사회 씨스뜀(시스템) / 교육 제도 ⇨ 교육 씨스뜀(시스템)
연락 체계 ⇨ 연락 씨스뜀(시스템) / 면역 체계 ⇨ 면역 씨스뜀(시스템)
자본주의 체제 ⇨ 자본주의 씨스뜀(시스템)
호흡기 계통 ⇨ 호흡기 씨스뜀(시스템) / 신경 계통 ⇨ 신경 씨스뜀(시스템) / ※ ~계 : 신경계, 소화계 등
브레이크 장치 ⇨ 브레이크 씨스뜀(시스템) / 냉난방 장치 ⇨ 냉난방 씨스뜀(시스템)

(색깔이) 진한	디잎		(색깔이) 짙은, 깊은, 깊이가 ~인	{딥} deep	재활용
깊게	디이쁠리 / 디이플리	디이플리	깊이	{디플리} deeply	
믿다	바이		사다, 사 주다, 구입하다, 구입, 받아들이다	buy	
판매자	쎌뤌	쎌러	파는 사람, 잘 팔리는 물건	{셀러} seller	
구매자	바이얼	바이어	(사업적인) 구매 담당자, 사는 사람	{바이어} buyer	

진한 파랑 ⇨ 디잎(디이p, 디이프, 딥) 파랑 / 짙은 갈색 ⇨ 디잎 갈색 / 깊은 강 ⇨ 디잎 한 강
깊게 숨을 쉬다 ⇨ 디이쁠리(디플리) 숨을 쉬다 / 깊이 생각하다 ⇨ 디이쁠리 생각하다
너의 말을 믿다 ⇨ 너의 말을 바이하다(믿음이 가서 사다) / 마음에 드는 옷을 사다 ⇨ 마음에 드는 옷을 바이하다
소비자와 판매자 ⇨ 소비자와 쎌뤌(셀러) / 가전제품 파는 사람 ⇨ 가전제품 쎌뤌(셀러)
자동차 구매자 ⇨ 자동차 바이얼(바이어) / 사업적인 구매 담당자 ⇨ 사업적인 바이얼(바이어)

설문 조사하다	쒈붸이★	써붸이★	설문 조사 (쒈베이☆/〔쒀베이☆〕)	{서베이} survey	무작정
양 (量헤아릴양)	쿠완띠디	쿠원티티	수량, 분량	{콴터티} quantity	
팔다	쎄얼	쎄을	판매하다, 팔리다	{셀} sell	
시설	퍼씰러리	퍼씰러티	설비	{퍼실러티} facility	
용이하게 하다	퍼씰러퉤일		수월하게 하다	{퍼실러테이트} facilitate	

100명을 대상으로 설문 조사하다 ⇨ 100명을 대상으로 쒈붸이(서베이)하다
많은 양의 정보 ⇨ 많은 쿠완띠디(콴터티)의 정보 / 수량을 확인하다 ⇨ 쿠완띠디를 확인하다
상품을 팔다 ⇨ 상품을 쎄얼(셀)하다 / ◆ l 발음 : 얼과 어 사이로 발음
좋은 시설을 갖추다 ⇨ 좋은 퍼씰러리(퍼실러티)를 갖추다
세탁기가 빨래를 용이하게 하다 ⇨ 세탁기가 빨래를 퍼씰러퉤일(퍼실러테이트) 하다

왕초보 영단어 복합적 암기법 8회

~에 영향을 주다	어쀀t / 어뻬엑t		~에 영향을 미치다 {어펙트} affect	연상법
거만한	애뤄겐t	아뤄건t	오만한, 교만한 {애러건트} arrogant	
진전	프뤄그레스	프로우그라스	진보, 발전 {프로그레스} progress	
질식시키다	쵸욱		질식하다, 질식, 숨 막히게 하다, 숨이 막히다 {쵸크} choke	
공격적인	어그뤠씹		{어그레시브} aggressive	

어(하나의) 쀀t(팩트 fact 사실)가 문제 해결에 영향을 주다
거만한 부자가 땀 흘려 일하는 사람들을 보며 "애뤄 사항(애로 사항)이 많을 텐데 겐t(건투)를 빈다~" 하며 빈정대다
프뤄(프로) 선수는 그뤠(그렇게) 스스로 자기 관리를 철저히 해야 실력이 한결음 더 진전이 된다
격투 기술인 쵸욱(쵸크)을 걸어 상대편 선수를 질식시키다 (쵸욱, 쵸우k, 쵸우크, 쵸크)
"어 그뤠(그래)~ 그렇게 나온다 이거지~". 영화에서 불량배들이 껌을 씹으며 주인공에게 공격적인 자세를 취하다

각각의	인뒤비쥬얼	인디비쥬얼	{인더비쥬얼} individual	쪼개기
개개의	인뒤비쥬얼	인디비쥬얼	{인더비쥬얼} individual	★★☆
개인	인뒤비쥬얼	인디비쥬얼	개인용의, 1인용의 {인더비쥬얼} individual	
개인적인	인뒤비쥬얼	인디비쥬얼	개인의, 개성적인 {인더비쥬얼} individual	
개별적인	인뒤비쥬얼	인디비쥬얼	개별의 {인더비쥬얼} individual	individual

각각의 특징 ⇨ 인뒤비쥬얼(인더비쥬얼)의 특징
개개의 사람 ⇨ 인뒤비쥬얼(인더비쥬얼)의 사람
개인과 사회의 조화 ⇨ 인뒤비쥬얼(인더비쥬얼)과 사회의 조화
개인적인 의견 ⇨ 인뒤비쥬얼(인더비쥬얼)한 의견 / 개인의 능력 ⇨ 인뒤비쥬얼(인더비쥬얼)의 능력
개별적인 면담(개별 면담) ⇨ 인뒤비쥬얼(인더비쥬얼)한 면담

(매장의 상품을) 둘러보다	브롸우즈		(책, 웹 정보 등을) 훑어보다 {브라우즈} browse	재활용
도표	챠알t	챠알	(대중음악 순위, 환자용) 차트 {챠트} chart	
도표 (도형)	돠이어그램	다이어그램	도해, 일람표, 운행표 {다이어그램} diagram	
도표 (선)	그뢔앞 / 그롸앞	그롸앞	도식, 그래프 {그래프} graph	
조리법	뤠서피	뤠서피	요리법, 레시피 {레시피} recipe	

웹 브롸우즈(브라우저)로 쇼핑몰을 둘러보다 / + 둘러보는 사람, 웹 검색 프로그램, 브라우저 browser 브롸우쥘(브라우저)
판매 도표로 판매량을 파악하다 ⇨ 판매 챠알(챠알t, 챠알트, 차트)로 판매량을 파악하다
사진과 도표로 이해를 쉽게 하다 ⇨ 사진과 돠이어그램(다이어그램)으로 이해를 쉽게 하다
10년간의 집 값을 나타내는 도표 ⇨ 10년간의 집 값을 나타내는 그뢔앞(그래아, 그래아프, 그래프)
조리법을 개발하다 ⇨ 뤠서피(레시피)를 개발하다 / 피자 요리법 ⇨ 피자 뤠서피(레시피)

진보적인	프뤄그뤠씹		혁신적인, 진보적인 사람 {프로그레시브} progressive	무작정
보수적인	컨쒤뷰립 / 컨쒤뷰팁	컨써어뷰팁	보수적인 사람 {컨서버티브} conservative	
그러므로	헨스		따라서, 이런 이유로, 지금부터 hence	
실험	익스뻬뤼멘t	익스뻬뤼먼t	실험하다 {익스페러먼트} experiment	
파산한	뱅크뤁t		파산자 {뱅크럽트} bankrupt	

진보적인 학자 ⇨ 프뤄그뤠씹(프뤄그뤠씨v, 프뤄그뤠씨브, 프로그레시브)한 학자
보수적인 생각 ⇨ 컨쒤뷰립(컨쒤뷰리v, 컨쒤뷰리브, 컨서버티브)한 생각
그녀는 실력이 월등하다. 그러므로 우승은 거의 확실하다 ⇨ 그녀는 실력이 월등하다. 헨스 우승은 거의 확실하다
과학 실험 ⇨ 과학 익스뻬뤼멘(익스뻬뤼멘, 익스뻬뤼멘트, 익스페러먼트)
파산한 회사 ⇨ 뱅크뤁(뱅크뤁t, 뱅크뤕트, 뱅크럽트)한 회사

영어 단어에 해당하는 국어 단어 (기준으로 세운 뜻)	미국식 발음	영국식 발음	해당 국어 단어들 (다른 뜻들)	{한국식 발음} 스펠링	
사악한 (邪간사할사邪惡악할악)	이이뷀		악랄한, 불길한, 악, 사악 {이블} {이블} evil		연상법
공황 (恐두려울공惶두려워할황)	패아넼	파넬	공황 상태, 극심한 공포 {패닉} panic		
자금	뿨언d / 뿬d		기금, 재원 {펀드} fund		
위치하다	을로우케일		위치를 찾아내다, 위치를 정하다 {로케이트} locate		
성별	줴뒬	줴둬	성 {젠더} gender		

사악한 악마가 날카로운 **이이뷀**(이뻘)과 손톱을 드러내다
꽤 많은 여우가 사자를 쥐어 **패아넬**(패네, 패다, 때리다). 그러자 사자가 공황 상태가 되다
뿨언d(펀드)란 불특정 다수에게 자금을 모아 다양한 투자를 하여 수익을 내는 금융상품이다
평지보다 **을로우**(low 낮은)한 곳에 스**케일**장(스케이트장)이 위치하다
둘째인 **줴**(쟤는, 저 아이는) 아직 어리고 **뒬**(덜) 커서 성별 구분 없이 첫째의 옷을 물려 입는다

식이 요법	돠이얼		식이 요법을 하다(시키다), 식이 요법용 {다이어트} diet		쪼개기
식단	돠이얼		저칼로리의 {다이어트} diet		★☆☆
규정식	돠이얼		규정식을 먹다(먹이다), 특별식 {다이어트} diet		diet
식생활	돠이얼		식습관 {다이어트} diet		
(일상적으로 하는) 식사	돠이얼		(일상의) 음식, 음식물 {다이어트} diet		

식이 요법을 하다 ⇨ **돠이얼**(다이어, 다이어트)을 하다 / ※ diet : 건강 관리, 체중 관리(감량, 증량, 유지) 등을 위한 식이 요법
한 달 단위로 식단을 짜다 ⇨ 한 달 단위로 **돠이얼**(다이어트)을 짜다 / ♣ 체중 감량, 살 빼기의 뜻으로 쓰는 다이어트는 콩글리쉬
건강 회복을 위해 규정식을 먹다 ⇨ 건강 회복을 위해 **돠이얼**(다이어트)을 먹다
균형 잡힌 식생활 ⇨ 균형 잡힌 **돠이얼**(다이어트)
매일 먹는 식사로 밥, 김치, 찌개, 밑반찬을 차려서 먹는다 ⇨ 매일 먹는 **돠이얼**로 밥, 김치, 찌개, 밑반찬을 차려서 먹는다

단어	우월d	우월	낱말, 말, 언어 {워드} word		재활용
(노래의) 가사	우월즈	우워즈	(word의 복수) {워즈} words		
(곤충) 파리	쁠라이	플라이	날다, 날리다, 비행하다 {플라이} fly		
(곤충) 잠자리	쥬뢔근쁠라이	쥬롸근플라이	{드래곤플라이} dragonfly		
나침반	컴뻬스	컴퍼스	(제도용) 컴퍼스(~es), 범위, 한계 {콤파스} compass		

영어 단어 ⇨ 영어 **우월**(우월d, 우월드, 워드)
노래 가사가 재미있다 ⇨ 노래 **우월즈**(워즈)가 재미있다
파리채로 파리를 잡다 ⇨ 파리채로 **쁠라이**(플라이)을 잡다 / 새가 날다 ⇨ 새가 **쁠라이**(플라이)하다
가을 하늘을 나는 잠자리 ⇨ 가을 하늘을 나는 **쥬뢔근쁠라이**(드래곤플라이) / ♣ 용 dragon 쥬뢔근 {쥬롸근} {드래곤}
아이에게 나침반인 컴퍼스를 가져오라고 했는데 원을 그리는 제도용 **컴뻬스**(컴퍼스 compasses 컴퍼씨이즈)를 가져오다

즐겁게 하다	어뮤우즈		재미있게 하다 {어뮤즈} amuse		무작정
(그릇, 물체, 강 등의) 바닥	바아럼	보텀	밑바닥, 밑, 아래, 맨 아래 {바텀} {보텀} bottom		
신뢰	츄롸슽	츄뤄슽	신뢰하다, 믿다, 신임, 신탁 {트러스트} trust		
(법으로) 금지하다	프뤄히빝		금하다 {프로히빗} prohibit		
흙	쏘이얼	쏘이을	토양(土흙토壤흙양), 땅 {소일} soil		

어(한) 사람의 **뮤우즈**(뮤즈, 특히 음악의 신)가 사람들을 **즐겁게 하다** / ※ 뮤즈 : 그리스 신화의 학문, 예술 등의 아홉 여신
그릇의 바닥을 닦다 ⇨ 그릇의 **바아럼**(바텀)을 닦다 / 신발의 밑바닥 ⇨ 신발의 **바아럼**
서로 양보하고 신뢰를 쌓아가다 ⇨ 서로 양보하고 **츄롸슽**(츄롸스트, 츄롸스트, 트러스트)을 쌓아가다
산에서 허가 없이 나무 베는 것을 금지하다 ⇨ 산에서 허가 없이 나무 베는 것을 **프뤄히빝**(프로히빗)하다
흙을 화분에 담다 ⇨ **쏘이얼**(소일)을 화분에 담다 / 토양이 비옥하다 ⇨ **쏘이얼**이 비옥하다

이성적인	쾌아셔널	롸셔널	합리적인 {래셔널} rational	연상법
산소	악쓰젼	옥쓰젼	{악시젼} {옥시젼} oxygen	
의상	카스뚬	커스뚬	복장, 옷차림 {코스튬} costume	
악마	뒈뷜		마귀, 마왕, 악령, 악인 {데빌} {데블} devil	
여드름	아아크니 / 아악니	아크니	{애크니} acne	

쾌아셔널(내셔널 national 국가의) 문제는 이성적인 방법으로 해결해야 한다
산소가 부족한 악조건(악조건)과 겨울 쓰젼(시즌, 계절)에 에베레스트 산을 오르다
카스뚬(코스튬) 플레이 행사장의 다양한 캐릭터 의상들 / ※ 코스프레 (= 코스튬 플레이): 일본에서 생긴말이 영어권에서 쓰임
악마가 삼지창을 들고 지옥에 떨어진 나쁜 사람들에게 뒈(大큰대) 뷜(벌)을 주다
아아(애가)가 고등학생으로 크니 얼굴에 여드름이 생기다

멋진	나이스		멋있는 nice	쪼개기
좋은	나이스		즐거운 nice	★★★
근사한	나이스		nice	nice
훌륭한	나이스		착한, 친절한 nice	
괜찮은	나이스		nice	

멋진 자동차 ⇨ 나이스한 자동차 / 멋있는 해변 ⇨ 나이스한 해변
"좋은 하루 보내세요" ⇨ "나이스한 하루 보내세요" / 좋은 날씨 ⇨ 나이스한 날씨
근사한 식사 ⇨ 나이스한 식사
훌륭한 업적을 남기다 ⇨ 나이스한 업적을 남기다
괜찮은 환경에서 공부하다 ⇨ 나이스한 환경에서 공부하다

음악가	뮤직션		음악인, 연주자, 작곡가 {뮤지션} musician	재활용
판매	쎄이얼	쎄이을	매출, 매출액, 판매액, 영업, 염가 판매 {세일} sale	
(남녀) 판매원 (미국)	쎄이얼즈펄~슨	쎄이을즈퍼어슨	점원, 외판원 {세일즈퍼슨} salesperson	
긴장을 풀다	륄라악스	륄락스	긴장이 풀리다, 힘을 빼다, 편안해지다 {릴랙스} relax	
긴장이 풀린	륄라악슽	륄락슽	편안한, 힘을 뺀, 느긋한, 완화된 {릴랙스드} relaxed	

자연의 소리가 음악가에게 영감을 주다 ⇨ 자연의 소리가 뮤직션(뮤지션)에게 영감을 주다
판매를 개시하다 ⇨ 쎄이얼(세일)을 개시하다 / ● 매출(賣팔매出날출): 물건을 내어 팖 / ● 매출액: 상품을 팔아 생긴 총액
친절한 판매원 ⇨ 친절한 쎄이얼즈펄~슨(세일즈퍼슨) / ※ 세일즈맨은 남자 판매원. 세일즈우먼은 여자 판매원, 여점원
침대에 누워 긴장을 풀다 ⇨ 침대에 누워 륄라악스(릴랙스)하다
긴장이 풀린 다리 ⇨ 륄라악슽(륄라악스t, 륄라악스트, 릴랙스드)한 다리

구조	스쮸롹쳘	스쮸뢱쳐	구조물, 건축물, 건물 {스트럭쳐} structure	무작정
즐거움	어뮤우즈먼t		재미, 오락 {어뮤즈먼트} amusement	
고래	우웨이얼 / 후웨이얼	우웨이을 / 후웨이을	{웨일} {훼일} whale	
숨 쉬다	브뤼ð잍 / 브뤼읻		호흡하다 {브리드} breathe	
위험	페어륄		위험에 빠뜨리다, 위험성, 위기 {페럴} peril	

건물의 구조 ⇨ 건물의 스쮸롹쳘(스트럭쳐)
즐거움이 가득한 놀이동산 ⇨ 어뮤우즈먼(어뮤우즈먼t, 어뮤우즈먼트, 어뮤즈먼트)이 가득한 놀이동산
고래가 수면 위로 나오다 ⇨ 우웨이얼(웨일, 훼일)이 수면 위로 나오다
맑은 자연에서 숨 쉬다 ⇨ 맑은 자연에서 브뤼잍(브뤼ð, 브뤼읻, 브리드)하다
독살의 위험에 처하다 ⇨ 독살의 페어륄(페럴)에 처하다

영어 단어에 해당하는 국어 단어 (기준으로 세운 뜻)	미국식 발음	영국식 발음	해당 국어 단어들 (다른 뜻들)	{한국식 발음}	스펠링	
분노하다	뤼췌엔t	뤼췐t	분개하다, 화내다	{리젠트} resent		연상법
우선	프라이오뤄리	프라이오뤄티	우선 사항(순위)	{프라이오러티} priority		
설립하다	빠운d		세우다, (find의 과거, 과거 분사)	{파운드} found		
열정	패아션 / 파아션	파션	열광, 격정, 욕정, 정욕	{패션} passion		
동정심	컴패아션	컴파션	동정, 연민	{컴패션} compassion		

뒤에서는 비 신사적인 행동을 일삼고 **뤼**(다시) 사람들 앞에서는 **췌엔t**(젠틀, 온화한, 친절한)인 척하는 사람에게 **분노하다**
오리알만 있고 계란이 없으니 **우선 프라이**(프라이, 후라이)를 **오뤄리**알(오리알)로 만들어 보자
천만 **빠운d**(파운드 pound 영국 화폐단위)로 공장을 **설립하다**
패아션(패션, 유행) 디자이너는 자기 일에 흥미와 **열정**이 있어야 감각적인 옷을 만들 수 있다
구입 후 3일도 안 된 **컴**퓨터가 고객의 실수로 **패아션**(파손)되다. 회사는 안타깝지 **동정심**이 생겨서 새 제품으로 교환해 주다

추적하다	츄뢕 / 츄뢡	츄뢡	~의 뒤를 쫓다, 자취를 쫓다	{트랙} track		쪼개기
(걸어 다녀서 생긴) 작은 길	츄뢕 / 츄뢡	츄뢡	오솔길	{트랙} track		★★☆
지나간 자국	츄뢕 / 츄뢡	츄뢡	바퀴 자국, (사람, 동물의) 발자국, 흔적	{트랙} track		
경주로	츄뢕 / 츄뢡	츄뢡	경로, 진로, 트랙	{트랙} track		track
(열차의) 선로(線線路길로)	츄뢕 / 츄뢡	츄뢡	철도, 궤도, (음반에 녹음된) 한 곡	{트랙} track		

이동 경로를 **추적하다** ⇨ 이동 경로를 **츄뢕**(트랙)하다
산에는 사람들이 밟아서 생긴 **작은 길**이 있다 ⇨ 산에는 사람들이 밟아서 생긴 **츄뢕**(트랙)이 있다
모래사장에는 거북이의 **지나간 자국**이 나 있다 ⇨ 모래사장에는 거북이의 **츄뢕**(트랙)이 나 있다
육상 **경주로** ⇨ 육상 **츄뢕**(트랙)
기차의 **선로**를 점검하다 ⇨ 기차의 **츄뢕**(트랙)를 점검하다

보여 주다	쑈우		전시회, 보이다, 나타내다, 과시, 공연, 쇼	{쇼} show		재활용
뽐내다	쑈우 옾		자랑하다, 과시하다	{쇼 오프} show off		
산책하다	우웤	우옼	걷다, 걸어가다, 걷기, 산책	{워크} walk		
걷는	우워낑	우오킹	걸어 다니는, 보행용의, 보행, 걷기	{워킹} walking		
이루어지다	컴 츄루우		실현되다	{컴 트루} come true		

뮤지컬 배우들이 무대에서 화려한 **쑈우**(쇼)를 **보여 주다** / 자동차 **전시회** ⇨ 자동차 **쑈우**(쇼)
노래실력을 **뽐내다** ⇨ 노래실력을 **쑈우 옾**(쇼 오프)하다 / 명품 가방을 자랑하다 ⇨ 명품 가방을 **쑈우 옾**(쇼 오프)하다
해변을 **산책하다** ⇨ 해변을 **우웤**(우웤, 워크)하다 / 길을 걷다 ⇨ 길을 **우웤**하다
걷는 아이 ⇨ **우워낑**(워킹)하는 아이
소망이 **이루어지다** ⇨ 소망이 **컴 츄루우**(컴 트루)하다 / 꿈이 실현되다 ⇨ 꿈이 **컴 츄루우**되다

생각	θ뚜얖 / θ쒀얖	θ쏘올 / θ또올	사고, 사상	{쏘트} thought		무작정
~인 것 같다	θ띵k / θ띄잉k	θ씽k / θ씨잉k	생각하다, ~라고 생각하다	{씽크} think		
전구	버업	버읍	(양파, 마늘 등의) 알뿌리, 공 모양의 것	{벌브} bulb		
죄를 범한	기얼티	기을티	유죄의, 죄책감이 드는	{길티} guilty		
(지역, 국토 등을) 황폐화시키다	뒈붜스뛔잎		완전히 파괴하다	{데버스테이트} devastate		

생각을 정리하다 ⇨ **뚜얖**(쏘트)를 정리하다 / ※ (think의 과거, 과거 분사)
그것이 더 좋은 것 **같다** ⇨ 그것이 더 좋은 **띵**(띵k, 띵크, 씽크) / 오래 **생각하다** ⇨ 오래 **띵**(띵k, 띵크, 씽크)하다
전구의 빛이 밝다 ⇨ **버업**(버v, 버어브, 벌브)의 빛이 밝다 / ◆l 발음 생략
죄를 범한 사람 ⇨ **기얼티**(길티)한 사람
지진이 도시를 **황폐화시키다** ⇨ 지진이 도시를 **뒈붜스뛔잎**(뒈붜스뛔잎t, 뒈붜스뛔이트, 데버스테이트)하다

왕초보 영단어 복합적 암기법 **8**회

나트륨 (독일어) (소금의 구성 원소)	쏘우리엄	쏘우디엄	소듐 (영어) {소디엄} sodium		연상법
사실상	뷜츄얼리	붜츄얼리	실질적으로, 거의, 가상으로 {버츄얼리} virtually		
연어	쌔애먼 / 싸아먼	싸먼	연어의 살, 연어 살빛 {새먼} {살먼} salmon		
자제하다	뤼쁘뤠인		삼가다 {리프레인} refrain		
으깨다	크롸쉬		으스러뜨리다, 찌그러뜨리다 {크러시} crush		

쏘우(牛소우) 스테이크를 미**리엄**(미디엄)으로 굽고 **나트륨** 섭취를 줄이려 소금을 살짝 뿌리다 / ※ sodium영어 = natrium독어
눈이 내려 밭에 심은 **뷜츄**(배추) **얼리**(얼면) 못 먹을 것 같지만 **사실상** 배추 속은 싱싱하다
연어는 바다에서 지내지만 **쌔애**끼(새끼, 알)를 낳기 위해 **먼** 강으로 거슬러 올라간다
음식을 만들 때에 **뤼**(다시) 조미료를 **쁘뤠**(뿌려)**인**공적인 맛을 내는 것을 **자제하다**
그녀는 걸 **크롸쉬**(걸 크러시)로 무례한 사람들을 거침없는 입담으로 담숨에 **으깨다**

차량	븨어껄	븨어컬	자동차 {비클} vehicle		쪼개기
탈것	븨어껄	븨어컬	이동 수단 {비클} vehicle		★★☆
운송 수단	븨어껄	븨어컬	운반 수단 {비클} vehicle		
전달 수단	븨어껄	븨어컬	수단 {비클} vehicle		vehicle
매개체	븨어껄	븨어컬	매체, 매개물 {비클} vehicle		

차량을 점검하다 ⇨ **븨어껄**(비클)을 점검하다 / ◎ 차량(車수레차輛수레량)
자동차, 기차, 자전거 등의 다양한 **탈것** ⇨ 자동차, 기차, 자전거 등의 다양한 **븨어껄**(비클)
각 **운송 수단**의 특징 ⇨ 각 **븨어껄**(비클)의 특징
언어는 생각의 **전달 수단**이다 ⇨ 언어는 생각의 **븨어껄**(비클)이다
병을 옮기는 **매개체** ⇨ 병을 옮기는 **븨어껄**(비클) / 문화 매체 ⇨ 문화 **븨어껄**(비클)

배고픈	헝그뤼		굶주린, 허기진, 시장한, 출출한 {헝그리} hungry		재활용
굶주림	헝걸	헝거	배고픔, 기아, 갈망 {헝거} hunger		
혼합하다	블렌d		혼합, 혼합물, 섞다 {블렌드} blend		
사회의	쏘우셜		사회적인 {소셜} social		
장식장	캐아버넡	캬비넡	진열장, 보관함, (정부) 내각, 캐비넷 {캐비넷} cabinet		

배고픈 아이들 ⇨ **헝그뤼**(헝그리)한 아이들 / **굶주린** 사자 ⇨ **헝그뤼**한 사자
식량이 부족해 **굶주림**에 시달리다 ⇨ 식량이 부족해 **헝걸**(헝거)에 시달리다 / 배고픔을 참다 ⇨ **헝걸**을 참다
사이다에 레몬즙을 **혼합하다** ⇨ 사이다에 레몬즙을 **블렌**(블렌d, 블렌드)하다 / **+** 혼합, 혼합물 blending 블렌딩
70년대 **쏘우셜**(소셜)책을 통해 그 당시 **사회**의 단면을 엿볼 수 있다 / ※ SNS : 소셜(사회의) 네트워크(관계의) 서비스
장식장에 프라모델을 진열하다 ⇨ **캐아버넡**(캐비넷)에 프라모델을 진열하다

서두르다	뤄쉬		돌진하다, 돌진, 돌격, 쇄도, 쇄도하는, 급한 {러쉬} rush		무작정
닮다	뤼젬벌	뤼젬블	비슷하다 {리젬블} resemble		
선실 (배 안의 방)	캐아븐	캬빈	오두막, (여객선의) 객실 {캐빈} cabin		
오두막	하앝 / 핱		임시 가옥, (군대) 임시 막사 {헛} {허트} hut		
부 (富부유할부)	우웨θ엎 / 우웨θ엎		재산 {웰스} wealth		

등교를 **서두르다** ⇨ 등교를 **뤄쉬**(러쉬)하다 / 앞으로 돌진하다 ⇨ 앞으로 **뤄쉬**(러쉬)하다
딸이 엄마를 **닮다** ⇨ 딸이 엄마를 **뤼젬벌**(리젬블)하다
선실에서 나와 바람을 쐬다 ⇨ **캐아븐**(캐빈)에서 나와 바람을 쐬다 / 통나무 **오두막** ⇨ 통나무 **캐아븐**
아담한 **오두막** ⇨ 아담한 **하앝**(헛, 허트) / ※ 피자헛(Pizza Hut) 브랜드의 '헛'은 오두막을 뜻함
부를 누리다 ⇨ **우웨θ엎**(우웨θth, 우웨θ, 우웨θ드, 웰스)을 누리다 / ◆ l 발음이 약화되어 '우웨엎'에 가깝게 발음

영어 단어에 해당하는 국어 단어 (기준으로 세운 뜻)	미국식 발음	영국식 발음	해당 국어 단어들 (다른 뜻들)	{한국식 발음}	스펠링	
점차적으로	그뢔쥬얼리	그뢔쥴리	점점, 점차, 서서히	{그래쥬얼리}	gradually	연상법
~외에도	비싸이즈		게다가, 그밖에, 뿐만 아니라	{비사이즈}	besides	
비서	쎄끄뤄퉤어뤼	쎄끄뤄츄뤼	장관, 차관	{세크러테리}	secretary	
필수적인	봐이럴	봐이틀	중요한, 생명에 필수적인	{바이틀}	vital	
창의적인	크뤼에이립	크뤼에이팁	창조적인	{크리에이티브}	creative	

그뢔(그래)~ 쥬얼리(보석류) 함께 내 마음을 보여주면 좋아하는 사람의 마음에 점차적으로 변화가 있을 것이다
이 옷가게는 기성복의 정해진 사이즈 외에도 비(非아닐비) 싸이즈(정해지지 않은 사이즈) 맞춤복도 판매한다
비서가 전기면도기를 쎄(세게) 끄뤄(끌러, 끄르다) 퉤어뤼(털어) 사무실 바닥에 흩날리다
"그것 봐! 이럴 줄 알았다~ 건강에 필수적인 운동을 안 하니 몸이 약해지잖아"
크뤼스마스(크리스마스) 트리 같은 에이자 조형물에 여러색의 립(lip 립, 입술) 모형을 주렁주렁 달아 창의적인 작품을 만들다

(사람, 동물, 차, 탈것이) 달리다	뤄언	뤈	달리게 하다, 달려가다, (운동으로) 달리기를 하다	{런} run	쪼개기
뛰다	뤄언	뤈	운행하다, 뛰어가다, 운행	{런} run	★★★
운영하다	뤄언	뤈	경영하다	{런} run	
달아나다 (~ away)	뤄언	뤈	도망치다 (~ away), 도망가다	{런} run	run
출마하다 (미국)	뤄언	뤈	출마, (선거 등에) 입후보하다 (미국)	{런} run	

운동장을 달리다 ⇨ 운동장을 뤄언(런)하다 / 자동차가 달리다 ⇨ 자동차가 뤄언(런)하다
숨 가쁘게 뛰다 ⇨ 숨 가쁘게 뤄언(런)하다 / 버스를 운행하다 ⇨ 버스를 뤄언(런)하다
돈가스 가게를 운영하다 ⇨ 돈가스 가게를 뤄언(런)하다 / 회사를 경영하다 ⇨ 회사를 뤄언(런)하다
토끼가 숲으로 달아나다 ⇨ 토끼가 숲으로 뤄언(런)하다 / ✚ 달아나다, 도망치다 run away 뤄 너웨이 {런 어웨이}
선거에 출마하다 ⇨ 선거에 뤄언(런)하다 / ◉ 출마(出놀出馬말마) : 선거에 후보로 등록하다. 말을 타고 나감

동업자	파@앑눸	파아눠	협력자, 동반자, 배우자, 동료, 상대	{파트너} partner	재활용
제휴	파@앑눸쉾	파아눠쉾	협력, 동업자 관계	{파트너쉽} partnership	
~하지 않다	나앝	노옽	아니다, ~하지 않다, 않다, 없다, (= n't)	{낫} not	
가위	씨쥘즈	씨줘즈		{시저스} scissors	
승자	위눠	위뉴	우승자, 승리자, 수상자, 당첨자	{워너} winner	

동업자와 일하다 ⇨ 파앑눸(파트너)과 일하다 / ◆ @앑 : 혀를 말고 앞(알과 앞이 섞인 소리)을 발음
제휴를 맺다 ⇨ 파앑눸쉾(파트너쉽)을 맺다
고기를 잘 먹지 않다 ⇨ 고기를 잘 먹 나앝(나아t, 나아트, 낫) / 꾸며낸 이야기가 아니다 ⇨ 꾸며낸 이야기가 나앝
씨쥘즈(시저스) 킥이란 축구나 수영, 체조 등에서 가위 같은 모양새로 발을 차는 동작인 가위차기를 뜻한다
경기의 승자를 축하하다 ⇨ 경기의 위눠(워너)을 축하하다

망설이다	헤줘퉤잍		주저하다	{헤저테이트} hesitate	무작정
짜증나게 하다	이뤄퉤잍		화나게 하다, (피부 등을) 자극하다	{이러테이트} irritate	
합계	썸 / 써엄		액수, 총계, 총액, 금액, 합계하다	{섬} sum	
갈등	컨플렉t☆		충돌, 분쟁, 충돌하다(컨플렉t★)	{컨플릭트} conflict	
적당한	아뤼쿠얼	아듸쿠얼	충분한, 알맞은	{애디쿼트} {애디큇} adequate	

겁이 많은 사람이 스쿠버 다이빙을 하여 연인과 헤줘(해저, 바다 밑바닥)에서 퉤잍(데이트) 하기를 망설이다
데이트를 할 때마다 애인의 친구들이 함께 와서 이뤄(이러한) 퉤잍(데이트)이 나를 짜증나게 하다
우리나라의 썸(섬)이 총 몇 개 인지 합계를 내다 / 많은 액수의 돈 ⇨ 많은 썸의 돈
감독과 선수 사이의 갈등 ⇨ 감독과 선수 사이의 컨플렉(컨플렉t, 컨플렉트, 컨플릭트)
적당한 방법 ⇨ 아뤼쿠얼(아뤼쿠어, 아뤼쿠어트, 애디쿼트)한 방법 / 충분한 영양분 ⇨ 아뤼쿠얼한 영양분

 연상법

 쪼개기

 재활용

무작정

연상법

쪼개기

재활용

무작정